体能增长与健身训练

尹承昊 主编

山东科学技术出版社

图书在版编目（CIP）数据

体能增长与健身训练／尹承昊主编．—济南：山东科学技术出版社，2013.8（2018.5 重印）
ISBN 978-7-5331-7019-6

Ⅰ.①体… Ⅱ.①尹… Ⅲ.①体能—身体训练—基本知识 Ⅳ.① G808.14

中国版本图书馆 CIP 数据核字（2013）第 192677 号

体能增长与健身训练

尹承昊 主编

主管单位：山东出版传媒股份有限公司
出 版 者：山东科学技术出版社
地址：济南市玉函路16号
邮编：250002 电话：(0531)82098088
网址：www.lkj.com.cn
电子邮件：sdkj@sdpress.com.cn
发 行 者：山东科学技术出版社
地址：济南市玉函路16号
邮编：250002 电话：(0531)82098071
印 刷 者：山东新华印刷厂潍坊厂
地址：潍坊市潍州路753号
邮编：261031 电话：(0536)2116806

开本：780 mm × 1092mm 1/16
印张：20
彩页：2
版次：2013 年 8 月第 1 版 2018 年 5 月第 5 次印刷

ISBN 978-7-5331-7019-6
定价：45.00 元

当你在体能与健身训练中遇到困难和阻碍时，比如弹跳力的提升、速度的变化、身形的塑造等，你都能从本书中找到科学有效的训练建议与方案。

——悉尼奥运会男子体操冠军

2013.7.25

大家好，我是演员冯雨，很荣幸为大家推荐《体能增长与健身训练》这本书。

爱美的女生和对自己体型要求完美的男生有福气啦，这本书可以帮到你哦！

作者创作此书的目的就是希望帮助大家留住美丽，留住健康，青春常驻。

想知道怎样练出完美的体魄吗？那赶快跟我们一起学习吧！

——演员

本书不仅可以带给你充沛的体能，更能够让你拥有一个健康的体魄！

——演员

《体能增长与运动训练》这本书，我看后觉得很有意思，深入浅出，生动形象，推荐给大家。

周志峰 ——中国知名游戏公司墨麟集团总经理

作者一直以来在虎扑体育网站分享各种各样的健身知识，同时也是健身领域中最具有代表性的意见领袖之一。这本书集运动营养常识，训练健身基本理念，推动科学健身扎根百姓，让更多的人体验运动带来的乐趣和好处。这对想要健身和正在健身的人具有很强的指导意义，兼具可读性、鼓舞性和实用性等多种价值。

——虎扑体育网　中国最大的体育网站

作者把优秀的健身理念通过生动的文字展现到了广大健身及篮球爱好者的面前，无论是零基础的初学者还是像我这样从事过多年专业训练的运动员，都能够在本书中找到适合自身的训练方法。希望更多喜欢运动健身的人群能够通过阅读本书来更多的了解关于科学训练、科学饮食等相关知识，提高身体素质以及生活质量。

——胡光　CBA三届扣篮冠军

作者是一个可以化死板为疯狂的人，他的文字是有弹性有生命力的，他的出现注定会使我书架上其他训练书籍落满灰尘。他更是一个运动心理学家，他总能抓住我们急切想提高的点，并给你更多启示。这是能让你下一秒就不由自主开始训练的书！

——吴悠　中国街头篮球传奇

序一

良好的体能是人们正常工作和幸福生活的前提，是各类运动项目技战术及运动成绩的基础。体能可以通过科学的训练得到增长，从而达到强身健体的目的。

本书内容全面，作者从营养、体能健身训练、伤病预防三个方面，用通俗易懂的语言，深入浅出地解析了体能增长与健身训练的理念及方法，同时阐述了合理补充营养的重要性，以及伤病的预防与恢复体能的具体方法。

本书具有针对性、实战性和指导性，是一本你可以随身携带的“训练宝典”。作者用图文并茂的形式详细的介绍了220余种先进的训练动作以及40余套独特的训练计划，科学合理，简单易学，行之有效。只有掌握了正确的训练方法，才能帮助你短时高效地增进身体健康，塑造优美体态，提高力量、速度、爆发力、柔韧性、灵活性等各项身体素质与运动能力，取得良好的成绩。

本书是提高你的运动能力与身体健康的得力助手。当你在体能与健身训练中遇到困难和阻碍时，比如弹跳力的提升、速度的变化、身形的塑造等，你都能从本书中找到科学有效的训练建议与方案，掌握基本的训练理念和训练方法，成为一名会思考的体能健身训练师，从而根据自己的实际需求，为自己制订出最合适的营养与训练计划，感悟体能增长和健身训练带来的乐趣。

2013年7月

序二

合理营养是身体健康的基础，也是提高训练水平及增强运动素质的基本保障。合理营养对健康和训练及运动素质的影响首先体现在对肌肉健康及其工作能力方面。如何营养才能保证身体健康并促进运动机能的提高是普通人和参加训练者共同关注的焦点。

本书从营养和训练两方面及不同视角，介绍了构建个性化“营养工程”的十大原则；强调基础膳食是合理营养的核心，营养补剂可锦上添花；既向读者介绍了科学膳食的搭配原则，也论述了食谱中各种主要营养素的作用，同时也推荐了与训练相适应的科学饮食与营养补充方案；另外，作者还从如何发展个体运动素质、特别是发展不同肌群能力及健身塑形的训练方法等做了详尽阐述。

本书力求用简洁而通俗易懂的语言阐释了较深的合理营养和科学训练道理，相信读者可从中获益。

国家体育总局运动医学研究所　伊木清博士

2013年7月

前　言

健身的意义是什么？让身材更加完美？让举起的重量更大？抑或是让奔跑的速度更快？作者认为健身的意义在于不仅可以提高身体素质，还可以锻炼人的意志与品质。通过健身可以让我们领悟很多道理：坚定不移的信念是身体素质变化的根本；严谨客观的态度是避免走入误区的关键；掌握科学合理的训练方法是体能增长和强身健体的捷径。

科学合理的体能健身训练方法是集营养、训练、伤病预防与恢复措施于一体的训练体系，三者相辅相成，缺一不可。首先，合理营养是身体健康的基础，是提高训练水平及增强运动素质的基本保障。其次，正确的训练方法是体能增长的核心，也是提高各类运动项目技战术水平的关键，更是规避伤病的前提。最后，伤病预防与恢复是每个体育爱好者都必须了解的，掌握了这方面的常识就等于给自己的身体购置了一份“保险”，让自己懂得如何预防伤病以及受伤后如何通过训练尽快恢复体能。

在作者指导的众多体能健身训练者中，盲目训练是一个普遍存在的问题。特别是一些青少年，他们缺少相关的营养、训练及伤病等常识，往往只知道听从教练的指示，服用大量的补剂，扮演被动的“训练机器”的角色，采用大负荷的训练方式，结果却往往事与愿违，伤病累累，以至于最终丧失了对于训练的热情。本书力求扎根基础，面向广大健身业余爱好者，告诉大家如何根据自身特点与需求制定出适合自己的体能健身训练计划，避免走入训练的误区。

作者希望每个训练者、特别是青少年训练者，能够独立思考，科学训练，将正确训练理念与方法广为传播。

尹承昊

2013年7月

目　　录

第一章　构建营养工程

概　述

如果你想获取优秀的训练水平，尽快地达成自己的训练目标，你最应当做的就是从自己的营养水平入手，完善自身的营养工程。“三分练，七分吃”，你的动作做的再完美，训练计划制定的再有针对性，如果营养水平跟不上，你也不会收到努力训练所应有的回报。我们所有训练水平的提高和运动能力的获取，都来源于肌肉的发展，如果没有充分营养的供给，肌肉是不可能凭空就变发达，变强壮的。训练水平和运动能力是不会凭空就获得提升的，良好的营养水平不仅是提高自身训练水平和运动能力的基础，更是保持我们身体健康的根本。

无论是普通人还是训练者，切忌忽视构建营养工程这一生存的根本问题，仅有认真对待构建营养工程的态度是不够的，必须充分了解一定的营养常识，才可以辨别对错，才能够带给自己身体健康切实的帮助。我们在这一部分中就将为大家介绍关于如何构建营养工程的问题，通过对于基础饮食与运动补剂的介绍，为大家呈现出一幅构建营养工程的蓝图。

营养的问题相比训练方法、训练理论要更为复杂，我们力争用最简单的文字讲解清楚最难理解的问题。营养涵盖的范围非常广，我们在这里只就一些对于提高训练水平、维持身体健康有直接作用，有代表性的营养进行介绍。其余没有提到的部分并不是对于身体健康没必要，只是相比我们所要提到的七大类营养物质，它们的地位稍显逊色。

营养摄入是有法可循的，无论你是想增肌还是减肥，甚至治疗一些生理疾病，都需要遵循此法则。在构建营养工程前，你必须熟知此法则，才不至于让你在构建营养工程的道路上遇到各种不必要的麻烦。

构建营养工程的基本法则

（一）注意营养摄入多样性

营养的种类非常多，不能有哪一类营养完全不摄入这种极端的饮食方式。即使拿减肥来举例，如果采取零脂肪、零碳水化合物，甚至零水分的极端饮食，虽然可以快速达到预期目标，但是却会给身体健康带来长久的损害，所以在构建营养工程时，第一个需要做的就是注意多种营养的全面摄入。我们在营养工程的构建上有着诸多的问题，其根源就是出在对于营养的摄入不够全面上。

（二）注意营养摄入针对性

我们需要在相关营养方面加强或减少摄入量，做到有针对性地构建营养工程。例如，对于那些“肉食类爱好者”，有助消化吸收的绿色蔬菜就需要加强相应的摄入量；对于那些渴望延长运动寿命的训练者，抗衰老的食物应当频频地出现在食谱中。如果你不注意营养摄入的针对性，你的训练效果自然也无法充分发挥，营养弱点也很难被快速弥补。

（三）注意营养摄入持续性

营养工程的构建不是一日就可以完成的，它必须有一个长期的累积过程，才可以确保自身的健康与安全。例如，某些食物可以帮助我们达到提高爆发力的目的，但是这是建立在长期持续合理摄入的基础之上的，不是三天打鱼两天晒网就可以华丽变身的。“随意性饮食方式”不仅不能提高我们的训练水平，更会影响我们最基本的身体健康。

（四）注意营养摄入主次性

营养的摄入是分主次的，首先你要清楚并确立基础饮食的核心地位，虽然运动补剂相对具有更高的质量和效率，但依然无法替代基础饮食的重要性。其次，因为需要满足一日多餐的原则，故如何在正餐与加餐中进行营养摄入的主次性安排同样十分重要。这里建议选择在正餐中优先摄入蛋白质、维生素等营养，将热量、碳水化合物等容易导致脂肪大量堆积的食物分离出一部分，安排在加餐时食用，可以很好避免脂肪堆积的问题。

（五）注意营养摄入搭配性

我们常常能够看到有这样的宣传：吃某种食物可以增肌，或者吃某种食物可以减脂。这其中所提到的食物可能确实对增肌或减脂有帮助，但它们并不是我们一日食谱的全部，如果想更好的达到预期目标，你还必须做好对其余食物的选控。例如，我们知道生菜作为蔬菜中的一类，对于减脂有很大帮助，但如果你给它搭配了猪肉、动物肝脏等脂肪含量极高的食物，同样无法发挥它本身的减脂效果，反而会给你带去体重飙升的苦恼。

（六）注意营养摄入规律性

现今迫于生活压力，营养摄入规律性的问题很难满足，我们很难保证固定用餐时间。这对于构建营养工程同样是十分需要注意的，不规律的饮食不仅会让身体的消化吸收能力降低，更会间接影响到每日的训练和睡眠，长久下去会对身体健康产生不良影响。

（七）注意营养与口味

如果你是个狂热的美食爱好者，你必须忍痛割爱。因为单纯为了食物的口感、味道，甚至色彩，就必须添加各种调味品，并且经历一些极容易破坏食物营养的烹调方式，如煎、爆、炸等。没有哪个出色的训练者是靠吃水煮鱼、麻辣小龙虾而练就一身本领的。

（八）合理看待营养与补剂

每一个训练者甚至是普通人都应当合理看待运动补剂的功过，正如没有一件事情是有绝对好或坏一样。我们要敢于用理性的心态去对待运动补剂的问题，而不是退避三舍。同样，也不能把它们摆到神坛的位置，这都是十分偏激的营养观。

（九）注意训练的搭配

“吃”是可以吃出肌肉、身材、力量和爆发力的，但是没有人是只靠吃，不训练就能达到这些目标的。一些女性和年轻人力图通过饮食的方式就达到减肥的目的，我们不否认这其中有成功的案例。如果你观察他（她）们在达到目的以后的一段日子里，都会出现不小的反弹或者身体的不适，这其中便与缺乏一定的训练量不无关系。你不能把任务全部交给自己的消化器官去完成，这对它们是十分苛刻的。

（十）理性辨别营养谎言

近年来随着社会的进步，人们开始更多的注意起养生、营养等问题，然而这其中必不可免的有着因个人学识、广告利益等掺杂的营养谎言。如果你没有一个冷静的头脑，对于基础的营养常识了解不全面，很容易中招。例如，某些补剂商所宣传的“七天获取苗条身材”“一周内卧推提高20千克”等，大都是在蒙蔽没有营养、训练经验的年轻人。当我们冷静分析后就会发现这些谎言的可笑之处，之所以会被它们所欺骗，是因为它们通常都恰巧符合我们在某个时间点所缺乏的能力，会让我们不自觉地被诱惑。然而，只要你保持一个冷静的心态，拥有严肃对待训练、营养的态度，这些谎言会不攻自破。有些谎言可能只会带给你金钱的流失，但有些谎言可能会直接给你的身体健康造成伤害。千金散尽还复来，身体对于你却只有一个。

第一节 至关重要的基础饮食

一、蛋白质——营养的核心

蛋白质是维持生命最基本的物质之一，也是肌肉最基本的组成部分，是营养补充的万物之首。蛋白质摄入的是否充分和优质，是决定合理营养补充最基本的一环。蛋白质与生命基本活动联系密切，机体中每一个细胞核的所有重要组成部分都有蛋白质参与。蛋白质的种类有很多，其特点和功能也各异，即使是同一种食物，同一种蛋白质类型，不同的摄入方式都会影响其功能和营养价值。

对于体能训练所需的营养补充，蛋白质可以分为两大部分：存在于奶、蛋、鱼、肉中的动物蛋白；存在于谷物、麦类、玉米等中的植物蛋白。这两种蛋白质对于体能训练所需的营养补充效果是迥异的，动物蛋白中含有各类丰富的氨基酸，可以充分吸收食物中的蛋白质，重新合成体能训练补充所需的蛋白质，对于每日的营养补充有着非常好的效果，属于优质蛋白。植物蛋白则因为氨基酸含量较少，故无法替代动物蛋白满足体能训练者每日所需的营养补充，属于非优质蛋白。

我们在进行具体的蛋白质选择时，第一个需要注意的就是该蛋白质是否属于优质蛋白，再在这个基础上去留意相应的蛋白质含量大小及比例。不能有100克动物蛋白等于100克植物蛋白的等价转换方式。其次，完全蛋白与不完全蛋白所导致的不同吸收率，也是选择时需要考虑的一个方面。有些食物内含有储量惊人的蛋白质，但属于不完全蛋白，人体单独吸收的能力有限，故应当被排除在选择范围之内。此外，脂肪、胆固醇比例也应当被考虑在内，避免体能训练者因为摄取蛋白质所带来的脂肪、胆固醇过量堆积而影响运动能力。

由此我们列出日常生活中几种常见食物的蛋白质价值等级：

（一）猪肉

营养价值：3。100克猪肉中蛋白质含量在16克左右，吸收能力中等。猪肉本身胆固醇、脂肪含量很高，卫生状况让人担忧，故不适宜作为每日的营养补充。虽然中华美食中以猪肉为原料的菜肴较多，但从营养和健康角度考虑，应当将它排除在日常食谱之中。

（二）牛肉

营养价值：9。100克牛肉中可以提供的蛋白质含量在20克左右，吸收能力不高。牛肉中的脂肪含量一般，除了不错的蛋白质含量以外，牛肉中富含可以提高力量和爆发力的营养——肌酸。肌酸是ATP供能的主要物质和来源，如果说爆发力和力量可以通过“吃”获取，那么指的就是要多摄入牛肉。

（三）鸡肉

营养价值：9.5。100克鸡肉中的蛋白质含量在24～25克，吸收能力较强，远远高于牛肉和猪肉，故在国外一般运动员的食谱都是由鸡肉构成的。鸡肉并不是因为其价格低廉才被广大运动员所喜爱的，而是因为它本身优越的蛋白质含量和极高的吸收率才被选用。

（四）兔肉

营养价值：7.5。100克兔肉中蛋白质在25克左右，吸收能力较强，基本不含脂肪与胆固醇，是肉类中胆固醇含量最低的，故也被称之为“肉中之素”。但由于兔肉价格在国内普遍较高且较难寻觅，故并不适宜加入到每日营养食谱中。

（五）鸭肉

营养价值：6。100克鸭肉中蛋白质在16克左右，但脂肪含量要高于鸡肉。这导致它的食用价值和竞争力下降了不少。

（六）雪肠

营养价值：7。西班牙语为chorizol，虽然由猪肉制成，但100克优质雪肠可以提供36克蛋白质，并且仅含有4%的脂肪，只是因为其制作过程中需要经过腌制、风干等阶段，并且在国内较难寻觅，多为进口食品且价格高昂，故不推荐写入日常食谱。

（七）三文鱼、金枪鱼、鳕鱼等深海鱼类

营养价值：9.5。100克可以提供20～25克蛋白质，吸收率略高于鸡肉，低于兔肉，含有丰富的不饱和脂肪酸，胆固醇含量极低，非常适宜作为日常营养补充食物。

（八）海参

营养价值：3。海参一直被誉为大补之佳品，但根据实验表明，海参本身虽然含有非常丰富的蛋白质，但多为不完全蛋白，本身消化能力非常低，必须有一定的食物进行辅助才可发挥它的效果，如与鱼、虾、蟹等同时食用。但是这样一来无疑增加了整体的购买压力，性价比较低，对于体能训练后营养补充效果不大。不过海参中所含有的精氨酸，作为参与胶原蛋白合成的最重要氨基酸之一，对于美容驻颜的效果的确是无法忽视的。

（九）鸡蛋

营养价值：10。一般一个全蛋的蛋白质含量在12克左右，不过因为蛋黄中胆固醇含量较高的缘故，一日全蛋的摄入量一般不要超过两个。但这并不等同于一日鸡蛋的摄入量只能控制在两个，因为你可以选择只吃两个全蛋，剩下的蛋白质补充依靠蛋清来完成，不再继续食用蛋黄。鸡蛋作为最常见的食物之一，价格较低，蛋白质含量充足且优质，是非常优秀的补充蛋白质的食物。

（十）奶制品

营养价值：5。100毫升的牛奶一般只能够提供3～4克蛋白质，不适宜作为主要的蛋白质补充食物摄入。如果你想依靠喝掉足够的牛奶来满足蛋白质需求，毫无疑问是天方夜谭。

（十一）奶酪

营养价值：7。一块中块的奶酪是由10瓶牛奶浓缩而成的，一般100克左右的奶酪可以提供20～25克的蛋白质，吸收率也不错。对于希望增重的人，奶酪非常适合在加餐中使用；对于希望控制体重的人，脂肪含量相对较少的淡奶酪则非常适合在加餐中使用。只是因为国内食用奶酪的普及程度不高，所以这也一定程度上影响了奶酪的食用价值。

综上所述，在上面介绍的十一类食物中，考虑到蛋白质含量、脂肪含量、性价比、基础吸收率，最适宜作为每日蛋白质类营养补充的食物是：牛肉、鸡肉、鱼肉、鸡蛋。体能训练者或缺乏蛋白质的病患者在进行蛋白质补充时，可以从这四种食物内进行选择，有一点需要特别注意：即注意营养摄入的搭配，你不能选择只吃鸡蛋就做到蛋白质的全面补充，而是应当在较大比例摄入鸡蛋的基础上，适当补充牛肉、鸡肉或者鱼肉均衡营养，确保蛋白质、氨基酸的充分吸收。

并不是每一种蛋白质的烹饪方法都适合加入到日常营养食谱中。一些特殊的烹调方法会影响甚至彻底毁灭蛋白质的含量，如爆炒、酱爆、油炸、香煎等烹饪方法，都会有损食物中的蛋白质和氨基酸含量。对比水煮鸡胸肉和炸鸡腿这两种做法，其中所含的蛋白质含量就完全不同。这也解释了为何运动员都选择水煮鸡胸肉作为每日蛋白质类营养补充的基础食物，因为它可以最大限度的保护鸡胸肉内所含有的蛋白质。此外，你还需要了解蛋白质在一天中的摄入量以及摄入时间等问题。

如果你是一个体能训练者，我们推荐一天蛋白质的基础摄入量为每千克体重2克蛋白质，即对于一个80千克的初级体能训练者，一天的基础蛋白质摄入要满足160克。而对于中高级体能训练者，一天需要摄入的蛋白质含量要更高，每千克体重需要摄入2.5克以上的蛋白质。

如果你的蛋白质摄入量达不到这个标准，长此以往会出现三种情况：体能训练效果迟迟不见起色；身体极容易疲劳，体力恢复速度过慢；影响身体健康。导致这三种情况出现的原因与人体氮元素的消耗与摄入有直接关系。人体体内含氮的物质大都是蛋白质，故蛋白质摄入量多少直接决定着氮的摄入量多少。当摄入氮量等于排出氮量时，即摄入的蛋白质等于消耗的蛋白质时，我们称之为总氮平衡，是一种比较理想的蛋白质补充情况；而当摄入氮量大于排出氮量时，即摄入的蛋白质大于消耗的蛋白质时，我们称之为正氮平衡，这是一种非常有利于体能训练者日常营养补充的情况。有些朋友会担心，正氮平衡如果过高会不会对身体有影响？根据目前国内普遍的体能训练和营养补充水平，对于一个体能训练者而言，蛋白质摄入所出现的问题基本都是蛋白质摄入量低于消耗量，即所谓的负氮平衡。在负氮平衡的情况下，容易导致身体消瘦、营养不良、抵抗力低等问题。真正的总氮平衡或者正氮平衡的现象出现很少。因为即使是普通的成年人，他们受限制于繁重的工作、不健康的饮食结构，虽然身体对于蛋白质的要求不高，但也很难满足。

在摄入时间方面，对于体能训练者，蛋白质是一种必须全天候补充的营养物质，从早上起床一直到晚饭，蛋白质一定要尽可能的随时补充，不要让两次补充蛋白质的间隔时间大于四个小时。一天中蛋白质摄入大概在六次，早起一次，上下午加餐一次，午餐一次，训练后一次和晚餐一次。其中关键摄入的时间节点主要有三个：早餐、两次加餐和训练后。

早上起床后，由于一晚上的睡眠，身体缺乏蛋白质，因此适合在起床之后的早餐中补充便于吸收的蛋白质。一般选用的食物都是鸡蛋，其便于烹饪，可以更快的让身体加满燃料。需注意的是，早餐中蛋白质的摄入量一定要充足，不能因为是早餐就简单应付了事。

两次加餐，在早餐和午餐之后的2～3个小时，身体开始需要进行再一次的营养补充，一般选用的加餐食物是奶酪或者蛋白质类的营养补剂，易吸收并且便于携带。需要注意的是加餐中蛋白质不需要过多补充，因为加餐有两个目的，一个是及时补充蛋白质，另一个则是要一日多餐，健康饮食。

训练后，主要指的是训练后30～60分钟这个时间段内。国内普遍有一种错误观念，即体能训练后应当立刻补充蛋白质，但由于体能训练后血液没有流回到肌肉，此时补充蛋白质对于人体吸收是很不利的，故这是一种错误的补充方法。这时我们选择的蛋白质补充来源一般是补剂，即蛋白粉。因为其可以快速被人体吸收，并且添加了多种氨基酸，便于携带，适宜作为体能训练后营养补充。需要注意的是此时蛋白质摄入量应为一天中的最大值，因为体能训练者的肌肉受到了高强度的刺激，这个时候对于蛋白质的渴望达到顶峰。

当然我们也可以不局限于只有五次的蛋白质摄入，还可以在体能训练前和体能训练时通过特殊的蛋白质补剂进行蛋白质摄入，这也是一种不错的选择。唯一需要注意的一点是，尽量不要在睡前再摄入蛋白质，即使是缓释蛋白粉。虽然国内有部分人认为，睡前摄入蛋白质或者睡前再进行一次加餐，会有益于全天候的蛋白质摄入。但是人体毕竟不是机器，它需要休息。睡前再补充蛋白质或者加餐，会加重体内器官的负荷，反而对于身体合成蛋白质不利。

蛋白质作为营养补充的万物之源，决定着一个运动员刻苦训练是否能有相应的回报，对于体能的提高起着至关重要的作用。作为一个严谨的体能训练者，一定要认真地对待蛋白质这个基础中的基础。我们不仅仅要关注它的补充数量、补充时间、吸收率高低、质量好坏，还要关注如何让自身更好合成有用的蛋白质，从而提高我们的体能水平。这时候我们所需要的就是各种丰富的氨基酸了。

二、氨基酸——健康的基础

如果将营养比作为一项具体的工程，那么蛋白质是构建这项工程的地基，而氨基酸则是决定地基质量高低和牢固与否的核心。作为体能训练所需最基本的营养，蛋白质本身并不能在人体内被直接吸收利用，这时候就需要氨基酸在肝脏内进行分解合成蛋白质，把它们通过血液输送到人体各个需要的器官与肌肉中，从而被人体吸收利用。故我们平时体能训练以及日常营养对于蛋白质的需求，其实是对于氨基酸的需求，氨基酸的好坏、种类多少直接决定了我们摄入蛋白质的水平优劣，更决定了其被人体吸收利用程度的高低。

如果训练者缺乏任意一种必要氨基酸，不用说体能训练效果，即使是正常的生理功能都会产生异常。因为氨基酸是生命代谢的基础物质，如果摄入量缺少，必定会影响正常的代谢能力。如果训练者缺乏的是某些不必要氨基酸，虽然对于正常的生理功能是没有任何影响的，但是却会导致氨基酸一些辅助作用的发挥，如合成蛋白质能力的高低，转变为肌酸的能力，转变为碳水化合物的能力。故一些所谓“怎么吃都吃不胖的”训练者，也可以从氨基酸这里找到相应的答案。由此看出，氨基酸的摄入与蛋白质稍显不同，氨基酸的摄入没有好坏的选择之分，而是要遵循全面摄入的原则。

（一）八种必要氨基酸

八种必要氨基酸，即人体无法通过自身合成或者合成速度极慢的氨基酸，必须由食物中的蛋白质提供。

1. 赖氨酸　是蛋白质必不可少的组成部分，有助于降低胆固醇水平和身体对钙的吸收，一些希望长身体的年轻人需要做足对赖氨酸的摄入。赖氨酸也是胶原蛋白的重要组成部分，胶原蛋白除了我们熟知的美容养颜的功效外，在保护肌肉与关节软骨中也占有举足轻重的地位。赖氨酸普遍存在于肉、蛋、奶、鱼、虾、贝类以及各种乳制品中。赖氨酸缺乏是普遍存在于国内体能训练者身上的一个问题，源于中国饮食习惯以菜、米、面为主，由于米、面等谷物类富含较多的碳水化合物，会影响肉类的摄入量，故非常容易产生赖氨酸摄入不足的问题。

2. 色氨酸　主要作用在促进胰液与胃液的产生，据目前的科学研究表明，色氨酸有促进大脑神经细胞分泌血清素的作用，而血清素具有抑制大脑思维活动的作用，说白了就是容易让人产生困倦和疲惫。故摄入较多的富含色氨酸类的食物，极容易导致人产生疲倦感和睡意。富含色氨酸的食物中小米是当之无愧荣膺含量最多的冠军，此外，黄豆类、芝麻类、牛奶、香菇、鸡蛋等，都是富含色氨酸的食物。

3. 甲硫氨酸　别名叫蛋氨酸，它对于保护人的身体健康以及维持体能训练者强壮的身体有着不可替代的作用。甲硫氨酸最大的用处在于保护肝，可以抵抗肝硬变、脂肪肝等各种肝功能的问题。此外，甲硫氨酸在降血压以及人体代谢中都发挥着重要的作用，如果甲硫氨酸摄入匮乏，就会导致体内蛋白质合成受阻，代谢水平降低，进而出现生理疾病。甲硫氨酸普遍存在于芝麻、酵母、乳制品以及叶类蔬菜中。甲硫氨酸有着与其余氨基酸不同的摄入时间，即比较适宜在冬天摄入，这缘于甲硫氨酸可以通过转移作用提供耐寒所必需的甲基。

4. 苏氨酸　在人体中起着杠杆调节的作用，其核心价值在于平衡体内摄入的各种氨基酸，如减轻色氨酸过量引起的抑制问题，消除赖氨酸摄入过量引起的体重变化等。此外，苏氨酸也可以提高脂肪代谢水平，一些减脂类补剂本身就会添加入苏氨酸用来提高效果。苏氨酸一般存在于发酵类食品中，特别是谷物制品、花生、胡萝卜、叶类蔬菜以及鸡蛋中。

5. 苯丙氨酸　对于体能训练最大的作用在于调节情绪，通过摄入苯丙氨酸来使人精神振奋，故某些氮泵类补剂也会添加入一些苯丙氨酸。它需要配合维生素B族食品一起摄入才会有更好的效果，特别是维生素B_6。苯丙氨酸主要存在于肉类以及奶制品里面。

6. 异亮氨酸　是L-异亮氨酸、支链氨基酸（BCAA）的一种“肌肉保护神”。起着修复肌肉以及促进肌肉恢复，提高生长激素水平，燃烧内脏脂肪的作用。注意，异亮氨酸起着燃烧内脏脂肪的作用，与其余燃烧脂肪方法不同的是，异亮氨酸所燃烧的是处于身体内部、很难通过控制饮食和训练消耗掉的脂肪。另外，作为支链氨基酸对于体能训练最重要的营养价值在于它可以更快分解转化为葡萄糖，进而防止肌肉流失。对于一些刚做完手术后的患者，补充异亮氨酸也可以促进骨骼以及受损肌肉组织的愈合。异亮氨酸主要存在于肉类中，故“吃肉长肉”的说法也可以理解为“吃肉保持肉”。

7. 亮氨酸　是支链氨基酸（BCAA）的一种“肌肉保护神”。亮氨酸在体内扮演着非常重要的调节角色，它调节的是氨基酸与蛋白质的代谢作用。作为支链氨基酸的一种，亮氨酸也具备减少肌肉流失，促进蛋白质合成，修复肌肉，调节血糖，燃烧内脏脂肪等支链氨基酸所普遍具有的营养功效。亮氨酸普遍存在于豆类、坚果、全麦以及肉类中。

8. 缬氨酸　是支链氨基酸（BCAA）的一种“肌肉保护神”。同亮氨酸、异亮氨酸一起起到防止肌肉流失，提高蛋白质合成水平，修复肌肉，调节血糖以及燃烧内脏脂肪的作用。干酪、鱼、禽类、牛肉以及干果类中含有较丰富的缬氨酸。支链氨基酸对体能训练的营养价值不低于蛋白质，充足的支链氨基酸的摄入量，可以很好地提高修复肌肉的速度，合成蛋白质的能力，这对于尽快提高我们自身的水平，以及体能训练的强度都有着非常不错的效果。

以上这八种为人体无法自身合成，必须通过饮食或者补剂摄入的人体必需的八种基础氨基酸，也叫做八种必要氨基酸，必须要做到全面、适量摄入。不过，在国内的饮食习惯和条件下，一般很难出现因氨基酸摄入量过多而导致的相关危害。

（二）不必要氨基酸

除去这八种必要氨基酸以外，人体还需要摄入很多非必要氨基酸来满足各项生理活动需求，特别是满足我们日常体能训练的需求，这里主要介绍几类对人体非常有帮助的氨基酸。

1. 精氨酸　这里指的主要是L-精氨酸，虽然不是人体必需的八种基本氨基酸，但对于日常体能训练，精氨酸却是一种必需摄入的氨基酸。因为精氨酸本身作为一氧化氮的前体，可以协助舒张血管，一般很多氮泵类补剂都会含有不少精氨酸，目的就是为了更好地提高体能训练时肌肉的充血效果。肌肉充血效果的好坏，是直接决定着一次体能训练课好坏的重要标志和检验手段。另外，精氨酸也是男人必不可少的营养物质，作为精子蛋白的主要成分，它可以提高精子的质量，增强精子的活动能力，是成年男性每日必备的营养之一。精氨酸大都存在于鳝鱼、鲇鱼、泥鳅、海参、巧克力、花生等食物中。

2. 谷氨酰胺　指的是L-谷氨酰胺，谷氨酸的酰胺，对于日常体能训练有着极高的营养价值。它是肌肉中最丰富的游离氨基酸，所占人体游离氨基酸总量的60%，通过为机体提供必需的氮，促进细胞内蛋白质合成，达到促进肌肉细胞生长和分化的作用。谷氨酰胺还可以刺激决定身体素质关键的生长激素以及睾酮的分泌，有提高肌肉力量、爆发力和速度的作用。这种作用不是每一种氨基酸都可以做到的，据研究表明，口服2克谷氨酰胺就能使生长激素的水平提高四倍，同时增加睾酮的分泌。在所有氨基酸中，谷氨酰胺对于增强肌肉合成起着不可替代的作用。渴望获取力量、速度、爆发力的训练者可以通过摄入谷氨酰胺来促进训练水平的提高。此外，谷氨酰胺还可以通过产生碱基，达到减少酸性物质造成的运动后疲劳以及运动力降低的问题，谷氨酰胺也可以作为一种非常不错的体能训练后缓解疲劳的营养补充。谷氨酰胺存在于食物中的含量不高，较多含量的卷心菜可以算为食补的一种。谷氨酰胺摄入匮乏，容易导致肌肉力量减少，身体素质水平降低。故对于我们日常体能训练，谷氨酰胺也是一种必不可少的氨基酸，需要当做重要营养去补充。

3. 鸟氨酸　其应该与精氨酸一同出现在一起，因为它们是从属关系，即精氨酸是鸟氨酸循环中的一个重要组成部分，但为了不让大家混淆这两个概念，故还是决定分开说明。鸟氨酸与谷氨酰胺类似，充足的鸟氨酸摄入可以提高体内生长激素的分泌量。孰知一般的体能训练模式主要分为两种：提高力量、爆发力、速度等体能训练模式需要着重刺激睾酮激素分泌；提高肌肉围度、肌肉数量则需要大量对生长激素的分泌进行刺激。鸟氨酸对于提高生长激素的分泌水平有着很好的辅助作用，大家不要看到“激素”二字就害怕，认为对身体有害。其实生长激素是我们日常，特别是青少年特别需要的一种激素，生长激素分泌不足很容易出现发育不良、精神不振等问题，对于体能训练者，就会导致肌肉增长缓慢，运动水平停滞不前等问题。鸟氨酸与精氨酸一样，都可以起到固本强元和补精的作用，一般富含精氨酸的食物里面都蕴藏着不错的鸟氨酸数量。

以上所说的是三种对于人体自身不是必需摄入的，但却是对于日常训练所必须要摄入的氨基酸。故，对于一个高水平的体能训练者，在八种必要氨基酸的摄入基础上，还要多添加三种氨基酸的摄入，这样才可以让我们的蛋白质摄入有价值、有意义，才可以让训练效果最大化。

关于氨基酸的摄入量问题，除了上面提到的几种特殊氨基酸有着特殊的摄入量要求以外，人体自身对于总氨基酸量的摄入也有着要求。对于一个训练者，每日蛋白质所需量在每千克体重2～2.5克，而人体对于氨基酸的需求量则为蛋白质需求量的20%～40%。因为氨基酸与蛋白质不同，种类也极多，摄入途径也大多以补剂为主（单纯通过饮食很难满足氨基酸摄入，必须具备全面性和数量要求），不同时间不同量的氨基酸摄入对于体能训练效果有着很大的影响，故选择起来比较复杂，我们主要在后面的补剂篇中再做详细介绍。不过氨基酸的补充在根据自身体能训练计划调整的基础上，需要遵循一个基础原则，即以蛋白质为中心。蛋白质的补充讲究全天候，一日多餐平均摄入，氨基酸也是如此。因为氨基酸本身就是要配合蛋白质一起才可以发挥蛋白最大的功效，故摄入蛋白质的同时，一定要摄入氨基酸，不然就会事倍功半，影响我们的营养水平，进而减缓体能训练的提高速度。

蛋白质作为体能训练和日常生活的基础营养之一，对于人体健康和训练效果起着奠基作用，而氨基酸则是决定此基础构造是否牢固、是否稳当的关键因素。国内在关于运动营养补充问题上与国外最大的差距就在于只关注大的问题，即蛋白质是否摄入足够，却忽略了很多细节问题，如蛋白质摄入是否优质。我们平时所忽略的这些细节，却往往是决定基础能不能打牢固的关键。我见过许多健身房的教练在做营养指导的时候，都会告诉大家要加强蛋白质的摄入，多吃肉、蛋等富含蛋白质的食物，却没有告诉大家吃了蛋白质之后还需要再吃什么？因为蛋白质不是被摄入以后自己开始自动分解消化为人体所利用的，它需要氨基酸的帮助，来让人体充分吸收利用，很多教练和营养师都忽略了这个问题。有时候摄入了很多的蛋白质，因为无法保证氨基酸的摄入量，依旧无法带来训练水平和自身能力的提高。进而有部分人认为自己是属于“怎么吃都吃不胖”“怎么练都不长肌肉”的一类，甚至认为自己是属于“没天赋”“先天就不能扣篮”的一类。

健美训练者对于饮食的要求是最严格的，他们是这个星球上“最会吃的人”，所以作者也在这里建议“怎么吃都不长肉，不进步”朋友们仔细想想，认真研究自己的日常食谱，是否做到了足够科学和全面的营养摄入？是自己真的没天赋，还是因为训练方法有错误或最基础的营养补充都不到位所致？

三、碳水化合物——增加体重的必需

据路透社报道：Alvanon健康公司调查了约28 000名中国四个主要城市的市民，发现中国成年男性的平均身高约为173厘米，平均体重为65.8千克。相比之下，美国成年男性平均身高约为175厘米，平均体重却在86.6千克。对比发现，中美两国成年男性的平均身高相差在2厘米左右，但是体重差距居然高达让人吃惊的21千克。体重在竞技赛场上是有着非常重要作用的，特别是对于那些有直接身体接触、对抗性较高的运动项目，如足球、篮球、橄榄球等更是显而易见。所以，在此我们就来仔细说说如何通过营养以及正确的体能训练“吃”出体重的一些方法。

热量、人体吸收能力以及训练水平是影响体重变化的三个核心因素。吸收能力在接下来维生素中会做详细的介绍，这里主要介绍热量与训练对体重变化的影响。

人体吸收热量的来源途径主要有三个：碳水化合物、脂肪和蛋白质。依靠蛋白质摄入满足增加体重的热量总数是非常困难的，因为其本身所提供的单份热量并不高；如果依靠脂肪摄入来满足增加体重的热量总数，单从数量上来讲是肯定没有问题的，可是这样一来却容易导致自身脂肪比例大大增加，不仅与我们的体能训练目标相悖，更与基本的健康相冲突。训练者一定需要牢记一点，增体重并不等同于增肥，你要获取的是体重增加的情况下，脂肪比例不变或者有轻微的变化，如你的体重增长了10千克，但是你的脂肪比例却增加了百分之十，这显然是非常危险的。如果想满足热量的摄入总数并且确保优质，最应当选用的方式则是通过碳水化合物进行补充。在通过碳水化合物满足体重增加时，我们需要注意以下三点：

（一）合理的碳水化合物摄入

注意，这里写的是合理的碳水化合物摄入，而非高碳水化合物摄入。如果碳水化合物摄入过量，就会导致其无法消耗，最终以脂肪的形式存于体内，提高脂肪比例，增加了不必要的体重。虽然高碳水化合物的摄入方式可以让你在短时间内获取体重、肌肉围度，甚至力量的增加，但是却有碍于整体运动能力的提升，特别是在体能方面会凸显的十分明显。如果你不是健美或重竞技爱好者，没有必要采取高碳水化合物摄入的增重方式。

碳水化合物与氨基酸、蛋白质一样，都是维持生命基本活动的主要物质之一，主要来源于糖类、谷类、豆类、干性水果类、蔬菜类等，故很多朋友认为，减肥要多吃菜少吃肉，其实这是有一定误区的。因为很多根茎类蔬菜会带来大量的碳水化合物，而当其的摄入一旦超出身体接受的范围时，就会转变为脂肪。每日碳水化合物摄入的总量应在100克左右，但考虑到训练量以及增加体重的需求，这个数字可以提高到200克，甚至200克以上。但是这里所说的200克与我们习惯性理解的200克有着很大的差别，如大米，不是200克大米内就含有200克碳水化合物，因为真正的碳水化合物的计算方法是该食物的总重量，即200克大米，减去其脂肪含量，减去蛋白质含量，减去其各种纤维以及水分的含量，最后得到的数字才是碳水化合物的数量。很多朋友说我每天吃1 000～1 500克米饭，但这并不代表你摄入的碳水化合物总量就有1 000～1 500克，实际数字要比1 000～1 500克小很多。

碳水化合物的摄入量是个非常需要注意的问题，摄入过剩、超出身体接受范围，会导致在体内囤积脂肪。而一旦碳水化合物摄入低于自身需求，便会带来所有训练者最不愿意看到的一幕，即导致机体自动分解蛋白质来供能。很多国人普遍存在着这样一个减肥观念：即晚上或者一天中的某一顿饭完全不吃主食。这样一来碳水化合物无法供给热量给人体使用，人体只好分解体内的蛋白质来产生热量，而在蛋白质本身摄入就不够的情况下，继续被分解掉一大部分对于身体健康是十分危险的。所以这种减肥方式是极其错误的，也是对身体很不健康的。这也解释了为何健美运动员在减脂期间，需要摄入的蛋白质总量要大于长体重的备赛期。因为减脂期间要控制碳水化合物的摄入量，而这必定导致机体开始分解蛋白质来满足自身需求，如果不多补充蛋白质，非常容易在减脂的同时减去大部分肌肉。

（二）合适的食物选择

谷物类本身热量含量较高、价格低廉，是不错的选择之一；蔬菜以及水果类虽然碳水化合物含量不低，但能够提供的热量并不多，并不适宜作为热量的主要吸取途径来补充。热量的补充需要严格遵守一日多餐的原则，因为如果一餐中摄入过多的热量，会导致人体的消化吸收能力下降，脂肪更容易堆积。所以为了避免增体重变成增肥，体能训练者一定要严格遵循一日多餐均衡摄入的原则。此外，补充热量对于时间以及食物有很高的实效性要求，如早餐时的热量摄入渠道最好选择燕麦类，因为燕麦类本身易吸收，具有较多的热量，可以迅速提供在一夜睡眠后身体缺少的热量，快速被身体所利用。如果食用大米等不易消化的早餐，那么很容易影响一日多餐的效果。

（三）良好的心态

良好的心态对于做任何事情都是必须的，减脂如此，训练如此，增重亦是如此。增重时一定不能着急，因为其在刚开始的时候见效往往并不快，很多朋友喜欢每天去电子秤上看自己的体重是否有预期的变化，而体重的变化与测量时间、饭前还是饭后，甚至于喝水多少都有着较大的关系。这里建议一周一次的称量是比较合适的，配合着每周的食谱来对比着研究自己的体重变化是比较规律的。如果每日都去称量体重很容易造成心态失衡，进而影响自己的情绪和训练动力，甚至可能影响自身的激素分泌水平，这不仅对于增重和日常训练，甚至日常生活都是得不偿失的。

很多朋友都有着这样的一个问题，就是做足了“吃”的功课，但是自身体重变化依然不明显。他们把这归纳为自身吸收能力差，这里并不排除其中确实有些朋友吸收能力较差，但你不能保证中国成年男性平均体重比美国成年男性平均体重低21千克，是因为这些被抽样的人恰巧消化吸收能力都不好。既然排除掉了消化吸收能力的问题，营养又做的比较充足了，到底还有什么影响了体重和肌肉的增长速度呢？这其中与训练的选择密不可分，我们只就增加体重这个问题做简单的阐述：

体能训练分为两大类：有氧训练和无氧训练。其中有氧训练对于减脂、耐力的提高有着很好的作用；无氧训练对于改善力量、速度、爆发力效果更加出色。就增加体重一事，一定要适当控制有氧训练的次数，因为它会加快脂肪燃烧速度，甚至分解肌肉，而且会占用无氧训练时间，对于想尽快增加体重的朋友是不利的。我们要明白，限制有氧训练的次数并不等同于放弃有氧训练。有不少体能训练者为了增加体重就放弃最基础的有氧训练，这对于体能训练者自身的体能水平是有很强制约性的。我们建议体能训练者最好安排一周1～2次的有氧训练，既可以保证基础的体能水平，又有利于“有价值体重”的增长。

无氧训练在增加体重、获取肌肉中扮演着至关重要的角色。因为只有通过无氧训练，才可以让肌肉充分生长。我们所摄入的营养物质，如碳水化合物、蛋白质等，都是为了满足训练的需求。“吃”是无法吃出肌肉的，却可以吃出肌肉所需要的一切原材料。我们已经吃进去了肌肉生长和体重生长的所有原材料，如何把它们合理运用起来，就要靠我们的训练能力，特别是无氧训练能力的高低了，一般我们每日的无氧训练量应该控制在1个小时以内。对于新手，因为自身训练水平不高，很难控制好训练组间的休息时间，往往训练时间很难被控制，一定要注意训练时间不要超过两个小时，否则会造成因持续疲劳所带来的伤病隐患。在动作选择方面，要尽可能选择一些复合动作，如卧推、深蹲、硬拉等，这对于增加体重都是有不小帮助的。

训练跟“吃”一样，一定要注意心态。体能训练的见效速度其实没有“吃”来得快，因为营养是身体必需的，虽然可能有些营养之前没有摄入过或者摄入的比较少，但是身体对于它们还是有着一定记忆的。体能训练则不同，不是每个人都必须训练的，只有热爱运动的人才会需要它。而每个人都是从一点一滴做起的，凡是练出一定成果、一定水平的朋友，必是对体能训练持之以恒的。所以，跟“吃”一样，作者也非常强调训练心态的价值，这点希望广大热爱运动和训练的青少年注意，戒骄戒躁方为成功之道。

由此可见，在科学的无氧训练基础上，配合适量的有氧训练，做到热量、碳水化合物的合理摄入，并保持一个乐观踏实的心态，就有助我们获取肌肉，达到增加体重的目的。但有时体重增加却容易出现一种窘境，即所谓的对抗能力提高，却降低了速度和灵活性。其实这是一个很简单的伪命题，一般出现这种情况的体能训练者往往具备以下三种“病因”：

1. 本身训练不系统　即自身训练没有加入速度类、灵活类训练，这样即使不增加体重，随着年龄的增大，依旧会减慢速度和灵活性。

2. 增加过多胖体重　这是很有可能的，虽然肌肉数量增多，但是所占比例远远低于脂肪，导致自身肌肉质量反而下降，进而影响自身的速度和灵活性。

3. 大部分人存在的问题　即根本没有过亲身经历，只是自己想当然以为的结果。

关于速度和灵活类的训练，我们会在后面做详细介绍，这里主要介绍一下如何调节胖体重与瘦体重增长的问题。对于训练者，需要提高的是瘦体重，即一定要通过减少脂肪摄入，增加肌肉数量来达到增重的目的。如果我们的目标是快速增加体重的话，那么肯定会增加较大比例不必要的体重，即脂肪——胖体重。如果想要增加瘦体重，那么就一定不能快速，增长周期就要拉长。但是要想提高瘦体重增加的速度也不是没有办法，即允许胖体重的增加，再通过高强度的减脂训练“净化”体重。健美或重竞技爱好者是这种方法的追随者，它不仅可以短时间内让体重快速增长，更不会有碍于运动能力的维持或提升。只是这种方法对于体能训练者自身的营养与训练能力要求极高，特别是减脂期间，如果自身能力不足，很容易出现力量的极速衰退。

竞技体育中有两大天然优势——身高和力量。前面讲到如何通过“吃”和训练来获得力量中的一部分——体重，那么如何获得力量中另外一部分，也是较为关键的一部分——肌肉和神经所共同释放的主动力量呢？是不是也可以通过“吃”来获取我们梦寐以求的爆发力、弹跳、速度以及绝对力量呢？

四、肌酸与锌镁元素——吃出你的爆发力

如果做好了蛋白质、氨基酸、碳水化合物的摄入，对于构建营养工程如同打好了地基，至于如何在上面添砖加瓦，让它富丽堂皇，就需要做好从现在开始所讲的剩下几篇内容了。碳水化合物、氨基酸与蛋白质等基础，决定了我们营养摄入水平的下限，而从现在开始所讲的，则是决定了我们营养摄入水平的上限，即决定我们能够“吃”出什么样水平的核心问题，也是业余体能训练者营养水平过低的根源所在。

“吃”出爆发力和力量并非是哗众取宠的，根据科学研究表明，体能训练者可以在针对性极强的力量训练基础上，摄入某些特殊营养来让我们的力量或爆发力得到更快进展。如果我们通过体能训练可以用10个月的时间达到某种力量能力的训练目标，但是通过体能训练配合特殊营养的摄入，我们便可以缩短达到目标的时间。

看到这里想必不会有哪个体能训练者不动心，但关于这类营养是否会对身体健康有影响可能是唯一让他们纠结的问题。对此体能训练者大可不必担心，因为我们所讲的可以“吃”出爆发力和力量的营养，都来源于我们日常食谱中经常会吃到的东西。只要不是过度摄入营养，就不会对我们的身体健康有着任何不利的影响。

这类神秘的、能够“吃”出爆发力和力量的营养主要有两大类：肌酸与锌镁元素。

（一）肌酸

肌酸是由甘氨酸、甲硫氨酸以及精氨酸所合成，也可以从食物里面摄取。肌酸其实也是氨基酸的一种，我们日常训练所需要的能量来源方式基本都是ATP供能（ATP是三磷酸腺苷的缩写，它是一种含有高能磷酸键的有机化合物，它的大量化学能就储存在高能磷酸键中，是生命活动能量的直接来源）。ATP在人体中的“存货量”非常少，一旦身体进入体能训练状态，ATP就会快速消耗，让身体产生疲劳感。肌酸本身可以快速合成ATP为身体供能，故摄取肌酸可以缓解肌肉疲劳。而一旦肌肉的恢复速度加快，便会带来肌肉增长与力量增长速度的提高。当然，肌酸的存储也不是没有限制的，这点好比给一辆车加油一样，油箱加满后油自然会溢出来，不仅不会再对汽车行驶有好处，甚至还会有阻碍。人体的肌酸摄入也是同样的道理，当你的摄入量达到一个峰值以后，无论你再摄取多少肌酸都不会改变当下体内肌酸的存储量。这也是为何肌酸类补剂要求“用一个周期，停一个周期”的服用法则的原因所在。

肌酸普遍存在于肉类与鱼类中，其中含肌酸数量最多的当属牛肉。对于一个体能训练者，一日肌酸的摄取量最低为5克，而作为肌酸含量最丰富的牛肉，每1千克只能提供2克肌酸。如果要达到5克肌酸的基础要求，一天必须摄入2.5千克的牛肉，这还没有计算上人体对于牛肉并不高的消化和吸收能力，故如果想从食物中单纯摄取肌酸是很不现实的。

肌酸摄入不足会引起体能、肌肉和力量增长速度减慢的问题，相反摄入过量也会导致一些问题。由于肌酸本身需要足够的水分进行水合作用，最大限度发挥自己的功效，故过多摄入肌酸必定带来过多的水分摄入，极易引起增加人体水重的问题。如果过多摄入肌酸的同时没有摄入足够多的水分，水合作用难以进行，则会造成机体的代谢负担，让内脏器官承担更多的压力。另外，一定要注意控制咖啡因类饮料的摄入，因为咖啡因对机体起脱水作用，会进一步影响肌酸在肌细胞水合作用中的效果。

肌酸的摄入有几个需要特别注意的时间节点：例如，训练前半个小时到四十五分钟，摄取肌酸能快速补充能量，提高训练水平；训练后立即补充肌酸，可以促进恢复和力量增长。

摄取肌酸需要注意的最重要问题在于肌酸要如何与体能训练计划相匹配。现在很多年轻人急于求成，希望短时间内通过“速成法”一步登天。所有的所谓“速成法”都是没有科学依据，对持续进步毫无益处的。满足肌酸摄取量的同时，切忌过度训练和轻易打破原有的体能训练模式。肌酸是一种营养，它不是药物，不能给你上天入地的变化。训练是一步一步进行的，营养也是一点一点摄取的。对自己有要求是好事，提高训练强度、频度也是好事，但这些一定要建立在自身训练水平真实进步的基础上。否则极易导致自己的训练姿势变形、偷懒、组间休息拉长，甚至出现肌肉、韧带、关节等部位的伤病。我们可以允许自己进步速度缓慢，甚至暂时的停滞不前，但绝不能允许伤病的出现。一旦你受到毁灭性的伤病打击，毫无疑问对于运动生涯是噩梦。

（二）锌镁元素类

提高力量和爆发力主要有三种途径：提高恢复速度和肌肉合成能力；提高睾酮激素分泌水平；提高专项的力量训练。肌酸可以提高爆发力和力量，是通过加速人体恢复速度与肌肉合成能力做到的。锌镁提高爆发力和力量的方法，则是通过提高睾酮激素分泌水平来增进爆发力和力量的。

睾酮又叫做睾丸素，是一种由生殖器官、肾上腺分泌的激素。不论是男性还是女性，都需要一定的睾酮激素水平。睾酮水平高低对于提高肌肉强度、肌肉力量，提高性能力都有着至关重要的作用。成年男子睾酮分泌量一般是成年女子的20倍左右，这也解释了为何男性普遍力量要强于女性的原因。相比起来，睾酮分泌水平越高，力量训练能力也就越强。提高睾酮分泌水平一般有两种途径：通过训练、饮食和补剂达到的内援性方法，即通过天然无害的方式刺激自身睾酮分泌；通过药物类达到的外援性方法，即通过注射来提高睾酮分泌，这种方法对人体是有害的，我们不做推荐。这里主要讲解内援性提高睾酮分泌的两种办法。

锌可以促进生长发育，增强人体免疫力，提高性能力。锌元素每日的摄入量对于一个训练者应在30毫克左右，如果摄入不足会引起发育不良、肌肉进步缓慢等问题；如果摄入过高也会引发锌中毒等问题。对于中国家庭传统的饮食习惯，极易造成锌摄入不足的问题。因为锌主要来源于海鲜、肉类、贝类等荤食，常见的食物有生蚝、牡蛎、蚌类、猪肝、贝类等。

镁是人类所必需的常量元素，而非微量元素，它在蛋白质的合成中扮演着重要的角色。镁还会影响人的情绪好坏，摄入不足会导致情绪不安和易激动等问题。另外，很多人容易在睡眠时发生腿部抽筋的情况，绝大多数人把这个归结为缺钙，但从人体对镁的需求来看，镁元素匮乏也会诱发这种现象。按照中国家庭日常饮食的特点，镁类营养一般不用担心摄入量不足的问题，因为镁营养大都存在于谷物、蔬菜、猪肉与豆腐中。此外，国人所一直认同的“壮阳草”——韭菜，该草本植物的作用并没有被科学实验所证明。韭菜中锌镁含量很低，对于刺激睾酮激素分泌水平效果并没有传说中的那样神奇。

据美国NCAA大学生体育协会研究表明，通过摄取锌镁类营养物质，可以使人体总睾酮水平上升最多达30%。这是一种健康、对身体无害的天然补充方法。并且，锌镁类营养还可以提高体能训练者的睡眠效果，会让其获取深度睡眠，加速身体的恢复与肌肉的合成。

关于锌镁类营养补充的时间与注意事项问题，首先要明白因为锌镁类营养对于睡眠质量有着不错的提高，故晚餐的锌镁营养摄入要稍高于其余几餐。其次，由于锌镁类营养，特别是锌类营养多来源于肉类、海鲜类，所以一定要提高维生素B_6的摄取量，以满足身体的代谢需求。

通过摄入锌镁类营养，是可以提高自身睾酮分泌水平约30%，但是这个周期是比较长，速度是比较慢的。要想加快睾酮分泌水平的提升，必不可免的要加入力量训练，即促进睾酮激素分泌类训练。

判断一种训练模式是否可以促进睾酮激素分泌主要有三个标准：其一是自由动作，即最天然的、日常生活中随处能用到的动作，如深蹲、推举、箭步蹲、硬拉等，而非器械飞鸟、坐姿器械划船、卧推等用器械设计出来的动作。自由动作最大的好处是在力量的提高速度以及溢出效应方面都十分突出；二是大重量，确保训练负荷不低于极限重量的80%，大重量训练对于提高神经控制能力、平衡能力、协调能力，促进睾酮分泌都有着极大的效果；三是长组间休息，一般促进生长激素分泌类训练，即以增肌为目的的训练，组间休息在1～2分钟左右，最多不会超过3分钟。健美类训练则更短，缩短到40～60秒之间。而促进睾酮激素分泌类训练的组间休息一般在2分钟以上，甚至要在3～5分钟为最佳。因为休息时间过短，会影响神经系统的恢复程度，此时仓促训练容易造成肌肉和关节的伤病，影响训练成绩。

在所有的促进睾酮激素分泌类训练动作中，作者着重推荐的是全蹲。作为力量训练的核心动作，全蹲在促进睾酮激素分泌方面有不可忽视的作用，是最有效、最基本的动作。针对性强的营养摄入是可以很好提高我们自身力量和爆发力的，但是它们同样需要一个非常完善的训练计划来充分激发自己的能量，不能光吃不练。

蛋白质是为了满足训练的基本要求，氨基酸决定了蛋白质的优劣，进而决定了体能训练效果能发挥几成的问题。碳水化合物帮助我们获取提高身体素质的基本体重和肌肉，而肌酸和锌镁类元素却为我们提高身体素质提供了优质的素材。如何让我们所获得的素材有效的相互结合起来，还需要优质的“黏合剂”将它们全部组合在一起，在构建营养工程中充当“黏合剂”的自然是扮演消化吸收重要角色的维生素类营养。

五、维生素——不可或缺的“黏合剂”

对于运动员，本身最为缺少的往往不是蛋白质与氨基酸；也不是碳水化合物；更不是锌镁、肌酸等可以提高力量与爆发力，促进睾酮激素分泌水平的营养，而是我们往往所不以为然或者不愿意摄入的另类营养物质——维生素。虽然维生素在中国家庭的饮食习惯中是司空见惯的，几乎占据着日常饮食的绝大部分，但事实上我们所摄入的维生素往往并非是人体或者说体能训练所需要的维生素，对于提高我们的运动能力用处并不大。此外，维生素摄入不足也是一个常被人忽视的问题，我们常说多吃菜，那么何为多吃菜？吃多少才算是足够？据科学研究，对于一个体能训练者，每天所需摄入蔬菜的总量要至少与所摄入的肉类总量持平。如果所摄入的肉类属于不易消化的，如牛肉等，那么所需的蔬菜量还要更多。在此我们就种类与数量这两大问题，详细介绍维生素是如何在构建营养工程中扮演“黏合剂”这个关键角色的。

维生素共分为水溶性维生素和脂溶性维生素两大类。其中水溶性维生素包括维生素B和维生素C；脂溶性维生素则包括维生素A、维生素D、维生素E和维生素K等。

（一）脂溶性维生素

1. 维生素A　又名视黄醇。维生素A对于维持视觉、骨骼的正常生长发育有重要作用。对于体能训练所需，维生素A摄入缺乏会降低蛋白质的利用率，导致肌肉生长缓慢，甚至还会影响生殖问题。普通成年人每日摄入量在5 000IU左右，如果摄入超过50 000IU的维生素A，便会引起中毒。维生素A主要存在于绿色蔬菜里面，如菠菜、生菜、西兰花以及动物肝脏、牛奶、胡萝卜中，都含有丰富的维生素A。绿色蔬菜与胡萝卜中平均100克中含有高达5 000IU的维生素A，看似维生素A补充起来非常简单，但我们忽略了两个所有维生素摄入时都会面临的非常严重的问题——否能够保持足够的维生素原有量与所摄入的维生素是否被消化的问题。

就中国家庭饮食习惯来看，以蔬菜为主的饮食方式是不需要担心维生素A补充的问题。但维生素A本身极不耐高温，煎、炒、炸等能够改变蔬菜本身颜色的烹调方式，都会影响维生素A的原有量。其次就是维生素A摄入是否能够消化的问题，维生素C对于维生素A具有破坏作用，特别是对于喜欢吃水果的朋友，一定需要注意维生素A的摄入量。多食用富含维生素E的食物是可以促进维生素A的消化吸收的，这点也要多加留意。

2. 维生素D　维生素D主要作用在维持骨骼强度，减少肌肉萎缩，缓解关节疼痛，促进青少年身体发育等方面。这些作用几乎都是体能训练中不可或缺的，其营养价值非常之高。维生素D的补充方式有两种：一种是通过食补的方式，即摄入含有维生素D的食物；一种则是通过晒太阳将体内的胆固醇转化为维生素D。动物肝脏、三文鱼、金枪鱼、沙丁鱼、蛋黄、牛奶中含有丰富的维生素D，每日最多摄入量不要超过2 000IU，超过这个量便会引起中毒，如头晕眼花，食欲下降等症状。当然维生素D的摄入也不能低于1 000IU，不然对于骨骼维持与发育，肌肉增长都是不利的。与维生素A类似，维生素D也要避免煎、炸、爆炒等高温烹调方式。

3. 维生素E　维生素E近些年来以其对更年期综合征、美容等方面的“疗效”而为世人所熟知，但其对体能训练所需的营养补充也有着重要的作用。维生素E可以提高雄性激素或者雌性激素的分泌水平，延缓衰老，降低胆固醇水平，缓解关节炎症。有言：“女人用维生素E来美化面容，男人则用维生素E来美化肌肉”就是这个原因。维生素E摄入过多会影响维生素D和维生素A的吸收，这点与维生素C会破坏维生素A类似，故维生素E也是一种需要特别准确计算摄入量的营养。此外，维生素E最好配合肌醇类食物可以发挥最大功效，富含肌醇的食物有动物肝脏、花生、橄榄菜等。维生素E多存在于绿色蔬菜、坚果、植物油、大豆、鸡蛋等食物中，体能训练者每日维生素E的摄入量为300IU，因为维生素E本身惧光，故补充维生素E一般采用维生素E胶囊。

（二）水溶性维生素

1. 维生素B　维生素B是一个很复杂的复合群，包含着多种维生素B，它们对于调节代谢水平、肌肉生长、提高免疫力和神经系统能力起着不同的重要作用。

2. 维生素B_1　有着促进人体成长，维持神经系统以及肌肉正常活动，帮助碳水化合物消化的作用。如果摄入不足，会直接导致人体消化能力降低的问题，即我们之前所说“怎么吃都不胖”的一个原因——消化能力太差。维生素B_1是水溶性维生素，摄入量较多对身体是没有副作用的，因为多余的部分会完全排除体外，不会逗留在体内。维生素B_1多存在于谷物类、豆类、干果以及绿色蔬菜中。其单纯摄入的效果比较低，最好与维生素B_6、B_{12}一起均衡摄入才会更高效。

3. 维生素B_2　最大的用处在于可以参与碳水化合物、蛋白质以及脂肪的代谢，进而提升蛋白质的利用率，促进肌肉和力量生长。维生素B_2主要存在于蛋黄、动物肝脏、鳝鱼、胡萝卜、鱼类、橘子中，缺乏维生素B_2最典型的特征就是会导致口腔溃疡。与维生素B_1一样，维生素B_2最好是结合维生素B_6、B_{12}一起均衡摄入，以达到事半功倍的效果。

4. 维生素B_3　又名烟酸，有扩张血管、提升血液循环能力的作用，适合增肌或健美训练的最基本要求，即所训练部位明显充血，这是非常重要的。氮泵类补剂的根本目的就是在于促进充血效果，故也会添加一些烟酸。维生素B_3较多存在于牛肉和猪肝中。

5. 维生素B_6　其重要性不言而喻，越多摄入鱼肉等富含蛋白质的食物，越需要加大维生素的摄入，特别是维生素B_6。缺乏维生素B_6的最典型现象便是蛋白质利用率低，即所谓的消化吸收不良，“吃再多肉都不长胖”。另外，维生素B_6摄入不足，是无法发挥锌镁对于提高力量和爆发力的作用。对于一个体能训练者而言，每日推荐的维生素B_6的摄入量在10毫克左右。一般富含维生素B_6的食物有白米、酵母粉、蔬菜等。与其他维生素一样，富含维生素B_6的食材也要避免不健康的烹调方式，以避免破坏食材所含有的维生素B_6。

7. 维生素B_8　虽然不常见，但在体能训练所需营养里面起着绝对不容忽视的作用，它可以帮助脂肪、氨基酸、碳水化合物代谢，提高蛋白质合成水平，缓和肌肉疼痛。维生素B_8存在于动物肝脏、鸡肉、羊肉、蛋黄、牛奶、豆类以及干果中，水果与蔬菜中含量很低。

8. 维生素B_{11}　即叶酸，对于氨基酸与蛋白质的合成同样起着十分重要的作用，一般水果和蔬菜中都含有丰富的叶酸。

9. 维生素B_{12}　它的作用非常类似于氨基酸的作用，即起一个调节平衡的作用，可以使脂肪、碳水化合物以及蛋白质被身体适当使用。另外，维生素B_{12}对于健全神经系统能力，提高叶酸的利用率都是有积极作用的。维生素B_{12}缺乏会引起牙龈出血和食欲不振。动物肝脏、牛肉、鸡肉、鱼类、蛋类、乳制品中都富含维生素B_{12}。

10. 维生素C　又名抗坏血酸，对于提高胶原蛋白合成，治疗坏血病，防止牙龈出血有着重要作用。对于体能训练者而言，每日高强度的训练会挥洒大量的汗水，带走大量的维生素C，人体为了恢复体力就必须要摄入大量的维生素C，以满足训练和机体需求。维生素C存在于水果和部分蔬菜中，其中樱桃、猕猴桃、彩椒含量最为丰富。对于体能训练者，每日需要摄入1克左右的维生素，因为训练者比常人消耗的维生素C更多。不要忘记维生素C对于维生素A的破坏作用，当我们摄入大量维生素C以满足体能训练需求的时候，千万不要忘记加大摄入维生素A，避免蛋白质利用率过低。

维生素的摄入时间也要注意一日多餐、均衡摄入的问题，只不过在两顿正餐中，维生素的摄入方式多是通过蔬菜等途径，而在加餐中则是选择通过水果等简易途径来补充的。

不夸张地讲，维生素虽然在构建营养工程里只是扮演着黏合剂的角色，但这个角色的重要性丝毫不亚于打基础的三位“主演”——蛋白质、氨基酸和碳水化合物。这三位“主演”都是可以通过单纯的两三种食物就可以满足的营养，而维生素则需要五六种，甚至更多的食物来满足。

有了牢固的基础，优质的材料，足够放心的黏合剂，要想让一座“房子”够气派、有品位，还需要一定水平的内部装潢。不然，这只是一座坚固的、十分普通的“房子”而已，与别的“房子”没有任何不同。在我们构建营养工程中亦是如此，如果只满足之前所提到的“三大基础”“优质材料”和“放心黏合剂”，我们所训练出来的身体素质往往较为平庸，导致这个现象出现的最重要原因就是脂肪的含量。脂肪含量是我们构建营养工程所需的必备内部装潢，是决定我们整体营养和训练水平是否“漂亮”的重要因素。

六、脂肪——健康身材的“杀手”

脂肪是身体供能的主要来源之一，它可以维持体温和保护内脏，并且提供人体所必需的脂肪酸。长时间内零脂肪摄入的减脂方法是既不健康也不现实的。虽然碳水化合物、蛋白质可以代替脂肪承担供能的作用，但却无法提供脂肪酸和维持体温。零脂肪摄入对于食品自身的质量和烹饪能力都有极高要求，同样难以实现。脂肪长久以来被扣上“导致身体发福的罪魁祸首”的帽子，其实脂肪本身是无罪的，因为人体正常生理活动需要脂肪参加，而人体之所以出现发福，主要是因为脂肪摄入量过多，并且没有充分的运动进行燃烧的原因。每日脂肪摄入量不要超过总能量的30%，但对于体能训练者应为10%左右。如果脂肪摄入量过低也会带来一些负面影响，如直接导致的每日所需热量的不足，进而影响我们的体能训练与基本健康。

并不是所有的人都想增肌增重，有一部分人希望通过一些“快速”的方法来减脂减重。导致他们出现肥胖的原因无外乎以下四种：第一，不健全饮食，即饮食习惯不合理，对于热量、脂肪等易发胖食物摄入过多；第二，不良的作息习惯，打破了内分泌水平导致发胖；第三，即我们前面所提到的水重的问题；第四，不运动所导致的脂肪无法被燃烧。

无论你属于这四大类中的哪一类，在减脂减重期间一定需要保持耐心，任何过快速度增重减重的方法都是有违正常生理需要的，都是会有许多负面作用的。我们可以通过科学饮食搭配、针对性训练的方法来达到我们的目标。

（一）饮食

1. 高脂肪食物　脂肪摄入过多是导致体脂比例上升的最重要原因，我们在日常饮食中一定要做好避免摄入脂肪含量过高的食物，如猪肉、坚果类、植物油类、动物肝脏、油炸类食品、方便面、甜点、冰淇淋、雪糕、奶油、奶酪制品等都含有极高的脂肪，是我们在减脂减重期间一定要杜绝摄入的。你可以选择无油烹调方式，用鸡肉、鸡蛋等食品进行替代高脂食品。

2. 高热量食物　能够释放过多热量的高热量类食物也会影响减脂减重的进程，如豆类、谷物类等。因为它们往往是日常饮食的必需品，我们很难做到完全不摄入，所以只有在摄入量上进行严格控制，并且一定要遵守一日多餐的基本原则。

3. 特殊食物　除去高热量、高脂肪食物以外，还有几类食物因为特殊制作方法，如含盐偏高的食物、罐头类食物、烧烤食物、酒类以及糖类等也会给予肾脏过多压力，诱发肥胖，影响减脂减重的效果。

关于减脂减重时期饮食摄入的基本法则，主要有四点：一是注意易发胖食物的摄入量问题；二是注意摄入时间的问题，一定要做到多餐均衡饮食；三是注意摄入途径的问题，减脂减重期间一定要避免油类、盐类、酱类等烹调方式，高盐、高糖和高热量食物的摄入，这会极大地影响减脂减重的效果；四是一定要注意支链氨基酸的摄入，因为支链氨基酸可以在减脂减重期间防止出现肌肉因为饮食或训练调整所导致的大量衰退。

饮食对于减脂减重而言占有着主导地位，但是相应的训练也非常重要。因为单纯靠控制饮食来减脂减重，一是速度比较慢；二是容易造成原本肌肉的大量流失。如果要想提高肌肉质量，就要在肌肉数量不变，甚至增多的情况下，尽可能减少脂肪含量。而肌肉数量与脂肪含量同时降低，对于肌肉质量也没有实质的改善。

（二）训练

在减脂减重期间，有氧训练是我们总体训练的核心，它对于增强心肺耐力，降低血压，燃烧脂肪有着很好的作用。有氧训练有很多种存在形式，如游泳、跑步、自行车等运动。但不是所有的游泳、跑步、自行车等运动都是有氧训练，因为有氧训练本身有着很多要求：第一，每次有氧训练需要至少在20～40分钟；第二，有氧训练一定要让心率保持在150次/分钟，故类似动感单车、折返跑等心率不固定，时常超过150次/分钟的训练方式并不是完全意义上的有氧训练，减脂减重的效果也会大打折扣；第三，有氧训练最好放在无氧训练之后，这样可以更好地发挥有氧训练的效果；第四，每周的有氧训练要至少在两次以上，但不要多于四次，因为有氧训练本身也是训练，人自身也需要恢复时间。

与增肌增重时需要面临胖体重增加的问题一样，减脂减重时也有着自己的训练烦恼：即肌肉和力量的大量流失。如何避免这个问题呢？主要有两个办法：力量训练和相关补剂。

1. 力量训练　减脂期间随着脂肪的降低，必定会带来力量的减少。因为一定的脂肪比例是高力量的必备物质，除非是非常成熟、训练水平极高的训练者，不然很难保证在低体脂的情况下，有一个不错的力量状态。这也解释了为何绝大多数健美运动员的力量水平远远无法与力量举、举重、大力士运动员相比的原因。减脂期间，力量有退步是不可避免的，但是我们要尽可能做到少退步，这时便需要安排一定的力量训练，也就是无氧训练。

2. 相关补剂　因为减脂减重控制饮食的缘故，如果想单纯从食物里获取营养来保护肌肉是很难的，这时你便需要摄入一定的运动补剂，如针对性极强的支链氨基酸。

减脂减重与肌肉和力量之间有着很复杂的关系，因为每个人情况不同，不是每个人的减脂减重都会带来肌肉与力量的减弱，这里需要具体问题具体分析：

（1）自身体脂超标，体重超重，没有经过很多力量训练的训练者：最好的办法就是把力量训练和有氧训练结合起来，正常饮食即可，无须特殊的增肌食谱或者减脂食谱。因为他们本身训练时间短，很容易通过训练的手段减少脂肪含量。

（2）自身体脂一般，体重不足，没有经过很多力量训练的训练者：他们目前最需要的不是减脂减重，而是通过训练和营养的手段来增加瘦体重。因为他们自身体脂并不高，如果继续减脂减重，必定给其本身就不高的力量水平带来进一步打击。

（3）自身体脂较高，经历过长时间力量训练的训练者：这类训练者一般是参加重竞技的运动员，如大力士、力量举运动员。对于这部分训练者而言有两条路可以走，一是可以继续维持现有的体脂水平，继续通过力量训练来提升自己的能力。二是加大饮食的控制和有氧训练的训练量，因为体脂过高也会影响自身力量状态，并且体重降低有利于自身比赛级别的转换。

（4）自身体脂一般，经历过长时间力量训练的训练者：与第二种情况一样，通过训练和营养的手段继续增加瘦体重，让自己变得更加强大。

在减脂减重期间训练者需要注意避免以下几个经常容易出现的误区：首先是减脂减重期间零肉类的摄入情况，特别是红色瘦肉可以提供很多训练者（肥胖人士）所喜欢的“脂肪搬运工”——左旋肉碱。左旋肉碱作为氨基酸的一种，其对于减脂虽然有一定的作用，但没有像许多广告中吹得那样神乎其神。如果你的体内并不缺乏这样一种氨基酸，那么摄入再多的左旋肉碱对于减脂同样是毫无帮助的。其次训练者还应注意保持正常的饮食与作息习惯，不少受脂肪困扰的朋友喜欢在减脂减重期间打破惯有的饮食与作息习惯，如减少某一顿正餐的摄入，这种现象不仅会影响减脂减重的效果，更会摧毁基本的生理健康。一些女性、年轻人往往是这种极不健康，效率极低的“减脂减重方法”的追随者。此外，在对待脂肪多少与体重大小问题上，我们需要清楚这样一个问题，即体重的降低并不一定代表着脂肪的降低。如果你的训练和营养水平不高，在短时间内却出现了较大程度的体重变化，最有可能的并非脂肪得到了足够的燃烧，而是肌肉、水分等流失所致。脂肪本身是非常顽固的，如果没有出色的饮食计划、有针对性的训练安排，想燃烧它是十分困难的。很多训练者或普通人都有这样的问题，就是把体重与脂肪的概念混为一谈。体重好减，但如何在减去体重时尽可能少的影响肌肉、维持身体健康则是一个很重要的课题。

控制脂肪比例能力的高低也直接决定了我们构建营养工程的好坏，能否让我们从这个工程中获取我们想要的运动能力，脂肪比例是非常关键的一环，也可以说是决定一个优秀训练者与普通训练者差距的一环。一座完美的房子还需要一个结实的房顶，没有房顶的房子无法在恶劣环境下保护室内居住者的健康。对于营养工程而言，这个“房顶”就是一种可以保护我们关节、韧带健康的营养物质。

七、关节保护的营养素

在作者看来，构建营养工程中最重要的不是三大“地基”；不是可以提高力量的肌酸和锌镁元素；不是促进消化，黏合多种营养的维生素；更不是决定身体素质更上层楼的控制脂肪比例，而是在这一节所要讲的关节保护类营养。因为没有它，前面做的再出色、再完美，大厦都会有随时倾倒的危险。一旦大厦倾倒，再想于废墟之中重建，不仅仅要考虑建造者的内心情感，更要考虑建造者的年龄大小问题。青春不再，大厦已倾，我们所需要建造的不是一座随时会倒塌的营养工程，而是一座可以任凭风吹雨打，我自屹然不动的长久建筑。

一个运动员水平的高低不是他的技术有多么好，速度有多么快，而是他避免伤病，保持身体健康的能力有多强。关节与韧带是所有训练者（运动员）都最容易受伤的部位，关节的强大与否直接决定着我们运动寿命的长短，而保护关节的方法主要有三种：营养、护具和训练。在此我们只讲解营养部分，剩余两种方法会在后面再进行详细讲解。

不可不知的维护关节健康的五大类营养：

（一）鲨鱼软骨

鲨鱼软骨中富含ATT，即抗新生血管生长因子，对于风湿性关节炎有着不错的疗效。鲨鱼软骨中富含软骨素，可以活化人体结缔组织，重建关节软骨，对于因运动类伤病所造成的关节软骨缺失、关节软骨退化都有着很大的帮助。

（二）硫酸软骨素

硫酸软骨素多源于动物的软骨中，如鲨鱼、鸡、牛等，故所谓的“以形补形”从关节保护角度讲是有一定道理的。硫酸软骨素可以有效地缓解关节疼痛，清除关节内废物，促进关节软骨修复。

（三）胶原蛋白

胶原蛋白除去广为熟知的美容养颜的功效外，对于人体的骨骼、关节、软骨、肌肉都起着保护和修复的重要作用。鸡翅、牛蹄筋、猪蹄、海参等食物中都含有丰富的胶原蛋白。

（四）葡萄糖胺

葡萄糖胺是关节软骨的重要组成部分，可以帮助修复关节软骨，并且刺激软骨细胞生长。葡萄糖胺是治疗运动类伤病的黄金营养，对半月板损伤、骨质增生、关节炎、髌骨软化、滑膜炎、肩周炎、腰椎间盘突出等常见伤病，都有着一定的疗效。葡萄糖胺广泛存在于虾、螃蟹等的甲壳中，多食用有利于重建关节软骨。

（五）钙

钙作为骨骼发育的基本原料，对于维持关节及软骨健康也起着非常重要的作用。据调查表明，有九成的国人始终处于钙的匮乏状态。因为咖啡、浓茶、盐、烟、酒、碳酸饮料都会导致钙的大量流失，所以我们应当加大油菜、奶制品、牡蛎、豆腐、橄榄菜等含钙较高食物的摄入量。此外，钙的补充也要注意吸收方式和补充时间，因早晨人体对于钙的吸收能力最强，故应当多摄入含钙高的食物。我们还可以通过多做运动、多晒太阳的方式，提高血液循环，增加维生素D来加强钙的吸收。

摄入关节保护类营养时，一定要注意多种营养均衡摄入的原则，五种营养搭配食用，才会发挥关节保护类营养最大的功效。关节保护类营养是需要长期持续补充才能让我们感受到它的神奇和功效的，训练者切忌“随意性”的饮食方式。

至此，训练所需的七大营养已全部讲解完毕，其余一些常量与微量元素，不是说不重要，而是对于训练而言没有这七大营养需求度高。我们在补充这七大营养的时候，一定要注意摄入量和摄入方法，这是每一个训练者，特别是处于中国饮食习惯下的训练者最需要处理好的问题。如果说训练考验的是一个人的刻苦程度，那么饮食考验的就是一个人的持久度和心态。只有踏踏实实，一步一个脚印，才会收获到这七大营养带给你的惊喜。

对于大部分体能训练者而言，因为工作、家庭、食物摄入量等原因，每日很难单纯通过饮食来满足这七大营养的摄入量。故大家往往会选择运动类补剂进行相应补充，而它们一直也饱受大家的质疑和猜测。我们接下来便仔细分析一下几类使用范围较广的运动类补剂，为广大体能训练者呈现运动补剂的“真实面目”。

第二节　不容忽视的运动补剂

关于补剂的十件事

长久以来对于运动补剂的评价往往褒贬不一，在具体的讲解开始前，我们先就有关运动补剂的一些褒贬进行理性的分析，让每一个体能训练者及普通人看清运动补剂的真实面目。

（一）运动补剂是药物吗?

药物指能影响机体生理、生化和病理过程，用以预防、诊断、治疗疾病和计划生育的化学物质。单从定义上看，给蛋白粉、增肌粉等扣上影响生理或生化过程的帽子，或者冠以“吃了就可以瞬间变身”等称号都是十分可笑的。并且，运动补剂的来源是普通的食物，你总不能说日常所吃的牛肉、鸡蛋都是药物吧?

（二）运动补剂是什么?

运动补剂主要是通过化学等高科技手段，将人体日常生活或体能训练所需的营养从食物中进行高浓度的提取，达到易携带、易摄取、易吸收等保养身体、提高运动能力目的的营养品。

（三）运动补剂真的完全来源于食物吗?

这个问题其实就跟问“所有的食物都是安全的吗？”一样让人无法回答，没有谁能够保证市面上流通的补剂都是健康、完全来源于食物的，因为毕竟其中涉及品牌、利益等龙蛇混杂的因素在内。

（四）运动补剂会带来副作用吗?

我们讲过，一些营养如果摄入过量，会对身体健康带来很大的损害。那么来源于基础食物的运动补剂同样也无法避免因摄入过量所带来的对于身体健康的伤害，如让你一次性吃掉一桶蛋白粉，这显然是拿自己生命当儿戏。

（五）运动补剂可以短时间提高运动能力吗?

这其中不存在短期内迅猛提高的可能性，除非是某些刺激神经兴奋性的补剂，如氧化氮类补剂或者真正的药物，如类固醇等，否则不会短期内让你看到自身运动能力的巨大提升。即使是强如类固醇等药物，也需要使用至少一个周期的时间，何况基础的补剂?

（六）运动补剂停用后会导致身体健康的下降和运动能力的衰退吗?

运动补剂对于身体健康、运动能力的提高，在于加大了体能训练者自身对于营养的摄取量和吸收能力。只有充分摄入多种营养，才可以构建好我们自身的营养工程，给予身体健康和训练效果最大的提高。我们之所以使用运动补剂，其根本出发点在于弥补通过基础饮食所无法满足的营养种类和数量。一旦你停止了运动补剂的使用，又不注意加强原本就薄弱的基础饮食，自然会带来身体健康的下降以及运动能力的衰退。

（七）运动补剂可以替代基础饮食吗？

运动补剂虽然在吸收能力、营养种类以及数量方面都包含了基础饮食，但是它并不能替代基础饮食。基础饮食的重要性是不能忽视的，是任何补剂、药品都无法替代的。使用运动补剂期间，基础饮食至少要维持以往的水平，在某些不宜过量服用的营养方面可以酌情减少基础饮食量，但不能完全不摄入。

（八）运动补剂需要大运动量配合吗？

这个问题理应是毫无疑问的，因为只有大运动量才会导致身体需要更充足的营养供给，如果运动量不足则会导致摄入的营养过剩，给内脏器官带来较大的压力。我们一定要注意避免因为运动补剂的使用，就盲目给自己提高体能训练负荷这种“自杀式”的训练方法。

（九）靠运动补剂获取的都是“假肌肉”“假力量”吗？

看问题一定要客观，合理使用运动补剂是一种对于完善自身营养水平非常有价值的事情。不使用运动补剂可能有这样或那样的主客观理由，其中有一些完全可以被理解。如果因此就忽略了营养的概念，甚至以不使用运动补剂为傲，拿无知当光荣则是十分可笑。

（十）运动补剂与营养补剂有区别吗？

运动补剂并非营养补剂，它们与市面上所售的营养品有本质上的不同。主要表现在三个方面：第一，营养种类不同。如氨基酸种类含量的多少问题；第二，营养质量不同。如植物蛋白粉与正氮蛋白粉的差距；第三，针对性不同。营养品中少见有专门的肌酸类补剂、氧化氮类补剂或碳水化合物类补剂，针对性较差。

一、蛋白粉

蛋白质、氨基酸和碳水化合物是构建营养工程的三大基础。在补剂中，它们也是三大基础补剂，特别是蛋白粉，更是与氨基酸一样是三大基础补剂中的核心补剂，即无论是什么水平的体能训练者，如果选择使用补剂，那么就一定要使用这两大核心补剂。对于一个体能训练者，每日蛋白质所需的摄入量在每千克体重2克，高水平训练者甚至需要2.5克以上的蛋白质。这样一来，对于一个80千克的高水平训练者，每日所需蛋白质含量在200克以上，如果考虑到控制脂肪和食物消化吸收能力的问题，想单纯通过食物摄取来满足是基本不现实的，更何况是在减脂期间、需要更多蛋白质摄入的情况下，更加难上加难。

我们需要通过蛋白粉来满足身体需求，随着科技的日益进步，各种蛋白粉也层出不穷。就目前市场上流通较多的蛋白粉类型主要有以下五类：乳清蛋白粉、缓释蛋白粉、复合矩阵蛋白粉、正氮蛋白粉和牛肉蛋白粉。虽然这五类蛋白粉的侧重点不同，但是他们都有一个共同点，即都是建立在乳清蛋白粉技术的基础上进行改革创新的。在此我们就五大蛋白粉各自的特色与摄入问题进行具体讲解。

（一）乳清蛋白粉

乳清蛋白粉是从牛奶中用先进技术提取的，人体吸收率高，氨基酸搭配合理，虽然蛋白质含量不高，但依然被称为最好的蛋白粉补剂。不过，随着目前各种新技术蛋白粉补剂的出现，乳清蛋白粉已经逐渐“沦落”到靠价格和性价比来吸引消费者了。因为其氨基酸搭配远远不如其他科技水平更高的新型蛋白粉，故慢慢被消费者所抛弃。对于体能训练新手，乳清蛋白粉却是一个很好的选择，它很少有乳糖不耐受的问题，不容易出现拉肚子等身体不适的情况。另外，乳清蛋白粉吸收速度极快，非常适宜在早起身体极度需要快速摄入蛋白质时进行补充，是绝佳的入门级补剂。

（二）缓释蛋白粉

缓释蛋白粉最大的特点在于释放缓慢。可能很多人都会有疑问，蛋白质的补充不是越快越好吗？缘于人体每日所需的蛋白质摄入时间多样化，如在训练结束后，就需要采用缓释蛋白粉，如果使用吸收速度极快的乳清蛋白粉，则会因为训练后血液都留存于肌肉中，立即服用会导致肠胃不适、消化不良，进而影响蛋白质摄入效果。缓释蛋白粉含有很多的酪蛋白，酪蛋白本身就具有消化慢的特点，所以缓释蛋白粉可以让身体持续吸收利用。除了训练后适合服用缓释蛋白粉外，两顿加餐时也可以选择使用缓释蛋白粉。

（三）复合矩阵蛋白粉

复合矩阵蛋白粉含有多种蛋白质，如乳清蛋白、鸡蛋蛋白、酪蛋白等。因为每种蛋白质的吸收效率和作用不同，故可以保证身体持续补充多种蛋白质，不用担心蛋白质摄入不平衡的问题，使蛋白质吸收状况达到最理想的状态。复合矩阵蛋白粉相比乳清蛋白和缓释蛋白，氨基酸搭配更合理，添加了保护肌肉的支链氨基酸，增强恢复能力的谷氨酰胺等。另外，复合矩阵蛋白粉中还含有活性蛋白酶，可以更好地提高蛋白质的活性，加快其合成速度。如果说缓释蛋白粉的作用是让乳清蛋白粉的作用“慢”下来，那么复合矩阵蛋白粉的作用则是让“快”“慢”全面持续的结合在了一起。

（四）正氮蛋白粉

蛋白质与氨基酸的活动都需要足够的氮氧分子，正氮蛋白粉能够激发氮氧分子，促进氨基酸的流动速度，加快肌肉和蛋白质的合成。并且它还可以显著增强胰岛素的分泌，胰岛素分泌的高低也决定着肌肉细胞内营养物质含量的多少。此外，正氮蛋白粉中含有高科技的纳米技术，对于提高代谢能力，肌肉合成速度有着其余蛋白粉无法比拟的能力。虽然其含有的蛋白质不高，但这丝毫不影响其高科技蛋白粉的地位。蛋白质含量高低并不是决定蛋白粉优劣的关键，真正起着决定作用的是蛋白质与氨基酸搭配是否合理，吸收能力是否优秀。正氮蛋白粉不是一种单纯的蛋白粉，它里面富含维生素、肌酸、支链氨基酸等，它虽然以蛋白质为主，但更像是一种复合的营养补剂，有着其他蛋白粉无法比拟的能力。当然，正氮蛋白粉也有自己的缺点，它容易造成乳糖不耐受，导致腹泻，你可以在服用它之前摄入一定的蜂蜜或香蕉来改善。

（五）牛肉蛋白粉

牛肉蛋白粉是新型的一类蛋白粉，通过提取牛肉蛋白来获得的分离蛋白粉。在合理搭配氨基酸，提高吸收效率与氮氧分子的基础上，添加了更多的肌酸、维生素B_6以及维生素B_{12}，只是支链氨基酸、谷氨酰胺的加入量稍显不足。牛肉蛋白粉更类似于蛋白粉与纯肌酸的结合体，对于希望提高力量、爆发力的体能训练者，牛肉蛋白粉也是不错的选择。

以下是对这五大类蛋白粉摄入方法、时间和数量的介绍。

1. 摄入方法　所有蛋白粉的摄入都必须要通过摇杯或打碎机充分摇匀之后，再进行摄入。凡是用筷子或勺子搅拌再冲泡的方法，都有碍蛋白粉活性因子的激发。专业的摇杯一般都有一个滤网，主要作用就是为了激发蛋白粉中的活性因子。一勺蛋白粉需要至少300毫升的水去冲泡，如果水添加少了很容易导致蛋白粉不能被充分摇匀，活性因子无法被激发彻底。需要注意，蛋白粉一定不能与果汁混合，果汁中的维生素会让蛋白质沉淀。另外，一定要注意不能用热水或温水冲泡，这样很容易破坏蛋白粉原有的蛋白质含量，最适宜的冲泡方法是用冰水或冷水冲泡。

2. 摄入量　体重在80千克以下的体能训练者，一般每日2～3勺蛋白粉便可满足需求。体重在80～100千克的体能训练者，一般可以增加1～2勺。如果是体重超过100千克的体能训练者，摄入量自然要继续增大。这里需要注意，不要因为蛋白粉的使用就忽略了对于富含蛋白质的基础饮食摄入问题。

除去这两个相同点外，不同类型蛋白粉的摄入还有不同的时间和用量。

（1）早晨起床：训练者可以快速吸收的蛋白粉为主选，如复合矩阵蛋白粉、乳清蛋白粉、正氮蛋白粉，建议早晨起床后立即使用一天摄入量的1/4蛋白粉。

（2）两顿加餐：训练者可以持续吸收的蛋白粉为主选，如复合矩阵蛋白粉、缓释蛋白粉。建议总共使用一天摄入量的1/4蛋白粉。

（3）训练前：训练者可以持续吸收并能供给能量的蛋白粉为主选，如复合矩阵蛋白粉、缓释蛋白粉、牛肉分离蛋白粉，建议总共使用一天摄入量的1/4蛋白粉。

（4）训练后：训练者可以持续吸收的、快速吸收的或者能供给能量、补充体力的蛋白粉为主选，如复合矩阵蛋白粉、缓释蛋白粉、乳清蛋白粉、正氮蛋白粉、牛肉分离蛋白粉。需要注意的是，如果选用快速吸收的蛋白粉，如正氮蛋白粉和乳清蛋白粉，一定要在训练后30分钟再摄入，建议总共使用一天摄入量的1/2蛋白粉。

（5）睡前：理论上睡前是不建议摄入任何食物的，因为要考虑到减轻内脏器官压力的问题。如果训练者要摄入蛋白粉，最好是选择缓慢吸收的蛋白粉，建议总共使用一天摄入量1/4蛋白粉。

具体到不同类型蛋白粉的选择问题，需要根据个人的情况作出判断：对于新手而言，选择乳清蛋白粉与缓释类蛋白粉这类基础蛋白粉更加适合；对于有增肌需求的训练者，含有一定热量的复合矩阵蛋白粉是很好的选择；对于希望给身体全面补充的训练者，正氮蛋白粉更有优势；而对于以力量为目标的训练者，不妨尝试下新型的牛肉分离蛋白粉，或许会有意想不到的惊喜。

这里需要单独提及一类所谓蛋白粉，即80粉。80粉以其低廉的价格，深受很多年轻训练者的喜爱。80粉本身是未经加工的蛋白粉，蛋白质含量相比普通蛋白粉要高很多，并且价格低廉，故很多人选择80粉。但这就犯了蛋白粉选择的一个重大错误：即看蛋白粉只看蛋白质含量的高低。决定蛋白粉优劣的是蛋白粉所含有的技术、氨基酸搭配的种类，以及维生素、多种微量元素的含量，而非蛋白质含量的高低。80粉是原料粉，缺少必要的消化酶与氨基酸的搭配，不仅会导致吸收率极低，甚至低于普通食物，还含有大量的微生物，对身体健康有不良影响。

蛋白粉本身无需周期性使用，我们可以通过合成代谢的方法来调节蛋白粉本身使用，如采取一段时间高蛋白的补充方式后停用蛋白粉，只采取满足每日成年人蛋白质需求量的低蛋白摄入，强迫自身分泌睾酮激素来代替蛋白质摄入不足的问题，提高肌肉与力量水平。当然这种方法并不建议大部分体能训练者使用，因为这对其自身的营养能力和训练水平有着极高的要求。

二、氨基酸

氨基酸类补剂与蛋白质类补剂一样，都是我们平时体能训练所需要的三大基础补剂中的核心补剂。因为中国家庭的饮食习惯以谷物类、蔬菜为主的饮食结构，很容易造成氨基酸类营养补充不足的问题。而氨基酸摄入的是否足够、全面，直接决定了我们所摄入的蛋白质或蛋白粉能够发挥几成功力的问题。另外，在减脂中所提到，为了防止肌肉和力量的大量流失，我们可以通过加大支链氨基酸的摄入来做到最大限度的保护肌肉和力量水平。

氨基酸的补剂类型主要有：复合氨基酸、支链氨基酸、精氨酸、谷氨酰胺、HMB（液态蛋氨酸羟基类似物）。

（一）复合氨基酸

复合氨基酸是一种种类齐全的氨基酸补剂，涵盖了几乎对于加速蛋白质合成、肌肉生长所有有用的氨基酸，种类全面且均衡是它的主要特点。

（二）支链氨基酸

支链氨基酸是最为常见，适用范围最广的一类氨基酸补剂。包含缬氨酸、亮氨酸以及异亮氨酸三大类。其中以亮氨酸作用和价值最大，因为亮氨酸的代谢产物HMB（液态蛋氨酸羟基类似物）可以很好地抑制肌肉分解，是保护肌肉和力量不会流失的关键物质。

（三）精氨酸

精氨酸应归为特殊补剂类，因为精氨酸与特殊补剂中氮泵的作用类似，可以提高兴奋性和肌肉的充血能力。因大多数氮泵中都含有一定量的精氨酸，故如果选择氮泵，基本无需再选择精氨酸进行补充。对于训练水平一般的体能训练者，也可以选择从使用精氨酸开始，慢慢过渡到氮泵的补充。此外，精氨酸也是参与胶原蛋白合成的最主要营养，是许多爱美女性所不能忽略的核心物质。

（四）谷氨酰胺

谷氨酰胺是非常好的加快肌肉修复速度的营养，对于训练者，一般每日所需的谷氨酰胺至少为5克才可以提高肌肉的修复速度。因5克的谷氨酰胺量虽不大却很难从食物中获取充足，故谷氨酰胺类补剂应运而生。

（五）HMB

HMB是亮氨酸代谢的产物，对于抑制肌肉分解有着很好的作用。此外，HMB也可以在加速肌肉恢复方面起着不错的效果，带来肌肉和力量的增长。不过，一般服用足够的支链氨基酸，特别是亮氨酸含量丰富的支链氨基酸类补剂，是不需要再额外摄入HMB类补剂的。

关于氨基酸类补剂的选择问题并没有蛋白粉类那么复杂，如果选对了蛋白粉，选择氨基酸类补剂就相对容易许多了，故在前篇所述的五种常见的氨基酸类补剂中，如果蛋白粉选择正确，氨基酸本身搭配合理，只需要单独进行支链氨基酸的补充即可。

对于有些入门级的训练者，往往不会采用高水平蛋白粉和特殊类补剂，如氮泵一类。选择复合氨基酸、谷氨酰胺以及支链氨基酸的搭配是非常合理的，这样既可做到加快肌肉恢复速度，又可以满足基础饮食中无法摄取足够的多种氨基酸。此外，精氨酸因为对于提高兴奋性和肌肉充血效果较好的原因，并不适宜刚接触训练的新手，贸然选择容易造成因兴奋，导致的动作变形或负荷过大所带来的不必要的伤病。氨基酸类补剂与蛋白粉摄入时间一样，不同种类所对应的摄入时间也各有不同。

1. 复合氨基酸适宜于全天候服用，按照每日用量，在早起、练前、练后、睡前平均服用。复合氨基酸中虽然含有“练后最佳补剂之一”的支链氨基酸，但因为其含量过低，甚至低于蛋白粉中的支链氨基酸含量，故不用在训练后多服用，与其余三次平均服用即可。

2. 支链氨基酸同样适合全天候服用，与复合氨基酸不同，支链氨基酸因为其独特的优势，故有几个特殊的时间节点更为适合支链氨基酸的补充。摄入时间分别是：练前、练后和睡前，具体摄入时间是在无氧训练后，有氧训练前进行服用。如果蛋白粉足够优秀，支链氨基酸含量足够多，那么也可以选择练前服用支链氨基酸，练后服用蛋白粉，靠蛋白粉中的支链氨基酸来满足身体需求。另外，睡前摄入支链氨基酸不影响睡前基本不进食的原则，并且可以在睡眠过程中避免肌肉流失。

3. 精氨酸服用时间与氮泵类补剂一样，选择在训练前30～45分钟，正餐后两个小时的时间进行补充。避免让碳水化合物和蛋白质影响精氨酸以及促氮类物质的发挥。必须在训练前30～45分钟补充，是为了充分调动训练者的兴奋性和肌肉充血能力。

4. 谷氨酰胺不是全天候需要摄入的营养补剂，它只有两个时间节点适宜补充，一个是训练后，补充谷氨酰胺可以加速刚刚被分解的肌肉快速修复，提高肌肉生长速度。还一个则是睡前，通过谷氨酰胺在睡眠中被身体吸收利用，提高身体的恢复能力，减轻肌肉的隔日酸痛。一般恢复能力不强的训练者可以采用睡前和练后都服用谷氨酰胺的方法。

5. HMB作用与支链氨基酸类似，服用时间也一样，不再重复介绍。

关于氨基酸类补剂摄入量的问题，按照相关补剂的服用说明摄入即可，只是需要注意对于需分多次摄入的补剂，如复合氨基酸，一定要做好每次服用量的计算，分清不同时间节点摄入量的主次多少问题。另外，对于单一作用类似、综合作用较低类的补剂，如精氨酸相对于氮泵，一旦摄入了其中一种，就没有必要再摄入另外一种，以免造成浪费。

至于氨基酸类补剂摄入时需要注意的问题，与所有补剂一样，第一，一定要用摇杯冲泡；第二，类似蛋白粉千万不能用果汁和热水进行冲泡；第三，千万不要用补剂代替正常的基础饮食；第四，即氨基酸类补剂一般分为片剂、粉剂和液剂，在这三种补剂形态中，粉类的吸收大于液体吸收大于片剂吸收，只不过具体口味却正好完全相反。

三、增肌粉

通过基础饮食篇中我们了解到，增肌增重期间在营养方面要注意三大问题：一是加大热量，特别是碳水化合物的摄入；二是注意全天候多餐营养均衡摄入；三是注意有针对性地选择食物，以免造成过多胖体重的增加。在实际操作中，这三点往往很难同时满足。如果其中某一项有所缺失，那么极其容易导致因为营养吸收不良出现“怎么吃都不胖”现象，或者过多胖体重的增加。

增肌粉不是我们习惯印象中的“傻瓜粉”，即只含有碳水化合物这一类营养的补剂。增肌粉与蛋白粉一样，都是多重复合的营养补剂，只是蛋白粉突出的是蛋白质含量，增肌粉突出的是热量与碳水化合物含量。无论是增肌粉还是蛋白粉，甚至是其余所有的补剂，易吸收、能被人体所利用是首要的。故增肌粉中也加入了不少的维生素与氨基酸，以确保吸收效果。增肌粉一般分为两大类：以增重为主的增重粉；以平衡增肌增重需求的增肌粉。我们先介绍两者的区别。

（一）以增重为主的增重粉

碳水化合物的含量所占比例非常高，一般占80%以上，甚至于有的接近90%。蛋白质含量较低，一般在10%～15%，最高不会高于20%。并且这其中还含有一定的肌酸，目的是通过肌酸的储水能力，最大速度加快增重效果。

（二）以平衡增肌增重需求的增肌粉

碳水化合物与蛋白质的含量基本相同，一般碳水化合物所占的比例在60%左右，蛋白质则可以接近40%。摄入这类增肌粉的目的就是避免胖体重的增加，但是相比之下增重速度会稍微缓慢。这类增肌粉中往往不会添加肌酸，因为要回避肌酸带来的水重增加，往往以易于蛋白质消化合成的氨基酸和维生素作为主要辅助。

对于这两类补剂，摄入量与摄入方法的要求都是一样的，即一定要满足一日至少两次均衡摄入。很多产品的用量上一般为一次两勺，但是大家都忽略了一日多次的问题。一般合适的每天摄入量在5～7勺，既可保证每天2～3次的摄入。至于增肌粉摄入时间的问题，因为考虑到一日多餐的原则，故如何选择具体的摄入时间十分重要。

1. 两顿加餐时　两顿加餐是增肌粉补充的最关键节点，我们强调增肌增重一定要遵循全天候均衡摄入营养的原则，这也是避免过多胖体重增加的首要原则。对于初级训练者，一般非常容易进入暴饮暴食这个增肌增重期间的营养误区。下腹部是人体最容易堆积脂肪的部位，暴饮暴食能让腹肌的形态出现变化。想保持腹肌形态的人切忌暴饮暴食，这也是所有增肌增重训练者要避免的问题，因为这是导致胖体重增加的根源。其次，对于部分训练者，一般缺乏对于摄入源的控制，即摄入源大都是通过零食等脂肪含量较高的途径来满足需求的，这也是导致胖体重增加的根源所在。虽然控制了一日多餐均衡摄入，但却没有很好监控脂肪的摄入，高脂肪摄入后依旧会导致胖体重的增加。对于增肌增重加餐适合选择的食物有类似低脂类的乳制品，如奶酪；有干性水果类，如香蕉。因这些食物在工作时摄入不十分不便，故在加餐时适当补充增肌粉可以满足身体的需求。

2. 训练后　训练后由于体内能量流失，需要大量的高能量，易于快速吸收的物质来满足身体需求。因为蛋白粉在训练后主要作为单纯的蛋白质补剂补充蛋白质，故不可作为能量补充剂在训练后服用。这时我们便会选择增肌粉类补剂来满足能量的需求，特别是碳水化合物占比例高的增重粉。一定要注意，使用增肌粉是无法代替蛋白粉的，哪怕是选择蛋白质含量与碳水化合物近似的增肌粉，也无法满足训练后对于蛋白质的需求。并且，也不要忘记蛋白质吸收利用的问题，即蛋白粉中氨基酸搭配更加合理，如果选择利用增肌粉代替蛋白粉，相当于重复犯了我们选择蛋白粉时只看重蛋白质含量的这个错误。

至于增肌粉类补剂补充时需要注意的问题，主要还是摄入时间和摄入方法的问题。因为增肌粉中含有一定量的蛋白质，故与蛋白粉补充需要注意的一样，一定要避免用热水、果汁等冲泡。此外，增肌粉类补剂有严格的摄入时间要求，即不适宜在睡前服用。睡前摄入极其容易导致胖体重的增加和肾脏压力的过大，影响常规的营养补充效果。

增肌粉类补剂的摄入不能够代替主食的作用。有了增肌粉，我们可以对日常主食摄入途径更加严格控制，不用担心因控制摄入途径的好坏而导致的碳水化合物摄入不足，进而影响增肌增重效果的问题。

四、肌酸与锌镁元素

从这一篇开始所提到的补剂都是体能训练补剂中所谓的中级补剂，它们的针对性更强，带来的体能训练效果提升更加明显。

（一）肌酸

通过基础饮食部分中我们了解到，单纯想通过饮食满足每日最低5克肌酸摄入的需求量是很困难的，即需要摄入将近2.5千克的牛肉。这还没有计算到训练者对牛肉的吸收率和牛肉所含肌酸纯度，以及增肌增重中避免摄入过多脂肪的问题（牛肉中含有一定的脂肪）。训练者希望单纯从饮食中摄入足够的肌酸是不现实的，因此肌酸类补剂应运而生。肌酸类营养补剂主要分为两大类：一水肌酸和复合肌酸。我们还是先来介绍这两大类肌酸的各自特点。

1. 一水肌酸　又名纯肌酸，是肌酸类补剂中最基础的一类，其地位与乳清蛋白粉在蛋白粉类补剂中的地位相似。是所有体能训练新手在使用肌酸类补剂时的基础补剂，可以帮助新手了解和体会肌酸类补剂的特点，并且为以后复合肌酸、载体肌酸等进阶级肌酸的使用打下基础。只不过一水肌酸由于有着周期性服用的特点，故无法长期持续服用。

2. 载体肌酸　复合肌酸的一种。比单纯的一水肌酸效果更好，但同样需周期性补充，不可以长期持续使用。载体肌酸中含有大量不同种类的肌酸，如一水肌酸、无水肌酸、肌酸AKG、苹果酸肌酸等。此外，载体肌酸中加入了纳米分子技术，可以让载体肌酸的肌酸分子比其余肌酸小很多，已达到便于身体更快速吸收利用，获取力量提高。载体肌酸还含有一般肌酸所不具备的硫辛酸成分，可以提高细胞的饱和度，对肌肉围度的增长也起着一定作用。

3. 围度肌酸　复合肌酸的一种，也称葡萄糖肌酸，比其他肌酸类补剂填入了大量的葡萄糖，不仅可以提高肌肉中ATP（腺嘌呤核苷三磷酸）的储备，也可以让肌肉细胞中线粒体的数量得到提升，并且围度肌酸不会储水，导致肌肉迅速膨胀，增加过多水重，影响我们对于增肌增重效果的判断。此外，因为ATP含量较高，故围度肌酸更偏重于力量中对于耐力的提高效果。

4. 酯化肌酸　复合肌酸的一种。酯化肌酸中含有苹果酸肌酸乙酯，可以提高人体对肌酸的吸收和利用能力，并且防止肌酸被胃酸所破坏。酯化肌酸的作用主要体现在两大方面，一是在肠道中溶解速度更快；一是加速肌肉与蛋白质的合成。

对于不同肌酸类补剂选择的问题，首先一定要明白我们的目标是什么，自身的训练水平如何以及不同肌酸的特点和强项在哪里；其次才是根据价格来权衡不同种类肌酸的选择：

（1）一水肌酸：特点在于普及程度，对于绝对力量和爆发力的提高都效果不错，而且价格低廉。只是吸收效果远远不如其他高科技肌酸，储水程度过于严重。

（2）载体肌酸：优点在于全面、吸收好，对力量和肌肉的提高效果较好。只是在价格与需要周期性服用方面，需要训练者自身认真权衡。

（3）围度肌酸：特点在于既不需要周期性服用，又对提高肌肉围度、耐力有很好效果。

（4）酯化肌酸：特点在于不需要周期性服用，可以提高肌酸的消化吸收率和肌肉的修复能力。酯化肌酸与围度肌酸一样，更侧重于肌肉围度的增加，对于增肌增重是不错的选择。

关于一水肌酸与复合肌酸的摄入问题，需要根据不同类型肌酸的储备期与维持期进行具体情况分析和适当按时摄入。

（1）一水肌酸储备期：所谓储备期，即在一定时间内通过大量摄入肌酸的方法来提高体内肌酸水平，对于提高身体素质，发挥肌酸效果都是非常不错的。一水肌酸摄入的途径有着严格的限定，即最好通过葡萄糖冲泡的方式。因为葡萄糖可以很好地刺激体内胰岛素的水平，让身体更快吸收肌酸，加快肌肉的修复。一水肌酸在储备期每天需要摄入四次，在早饭和训练后的基础上加上训练前和睡前，每次5克，一定要在训练后立即服用，尽快地满足训练结束后身体对于肌酸的强烈渴求，达到力量增长的最大化。一水肌酸的储备期为一个星期，非训练日的摄入方法与训练日一样。

（2）一水肌酸维持期：摄入量在一天一次，训练后服用，也需要满足训练后立即摄入和加入葡萄糖的基本要求。一水肌酸的维持期为3～4个星期，此时身体内肌酸储备量达到最大值。服用完后停止2～4个星期让身体内肌酸含量慢慢回到正常值后，再开始进行新一轮的肌酸储备期。在维持期期间，非训练日使用有两个选择，早饭时间或者下午使用。

（3）需要周期的复合肌酸：满足每日两次的服用，一般选择在早晨起床和训练后分别立即使用。复合肌酸不同于一水肌酸，因其中添加了一定的葡萄糖，故不需要服用的时候加入葡萄糖以提高效果。复合肌酸的储备期一般为五天左右，五天之后，不等到新一周开始，立即进入维持期的服用。因此，体能训练者也要根据补剂的服用时间对自己的训练做出相应的调整。维持期持续时间一般为2～4周，之后进入一般两个周左右的休息期（不同于一水肌酸的2～4周），再开始新一轮储备期的使用。复合肌酸在维持期中采取与一水肌酸相同的使用方法，即一日一次，训练日只在训练后立即服用，非训练日只在下午或者早晨起床后立即服用。

（4）无需周期的复合肌酸：这类肌酸类补剂虽然没有周期性的问题，但是也有储备期和维持期不同的摄入问题，具体用量用法与需要周期的复合肌酸一样，这里就不多做介绍。这类肌酸类补剂的储备期与载体肌酸一样同样为五天，维持期则在2～4个周。当维持期服用结束以后，可以进入五天的储备期阶段，储备期结束后便继续进入维持期阶段，如此循环往复。

肌酸类补剂是一种进阶的中级补剂，摄入时需要注意的事情也很多：①所有肌酸类补剂的制作基础都是建立在一水肌酸的基础上，一水肌酸是肌酸类补剂的核心之本；②部分高科技的蛋白粉、氨基酸中都含有一定量的一水肌酸，有些肌酸的含量甚至达到了一次一水肌酸的摄入量；③一水肌酸与葡萄糖结合使用效果更好，如果不结合使用也可，只是效果稍差；④肌酸也分肌酸粉和肌酸片，相比之下肌酸粉的吸收效果要更好于肌酸片；⑤肌酸一般都有多多少少的储水问题，肌酸服用期间，无论是储备期还是维持期，每日都需要大量地饮水，平均每日训练者需要摄入至少4升的水。

（二）锌镁类补剂

锌镁类补剂又名锌镁素、ZMA等。是一种以锌、镁、维生素B_6组成的一类促睾酮激素补剂，目的就是为了通过锌、镁以及维生素B_6的摄入来促进人体自身睾酮激素的分泌水平，以尽快达到增强绝对力量、速度和爆发力。

锌镁类补剂只有一种存在形式，即ZMA。关于ZMA的用量问题，一般一日ZMA需要摄入的量为锌30毫克、镁450毫克以及维生素B_6 10.5毫克。不同品牌的ZMA补剂在锌镁的含量上基本不会有什么出入，主要差距是在维生素B_6上，同等锌镁含量的情况下，维生素B_6含量越多的ZMA自然也就越好。

ZMA的补充一日一次即可，非训练日可照常使用，无需作周期。补充时间的选择一般有三个：①训练前促进睾酮分泌水平，达到提高训练水平的目的；②训练后睾酮激素分泌水平下降，需要ZMA来促进；③在睡前使用，以利用ZMA对于肌肉恢复，改善睡眠的良好效果。

在ZMA补充的时候特别需要注意以下几个问题：①某些补剂里面可能含有微量的锌镁，但是量远远不够ZMA所能够提供的量；②ZMA补剂如果选择在训练后服用，与肌酸一样，一定要立即使用；③ZMA补剂可以提高体内睾酮激素的分泌水平，但所提高的最大限度也是有限的，最大只能提高30%左右的睾酮水平；④ZMA提升睾酮的方式是内源性，是健康无副作用的；⑤ZMA补剂同样可以采用肌酸周期性的方法，通过一段时间停用，让身体睾酮激素分泌水平回归到基础值之后，再进行使用；⑥ZMA属于促睾酮激素补剂，故有着一定抑制脂肪生长的作用。

ZMA与肌酸都是非常好的、可以提高我们绝对力量、速度和爆发力的补剂，渴望身体素质得到巨大提升的训练者可以采用这两类补剂，让自己的训练效果充分得到提升。不过还是不要忘记，别因此就荒废了基础饮食，该吃的“牛肉”还是要吃的。

五、维生素

维生素因为种类多、需求量大是每个训练者都很难顾全到的一类营养物质。对于初级训练者，维生素是改善他们消化吸收的重要营养，是让他们摆脱新手的快捷途径；对于中级训练者，维生素是提高他们训练水平的关键；而对于高级训练者，维生素是可以帮助他们突破训练平台期更上层楼的核心。

维生素类的补剂主要有两种，一种是分散的，单一类型的维生素补剂，如维生素C片这种单一的营养补充剂。一种是复合的，即含有多种维生素、脂肪酸、矿物质等，是有利于我们训练补充的营养物质。由于单一类型的维生素补剂目前被训练者选用的较少，并且对训练价值不大，故不多做详细介绍。这里只来讲述复合维生素类补剂的使用方法以及注意事项。

复合维生素类补剂是主要以多种维生素为主，多种矿物质以及氨基酸为辅的一种复合补剂。其目的不再仅仅是为了单纯的满足维生素需求，而是加强对多种营养的综合吸收能力，并且通过草本植物、精氨酸、锌镁元素等来达到提高注意力，抗脂肪堆积，提高恢复能力等辅助目的。复合维生素类补剂是一种适合各种水平训练者的一类补剂，是任何训练者都离不开的，也是较容易被忽视的一类。

复合维生素类补剂是一种不需要做周期性服用的补剂，可以长期补充。对于一般训练者，复合维生素每日的摄入次数在一次为宜，安排在训练前、训练后或者随餐服用都是不错的选择。这三个时间节点没有绝对意义上的对错。

对于健美、极限力量或者高水平的训练者而言，复合维生素类补剂可以改为一日两次摄入。最好将这两次摄入时间隔长一点，以便所摄入的营养物质充分被身体吸收利用，不至于造成浪费。毕竟为了配合高水平的训练要求，身体必须摄入更多的蛋白质，这样一来人体因为荤类食物的摄入增加，必然给消化系统带来不小的压力，维生素的摄取次数与总量就需要得到相应的提高。

复合维生素类补剂因为其营养物质涉及的广泛性，故在选择摄入上有着很多需要注意的地方：①与其他补剂一样，使用复合维生素类补剂时，一定要满足基础饮食中关于维生素最低的摄入量，不要以维生素类补剂代替正常饮食；②在满足基础饮食摄入量的最低要求的同时，一定要注意计算相关维生素，特别是脂溶性维生素加上补剂后的摄入量问题，以免造成过量摄入维生素所导致的中毒等副作用；③当身体可以通过饮食满足大量的维生素需求的时候，可以根据相对身体在哪方面维生素的缺乏问题，选择服用单一类的维生素补剂，如维生素E片；④虽然部分复合维生素中含有一定量的鲨鱼软骨等关节修复成分，但并不是说摄入复合维生素类补剂就可以不用摄入关节保护类补剂；⑤部分复合维生素中或许会含有一定量的草本植物，它们对于提高身体兴奋性有着不错的帮助，如果选择在训练前使用，一定要确保空腹，提前30～45分钟使用的原则。

维生素是我们日常生活中非常缺乏的一类营养，也是我们日常训练补剂选择中比较侧重的一方面。维生素类补剂也可以在日常作为保健品，如在非训练日时选择随餐服用，提高身体的消化能力也是非常不错的选择。

六、补剂中的“减肥药”

减脂类补剂是健美运动员、需要严格控制体重类运动员以及肥胖者的福音，它们通过不同营养的搭配以及各种高科技手段，可以很好地对我们减脂减重的目标提供帮助。减脂类补剂主要分为两大类：左旋肉碱与综合减脂类补剂。

（一）左旋肉碱

左旋肉碱其实是一种氨基酸，普遍存在于瘦肉、牛奶和乳清中，植物中所含有的左旋肉碱成分极少，基本可以忽略不计，故所谓“减肥多吃菜”的观点从这个角度分析是有误的。左旋肉碱之所以可以减脂减重，是因为它可以将身体内的脂肪带入到线粒体中进行燃烧，故又名脂肪搬运工。左旋肉碱在减脂减重的同时，还可以起到提高肌肉耐力，促进肌肉恢复，保护心脏以及血管健康的作用。

（二）综合减脂类补剂

综合减脂类补剂通过添加一些草本植物、绿茶、咖啡因等来达到促进甲状腺激素分泌，燃烧脂肪，加速新陈代谢，提高训练兴奋性的作用。由于综合减脂类补剂品牌众多，每种补剂所主推的核心科技都各有不同，但综合比较起来，以下几种常见物质是综合减脂类补剂所共有的。

1. 咖啡因　可以提高人体在静态下的新陈代谢能力，即一般训练者摄入综合减脂类补剂会容易出现的静态下的心跳加快、大量出汗，都与咖啡因的含量不无关系。此外，咖啡因还可以促进脂肪的氧化分解。

2. 天竺葵　天竺葵的提取物可以很好地控制人的食欲，达到减脂的效果。

3. 高山白雪花　高山白雪花的提取物可以很好地控制皮下脂肪，起到促进脂肪细胞分解的作用。

4. 育亨宾　育亨宾除了被广泛作用在治疗阳痿以外，在促进脂肪分解中依旧扮演着重要角色。

5. 白肾芸豆提取物　白肾芸豆提取物可以很好地减少人体对淀粉的吸收能力，避免身体因不合理的饮食而获取更多脂肪。

不同的减脂类补剂，所对应的摄入方法各有不同：

（1）左旋肉碱：训练日两次，非训练日一次。训练日两次安排在早上起床后空腹一次，下午训练后立即服用一次。非训练日的使用时间安排在下午，保持空腹服用。左旋肉碱是氨基酸的一种，不需要周期性服用，可以长期补充。

（2）综合减脂类补剂：服用方法和次数与左旋肉碱类似，只不过由于综合减脂类补剂添加了咖啡因等物质，需要周期性服用，即持续服用4～8个周之后，停用4周的时间，再进入一个新的循环。

关于减脂类补剂服用的注意事项有很多：①服用时要注意空腹服用；②左旋肉碱不是万能的，如果你的体内不缺少这种氨基酸，那么摄入它并不会带来脂肪的明显降低；③综合减脂类补剂中一般都含有不少的咖啡因，凡在服用综合减脂类补剂的期间，一般不建议再服用氮泵类或者精氨酸类补剂，以免影响睡眠质量；④无论是左旋肉碱还是综合减脂类补剂，都非“减肥药”，不是只要摄入就有效果，必须建立在刻苦训练的基础上方可最大化发挥补剂的能力；⑤为了避免肌肉和力量的大幅度减弱，需要补充大量支链氨基酸；⑥氮泵中含有一定量的咖啡因，但并不是说氮泵也可以当做减脂类补剂来补充，减脂类补剂中起主要作用的是草本植物提取物和各类促进甲状腺激素分泌的物质；

⑦关于综合减脂类补剂的周期性使用问题，不宜采用类似氮泵类补剂避免周期性的做法，即训练日使用，非训练日停用。综合减脂类补剂不同于氮泵，无论训练日与非训练日都需要进行补充。

我们在减脂减重期间会经常出现反复或见效缓慢的情况。因为总是很难确保高水平的营养摄入，所以有时候减脂类补剂是一种非常不错的选择，但一定要注意保持良好的心态。此外，减脂期间一定要遵循“合理，匀速”的原则，适宜于健美运动员的减脂方式——通过极端控制饮食和水分的摄入，并不适宜于普通人和大部分体能训练者。

七、关节保护补剂

关节保护类补剂是所有补剂里面最不受关注的一种补剂，但是它却是非常重要的补剂之一。在作者看来，它的重要性丝毫不亚于蛋白粉和氨基酸。因为对于任何一个体能训练者而言，总是会遇到大大小小的伤病，没有人能保证自己永远不受伤，我们所能够做的就是尽可能保证自己少受伤。关节保护类补剂则可以为你的身体加上一道放心的安全锁。关节保护类补剂主要分为两大类：单一关节保护类补剂和复合关节保护类补剂。

（一）单一关节保护类补剂

单一关节保护类补剂是只含有一类关节保护物质的补剂，如葡萄糖胺补剂、软骨素补剂等。这类补剂主要是通过加强某一类营养物质的摄入，起到维护关节的作用。

（二）复合关节保护类补剂

复合关节保护类补剂包含鲨鱼软骨等各种软骨、氨基葡萄糖、钙、软骨素、生姜、亚麻籽油等修复和重建关节的物质。与单一关节保护类补剂相比，复合类补剂的搭配更合理，效果更好，更利于训练者甚至有相关伤病的普通人对于关节保护的需求。

在具体摄入方面，两种关节保护类补剂的用法用量一致，无论是训练日与非训练日都在一日一次。服用时间可以有两种选择，随餐或睡前服用皆可。

这两类关节保护类补剂无需注意过多摄入途径的问题，用水、牛奶、果汁冲服都是可以的。需要特殊注意的是：①关节保护类补剂不同于其他补剂，需要建立在大量的训练基础之上。关节保护类补剂需要的不是大量的训练基础，而是需要建立在正确的训练姿势，合理的训练量基础之上，这也是避免或者减少伤病重复出现的最佳方案；②关节保护类补剂的见效速度在所有补剂中是最慢的，很多情况下需要几个月的时间才可以起到一定的作用，特别是对于一些陈旧性和比较严重的伤病；③关节保护类补剂无需周期性服用，对于陈旧性、较严重或者较难恢复的伤病，一定要长期补充；④关节保护类补剂同样适宜于年纪较大，有关节伤病的中老年人。

至此为止，已经介绍完了七大基础饮食所对应的七大基础补剂，对于一个体能训练者而言，如果不考虑增肌增重和减脂减重这两大不同目标，其余的五大类补剂：蛋白粉、氨基酸、维生素、ZMA（锌镁类补剂）、肌酸以及关节保护都属于常备补剂。除此之外，我们在训练中还会遇到很多高级补剂，这类补剂的特点性非常鲜明，我们将在下一篇中进行详细介绍。

八、隐藏的特殊补剂

在七大基础补剂之外，还有许多特殊补剂，它们的特点更鲜明，针对性更强，相对在日常饮食中所能够补充的也更为困难。虽然通过营养补充的方法，但是其目的性更直接针对我们的日常训练。长久以来关于它们“是否属于药物”范畴的争论也一直喋喋不休，这一节我们就来详细介绍几种特殊补剂。

（一）氮泵

氮泵是一种可以通过提高体内一氧化氮水平，达到扩张血管，即提高肌肉充血能力、身体兴奋性和力量的补剂。主要分为以下三大类：提高绝对力量、速度和爆发力为主，提高充血效果为主以及提高兴奋性、控制脂肪增长为主。

1. 提高绝对力量，速度和爆发力为主　这类氮泵中加入了大量的肌酸，有的甚至包括多种肌酸。这类氮泵在摄入时要遵循与其他氮泵一样的原则，即一日一次，确保空腹状态（饭后两个小时或者进食蛋白质一个小时后）以及训练前30～45分钟，与晚睡时间至少隔开四个小时服用。因为肌酸含量较多，故最佳的补充方式是与复合肌酸一起做周期性补充。

2. 提高兴奋性、控制脂肪增长为主　这类氮泵中加入了较多的咖啡因和天竺葵提取物，在训练前服用可以很好地提高训练者的兴奋性与集中度，对于提高训练耐力有着不错的效果。因为这类氮泵中咖啡因的含量较多，故一般推荐一周服用不超过五次，即训练日服用，非训练日不服用。

3. 提高充血效果为主　这类氮泵中关于精氨酸、瓜氨酸、丙氨酸、阿尔法酮戊二酸、多种矿物质以及维生素的添加更多。在提高体内一氧化氮的基础上，对于提高肌肉充血能力、肌肉围度有着很好的作用。可以采取周期性使用，也可以采取训练日服用，非训练日不服用的方法来规避周期性使用的原则。

使用氮泵类补剂需要注意：①氮泵类补剂并非只适用于训练前服用，在非训练日的时候，也可以选择在下午加餐时进行服用；②第一次补充氮泵类补剂很容易出现夜晚睡不着觉的情况，这是因为身体还不适应氮泵中咖啡因的含量以及草本植物提高兴奋性的效果，不过这种情况会慢慢消失；③氮泵类补剂的服用周期往往在4个周左右，停用周期为服用周期时间的一半，如果采取规避周期的服用办法，停用周期可以缩短到一个星期；④补充氮泵类补剂时，一定要严格遵守作息时间，确保足够的睡眠；⑤氮泵类补剂并不适用于初级训练者，初级训练者可以通过补充精氨酸满足氮泵的需求；⑥氮泵类补剂因为咖啡因等物质的缘故见效速度较快，但这种见效只是表面上的，事实上训练者的力量水平并未获得真正意义上的提高。训练者千万不要把氮泵当做 “训练神剂”；⑦氮泵类补剂不是药物，只要正常摄入对于身体是不会有副作用的，但其中咖啡因等物质可能会让训练者出现身体不适的情况，并且其长久一来一直饱受质疑，甚至于出现“氮泵致死”等事件；⑧不是所有氮泵类补剂对于每一个训练者都有提高兴奋度和充血效果的作用，因为有些训练者对于咖啡因和草本植物提取物不是很敏感，在这种情况下可以多选择一些不同的氮泵进行尝试；⑨一定要注意24小时内只能服用一次。

（二）GABA（Y-氨基丁酸）

GABA又名Y-氨基丁酸，是一种存在于人体大脑中的氨基酸。当人体缺乏GABA时，就会产生情绪不安、烦躁焦虑等问题。GABA还可以促进生长激素的分泌，对于增强肌肉围度、肌肉质量、减少脂肪有着非常不错的作用。

使用GABA需要注意：①GABA中富含谷氨酰胺、螺旋藻以及牛磺酸等物质，故希望单独补充螺旋藻或者牛磺酸的训练者可以选择摄入GABA来满足，不用再重复摄入；②GABA是一种健康、自然的氨基酸，对身体是无害的，但是有的训练者可能会有不适的反应，如颈部和脸部会感觉到刺痛，这时候就需要酌情减少GABA的摄取量；③GABA与促进生长激素类补剂、减脂类补剂同时使用，对于减脂减重效果更好；④GABA不仅仅适用于运动员和训练者，更适用于压力大的上班族，帮助他们提高睡眠质量。

（三）蒺藜皂甙

蒺藜皂甙又名tribulus，是一种普遍生长在热带和温带地区的草本植物，它可以促进黄体生成素的产生，提高睾酮的自然分泌能力30%～40%，类似于ZMA。不过与ZMA不同的是，蒺藜皂甙主要依靠植物的力量来提高睾酮水平。与ZMA一样，蒺藜皂甙中不含有雌激素、睾酮和孕酮中的任何一种，是一种安全无副作用的促睾酮补剂。此外，蒺藜皂甙还可以起到降血压、降血脂、抗衰老以及治疗不孕不育的作用。

不同蒺藜皂甙补剂的含量各有不同，低的在750毫克左右，高的则可以达到1 500毫克。蒺藜皂甙最佳的服用时间是随餐服用，因为有一部分训练者在初次服用蒺藜皂甙的时候会有轻微的肠胃不适，故需要与食物一起服用，以避免这种情况的出现。当然对于没有肠胃不适的训练者，蒺藜皂甙的服用方法可以参考ZMA，即选择在训练后或者晚睡前服用。

使用蒺藜皂甙补剂需要注意：①蒺藜皂甙与ZMA可以搭配服用，效果会更好，因目前也有一些补剂中同时添加了蒺藜皂甙和ZMA两种促睾酮营养，故不用担心蒺藜皂甙与ZMA同时服用会造成浪费的问题；②蒺藜皂甙与ZMA一样可以长期持续服用，不用担心周期性停用的问题；③蒺藜皂甙与ZMA一样都可以提高睾酮分泌水平，然而这两种物质没有谁提高速度更快、效果更明显之分，只是不同的训练者服用可能各自的感受不一。

（四）促进睾酮分泌类补剂

促进睾酮分泌类补剂与蒺藜皂甙、ZMA一样，目的都是为了提高睾酮激素的分泌水平，促睾酮分泌类补剂在促进睾酮激素方面的配方更为全面、合理，效果也更快。好的睾酮分泌类补剂可以提高睾酮激素分泌水平50%～60%。与ZMA、蒺藜皂甙见效慢不同，促睾酮分泌类补剂往往在一个月时间内，就会产生不错的效果，进而提升力量的幅度也要好于ZMA与蒺藜皂甙。

关于促睾酮分泌类补剂用法的问题，由于不同品牌的特点不同，故睾酮分泌类补剂的用法不能一概而论，但是还是有很多相同的地方：①促睾酮分泌类补剂一定需要周期性服用，因为促睾酮分泌类补剂是自然促进体内睾酮激素分泌的，属于内源性而非药物等外源性补充方式，故当体内睾酮激素分泌到一定水平后，即使持续摄入对于促进睾酮激素的分泌也不会有什么帮助。此时需要停止促睾酮分泌类补剂一段时间，让体内的睾酮激素水平恢复到正常值，再进行新一个周期的服用，效果会更好；②促睾酮分泌类补剂的服用时间大都集中在早晨起床后和训练前后，有的促睾酮分泌类补剂还会在晚饭前再次服用。

使用促睾酮分泌类补剂需要注意：①促睾酮分泌类补剂之所以提高睾酮激素分泌水平的效果极佳，是因为ZMA与蒺藜皂甙都只是在单纯的促进睾酮，而睾酮被促进后却没有进入肌肉中，反而一直停留在血清中，无法合成我们所希望的激素。而促睾酮分泌类补剂的优势就是在于通过雨生红球藻提取物、Y-氨基丁酸、育亨宾、褪黑激素、西洋参提取物等物质的合理搭配，来让睾酮分子更加具备活性，充分进入到肌肉中发挥自己的作用；②促睾酮分泌类补剂与ZMA和蒺藜皂甙一样都不属于药物，都是通过自然的方法促进体内睾酮激素的分泌，是安全无副作用的。近些年来有些商家盲目鼓吹促睾酮分泌类补剂的神奇，并且在配料中大打“药物的擦边球”，这些都是训练者在选择使用前需要了解清楚的；③促睾酮分泌类补剂与氮泵一样并不适宜于初级训练者，如果想提高睾酮激素的分泌水平，那么可以选择ZMA与蒺藜皂甙这种相对温和的补充方式；④促睾酮分泌类补剂不适宜21岁以下训练者服用，因为21岁以前人体自身分泌睾酮的能力一直处于上升阶段，但是在21岁以后，人体自身分泌睾酮量就开始逐渐下降，故无论是训练者还是正常成年男子，都需要加强对于睾酮的补充；⑤促睾酮分泌类补剂在非训练日期间同样需要服用。

（五）促进生长激素类补剂

促睾酮分泌类补剂对于提高力量有着很大的帮助，但是对于提高肌肉围度和肌肉质量效果则一般，这时就需要摄入促进生长激素类补剂来满足我们的需求。因为生长激素可以从根本上提高我们体内蛋白质的合成，抑制脂肪生长。故对于希望获得肌肉围度，提高肌肉质量的训练者，促进生长激素的分泌是达到训练目的的最佳途径之一。

促进生长激素类补剂的服用时间一般选择在睡前，而非训练前后或者早上起床后。睡前服用促进生长激素类补剂会更好的提高蛋白质和氨基酸的合成能力，提高代谢能力。

使用促进生长激素类补剂需要注意：①促进生长激素类补剂的主要物质为赖氨酸、精氨酸和鸟氨酸，故属于健康、自然无副作用的补剂，是天然的促进生长激素分泌，与HGH等药物生长激素不同；②服用促进生长激素类补剂期间，不要与促睾酮分泌类补剂或者ZMA、蒺藜皂甙一起服用，因为这两类补剂的选择是根据两类不同的训练方式决定的，重复使用会造成浪费；③促进生长激素类补剂依然需要周期性服用，并且无法缩短停用周期；④服用促进生长激素类补剂期间，最好配合减脂类补剂一起使用，通过大量的有氧训练与无氧训练配合，可以达到很好地减脂效果，并且避免因减脂而带来的过多力量和肌肉流失；⑤促进生长激素类补剂在非训练日期间也应当服用。

（六）螺旋藻

螺旋藻类营养含量丰富，每100克螺旋藻类蛋白质含量在60%～70%，高于鲍鱼中蛋白质含量。脂肪含量仅为2%～6%，含有丰富的胡萝卜素、矿物质和各种维生素。螺旋藻具有增强免疫力、抗衰老、抗辐射、提高肌肉耐力和控制脂肪的作用。螺旋藻补剂一般适宜在晚睡前服用，一日一次无需进行周期性停用。

使用螺旋藻需要注意：①螺旋藻虽然被很多运动员和训练者所选择，但是螺旋藻本身并非是专门的运动补剂，虽然营养价值极高、作用全面，但缺少对于训练的针对性，故一般被称之为超级食物而非运动补剂；②螺旋藻内所含的蛋白质属于优质蛋白，富含高达18种氨基酸，其中蛋白质含量高达60%～70%，消化率更是高达85%，足以媲美“肉中之素”兔肉的吸收能力；③螺旋藻与减脂类补剂，促进生长激素类补剂搭配可以起到很不错的减脂效果；④螺旋藻可以缓解因为肉类摄入过多而导致的胆固醇过高的问题；⑤螺旋藻对于训练者主要的帮助在于提高耐力，相比“传说中”螺旋藻可以提高爆发力的作用则并不明显；⑥螺旋藻虽然是目前已知生物中营养最为丰富、最为均衡的，但是在选择上一定要注意，因为目前天然的螺旋藻数量极少，不少打着天然螺旋藻名号的实为人工养殖的螺旋藻；⑦螺旋藻强大的营养功效并不意味着我们可以忽略基础饮食；⑧螺旋藻同样无法替代蛋白粉和氨基酸，因为这两大核心补剂，对于维持人体的正氮平衡和提高蛋白质合成能力以及代谢水平有着非常大的作用，但是可以在摄入螺旋藻的基础上，相应减少蛋白粉和氨基酸的摄入量；⑨GABA（γ-氨基丁酸）中一般含有一定量的螺旋藻，两者尽量不要同期服用，以免造成浪费；⑩对于老年人，上班族都是非常不错的选择之一。

（七）苏打水等弱碱性饮用水

苏打水等弱碱性饮用水与螺旋藻类似，也不能算为运动补剂，因为其对于身体和训练的特殊作用，故我们把它列为特殊补剂之一。

弱碱性饮用水对于身体和训练最大的作用在于平衡体内的酸碱性，特别是对于训练者和很多居住在海边的人，因为饮食大都以肉类、海鲜类为主，酸性普遍超高，而苏打水等弱碱性饮用水一般pH值在7.5～9，每天饮用一定量的弱碱性饮用水，对于中和体内的酸碱度有着很好的作用。另外，弱碱性饮用水可以强化肠胃吸收能力，保护胃部。但是弱碱性饮用水也不可以长时间引用，否则会引起碱中毒，容易导致头痛、恶心、厌食等症状，因为其磷含量较高的缘故，很容易造成钙质的流失，进而导致骨折几率的大大增加。故弱碱性饮用水虽好，如果身体内酸值不高，长期饮用弱碱性水也会给身体带来伤害。

（八）纤维素

补剂之所以无法代替饮食就是因为其中缺乏合理的膳食纤维，虽然目前随着科技和营养研究的进步，纤维素开始独自作为一种补剂出现，但是这类补剂的根本目的是为了加大多种膳食纤维的摄入，改善消化和吸收的问题，而非用补剂来彻底代替基础饮食。

使用纤维素需要注意的问题：①纤维素类补剂非常适宜于高水平训练者和肠胃能力较差的训练者。高级训练者因为本身体重和饮食的缘故，蛋白质摄入比普通训练者要高出很多，相比之下达到维生素和纤维素摄入量的难度也就更大，如果不能满足纤维素的摄入需求，那么所摄入的蛋白质便无法被消化吸收，故需要补充一定的纤维素来满足消化吸收的需求。而对于肠胃能力较差的训练者而言，通过摄入纤维素可以一定程度上改善消化差的问题。②纤维素适宜于随餐服用，一日一次，以便提高消化能力。

（九）共轭亚油酸

共轭亚油酸简称CLA，为组成脂肪的多种脂肪酸一种，对于减脂减重有着很好的效果。它促进脂肪氧化分解和人体蛋白合成，特别是对于增加骨骼肌红蛋白和心肌肌红蛋白有着明显的效果，进而大大提高训练能力。此外，CLA还有着血液清道夫的美称，对于舒张血管，改善微循环，保持血压有着重要作用。

在我们选择减脂减重类补剂普遍只集中于综合类补剂和左旋肉碱时，不妨尝试下共轭亚油酸的效果，它对于提高蛋白质合成有着不错的贡献，在面对减脂减重期间普遍的力量或者肌肉流失过多这个问题上，有着自己独特的价值。其用法为一日一次，训练后服用。因为CLA是一种脂肪酸，故不需要周期性停止服用，可以持续服用。

（十）葡萄糖和唯它高

葡萄糖是所有糖类中主要为身体提供能量的一类，一旦葡萄糖被摄入，便会立即进入到血液中提供能量。葡萄糖与一水肌酸配合服用可以达到最佳效果，是修复肌肉、提高绝对力量、速度和爆发力的优异补剂。唯它高是一种高分子量碳水化合物，同样是配合一水肌酸一起服用，比葡萄糖的吸收速度更快，并且不会给胃部带来不适。

葡萄糖与唯它高的摄入目的相同，即都是通过刺激胰岛素来让其峰值与肌酸相匹配，进而最大限度上把肌酸输送进肌肉中。葡萄糖与唯它高因为需要搭配一水肌酸，故不可以长期持续服用。同样，如果训练者选择了复合肌酸类补剂，也无需再多摄入葡萄糖或唯它高。

（十一）抗氧化类补剂

摄入抗氧化类补剂目的是希望抑制自由基的氧化反应，以防止自由基对人体细胞的氧化攻击，从而确保人体的持续健康以及运动寿命的延长。抗氧化类补剂不仅适合希望延长职业寿命的运动员，还是中老年人、重体力劳动者和上班族的不错选择。

抗氧化类补剂主要由维生素E、维生素C、胡萝卜素、生物类黄酮、番茄红素、虾青素、蜂蜜以及多种草本植物提取物共同组成。一日一次，晚睡前服用，可以长期持续使用以达到最好的抗氧化，抗衰老效果。在补充抗氧化类补剂的同时，我们也可以选择一些抗氧化能力较强的食物进行摄入，如富含维生素E的坚果、葡萄、富含维生素A和维生素C的花椰菜、菠菜、胡萝卜、富含生物类黄酮的柚子、富含虾青素的草虾以及枸杞、绿茶、大蒜、燕麦等食物，都是非常不错的抗氧化类食物。

（十二）Omega-3（一组多元不饱和脂肪酸）

Omega-3是一组多元不饱和脂肪酸，对于因不合理饮食结构，大量肉类摄入所导致的胆固醇含量过高有着很大的缓解作用。中国传统家庭的饮食习惯对于omega-3的摄入往往十分匮乏，因为富含omega-3的食物多以深海鱼类为主，如金枪鱼、鳕鱼、马哈鱼等，亚麻籽以及海藻类也有一定的omega-3含量。而omega-3不仅在降低胆固醇含量上有着不错的效果，更在缓解关节疼痛，缓解压力，抗衰老上均有建树。

每日在晚睡前服用一次，每日摄入2～4g的omega-3对于降低胆固醇和抗衰老有着不错的帮助。Omega-3不仅适用于运动员和训练者，更普遍适用于习惯中国传统饮食结构的普通人。胆固醇偏高和钙质大量流失，已经成为了中国传统饮食结构中非常重要的两个问题。Omega-3虽然与抗氧化类补剂一样有着抗衰老、抗氧化的作用，但绝不存在一起服用造成浪费的问题，因为抗氧化类补剂是无法替代omega-3在降低胆固醇方面的能力的。

至此，我们介绍完了所有常见的补剂，有七大基础补剂，也有目的性更强，针对训练的几类特殊补剂。在选择补剂前，一定要合理的看待不同补剂的价值和利弊，不要因为一些有噱头的广告或一些虚无缥缈的中伤就在判断时先入为主，带有强烈的主观色彩。在使用补剂的时候，我们要切记由简到繁的过程，避免一开始就选择与我们训练水平不符的补剂。不能因为随着训练水平的提高，就只使用高级补剂，进而忽略基础补剂的使用。补剂需要长久补充，才可以在体能训练中最大限度发挥效果。此外，也不要忽略基础饮食，补剂再好、再强大，也无法替代饮食，就好比肌酸类补剂科技水平再高也远远没有生牛肉价值高一样。

在了解基础饮食和训练补剂之后，我们对于构建营养工程已经有了全面的认识。在此基础上，我们需要通过整理和分析来获得一份专属于自己，符合自己体能训练目标的饮食营养计划。在这之前，我们需要先了解一下在日常饮食习惯中，有哪些食物的营养价值被我们高估，又有哪些食物的营养价值被我们低估了。

九、食物价值排行榜

（一）最被高估的十种食物

1. 排行榜10：猪肉　猪肉过多的脂肪、较低的蛋白质质量以及糟糕的食品安全，让其成为对于训练水平、基本身体健康没帮助，甚至有负面影响的食物。

2. 排行榜9：苹果　如果你想用苹果作为维生素的补充源，那么其贫瘠的维生素C含量会让你极其失望。但是苹果却可以为你提供丰富的纤维素和果胶，降低体内胆固醇的含量。不过，这并不能掩盖苹果在对训练、健康等方面被高估的事实。

3. 排行榜8：坚果　没有人否认坚果中所含的丰富氨基酸与矿物质，但同样也少有人注意到坚果中所含有的大量脂肪以及较高的热量，如果你对此不了解，那么它会让你的身体堆积过多“废弃物质”，不仅无法提高训练水平和保护身体健康，反而还会给你的身体带来过多压力。

4. 排行榜7：燕窝　如果不考虑燕窝本身的珍稀程度，从营养和对身体健康、训练水平方面的帮助来看，你会发现它被严重高估了。因为它所带来的丰富蛋白质和多种氨基酸完全可以由另外的食物去替代，如鸡胸肉等。

5. 排行榜6：鹅肝　没有人否认它所含的多种维生素、矿物质和微量元素，但是少有人了解它过多的脂肪和热量。如果你希望通过长期持续食用鹅肝，满足自己的营养水

平，不仅性价比极低，还会给你的身体增加过多的负担。

6. 排行榜5：骨头汤　有些人想当然的认为，通过熬汤的方法可以把骨头中的营养物质熬出来，使骨头的精髓全部溶于汤中。事实上虽然骨头中的钙、磷含量较为丰富，但仅以熬汤的烹调方式是不足以将它们溶于汤中的。至于所谓的“骨头汤蛋白质含量丰富”更是十分可笑的，拿骨头与纯肉对比蛋白质、氨基酸的含量，毫无疑问是“夜郎自大”。

7. 排行榜4：白菜　有些人认为，白菜中含有丰富的维生素C与纤维，但与生菜相比白菜明显处于下风。此外，白菜中还含有更多的碳水化合物，如果想通过吃白菜的方法满足身体对于维生素C与纤维的需求，那么极易诱发过多胖体重的增加。

8. 排行榜3：鲍鱼　鲍鱼虽然有较多蛋白质、氨基酸含量，但是作为不完全蛋白质的典型代表，其为人体可吸收的能力并不高，完全可以选择肉类或其他贝类等性价比较高的食物替代。

9. 排行榜2：鱼翅　鱼翅含有丰富的蛋白质，如胶原蛋白可以起到抗衰老，滋润肌肤的作用。只可惜它们属于不完全蛋白质，很难被人体所吸收，甚至不如某些动物皮肤，如猪皮等。

10. 排行榜1：海参　海参有海中人参之称，富含蛋白质，几乎不含胆固醇与脂肪，长久以来一直被誉为有强身健体的功效。只可惜其性滑利，不适合脾胃虚弱者过多食用，并且所含蛋白质属于不完全蛋白质。所以，有些人食用海参，不如食用鸡蛋对身体健康的价值高。至于海参所含丰富的精氨酸，难道你想通过靠吃海参来满足身体对于精氨酸的需求吗？那实在是太过夸张，不切实际。

（二）最被低估的十种食物

1. 排行榜10：香蕉　如果你只将香蕉作为一种普通的补充维生素的水果，那就真的太低估它的功效了。香蕉中的碳水化合物有促进食欲，帮助消化等作用，对人体健康、训练水平的提高起着重要作用。训练时选取香蕉作为能量补充剂，加餐时食用香蕉来达到增肌增重的目的，这些都是香蕉少有人知的“黄金宝藏”。

2. 排行榜9：鸡蛋　没有人否认鸡蛋的营养价值，但是几乎所有人都低估了它对于身体健康和训练水平的意义。在我们“不厌其烦”的摄入所谓的大补品、营养补剂的时候，不如先把基础饮食这一最基本的环节做好。一些所谓的对身体有益的进补佳品、山珍海味，实际上对于身体的帮助却远远不如鸡蛋。

3. 排行榜8：黄油　提及黄油可能我们首先想到的就是脂肪、热量等对于体能训练和身体健康帮助不大，甚至起反作用的营养。然而事实上一些质量上乘的黄油脂肪含量并不高，甚至不到30%。黄油不是某些人口中的“脂肪”，它是所有奶制品中营养价值最高的食物，1千克黄油需要10～15千克的酸奶才可以提取。丰富的氨基酸、蛋白质、维生素、矿物质，可以提供促进身体骨骼发育所需要的大量营养，是不可多得的营养佳品。

4. 排行榜7：西兰花　西兰花在《时代》杂志推荐的十大健康食品中名列第四，其所含丰富的维生素A、维生素C、维生素E以及多种矿物质、微量元素，使其成为食用蔬菜时的首选之一。此外，西兰花中还含有一定量的碳水化合物，是不错的增肌增重期间的必备食品。

5. 排行榜6：蜂蜜　如果一提起蜂蜜，印入你脑海的是胖、糖分、热量高、含脂肪等词语，它自然无法在你的心中留下一个好的印象。当你通过了解营养常识时，便会发现蜂蜜中的脂肪含量很低，往往不超过百分之二，并且其所含有的糖分多为葡萄糖和果糖，极易被吸收，是提高训练表现，加快身体恢复速度的得力助手。想必你对它的印象会好很多。

6. 排行榜5：西红柿　西红柿热量非常低，却含有很高的水分，因此会带来极强的饱腹感，能够从一定程度上防止暴饮暴食的出现。此外，其所含有的茄红素可以降低人体热量的摄入，减少脂肪堆积，对控制体重，降低体脂起着重要作用。可惜西红柿的这些功效却被大多数人所忽略，他们只把它作为补充维生素的蔬菜或水果，在烹调上往往注重口感，而忽略了对其营养的保存。如将西红柿制作成番茄酱，反而会增加脂肪的含量。

7. 排行榜4：洋葱　许多人往往忽视了洋葱的营养价值，事实上洋葱是对人体健康非常有益的蔬菜。它可以明显的降低血压，所含甲磺丁脲类似物质有一定降血糖功效，比同类蔬菜有更低的热量和脂肪，可以避免体脂的升高。此外，洋葱有促吸收、助消化、能杀菌的功效，有维持身体健康，提高训练水平的作用。

8. 排行榜3：猕猴桃　它有一个绰号叫“超级水果”，钙含量是苹果的17倍，维生素C含量是橘子的2倍。根据美国Rutgers大学食品研究中心测试，猕猴桃是日常水果中营养成分最丰富、最全面的水果，富含镁、氨基酸、纤维，几乎不含胆固醇与脂肪，让你实在无法挑出它的毛病，只是在大多数人的日常饮食中很少见到猕猴桃的身影。

9. 排行榜2：生菜　相比白菜或其他绿色蔬菜，生菜的热量更低，维生素含量更高，对于控制体脂、降低胆固醇水平有着巨大作用。生菜可以生吃，进而避免了因不同烹调方式所造成的蔬菜原本营养的流失或者脂肪的增加。如果选择食用绿色蔬菜，生菜毫无疑问应当是第一选择。最正确的食用生菜方法是用橄榄油进行调拌，而非用沙拉酱、千岛酱等进行调拌。

10.排行榜1：土豆　土豆具有极高的营养与生理价值，人类甚至可以只靠土豆与牛奶就足以维持生命的健康。土豆除蛋白质、钙含量较低外，你几乎找不到它有什么缺点。它的维生素C含量惊人，超过苹果的10倍，维生素B含量更是苹果的4倍之多。土豆并没有像许多人认为的那样含有较高的脂肪与热量，只是碳水化合物的含量较高，它可以很好的帮助你增重，却不会增肥。此外，它还是非常优秀的抗衰老食物，可以延长运动寿命。只是这些价值一直被人们为了满足口舌之欲，采用一些对营养破坏性极强的烹调方式所掩盖，如炸薯条。

第三节 减肥与增肌营养食谱

在此我们将根据有无补剂的不同客观条件，列举四个有代表性的减肥或增肌食谱供大家参考。食物是死的，营养是活的，不是说只有这些食物才可以减肥或增肌，而是主要提供一个思考的路径和方向，大家可以联系前面内容，结合自身特点进行总结，归纳出一份属于自己的营养食谱。

减肥食谱：无补剂（体重80千克）

早餐：三片全麦面包或40克燕麦，一颗猕猴桃，一杯茶，一个全蛋。
加餐：一个香蕉。
午餐：150～200克鱼肉，200克绿色蔬菜，60克大米，一颗猕猴桃。
加餐：一个香蕉。
训练后：一个香蕉，一杯茶。
晚餐：40克燕麦，150克鱼肉或鸡胸肉，200克绿色蔬菜，一个全蛋。

减肥食谱：有补剂（体重80千克）

早餐：三片全麦面包或40克燕麦，一颗猕猴桃，一杯茶，两个全蛋，CLA补剂。
加餐：左旋肉碱补剂，一个香蕉。
午餐：150～200克鱼肉，200克绿色蔬菜，60克大米。
训练后：蛋白粉，综合减脂类补剂，一个香蕉。
晚餐：40克燕麦，150克鱼肉或鸡胸肉，200克绿色蔬菜，一杯酸奶。

增肌食谱：无补剂（体重70千克）

早餐：100克燕麦，一颗猕猴桃，两个全蛋，一个蛋清，两杯酸奶。
加餐：两个香蕉或100克奶酪。

午餐：100克大米，200克鸡胸肉或250克牛肉，200克绿色蔬菜。

加餐：一个香蕉或100克奶酪。

训练后：两个香蕉，四个蛋清。

晚餐：50克大米，200克鸡胸肉或250克牛肉，200克绿色蔬菜，50克淡奶酪。

增肌食谱：有补剂（体重70千克）

早餐：100克燕麦，一颗猕猴桃，两个全蛋，蛋白粉。

加餐：增肌粉，一个香蕉。

午餐：100克大米，100克洋葱，200克鸡胸肉，100克土豆。

加餐：增肌粉，一个香蕉。

训练后：肌酸，增肌粉，蛋白粉。

晚餐：50克大米，维生素补剂，100克绿色蔬菜，200克鸡胸肉。

第二章　做会思考的训练者

概　述

工欲善其事，必先利其器。无论是新手、初中级水平训练者还是高级训练者，我们在开始训练前，首先要了解如何制订训练计划和制订训练计划的原因与目的。这些都要求我们做一个会思考的训练者，而不是一个单纯只知道重复训练的“苦劳力”。

在现实生活中，普通人很难享受到专业、适合自己的训练计划。虽然有很多训练者去寻找私人教练，但教练接受的知识与方法过于局限于健美健身的训练理念，并且水平良莠不齐，针对具体运动能力的提升缺乏研究。如果你有提高某些特定运动能力的需求，那么向他们寻求帮助必然会存在着针对性不强的问题，何况还有不可避免的责任心问题。我们花费“重金”请来的教练，看似是为自己铺了一条路，至于是条光明坦途还是迂回小道，则只能听天由命。

做自己的教练是最好的选择，因为再好的教练和专家也无法准确体会你自己在训练和恢复中的肌肉与神经感受。教练不可能一直跟着你，从早到晚监督你的训练和饮食。这一章的目的就是通过详细讲述基本的训练理念，获取各种不同身体素质的基本法则来让读者通过学习掌握——自己做自己的私人教练，自己为自己制定适合、有效的训练计划。

在开始介绍训练理念部分前，需要首先让大家明白一个概念，即何为训练以及如何训练才能达到训练目标。训练，即通过合理的训练计划，训练间歇，训练动作以及训练时间表来达到自己某个训练目标。训练是由两大核心部分构成的：训练计划和训练时间表。

（一）训练计划

训练计划即根据自己的目标，选取针对这个目标的训练动作、动作组数、次数和负荷来达到获得肌肉或者神经控制能力、力量等不同方面的提高。在很多私人教练制订计划时，往往对于动作次数、负荷大小和训练动作的研究不细致，以至于所做出的训练计划对于我们所需要的目标帮助不大，训练计划缺乏特性。

（二）训练时间表

训练时间表所指的不是单纯的什么时候训练，而是一个包含广泛的时间表。我们的训练计划不是一成不变的，一个训练计划往往持续4～16个星期不等，在此期间，每星期可能训练的动作一样，但是每星期训练的负荷和次数、组数则会出现不同。练习每个动作期间，每组间需要休息多长时间，某些特殊动作对于一次规定完成时间长短的特殊要求，甚至日常的饮食计划等都属于这个范畴。这些虽然看似是细枝末节，但是对于决定我们训练效果的高低和能否达成最终的目标，都是非常关键的。

一个训练者训练科学与否，主要就是体现在这两方面，但是一个训练者训练水平的高低，就要取决于他对于训练的执行能力。能否把动作做标准，能否很好控制神经把注意力集中在所希望训练和提高的肌肉部位上，这些都是在训练方法部分我们需要掌握的。体能训练的目的可分为两大类：改善肌肉力量和改善神经控制能力。

1. 改善肌肉力量　包括通过合理的训练计划与训练时间表的安排，做到提高肌肉力量，增大肌肉围度或者减少脂肪含量，改善肌肉形态等目的。凡是从事体育运动的体能训练者都有这个目标，如在篮球场上，五个位置的球员都需要通过改善肌肉力量的训练来获得一定的体重、肌肉围度和力量水平。在这类直接身体接触的运动项目中，对抗能力是所有技战术执行、施展的依托。

2. 改善神经控制能力　包括通过合理的训练计划与训练时间表的安排，提高自身对于肌肉和肢体的调配能力，进而获取相应绝对力量和爆发力的提高。除非你是健美爱好者，不然你的训练都应当与具体运动能力的提高有关联，如弹跳力和速度的提高，这些都是需要通过改善神经控制能力去做到的。

第一节　心理素质的解析与提高

一、同样的身体，别样的理念

在讲解具体的训练理念前，作者觉得一定要普及一个理念，那就是关于“练”的理念。记得之前因为醉心体能训练的缘故，有些老友很长时间未曾联络，久别重逢后大家都对于我身体的变化异常惊讶，纷纷问我怎么练成这个样子？你平常没事就去健身房吗？几年来这种问题层出不穷，每次我都会反问一句：“我不去健身房，一个人在国外，除了上学还能做什么？”。我得到的“答案”有很多，如谈一次恋爱，或者去打工，或者去夜店玩耍等，但从没有一个人回答：“你不去健身房，一个人在国外除了上学还能做什么？”

我一直带一个法国的15岁男孩进行训练，他通过一年的努力，无论是身材、力量还是心理，都比刚认识他时强大了不少。有一次我问他：“你为什么会选择来健身房？

你的父母支持你吗？”他回答我：“我父母很支持我，我想让自己变得更强大，我想在每周的健身课上都在卧推训练时赢我的同学！”

我非常惊讶，没有想到在法国的高中居然会有健身课，在我的印象中，体育课是可以随时被英语或者数学取代的，更不要说固定的健身课。我并不想抱怨我们的一些制度或习惯，也不想去责怪那些占用体育课的老师们。只是，为什么健身可以普及到法国的高中，而在我所生长的环境中这种意识就流传不起来呢？甚至走出校门，你也看不到健身热潮。或许一个健身房有1000多人办卡，看似健身热潮涌起，但是在这些人中有多少人做到了系统训练？又有多少人真正通过锻炼得到了自己想要达到的目标？如果把这些人都刨除掉，那么可能1 000人所剩的不足100人了。

在我们的健身意识中，有多少人下意识的认为去了健身房即等于健身？有多少人认为肌肉就等同于健美，健美就等同于全部？又有多少人因为臆想的缘故抵制肌肉？我问过我的徒弟，身材变化这么大之后你的朋友们有没有说什么？他说我的朋友们都很羡慕我，都问我训练的经验，向我请教，没有谁说我很恐怖或者要肌肉有什么用。这里不去讨论到底哪种审美观念是正确的问题，只举三个简单例子，望大家自己判断：第一，根据哥本哈根大学研究发现，在身体条件相似情况下，一个人腿越细，寿命就越短。一个成年男子如果正常情况下大腿围度不到60厘米，很容易增加患心脏病的风险。而现在在你的身边有多少少男少女在追寻着瘦腿呢？第二，如果一个男人喜爱锻炼，肌肉不错，他在中国的商场很难买到合适自己身材的衣服，因为大多数衣服不是肩膀窄，就是胸围小。相反，如果他去欧洲的商场，他会很轻松地买到自己喜欢的衣服；第三，一个人活在这个世界上必须学会为自己而活着，没必要因为他人的眼光或观点而动摇自己的态度。

近几年来，随着国民生活水平的提高，大家对于养生和健康更为注重，穿的衣服越来越舒适，吃的食物越来越营养。但是为什么许多人忽略了养生和健康的根本？那就是一个强健的体魄！不会有人希望自己的身子是外强中干、徒有其表的，每个人都想有一个强健的身体。然而实现这个目标并非很难，只要你正确对待体能训练，你的身体就不会辜负你对它的期望。

二、培养坚忍有为的训练心理素质

有很多家长不允许自己的孩子做体能和健身训练，认为是不务正业。然而，训练真的除了给我们一个好的身体外，就什么也不能做了吗？我看未必，不仅仅是在训练方面，任何一个可以在各自领域里取得一定成就的人，都必定有着自己与众不同的能力和毅力，这点反映在训练上更是如此。如果你的知识储备不够丰富，不善于思考，自控能力不强，那么是根本没可能成为一个好的训练者的。训练对于一个人最基础的作用是带来了一个强健的体魄，但是训练对于广大青少年最大的帮助远不止于此。简单概括一下，我想应该是曾国藩先生说过的四个字：坚忍有为。

无论训练目标的高与低都必须付出一定的努力，必须建立在岁月堆积的基础之上。高水平训练者本身必定有着超出常人的耐心和毅力。如果有少许的偷懒放松，那么肌肉和力量的增幅就会减慢，甚至停滞不前。间断训练习惯会阻碍我们实现训练目标，只有持之以恒才是正道。

训练的心态也很重要，凡是有浮躁焦虑、好高骛远等心态，都会影响体能训练的效果。一个好的心态可以让我们不受外界因素的干扰，如不健康的生活方式等。如果你的内心不够强大，那么你的生活节奏，训练效果都会受到很大影响。一个发自内心热爱健身的训练者，自身必定是耐得住寂寞、孤独和诱惑的人，他（她）不仅拥有平和的心态，更拥有不会被外界干扰和迷惑的意志。训练者让自己的身形得到改变或者力量得到发展，不是一朝一夕的事情，在此期间内必定会遇到些许困难，如何平衡心态是需要通过健身和训练来学习的。在现实社会环境中，人们已经不像之前那样平静和低调了，越来越多的人对于什么事情都急于求成，都想通过所谓的“捷径”来获得，特别是还在成长中的青少年，如果心浮气躁，很可能会走上心理的歪路。体能训练能为你提供非常好的心理治疗，它时刻提醒你成功没有捷径，只有坚持不懈的训练才能获得坚韧的心理和强健的身体。

长时间以来流传着这么一句话：“四肢发达，头脑简单。”我不清楚是谁将二者联系在一起的？更何况，要想在“四肢发达”这方面做到顶尖是非常之困难的，不是随随便便谁都可以在竞技体育方面称王称霸的。凡是最终成为冠军者，往往是非常爱动脑子，会钻研思考的人。他们会根据自己的目标，每天对训练做着认真的研究，力争在训练目标与客观条件之间找到一个平衡点。一个好的训练者一定是同时具备合格完成每天训练要求，认真钻研新的训练方法和知识，并且可以控制好自己情绪的“有为人”。

“吾生平长进，全在受挫受辱之时，务须咬牙励志，蓄其气而长其志。切不可颓然自馁。坚忍有为四字，最为办事要着，勿畏难中缀，勿滋生蔽窦，勿贻人口实。照此行事，何患不达目的。”百多年前曾国藩先生就为我们指出了成功之路，这条路对于训练同样适用。坚忍有为，是一个训练者取得一定成绩，达到训练目标的必备心理能力之一。训练不仅可以给我们一个强健的体魄，还能教给我们许多课本上学不到的东西。训练让你不再胆小，遇到困难敢于直面挑战。训练并不是什么歪门邪道，它带给我们的财富远比我们习惯认为的体格强壮、身体健康多得多。甚至退一万步讲，哪怕训练只能给我们一个强壮的身体，那它就不重要了吗？难道世界上还有什么东西比健康更重要？只有身体的良好存在，你才会有建功立业的机会。

除了坚忍有为之外，体能训练还教会了我们许多，如冷静的心态和平和的心境；更全面的知识；更严谨踏实的态度等，一个高水平的训练者会更清楚“山外有山，人外有人”真正含义。如果你想获得一个健康的身体；想提高自己独自面对困境的处理能力；想让自己更加勇敢，那么就来训练吧！家长们，如果你想让孩子更健康的成长；更好地学会承担；更冷静地处理人与人之间的关系；更勇敢、更不怕挫折和苦难，那么就让他们来训练和健身吧！

三、正视天赋与努力的关系

提到正确的训练观，就不可免的要提到天赋。平时训练、比赛或者在论坛上都很容易遇到“天赋”二字，很多有关天赋的“概念”“定义”，与运动补剂一样，长久以来为人们所争论不休。在训练心理部分的最后，我们将对天赋问题进行一次理性的探讨。

天赋主要存在于两个方面：一个是单纯的训练；另一个则是营养。我们就从这两个方面所常见的一些论点进行探讨，看一看“天赋”的真实面目。

（一）训练方面

1. 无论如何训练也无法成为大块头　首先要提到的就是关于体重的问题，有很多持“天赋论”观点者说因为天赋的原因，先天基因决定了“怎么吃都不胖”“怎么练都不长肉”。我们不否认基因差别的存在，但根据我们在营养章节中分析发现，绝大部分无法获取体重的训练者都是因为营养摄入水平较差，自身训练能力较低所致。基因问题只是其中一小部分因素，不能简单地以偏概全。

其次就是关于增加肌肉围度，相比增加体重更容易让人苦恼。因为围度包含很多，不仅仅是指单纯的某部位肌肉的周长，还包括该部位的宽度。而宽度，特别是肩宽的提高确实非常棘手。在很多“天赋论”者看来，肩宽受锁骨的先天发育好坏决定，无论通过多么刻苦的训练，都无法让已经发育定型的骨骼再拉宽。其实这个事情很容易以举例的方法来解释，如我所带过的几个徒弟，无论是中国人还是法国人在经历了几个月的训练后，肩膀的宽度都有着或大或小的涨幅。

最后就是中国训练者无论如何努力都无法在肌肉的整体形态上，与欧美发达国家选手相媲美。很多“天赋论”者把它归结为人种的问题，如“很多国外训练者不用训练肌肉水平就比我们好”，这种观点是很典型的想当然，他们只看到了眼前人家没怎么训练，就断然外国人从来没有过训练基础。欧美发达国家一些选手实力超出我们很多是不争的事实，但是这几年，随着国家的重视，以及我们运动员和教练员不断向欧美国家学习先进的训练理念和训练方法，我们运动员的水平在不断提高。虽然与世界顶级水平还有着不小的差距，但我们要有耐心，不能因一时的成绩不好、水平不高，就把他们归结为天赋，归结为怎么努力也赶不上人家。如果真是如此，那么也就没有奥运会的存在和必要性了。

2. 我们是无法通过后天努力练出欧美运动员的顶级爆发力　不可否认黄种人在短跑项目上没有过什么太出彩的发挥，但是仅仅因此就否定我们不能够训练出顶级的爆发力是十分片面的。首先爆发力本身不是只有绝对速度这一种体现形式，跳高、举重、跳远、投掷类项目等都是属于爆发力范围之内的。黄种人虽然在短跑项目上没有什么出彩的表现，但是在举重赛场上却屡破世界纪录。这就如同力量举三项中，你虽然卧推能力十分突出，但是深蹲和硬拉水平相对薄弱，你不能因此就否定自己的力量水平一样。

3. 天赋是获取力量的根本　我们不否认有些训练者是具备一定的天赋的，这点体现在他们对于训练动作，特别是一些难度较高的动作掌握速度上要比别人更快。不过，这种天赋可以被年轻时的训练基础所弥补，凡是世界冠军必定从小就有着良好的训练习惯，当你还在玩玩具的时候，他们可能已经跟杠铃打交道了。从小打下的基础在某些时候甚至比好的天赋对于力量的提高更为重要。

（二）营养方面

不同训练者吸收能力不同　我们不可否认有些人因为先天缘故，自身的消化吸收能力极差。在把消化吸收能力好坏归结为先天时，不如先仔细想想之前自己是否养成了良好的饮食和作息习惯？你是因为先天疾病的原因导致的消化吸收不好，还是因为长期不健康的饮食习惯，缺乏某些必要的辅助消化吸收的营养所导致的？

由此看来，无论是关于训练还是营养方面的一些所谓“天赋”，我们虽然不能否认它们的存在，但同样也不应该把它们当做训练水平不高，营养不足的替罪羔羊。我们要正视天赋的存在和价值，但不能高估它，不能拿它作为不好好训练，不重视营养的借口。我们虽然可以适当低估天赋的存在感，但是不屈的挑战却不可须臾或缺的！

第二节　肌肉——体能与健身训练的基础

一、肌肉的秘密

肌肉是无论身材变化，还是力量增进都离不开的一个“重要朋友”。从解剖学上讲，肌肉按照结构和功能可以分为三大类：骨骼肌、心肌和平滑肌。骨骼肌的作用是我们训练中所最关心的，起着决定肌肉力量和形态的作用；心肌只存在于心脏，我们日常习惯说的心肺耐力其实指的大多都是心肌的能力；平滑肌多存在于内脏中，如肠胃肌肉所起到的消化吸收能力，这是我们在日常营养中所需要关注的。在这一节内，我们主要讲解的就是骨骼肌和心肌的一些不得不说的秘密。

骨骼肌可以分为两大部分，即大肌肉群和小肌肉群。大肌肉群在运动和生活中所使用比例更大，对于我们的运动能力起着决定性的作用，注重大肌肉群的训练会让我们的身体素质得到根本性的改善，是所有训练基础中的基础；小肌肉群则在运动和生活中起着辅助大肌肉群的作用，对于维持人体的平衡、协调和耐力有着重要的作用，注重小肌肉群的训练会让我们的身体素质得到进一步优化和改良。但是，这里一定要明白一件事，即小肌肉群的训练一定是建立在高水平的大肌肉群训练基础上，如果只专注小肌肉群的训练，忽略了大肌肉群，就会出现本末倒置的问题，无法让自己的身体得到翻天覆地的变化。因此，我们一定要清楚大肌肉群和小肌肉群的区别，以及它们相应的在生活、训练、伤病和竞技场上的作用。

（一）大肌肉群

1. 股四头肌肌群　位于大腿的前面，由四块肌肉构成，即股中肌、股直肌、股外肌和股内肌。如果把股四头肌的四块肌肉看成一个整体，它便是人体全身肌肉里面最大、最有力的一块肌肉，对于人体四大力量之一的伸膝力量，正常行走，维持人体的基本站立都起着决定性的作用。股四头肌是任何运动员在所有训练目标中都需要着重训练的一块肌肉，它是训练的核心和所有运动的根本，你无法想象花样游泳运动员也会训练深蹲。在伤病中，股四头肌的强大与否直接关系着膝关节以及周围韧带的强硬程度，如果股四头肌不够发达，那么膝关节及周围韧带受伤的可能性也就会增加。

2. 股二头肌肌群　位于大腿的后侧，分为长头肌和短头肌，从生理意义上讲股二头肌的主要作用在于控制大腿膝盖的屈伸和小腿的后屈。如果说股四头肌是人体肌肉群里面最强大最有力的一块肌肉，那么股二头肌就是辅佐它的“能臣良将”。此外，由于股二头肌的特殊位置，其在伸膝和屈伸髋力量中都起着重要的作用。在伤病中，对于膝盖有过伤病的训练者，股二头肌是需要着重加强的一部分，特别是对于大伤初愈急需要恢复训练的人。因为股二头肌的训练动作几乎都不会给膝盖径向的压力，往往只是切向的一个分力，所以在伤后无法立即开展股四头肌训练的训练者，可以先从股二头肌的训练入手。大腿肌肉群是人体中最关键的肌肉群，如果只能训练一个部位，一定要选择练腿。如果只能练一个动作，选择全蹲是最好的办法。由此可见腿部肌肉群，特别是股四头肌和股二头肌对于全身力量和肌肉发展的重要性。

3. 臀部肌肉群　这里主要以臀大肌为主，包含臀中肌和臀小肌的大肌肉群。如果把股四头肌算作四块肌肉的话，臀大肌便是全身肌肉中最大、最有力的一块肌肉。臀部肌肉群是全身肌肉群中非常重要的一部分，其重要性甚至可以与股四头肌媲美。因为其独特的生理位置（处于髋部，连接着腿部和腰部），生活与训练中我们常常感受到腰部不适、没力量，原因往往不是腰部肌肉群本身的缘故，腰部肌肉群是几乎无法主动发力的，很大程度上是由于自身臀部肌肉群过于薄弱所导致的。在体能训练中，臀部肌肉群是伸髋力量和屈髋力量的核心发力部分之一。臀部肌肉群独特的生理位置，直接决定着上下肢力量能否完美的结合在一起。在竞技场上，臀部肌肉群是一个选手运动能力是否发达的重要象征之一，几乎所有的运动员都具备一个强大有力的臀部。在伤病中，臀部肌肉群的强大与否不仅仅关系着与它相邻的腰部，更间接影响着膝关节、腹股沟等部位。孰知腰椎间盘突出是“不致死的癌症”，腰肌劳损更是每个体能训练者普遍存在的伤病隐患，故良好的臀部肌肉群训练会帮助我们尽可能地避免这些伤病，保持我们的健康。

4. 下背部肌肉群　我们这里所讲的不是单纯的腰部肌肉群，而是除臀部肌群外所有能够参与腰部支撑发力或者腰部受力的肌群，即腰大肌、竖脊肌和髂肌。这三部分肌肉各自都不能算是大肌肉群，因为它们独特的生理位置和发力、受力特点，故我们把它们组合在一起用“下背部肌肉群”这个新观点来进行介绍。

（1）腰大肌：腰大肌附着在腰椎两侧，状似织梭，与髂肌交汇于股骨，合称髂腰肌。腰大肌本身对于脊柱的伸展有着重要的作用，硬拉、站起、躬身等需要让脊柱伸展的训练，都会运用到腰大肌的力量。因为其附着在腰椎两侧，主要作用在于对身体的支撑和对腰椎的保护，很难再有别的分力去完成另外的动作。在体能训练中，腰大肌的强弱对于硬拉重物在拉起阶段有着重要作用。在伤病问题中，腰大肌对于保护腰椎健康有着至关重要的作用，每一个体能训练者都需要特别注意对腰大肌和腰部的训练与保护。

（2）髂肌：髂肌呈扇形，自髂窝起与腰大肌交汇于股骨，与腰大肌合称髂腰肌。髂肌对于腰椎和躯干的支撑同样起着重要的作用，除此之外，髂肌也决定着我们的跑动，躯干的前屈等生活中常见的动作。在体能训练中，髂肌的强大与否直接决定着一些自由性的速度训练，即短跑、冲刺跑、高抬腿等项目的训练水平。在伤病问题中，髂肌不仅仅对于保护腰椎有着一定的作用，更对保持我们的跑跳能力有着巨大的影响力。训练者不要仅仅关注腰大肌却忽略了同样重要的髂肌。

（3）竖脊肌肌群：又名骶棘肌，位于脊柱的后方，上起枕骨下至骶骨背面。竖脊肌在生理中主要负责维持躯干直立以及脊柱后伸。在生活中，竖脊肌肌群，也就是我们平时所习惯称的下背部，因为家务、工作等缘故，经常感到的腰疼，这就是竖脊肌肌群出现疲劳的现象，其中也不乏腰大肌或者髂肌疲劳的概率。在赛场上，竖脊肌肌群的收缩发力对于摔跤运动中的一些技术动作，如跪撑滚桥、抱提过胸、跪撑反抱大腿对抗等都起着重要作用。在伤病问题中，因为竖脊肌的作用，即维持躯干直立，如果竖脊肌肌

群健康出现了问题，对于训练者的运动能力就会出现毁灭性的打击。

5. 背阔肌肌群　在背部肌肉群中背阔肌是最大的肌肉群，位于胸背区下部，呈宽大扁状。背阔肌的作用主要体现在对于人体攀爬能力的影响方面，强大的背阔肌直接决定了你的基本体态。如果背部肌肉不强大，就会出现驼背的问题，导致体型很难看；在竞技场上，背阔肌不仅决定着我们在攀岩等特殊项目上的具体实力，更是一些球类、格斗项目赖以生存的根本；在伤病问题中，背阔肌与下背部肌肉群是近邻，背阔肌一旦出现问题，很容易导致它的近邻肌肉（肌肉群）表现异常，更糟糕的是有可能影响到腰椎等关键部位。

6. 胸大肌　呈扇形，共由左右两部分组成，位于胸廓的前上部。在大多数人看来，胸大肌是最能反映一个男人魁梧程度的标志。在生活中，胸大肌对于人体，特别是上半身的美学价值是非常重要的；在竞技场上，强大的胸大肌是保护心肺的天然铠甲；在伤病问题中，虽然胸大肌受伤的情况并不多见，但是却有很多因为胸大肌的训练动作而导致的其余部位伤病的出现，如卧推对于肩关节、肱二头肌肌腱或者手肘的伤病。

（二）中小肌肉群

除去六个大肌肉群外，人体还有许多体积相对较小的肌肉群，它们或者在实战中起着巨大作用；或者对于大肌肉群的运动起着明显的辅助作用，只是它们相对于六个大肌肉群体积较小，重要性相对较低，故我们把它们命名为中小肌肉群。

1. 斜方肌肌群　斜方肌分为三部分：上束、下束和中束。其中中束和下束主要针对肩胛骨起着内收和下压的作用；上束起影响上举、旋转肩胛骨等作用。斜方肌肌群本应也算作大肌肉群之一，但因为其尴尬的部位和训练者对于它的训练安排，斜方肌长久以来一直被忽视，被划分到了背部或者肩部的训练计划中。在生活中，几乎我们随时随地都能用到斜方肌的肌肉群，因为我们所做的提拉动作都会用到斜方肌，如长时间拎东西往往会觉得脖子或者肩膀处肌肉酸痛，这就是因为斜方肌疲劳所致；在竞技场上，斜方肌几乎辅助或者主动参与所有与上肢有关的技术动作，优秀的运动员基本都具备强大的斜方肌；在伤病问题中，斜方肌保护着人体除了腰椎以外最重要的一个部位——颈椎。几乎所有的职业赛车手都必须拥有强大的斜方肌，目的是为了更好地保证颈部在高速度的比赛中减少受伤的风险。

2. 三角肌肌群 在上肢肌肉中有一部分肌肉虽小，但是却在竞技场、健美、大力士等多个领域中都起着至关重要的作用，它就是三角肌肌群，又称虎头肌。三角肌肌群分前束、中束和后束三部分，起自锁骨的外侧段、肩峰和肩胛冈处，肌束逐渐向下，向外集中。因为肱骨上端有三角肌的覆盖，所以强大的三角肌会使肩关节呈圆球形，虎头肌也由此而得名。在生活中，一个宽厚的肩膀会让我们穿衣显得更有型；在竞技场上，三角肌与斜方肌一样，都是判断一个运动员上肢肌肉强壮的最佳代表之一。我们所有的推、拉、提、翻等力量动作，都离不开三角肌肌群的发挥；在伤病问题中，如果三角肌训练不到位，很容易导致肩胛骨、肩周、肱二头肌肌腱等伤病，是对于训练者上肢力量发挥的巨大打击。

3. 手臂肌群

（1）肱二头肌：由长头和短头肌组成，呈梭形。肱二头肌是健美比赛的重要比拼部位之一，隆起的肌峰是每个健美选手都渴望追求的完美形态之一；在竞技场上，肱二头肌的作用并不大，很多我们固有观念里所认为的“臂力”“手臂力量”，其实往往不是肱二头肌在实际发力；在伤病问题中，肱二头肌肌腱如果受到损伤，很容易间接影响肩膀的灵活和运动能力。

（2）肱三头肌：由三个肌腱组成，一个附着在肩胛骨上，另外两个附着在肱骨上。肱三头肌对于手臂的屈伸有着重大的作用。在体能训练中，肱三头肌的大小直接决定了手臂的粗壮程度。而很多体能训练者为了增加手臂的围度，往往苦练的却都是肱二头肌；在竞技场上，很多我们所谓的“臂力”，有一部分指的就是肱三头肌的力量，而非我们原本观念中所认为的肱二头肌；在伤病问题中，肱三头肌连接着肘关节，如果动作不当便会造成肘关节的一系列伤病。

4. 前臂肌群　即小臂肌群，主要负责腕关节的伸展和弯曲，强壮的小臂肌群是高握力，高支撑力，高腕力的体现。在生活中，前臂肌群的作用主要体现在特殊工作领域，如厨师、骨外科医生、货车司机等需要经常运用到小臂、手腕和手指力量的职业。此外，我们日常掰手腕运动中所使用的腕力，就是主要受前臂肌群影响的。在竞技场上，前臂肌群对于任何一个需要手掌参与的运动项目都是不容忽视的，如网球、羽毛球、乒乓球等。

5. 腹肌肌群　由腹外斜肌、腹横肌、腹直肌和腹内斜肌共同组成。看似腹肌肌群的组成部分很多，理应算是大肌肉群的一类，但它并没有附着在大骨骼上，而且一周可以做频繁多次训练，故依然把它归为小肌肉群。在生活中，腹肌的形态应该是所有体能训练者都会多多少少关注的一个部位，平坦、分离度明显的腹部一直被看做上半身美观的重要组成部分之一；在训练中，在我们固有的很多错误和偏颇的训练观念中，大多数与腹肌有着一定的关联，如我们日常习惯讲的“腹肌力量”“腰腹力量”等；在竞技场上，很多我们以为是腹肌在发力的动作，其实是别的部位在做功，但这并不能否定腹肌力量在整体核心力量中的意义和价值；在伤病问题中，腹肌与下背部肌群一样，对于维持腰椎的活动和稳定有着相当重要的作用，特别是在控制脊柱与骨盆的活动方面，如果腹肌不够强大，就会导致腰背部伤病发生率的大大提高。

6. “倒三角”肌群　这里指的是能够呈现我们身材“倒三角”的几个关键肌群。其中除去已经提到过的背阔肌肌群外，还包括两个小肌群：大圆肌和小圆肌。

（1）大圆肌：在小圆肌的下方，呈柱状，起自肩胛骨下角背面，止于肱骨，起着肩关节内收、内旋、后伸等作用。大圆肌与小圆肌共同决定着背中部的宽度，进而影响着“倒三角”的效果；在伤病方面，大圆肌受伤也会或多或少影响肩膀的健康状态。

（2）小圆肌：位于冈下肌下方，起协同上臂，肩关节外旋的作用。在训练中，大圆肌、小圆肌和背阔肌一起都是提高卧推极限力量的隐形肌肉；在竞技场上，一些攀爬类比赛也需要小圆肌的力量；在伤病问题中，肩关节和肩部肌肉发力不当，很容易导致小圆肌受伤，如过猛的投掷动作或者受到外力压迫，都会导致小圆肌的损伤。

7. 内收肌　在生活中，内收肌对于内收、旋转大腿有着巨大的作用；在竞技场上，凡是需要做出类似转身、转体等旋转大腿和躯干的动作时，习惯上我们认为这种旋转的力量主要来源于“腰力”或者“腰腹力量”，其实这是一个很错误的观念。前面我们已经提到了腰部很难主动发力，即使主动发力，发力的方向也主要以垂直方向为主。像旋转这种带有角度的发力，腰部肌肉是基本无法完成的，真正起决定作用的是内收肌。转身动作并不是转动躯干，而是转动大腿。此外，内收肌还在格斗、散打和武术等需要大量运用腿部旋转的运动中也起着至关重要的作用；在伤病问题中，因为内收肌位于大腿内侧，紧贴腹股沟，所以无论在比赛还是训练中都很容易拉伤这部位肌肉。

8. 小腿肌群　主要由比目鱼肌和腓肠肌组成。日常生活中我们很容易弄混这两个部位。腓肠肌即我们日常所习惯说的小腿肚子，而在腿肚子下方的扁平肌肉，因为状似比目鱼，故被称之为比目鱼肌。

（1）腓肠肌：下端紧靠跟腱，直至跟骨。在日常生活中，对于支撑人的站立和行走有着重要的作用。在训练中，腓肠肌作为腿部肌肉群的一部分，虽然体积较小，但是其特殊位置决定了速度、耐力和爆发力的发挥问题；在竞技场上，腓肠肌一般是极其容易出现疲劳的肌肉之一，在一些对于腿部肌肉耐力要求较大的项目中，如长跑、球类等运动，都会很容易出现小腿抽筋的现象；在伤病问题中，腓肠肌极容易出现抽筋、拉伤等情况。

（2）比目鱼肌：位于腓肠肌下方，在日常生活中负责旋转踝关节、脚面和踮起脚尖的作用。我们每走一步几乎都会用到比目鱼肌，很多时候我们所感觉到的腿酸就与比目鱼肌有着密不可分的关系；在训练中，比目鱼肌的训练往往被忽视，因为很多训练者，特别是新手和初级训练者往往只关心腓肠肌，关心所谓的“跟腱长短”，而忽略了更为重要的比目鱼肌。比目鱼肌通过合理的体能训练是可以非常好的保护踝关节的，增加踝关节的移动能力和跟腱强度；在竞技场上，比目鱼肌的价值对于所有运动项目都是不可估量的。

二、心肌训练——耐力的根本

心肌是一种由心肌细胞构成的肌肉组织，具有自律性、传导性、兴奋性以及收缩性等特点，是心脏舒张和收缩活动的能量基础。心肌的强大与否直接决定着心脏健康，而心脏的泵血能力与肺部呼吸氧气的能力，更是直接影响着全身器官以及肌肉的活动能力。所以，无论是出于心脏健康，还是运动能力，心肌都是特别需要注意训练和保护的。

在了解了心肌的基础知识以后，我们就对心肌所决定的最重要一项运动能力——耐力进行讲解。首先要明白构成耐力的两个重要方面，即肌肉耐力与心肺功能。

（一）心肺功能

心肺功能即人体的心脏泵血与肺部吸入氧气量的能力。在人的日常生活中，基本运动都需要氧气，如果没有氧气人是无法生存的。人体需要将氧气变成热能，只有器官和肌肉获取到足够的热能，才可以支持人体的基础活动，能够摄入氧气的器官就是肺部。肺部一次呼吸摄入的氧气量多少，与我们的运动表现有着密切的联系。但是，单单靠肺部吸入氧气是不够的，因为人体还需要有器官来把氧气输送到全身各个器官和肌肉中，能够做到这一点的就是心脏，心脏可以通过血液循环系统来完成这个任务。强大的心脏泵血能力，会让我们身体的各个器官和肌肉及时地得到所需要的氧气。所谓心肺功能的高低，其实简单讲就是心脏泵血的强弱以及肺部容量的大小。

无论是在训练中还是在赛场上，如果你想成为一个铁人，那么心肺功能是你需要关注的一个问题。我们发现有很多训练者的肌肉耐力不错，在健身房里一个动作往往能够用一定重量完成20～30次高耐力次数。但是在赛场上或者田径场上，却看不出他的耐力水平相较别的选手有着什么优势。故单一的肌肉耐力是无法在赛场上有真正发挥的，耐力必须要有心肺功能的巨大贡献。如果你没有一定的心肺功能，那么再强大的肌肉耐力也是徒劳的。因为你的肌肉无法持续获取氧气和能量，故只依靠肌肉本身有限的耐力去参加各种运动是不够的。

（二）肌肉耐力

肌肉耐力即人体肌肉长时间持续工作、运动和对抗疲劳的能力。虽然心肺功能是提高耐力的核心，但是如果没有肌肉耐力的辅助，那么所带来的耐力水平同样是十分有限的，并且也不会有具体的运动针对性表现，所以在耐力训练这个目标上，心肺功能自然是重中之重，但同时肌肉耐力也是必须要着重去训练的。

训练肌肉耐力有什么方法吗？我们首先需要了解清楚人体所有肌肉群中的肌肉和形

状特点，较易感受到疲劳的肌肉有哪些？自上而下可以分为：三角肌肌群、前臂肌群、腹肌肌群、腓肠肌与比目鱼肌肌群。在进行以肌肉耐力为主要目标的针对性训练时，需要注意以下四个基本原则：

1. 以中轻重量或轻重量，即30%～45%的极限重量进行20次以上为一组的重复训练。

2. 最好采用超级组、巨型组、地狱组、金字塔组等短间歇，甚至无间歇的训练方式。

3. 训练中最好注意减低动作完成的速度，多对肌肉进行控制。

4. 不要忽略最基本的有氧训练。

其中需要特殊注意的是第三点，即动作速度的问题。这个问题是很多体能训练者都比较迷惘的，为何在提高肌肉耐力的训练上需要控制动作速度？这主要是由三方面所决定的：

（1）肌肉耐力训练相比于极限重量这种负荷水平来讲，受伤风险更大一些。因为其一组训练需要重复动作高达20次以上，难免会使训练者出现肌肉和神经疲劳等状况。而一旦人体进入疲劳期，神经对于肌肉的控制能力便会急速下降，受伤的风险则会大大增加。故相比极限重量、肌肉耐力训练的风险系数更高，所以我们要求一定要控制动作速度，这样可以回避因体力透支，肌肉疲劳所导致的伤病出现。

（2）在所有的力量训练方法中，除去爆发力训练以外，只要刻意放慢了动作速度，训练难度必定会增大，特别是肌肉耐力训练模式。骨骼肌还可以分为红肌与白肌纤维：①白肌纤维属于运动性运动神经单位，被称作快速运动单位，在运动时其收缩速度极快，爆发力极强，但是相对耐力较差。②红肌纤维属于张力性运动神经元，被称作缓慢运动单位，在运动时收缩速度较慢，耐力极强，爆发力不高。如果我们以肌肉耐力训练为主要目标，那么我们就需要针对耐力较强的红肌纤维进行特殊训练，而红肌纤维本身做功速度就比较缓慢，因此有意地控制动作速度，对于提高红肌纤维水平和肌肉耐力是非常有好处的。

（3）在耐力训练中，前三条针对的主要是力量训练，或者说无氧训练。最后一条针对的则是有氧训练，也是将心肺功能与肌肉耐力相结合的一种训练耐力的很好手段。而长久以来有氧训练一直被歪曲，我们需要对它进行一次概念普及。根据目前世界上认可程度比较广泛的几个标准，有氧训练必须同时满足以下几个条件：①该运动所需的能量主要由氧化人体内的脂肪或者糖类所提供，需要大量消耗掉体内的脂肪，这也是为何有氧运动会减少脂肪含量的原因之一；②该运动时间必须持续20～45分钟或者更长；③该运动必须能够调动全身70%左右的肌肉群工作和参与；④该运动心率必须控制在150次/分左右，不能强度过高。

由此我们可以看出，很多日常中的有氧训练其实并不是真正的有氧训练，出现这些认识误区的原因主要有以下几点：①并不是所有让你汗流浃背的运动都是有氧运动，如高密度的器械训练、高强度的力量和速度训练都会让你汗流浃背，但是他们无一例外的都有组间休息，而这点便违背了有氧运动的一个重要特点——持续性。②并不是所有的训练都调动了足够的肌肉去参与训练，如我要完成四组练习，一组30次的哑铃弯举训练。这种训练显然不会是有氧训练，因为它没有调动全身70%左右的肌肉参与训练，它只调动了肱二头肌、前臂肌群等肌肉参与了训练。③强度过高的训练并非有氧训练，如动感单车虽然是持续性的，一般一节课在60分钟左右，基本调动了全身70%以上的肌肉参与了训练，也是以氧化体内脂肪和糖类作为运动所需能量的主要来源。但是它的强度过大，训练心率超过了150次/分。在某一阶段下强度甚至超过了一些无氧训练。在动感单车这种训练模式下，很多训练者会感受到呼吸困难、氧气匮乏等问题，与有氧训练的宗旨背道而驰，甚至可以被归为无氧训练。这样一来，虽然你满头大汗，体重得到了一定的减低，但是你的脂肪并没有得到大幅度的缩减，耐力水平也没有得到实质性的改善。④持续性呼吸并不是鉴别有氧运动的标准之一。训练持续性并不代表呼吸的持续性，我们所讲述的训练持续性指的主要是动作的持续性，即这个训练动作一定是持续进行的。所谓的持续性呼吸指的是我们在一段时间内有规律、有节奏进行呼吸。但是在训练中往往由于一些原因，诸如疲劳、肢体动作的配合，很容易出现呼吸节奏需要调整的时候。我们并不把这种调整呼吸节奏的呼吸方式判断为无氧训练的呼吸方式，这也从一个侧面解释了为何游泳训练时虽然不是持续呼吸，但依然可以算作是有氧训练的原因。

耐力作为力量的一个分支，其本身也有很多分支，即不同的耐力类型。而不同的耐力类型所需要的有氧训练，肌肉力量训练方法也大相径庭，其中甚至不乏一些耐力类型需要大量使用无氧训练或者有氧与无氧训练相互交替使用才能获得最大收益的情况。下一节就让我们来仔细了解耐力的三种不同类型以及他们各自的训练方法：心肺耐力、速度耐力以及力量耐力。

三、三大耐力的训练方法

在介绍这三种不同的耐力类型时，我们采用对比的方法让大家可以对每种耐力类型都有充分认识，清楚它们的不同点，以免造成训练时的混淆。

（一）心肺耐力和速度耐力

1. 心肺耐力和速度耐力的概念

（1）心肺耐力：主要考验的是心肺功能的强大程度，肌肉耐力与速度在这里并不起主要作用。

（2）速度耐力：主要考验训练者维持高速度时间长短的能力，心肺功能、肌肉耐力与速度水平在这里共同起主导作用。

2. 心肺耐力和速度耐力的特点

（1）营养和饮食不同：心肺耐力因为对运动员身材有要求，所以运动员对饮食中热量、脂肪和碳水化合物都有极其严格的控制，并且需要满足高蛋白的摄入，否则无法支持运动时身体所需的能量；速度耐力因为需要运动员具备强大的速度，故对饮食的要求没有像心肺耐力的要求那么严格。

（2）呼吸特点不同：心肺耐力的呼吸节奏更加稳定，因为心肺耐力强调的是心肺持续供氧的能力；而速度耐力则不同，其呼吸节奏更加快速、变化较多，因为速度耐力强调的是心肺所能够达到的最大供氧能力，以及在这种强度下所能够持续的时间长短。较多采用有氧与无氧呼吸交替使用的方式，更有利于快速传递氧气，让我们的运动表现得到提升。

（3）肌肉需求不同：在心肺耐力下，运动员对于肌肉的需求更偏向于耐力，身材相对更加瘦长，特别是腿的长度更长，脂肪比例很低，体重不高，为的就是在长距离的运动中尽可能减少体重对于耐力的影响，不因为太多的肌肉导致心肺供氧能力降低；在速度耐力下，运动员对于肌肉的需求侧重于绝对速度和加速度的能力，身材相对更强壮，足够的肌肉可以带给他们需要的绝对速度。

（4）比赛项目不同：心肺耐力主要体现在中长跑以及马拉松等需要对体力合理分配的项目中，而速度耐力则恰恰相反，主要体现在100米、200米等短距离跑项目中。可能很多训练者不理解，100米不是要求爆发力更多吗？对，100米跑确实对爆发力有要求，但是这并不是决胜100米的关键。我们在大型顶级赛事中都能看到这样一种情况，即起跑反应第一的选手，甚至前30米跑的最快的选手，不一定就是最后拿冠军的选手，因为100米跑这种项目制胜的法宝应该是速度耐力。此外，在别的竞技项目中，如篮球、足球等球类比赛中，速度耐力的使用占主导地位。在游泳比赛中，无论是距离长短、姿势变化，心肺耐力始终是核心，因为比赛环境变为水中，呼吸难度大大增加，故心肺耐力的高低是决胜泳池的关键。

（5）训练侧重点不同：心肺耐力的训练更加侧重于对心肺功能的提高，而速度耐力的训练则是建立在基础的速度水平和神经控制能力的持续性之上。

3. 两大耐力类型的基本训练理念

（1）心肺耐力：主要考验训练者心肺功能强弱和分配体力能力的好坏，故我们在训练中需要针对这两大方面对症下药。

首先是心肺功能方面，人在水中时因为水压迫胸腔和腹部，压力带给呼吸极大困难，故如果需要在这种情况下获得足够的氧气，一定要具备足够强大的心肺功能，游泳是可以很好提高心肺功能的一种手段。经受过系统游泳训练的训练者比普通训练者的肺活量可以高出一倍，甚至更多。只是要注意一点，游泳训练最好采用自由泳，因为如果选用别的泳姿，想持续训练30分钟是有难度的，切记我们需要提高的是心肺耐力，心肺耐力考验的主要是心肺功能而非肌肉耐力，别让肌肉耐力成为这种训练的主角。其次就是分配体力方面，虽然长距离游泳同样需要体力的合理分配，但是因为其特殊的训练环境，本身考验最大的是心肺功能，故在这种环境下，再用游泳的方式去训练体力分配的能力则稍显缺乏针对性。我们需要寻找另一种更有针对性，更切实可行的训练方式，那就是长跑。长跑指的主要是5 000米跑，之所以选择这个距离与训练强度适中有关。3 000米跑一般训练者都可以在20分钟内完成，快的在12分钟左右即可完成，相对于有氧训练的时间标准稍显欠缺。而10 000米距离则过长，对于没有长跑经验的训练者过于困难，很容易出现消耗时间过多，甚至完不成等情况。因此，我们折中选择了5 000米这个距离，既达到了有氧训练的持续时间标准，又不会因为难度太大，不适宜耐力训练的初学者。

在具体的训练操作中，除了按照时间快慢进行训练外，还可以按照路程长短进行训练，如目标时间设定为30分钟，每次训练都记录下自己在目标时间内所完成的路程有多少，然后在一个训练周期内，把多次的记录进行对比，能力的进退就一目了然。这种训练方法因为有了时间规定，故对于训练者在不同时间段内，如何分配自己体力才能够跑的更远，有着极大效果。因为有着时间的规定，所以你对自己的成绩有了更好的掌控，打破自己原有记录的主观能动性也会更高，心肺耐力的提升也就更快。一定需要注意， 5 000米跑或者30分钟跑等方法指的都是在户外路面上完成的，而非在跑步机上跑出来的。跑步机本身因为设计原因，会出现假象奔跑的情况，它的传送带会帮助你的耐力虚假提高，对于训练意义不大。

（2）速度耐力：对于训练者的呼吸节奏以及技巧、速度能力有着严格的要求，所以我们在训练时也要针对这两大方面进行合理安排。

首先是呼吸节奏以及呼吸技巧方面，这里同样还可以采用心肺耐力中训练心肺功能的方法，即游泳。最好安排一些距离较短、时间较少的速度训练，如一次游泳200米，一次训练完成4～5次。因为路程短，速度快，再配合特殊的水下环境，故需要训练者有很好的呼吸节奏和呼吸技巧，才足以获取一个不错的成绩。此外，我们也可以在陆地上进行这方面的训练，如一些间歇跑、折返跑都是非常好的训练方法。其次是速度方面，我们主要采用短跑的方式进行训练，如80米跑、150米跑、折返跑等。前文中提到，速度耐力主要体现在径赛中100～200米跑的后半阶段，即运动员达到速度最大化后维持速度的阶段。有的训练者可能会有疑问，为什么要采用80米这种距离而非全程的100米，原因主要有两个：第一，一般训练者在跑80米后，因为肌肉能力或者心肺能力减弱会出现速度减慢的情况，所以训练100米跑必定要经历这个衰退过程，而这个过程已经超出了维持速度阶段。虽然高水平运动员可以维持自己的最高速度在90米甚至100米全程，但对于普通训练者这几乎是不可能的，所以没必要用100米跑来训练速度耐力。第二，100米跑相对80米跑强度更大，如果选择100米跑会容易造成很多训练者因为心肺功能或肌肉水平不足，无法完成一定的组数，导致训练者肌肉和神经系统受到的刺激较少。综合二者，我们更倾向于用80米跑的方法训练维持速度的能力。此外，速度不仅仅体现在水平直线运动上，更体现在曲线和圆周运动上。如果你只去训练80米跑这种提高直线发力方向上的速度耐力，而不加入弯道和圆周运动时的速度耐力训练（如150米跑）。那么，你的训练必定有所缺失，是不完善的。

25米折返跑同样是提高速度耐力很好的训练方法，它既要求训练者具备一定的速度水平，又要求训练者能够充分把握好自己的呼吸节奏与不同呼吸方式间的转换。我们在训练时可以像心肺耐力训练时那样选取设定具体时间的方法，如设定6分钟为训练目标，争取在6分钟内做到最大限度的往返次数。

（二）力量耐力与速度耐力

1. 力量耐力与速度耐力的概念　力量耐力顾名思义就是指训练者维持一定强度力量水平时间长短的能力。从某种角度分析，力量耐力越好，训练者的极限力量水平越高。在实际训练中，训练者较容易将力量耐力与速度耐力相混淆。

2. 力量耐力与速度耐力的特点

（1）侧重点不同：速度耐力下更加侧重的是对于速度的持久维持；力量耐力下更加侧重的是对于一定力量水平的持久维持。

（2）呼吸频率不同：速度耐力下呼吸频率更为急促，速度较快，并且不同呼吸方式间转换较频繁；力量耐力下呼吸频率虽然同样急促，但相对较单一。

（3）应用项目不同：众所周知，速度耐力下比赛项目多以短距离径赛为主，更多考验的是运动员对于奔跑速度的维持能力；力量耐力下因为需要维持一定高水平的力量，在田赛或者径赛中几乎找不到类似这样的项目。反而在一些格斗类、竞技类的比赛中，选手需要维持一定的耐力水平，需要力量的持续输出。此外，球类项目中一些特殊位置的力量型球员，往往身体需要极大的力量耐力作为支撑。

在清楚力量耐力相比速度耐力的不同点后，相信大家已经对力量耐力有着一定的了解，可以自行总结力量耐力与心肺耐力相比的不同之处。但是可能有很多朋友依旧不理解力量和耐力怎么可能同时训练？为什么训练耐力的时候需要加入力量训练？到底力量耐力这项技能该如何训练?

3. 力量耐力训练的基本理念

我们还是从它的特点入手，力量耐力与所有耐力类型一样，都不能缺少心肺能力，只是相对以有氧代谢为主的心肺耐力，以及呼吸频率更急促、更频繁和速度更快的速度耐力而言，力量耐力下对于心肺能力和速度的要求不再那么重要，心肺能力依旧是力量耐力的基础，只是侧重点发生了变化而已。力量耐力的侧重点便是维持一定力量的能力，既然是要维持力量，就必须在训练中加入力量训练，而且是以力量训练为主，但是在力量训练中注意通过改变负荷，缩短休息时间等方法来提高心肺功能的强度，并且不放弃基本的有氧训练，达到力量和耐力两不误的目的。

训练者一定要明白，力量耐力训练终究不是绝对力量训练，它们之间有着许多不同之处：

（1）训练目的不同：绝对力量训练的目的是为了提高最大力量，追求的是极限状态的力量水平；力量耐力训练的目的是为了维持原有的力量水平，对于提高绝对力量效果并不显著。对于新手或者初级水平训练者，这是一种很不错的提高绝对力量的方法。

（2）力量输出不同：绝对力量训练为的是最大输出，如作用在弹跳上，绝对力量为的是提高弹跳的最大高度；力量耐力训练为的是平均输出或者持续输出，如作用在弹跳上，力量耐力为的是确保长时间内弹跳的最低值不会太低。

（3）训练方法不同：绝对力量训练频率较高，一种力量项目在一周内会安排2～3次，负荷也偏向80%极限重量以上的高负荷，甚至会出现110%超出极限水平的新纪录负荷；力量耐力训练频率较低，一般一种力量项目一周内只安排一次，负荷相对较低，偏向50%～60%的极限重量（少数训练计划中也有80%～70%的极限重量训练）。

（4）训练侧重点不同：绝对力量训练强调对于训练者神经控制能力与肌肉水平的训练，只需要对于目标动作一次的重复即可；力量耐力训练更强调对于训练者在一定力量水平要求下持续做功时间长短的能力，往往需要对于目标动作进行多次重复。

（5）营养需求不同：绝对力量训练对于饮食没有过多的限制，标准较宽，如果想让你的绝对力量达到一定的水平，体重和脂肪是必不可少的；力量耐力则不然，它要求你必须保持一个稳定的体重，对于饮食要求也异常严格。

在训练力量耐力时，一定要注意规避训练负荷过大，训练频率过高，营养控制不严格等问题。在具体训练方法中，我们可以采取器械训练与跑跳训练相结合的方式，如采用全蹲训练提高自己的腿部力量耐力，通过一些变速跑或者持续的脚尖跳等训练，将器械训练所获取的力量耐力转化为实际比赛中的具体表现。

（三）针对三大不同耐力类型特点的三种检验方法

1. 心肺耐力　3 000米跑和15分钟游泳。

（1）3 000米跑：主要检测训练者对于自身体能的分配和掌控，如果训练者可以在13分钟内从容完成3 000米跑，在体能分配和掌控方面可以算是合格水平。

（2）15分钟游泳：不限制距离，主要测验的是训练者在水中能否坚持不间断地游泳15分钟，这对于其自身的心肺功能和呼吸技巧考验是极大的。至于泳姿，这里并不做特别要求，但一定要注意的就是不要中断游泳。

2. 速度耐力　80米跑和150米跑。

（1）80米跑：10秒～11秒，可以判断训练者的直线速度耐力合格。

（2）150米跑：19秒～22秒，可以判断训练者的混合速度耐力，即曲线速度耐力合格。

3. 力量耐力　全蹲和连续起跳。

（1）杠铃全蹲：负重重量为训练者的体重，如果训练者可以在杠铃离开深蹲架到杠铃重新落到深蹲架这个过程内，持续完成15次全蹲，即力量耐力水平合格。

（2）连续起跳能力：测量出训练者的原地最大摸高，在这个基础上减去20厘米，定为测试目标。如一个训练者的原地最大摸高在330厘米，他的目标高度即为310厘米。如果其可以连续起跳10次摸到目标高度，即垂直方向力量耐力水平合格。

在上述三种耐力类型的检测中包含了六种方法，我们进行检测的时候，这六种方法都要用到，这样才可以更全面的检测出自己到底哪里有不足。如果耐力类型中某一种出现检测及格，另一种检测不及格的问题，如在速度耐力检测中，80米达到标准，但是150米跑则稍逊一筹，训练者本身在维持速度的能力方面问题不大，需要注意的是150米这种弯道速度释放能力稍显不足。这样我们就能得到一个详细的关于自身耐力水平的检测报告，在下一步进行计划的选择方面就会更有针对性。生活中有很多训练者能力较差，可能在三种耐力类型的检测上均达不到标准，甚至六项检测中无一完成。对于这部分训练者以及所有训练者，在选择训练目标上可以根据木桶原理，选择补齐自己最短的那块木板，即最薄弱的耐力类型。也可以选择根据优势最大化原理，选择将自己最强大的耐力进一步强化，把它当做实战中最强大的武器。只是在做选择的时候，无论依据什么原理都要注意避免“两个拳头同时出击”的问题，这样容易因水平不足导致白白虚度光阴。

第三节　增长肌肉的途径

我们日常提到的肱三头肌、股四头肌和胸大肌等都是骨骼肌，与其紧密相关的往往有两个词汇，一个是增肌；一个就是减脂。增肌，顾名思义即增加肌肉数量和肌肉围度，但很多训练者在这期间把增肌变成了增肥，进而走入误区。这一节我们便从增肌训练入手，讲解增肌的基本训练理念和常见训练误区。

对于新手，增肌是所有训练的基础目标之一，没有肌肉就没有更高级的运动能力。想不获取肌肉的增长，就要拥有令人羡慕的身体素质是痴人说梦的。在了解具体的增肌训练原理前，我们先来看一下究竟什么是增肌？增肌与增肥之间有什么不同？我们在增肌训练中又有哪些常见的误区？

增肌指的是增加骨骼肌的数量与质量，要正确理解增肌就一定要先明白增加骨骼肌的数量与质量是两个不同的含义：增加骨骼肌数量，必定会带来相关肌肉围度的增加，但是肌肉质量却不一定提高；增加骨骼肌质量有两种可能性，一是通过增大肌肉数量或保持原有肌肉数量不变，减少皮下脂肪含量，带来肌肉整体形态的强化。二是同时也增加一部分皮下脂肪含量带来的肌肉力量提高，从而促进肌肉质量的改善。由此我们得出几个关于肌肉数量与肌肉质量之间的结论，并且揭露一些常见的误区：①肌肉围度大小与绝对力量高低并无直接关系，维度大并不一定代表着绝对力量一定高；但在绝大多数情况下，特别是针对业余训练者两者是成正比的。同样，骨骼肌肉皮下脂肪低、肌肉线条明显，并不意味着绝对力量一定高，因为身体缺少必要的脂肪。②骨骼肌肉的绝对力量高，必定有一定的皮下脂肪含量；如果没有一定的脂肪含量，是无法在大重量、高强度的训练中为身体供能的。③骨骼肌肉的相对力量高，未必带来大体重和较高的脂肪含量。部分训练者虽然体重不大，脂肪含量不高，依然可以获得很强的相对力量，如举重类运动员。

了解了增肌的基本含义后，我们接下来就需要了解如何增肌这个最关键的问题。根据我们对于增肌基本含义的了解，增肌可以分为两大目标：增加肌肉数量和改善肌肉质量。

一、增加肌肉数量

无论是增加肌肉数量还是改善肌肉质量，最关键是要获取肌肉。无论是提高相对力量还是绝对力量，增加肌肉围度还是改善肌肉线条和分离度，都要建立在有一定肌肉数量的基础之上。很难想象一个臂围只有34厘米的训练者会有多么好的肌肉形态，更难想象一个腿围只有50厘米的训练者却可以完成负重250千克的深蹲。我们所有的训练都应当围绕首先增加肌肉数量这个目标而进行。很多青少年在寻求训练方法的时候总喜欢提出“希望快速增加力量和爆发力”，但是“不想增加过多肌肉”，因为害怕“肌肉过多会影响灵活性和协调能力”，这本身就是一个异想天开的想法。虽然神经的控制能力高低是决定肌肉力量大小的关键因素，但是要想拥有出色的力量和爆发力，首先要让神经有足够的肌肉可以去控制和调配。人体所有的运动能力，如速度、灵活和柔韧都源于肌肉的收缩，它的能力越强，速度、灵活和柔韧性就越好，所以根本不存在肌肉过多会影响速度、协调性甚至柔韧性的问题。

增加肌肉数量的基本训练应以器械类训练为主，它们会带给你肌肉一定深度的刺激，不要对徒手训练期望过高。如果你想增加一个部位的肌肉数量，应选择用训练该部位动作极限重量的60%做4组练习，一组12次（即12RM），并最好将组间休息控制在1分钟以内。如果你希望“快速”得到肌肉围度和肌肉数量的大幅度增加，在训练中就一定要注意以下六个问题：

（一）对于训练动作和训练姿势要研究透彻

理论上讲，每一个训练动作都是有着标准的训练姿势的。因为每个人肌肉形态和水平不同，故所谓的标准训练姿势不一定能让所有训练者都训练到位，如很多奥赛顶级选手，他们的很多训练姿势如果以所谓的“教科书”来评判都是不怎么标准的。虽然训练姿势“不标准”，却不影响他们的训练效果和水平，反而有着促进作用。在训练姿势上，除非是有明显错误的训练动作，如想提高卧推力量却一直选择半程卧推或者史密斯机卧推这种错误，不然是没有绝对的对与错。所以我们日常一定要对于训练姿势多加研究和体会，不要偏听偏信。

（二）让你的肌肉听从你的调遣

无论是什么类型的训练，神经对于肌肉、身体的控制总是非常重要的，对于增加肌肉数量和肌肉围度更是如此。好的神经控制能力会让你的训练姿势更“标准”，更有利于对目标部位的刺激。

（三）让相应训练部位肌肉充血

在大多数训练者看来，检验一次增肌训练课好坏的标准，主要是看练完后相应部位是否会酸痛或者隔日是否会酸痛，越持久的酸痛往往证明训练效果越好。这种观念是不全面的，真正检验一次增肌训练课好坏的标准是所练的相应部位肌肉是否充血。根据增加肌肉数量和肌肉围度的基础原则，即每组12次的训练安排可以很好扩大相应训练肌肉中的毛细血管网，让更多血液、氧气和营养素都进入到肌肉中，进而达到充血效果，比训练前的肌肉体积和形态都发生明显变化。如果你的训练正确，你应该很容易看到这种现象的产生。

需要注意，这里所说的训练指的是促进生长激素分泌类的训练，虽然近年来有人反对肌肉充血是检验训练水平高低的观点，但是大都认为促进睾酮激素分泌类，增加肌肉力量、心肺功能和肌肉耐力的训练，同样可以获得不错的肌肉数量，而这些训练往往不一定都是相应部位足够充血的。虽然举重、力量举等训练方法也可以提高肌肉维度和数量，但是在见效速度和让相应训练难度方面都要差一些，不适合新手和初中级训练者采用。

训练中或训练后所产生的酸痛感，是因为无氧运动时产生的大量乳酸积累所致。对于一些小肌肉群和耐力较差的肌群，如三角肌、斜方肌和腓肠肌等，因耐力较差乳酸较容易堆积，所以酸痛感也较容易产生。相反，大肌肉群或一些神经较为分散的肌肉群，如背阔肌，往往很难在训练后立刻感受到酸痛感。高密度的训练模式，如超级组、巨型组等训练，也会让身体由于训练密度过大出现快速产生乳酸堆积的现象。至于训练后的第二天肌肉是否出现酸痛的问题，往往与训练者自身的恢复能力有着极大关系，有些“恢复能力极强”的训练者往往在训练后的第二天不会感觉到酸痛，但是这部分训练者中也存在着很多的问题，如训练姿势不准确或者训练强度过低，都是不能忽略的问题。

（四）综合全面训练各部位肌肉

经常有训练者给自己定的目标过于孤立、简单，如“我只想提高肩膀的宽度”，于是他们就拼命地去练侧平举和俯身侧平举。岂不知他们忽略了一个很重要的问题，即人体各个部位间的肌肉都是有相互关联的。如果你希望提高肩膀的宽度，三角肌自然是你训练的首选。根据人体的生理构造，只训练三角肌能让肩膀加宽的程度是很有限的，因为你不能把你的骨头打碎了再拉宽。有很多训练者通过训练获得了不小的肩膀宽度，这是为什么呢？因为他们在练好肩膀的同时，很好的兼顾到了背部和胸部肌肉群的训练，促进了肩膀宽度的增加，达到了希望的效果。

（五）合理安排训练与休息

很多初中级训练者无法很好地兼顾训练和休息这两个问题。这里说的休息指的是相同部位每两次训练间的间歇时间，有部分新手和初中级训练者选择的往往是一次训练多个部位，或者加大某一部位的训练频率。在他们的增肌观念中，训练会让他们的肌肉充血，让肌肉围度比不训练的时候提高更多，认为高频率的训练方法有利于“保持”肌肉数量与围度。其实这种观念是大错特错的，如果以增加肌肉数量和肌肉围度为目标进行训练的话，必须要满足一个最基本的条件——让所训练肌肉充分休息、恢复、重建，让蛋白质充分合成。这样才可以让肌肉的数量和围度获得最大限度和速度的提高。合理、科学的以增加肌肉数量和围度为目标的训练一个部位一周内只需安排一次即可，最好不要在一个训练日内安排训练两个肌肉群，避免造成训练针对性的缺乏。

我们要增加全身肌肉的数量和围度，可以这样安排训练时间：周一，胸部；周二，背部和小臂；周三，休息；周四，肩膀；周五，腿部；周六，手臂；周日，休息。这里需要注意的是臀大肌作为人体最大的肌肉群（如果将股四头肌看为四部分的话），因为特殊的生理位置并且训练难度（要求一定的髋部柔韧性），不适宜新手或初级训练者加入到训练计划中，可以在背部训练中安排硬拉等刺激臀部肌群的项目，逐步培养对于臀部肌肉的训练感觉。

（六）局部增肌

无论是局部增肌还是局部减脂，都面临一个问题，即脂肪和肌肉的消长。它的根源在于饮食，没有饮食再好的训练也无法达到预期的效果。然而饮食是无法局部吸收和消化的，如你的手臂较为薄弱，你不能希望你所摄入的饮食都被输送到提高手臂肌肉的生长上去，这是不现实的。因此，增肌是个全局问题，所谓的局部增肌只是因为每个训练者的基础不一样，需要特别注意而已。在这种情况下，训练者进行局部增肌需要注意以下问题：

1. 不要打破原有训练频率　有很多训练者因为要加强手臂的肌肉，所以把手臂放在一个训练周期的第一天，甚至在一个周期内多次训练手臂肌肉，以希望能够获得最快的手臂肌肉生长。在这种情况下，往往因为训练者自身操之过急，导致训练强度缺乏控制，从而使本来可以进步的部分因为没有得到充分休息而被抑制。

2. 注意训练针对性　既然手臂肌肉是薄弱点，那么在训练中就要注意针对手臂肌肉的特点进行动作安排，特别是动作负荷的安排，如手臂肌肉本身是小肌肉群，高密度、低负荷的超级组对于训练它们更有好处。手臂肌肉分肱三头肌和肱二头肌两大部分，很多训练者在做动作选择时都忽略了体积最大的肱三头肌，这对于手臂生长是没有好处的。最后，手臂肌肉中还有极为重要的前臂肌群，在训练中也要注意对这个部位的刺激，不然很容易因为前臂肌群薄弱，导致肱三头肌和肱二头肌出现生长的停滞问题。

3. 溢出效应　这里指的主要是腿部训练所带来的溢出效应，这点在举重运动员身上体现的非常明显。众所周知，举重运动员对于手臂的单独训练是很少的，甚至对于卧推这种上半身力量的训练都非常少。为何他们还能拥有不错的手臂肌肉呢? 自然是与他们高强度、科学化的腿部训练所带来的溢出效应密不可分。如果你想增加手臂的肌肉，甚至是其余薄弱部位的肌肉，腿部训练是完全不能忽视的，很多训练者在训练到一定水平后，无论是力量还是肌肉围度都无法再进一步，这与其腿部训练不科学，计划混乱有着密切的关系。

二、改善肌肉质量

在增肌的训练目标里，除了增加肌肉数量和肌肉围度外，还有一部分训练者希望通过减少皮下脂肪含量，增加肌肉数量的方法来改善体型，提高肌肉质量。改善肌肉质量的训练需要训练者更加细心，对于每一个训练姿势都要严格把握，神经对于肌肉的控制能力也要更高于增加肌肉数量和肌肉围度的训练。如果拿增肌当做建造一座雕塑的话，那么增加肌肉数量和围度的训练目标是为了给雕塑塑造一个大体轮廓，而改善肌肉质量的训练则是在雕塑上一刀刀仔细的去进行雕刻。相对的改善肌肉质量的训练，需要注意的训练原则也就更多：

（一）合理把握肌肉数量和围度的问题

希望改善肌肉质量的想法是好的，但在此基础上一定要注意肌肉数量和围度的问题。因为改善肌肉质量必定要涉及减少脂肪，而根据我们在营养篇中分析的，减少脂肪不可避免地要面对肌肉的流失问题。对于一些本身体内脂肪和肌肉含量也不是很高的训练者，如果盲目进行改善肌肉质量的训练，很容易导致因为有氧运动和营养补充不合理而带来的肌肉流失，导致原本数量就不足的肌肉显得更少，更消瘦。故对于这类训练者，当下的目标是增加肌肉数量和围度，而不是进行改善肌肉质量的训练。对于一些本身体内脂肪和肌肉含量比较高的训练者，他们急需通过“改善肌肉质量”的方法来让自己瘦下来。这时候一定要注意什么是减脂和改善肌肉质量的训练？我们所讲的改善肌肉质量的训练，不是单纯的减脂训练，不是单纯极端的压低脂肪含量，而是要在增加肌肉数量的基础上进行减脂，即很多训练者所关心的“增肌减脂能否同时”的问题。

（二）正确理解增肌减脂是否可以同时进行的问题

增肌减脂是可以同时进行的，也是改善肌肉质量训练的核心所在。首先要明白我们的训练包括什么？增肌减脂要结合无氧和有氧训练，很多训练者可能会有疑问，平时我们在增加肌肉数量和围度训练中也会做一些有氧训练啊，这二者之间有什么区别吗？在增肌减脂期间，我们做的有氧训练要比增加肌肉数量和围度期间更加频繁，密度更高，这样才可以让脂肪流走。此外，虽然有氧训练的频率与密度得到提高，但并不能改变无氧训练和增肌训练的核心地位。如果让有氧训练占据主导地位，便会将增肌减脂与单纯的减脂训练相混淆。

（三）严格遵守训练时间表

这里指的训练时间表是细化到每个动作与动作之间、每组与每组之间的休息时间长短问题。在我们所有的训练模式中，最短的训练间隙是无休息，最长的训练间隙为3～5分钟，甚至更长。不要小看这短短的几分钟，因为对这短短几分钟的把握好坏，会直接影响到训练效果，细节决定成败在这一方面体现的尤为突出。对于改善肌肉质量的训练，组与组之间的休息时间被无限制压低，甚至经常会出现“超级组”、“大金字塔组”、“巨型组”、“地狱组”等方法带来的训练组间零休息。这样一来，会让所训练的肌肉部位得到彻底的锻炼和摧毁，从而得到更好的改善肌肉分离度和形状的效果。

（四）注意无氧训练负荷大小的问题

在增加肌肉数量和围度的训练模式里面，我们讲到了如果想增加一个部位的肌肉数量，那么选择4组练习，一组12次（4×12）的经典增肌训练法是非常好的。在改善肌肉质量的训练模式中，这种训练方法便不再适用。由原来的一组12次（12RM）转变为了一组15～20次（15～20RM），相比12RM的负荷可以带来更好地肌肉充血效果，一组15～20次（15～20RM）则对于改善肌肉质量和形状，抑制脂肪生长有着更好的作用。我们前面所提到的短间歇，甚至无休息的“超级组”、“大金字塔组”等训练方式之所以可以很好地带来肌肉质量和形状的改善，就是通过小负荷让肌肉受到持续和高强度刺激的成果。

（五）依然遵守一周一个部位一次训练的原则

这里所讲的增肌减脂训练与大家所理解的健美训练，即减脂训练是不同的，健美训练因为存在赛季期为比赛做准备的问题，会在一周时间中加大对于薄弱部位的训练次数。让肌肉的形态、分离度和脂肪比例更加趋于完美。然而这种训练模式让肌肉本身的恢复能力大幅降低，而且高频率、高密度的肌肉训练会影响自身的实战运动能力。此外，因为这类训练模式必须建立在极为严格的饮食和有氧训练基础上，会导致体内脂肪含量极低，对于训练经验不多的大部分训练者，不是一个较为适用的方法，所以在增肌减脂期间，依然要遵循与增加肌肉数量和围度训练一样的安排，即一周一个部位只训练一次。

（六）注意体重的保持问题

增肌减脂期间体重是一个非常重要的环节，如果体重在这段期间内得不到控制，很有可能让改善肌肉质量的训练变成了增加肌肉数量和围度的训练。如果不对饮食加以控制，改善肌肉质量与增加肌肉数量和围度这两个不同的目标便极有可能相互间发生转换，进而影响原本的训练目标。换言之，在增肌减脂期间不一定非得要看到体重的明显下降才是证明训练达到了预期的目标。很多训练者通过几个月刻苦的训练，并没有发现体重的明显下降，便由此感到失望和沮丧。根据我们在营养章节中所介绍的增肌不等于增重的原理，只要你的肌肉得到了增加、脂肪减少或不变，都符合我们的训练目标。

（七）注意增长瘦体重与改善肌肉质量的区别

很多训练者根据前面的介绍，会误认为改善肌肉质量的训练方法与增长瘦体重没什么区别。这两者之间本身是有着几处相似的地方，但仍有着根本的不同点：

1. 从训练根本目标看 增长瘦体重的根本目标是增加体重，而改善肌肉质量的根本目标则是通过训练的方法提高肌肉数量的比例，减少脂肪含量的比例，完善肌肉形态或提高肌肉本身的力量水平。

2. 从训练方法看 相比增加瘦体重，改善肌肉质量期间训练者需要加入针对极限力量或力量耐力的训练项目，以达到训练者提高肌肉质量，进而为以后具体运动能力的提升打下基础。

（八）极限力量与力量耐力的训练安排

在改善肌肉质量的训练期间，训练负荷不是全部以一组15～20次（15～20RM）为主的，一定的大重量的极限练习和力量耐力训练是必不可少的。因为它们会从本质上提升你的肌肉质量，让你的肌肉力量得到提高，为以后的具体运动能力的提升打下基础。在具体的训练动作安排上，应尽可能选择一些自由复合动作作为训练动作，如深蹲、硬拉等。

第四节　健康的快速瘦身妙招

一、减脂

减脂是我们日常训练或生活中较为模糊、混乱的一个概念。我们需要明白，减脂是做什么？我们印象中的概念相比减脂真相究竟有何误区？顾名思义，就是减去体内多余脂肪。虽然看似简单，但是极其容易被误解，甚至被歪曲。我们就先从这个概念入手，树立正确的健康瘦身观。

（一）减去多余脂肪

减去是通过训练，营养手段来合理减去体内多余的脂肪，是非常健康科学的。不是通过节食，不合理的作息等极端手段来“减去”体内多余的脂肪。那些错误，对身体有害的方法不能被称之为减去体内的多余脂肪，而应当被定义为给身体健康带来巨大的负担和风险。减脂不是想当然只有“出没有入”的饮食方式，而是要让“出大于入”。

（二）控制脂肪摄入

这个概念貌似很好理解，减脂减去的脂肪自然是体内的，难道还有体外的吗？这里倒不是说减去体外的脂肪，而是要尽量避免体外脂肪的摄入，因为对于广大训练者其自身营养能力一般，根本无法做到杜绝脂肪的摄入。所以我们能够做到的就是尽量避免大量的体外脂肪的摄入，只允许少量的脂肪摄入，但必须确保严格控制。

（三）多余的脂肪

这是减脂八字含义中最容易被误解的两个词之一，什么是多余？多余即身体不需要的，对我们运动能力或者健康有危害的脂肪部分。脂肪是人体必须的一部分，并不是运动能力低下的罪魁祸首。这个其实是片面的，也是对脂肪的诬陷。因为有许多重竞技爱好者他们都拥有一定的脂肪含量，有的甚至在常人眼中是“胖子”，但他们却拥有常人难以匹敌的力量与运动能力。我们不否认脂肪过多对于运动能力的影响，但是也要正视这个问题，即如果你的体脂含量并不多，但是却盲目进行减脂训练或者想去瘦身，会导致肌肉被大幅度削减，更会让你的运动能力受到影响，单纯希望通过减肥或者减体重就想获取运动能力的提升毫无疑问是异想天开的。

（四）脂肪的作用

脂肪是减脂的最核心词汇，也是最容易被误解的含义之一。很多训练者可能非常不理解，难道减脂减得不就是脂肪么？还能减成别的东西吗？事实上虽然很多人都对于脂肪或者减脂的概念了如指掌，但是在生活和训练中却一塌糊涂，不明所以。不仅不明白减脂与体重变化的关系，有的甚至连脂肪的基本含义都弄不清楚。

脂肪是什么？脂肪是人和动植物体中的油性物质，存在于人体和动物的皮下组织以及植物体中，是生物体的重要组成部分和储能物质。这里需要注意一点，脂肪是人体的重要组成部分，并不是无用的，更不是垃圾。脂肪在维持人体生理活动中起着举足轻重的地位：

1. 储存与释放能量　1克脂肪能够产生38千焦的能量，比相同分量的蛋白质高出一倍多。能量是你拥有高水平运动能力的基础之一。

2. 脂溶性维生素的重要来源　在营养篇中我们了解到维生素的两大分类，其中脂溶性维生素的重要来源便是脂肪，富含维生素A、维生素D、维生素E的食物，如鱼肝油、奶油以及植物油等，如果你摄入脂溶性维生素，必定需要摄入一定的脂肪，因为它可以促进这些维生素的吸收。

3. 维持体温以及保护内脏　脂肪可以保持体温这点很容易理解，至于保护内脏方面，主要因为其周围的脂肪垫可以缓解外力冲击，保护并减少内脏的摩擦和振动。

4. 增加饱腹感　脂肪被消化吸收的速度很慢，所以停留在胃肠的时间自然较长久，这样相应的饱腹感就会增加，容易让人产生“吃腻的感觉”。

不难发现，根据上述四点，脂肪本身并没有明显罪过，它本身对于人体是有着不少益处的，否则你很难想象它居然可以和蛋白质、糖类并列为人体三大组成部分之一。只是不知道从什么时候开始，社会上掀起了一阵阵营养旋风，脂肪被当做罪魁祸首打入冷宫，被看做是肥胖的根源。接踵而来的“蛋白质影响肾脏”“糖类易诱发糖尿病”等风暴，要将人体中的营养彻底去除干净。脂肪真的如此之糟糕吗？我们就来仔细分析下，脂肪与肥胖到底有何关系，是不是导致肥胖的罪魁祸首？

首先，从基础含义看，脂肪是由脂肪酸和甘油结合而成的。大部分脂肪酸对于人体的大脑、免疫系统以及生殖系统的正常运作都有着十分重要的作用，这些脂肪酸是人体本身无法合成，必须从饮食中摄取的。近些年，有些养生观点所倡导的就是摄入大量的对人体有益的不饱和脂肪酸，可以很好地起到延年益寿的作用。脂肪酸我们说过了，它是脂肪的一个分支，如果把脂肪归结为人体健康的杀手，岂不是脂肪本身出现了自相矛盾？由此看来脂肪本身是必不可少的，它与我们的生理活动密不可分。为什么它还会导致人体出现肥胖呢？

（1）储存方式：脂肪在人体不同成长时期内的储存方式是不同的。成年以前，人体内脂肪细胞的数量会大大增加；成年以后，人体会先将已有的脂肪细胞全部填满，再继续增加新的脂肪细胞。如果被装满的脂肪细胞数目越多，人体出现肥胖的概率自然也就越大。

（2）运动与否：脂肪是人体每日活动必须要消耗的一部分能量，是人体的必要开销。对于经常进行适度运动的人，出现肥胖的概率很低。但对于日常很少进行运动的人，因为其每日通过运动所能够消耗的脂肪数量很少，所以一旦摄入的营养稍微有些偏颇，就会引起短时间内的脂肪超标，体重飙升。

（3）垃圾食物：这主要指的是在营养部分中关于减脂方面饮食需要注意的那部分食物，它们都属于高脂肪的范畴。这些食物本身脂肪含量很高，而且制作方法没有安全保障，可谓是垃圾食物中的垃圾。一旦摄入这些垃圾食物，便会导致体内脂肪摄入量极大程度超过消耗量，从而诱发肥胖。

由此看来，脂肪并不是导致肥胖的唯一罪魁祸首，出现肥胖往往与我们对于自身饮食摄入量控制不到位，运动的安排不合理有着密切的联系。

有的体能训练者可能就此感到绝望，既然说脂肪是有益的，那我过高的体重该如何减轻呢？你需要对两个问题了解清楚：第一，体重过大一般是脂肪堆积过多，这时你自然需要进行减脂训练；第二，就是关于体重问题，很多情况下体重大并不代表脂肪多，体重降低并不一定代表脂肪减少。

二、减重

体重一词大家都很明白，但是体重包含着什么却很少有人能回答的具体，笼统地说就是肉和骨头。但是细分下来，特别是从营养角度分析，人体体重还包含很多方面，如水分、脂肪、维生素以及器官，无论哪方面超过普通值，都会给体重带来不小的变化，其中水分、肌肉和脂肪是最常见的容易导致体重变化的因素，也是最容易被误解的三大因素。

（一）水分

很多训练者可能不明白，水分为何会导致体重出现较大变化？这个其实非常好理解，众所周知，糖类也是人体重要的组成部分之一，是能量的主要来源。与脂肪相比，人体每次储存糖类都需要储存不小的水分，而且一份糖所释放的能量只有一份脂肪所释放能量的1/2。如果体内囤积了大量的糖分，相应的水分储存也会增大，自然体重也会上升。还记得在补剂篇中我们提到过一水肌酸的储水问题，就是因为一水肌酸本身需要大量的葡萄糖才可以最好的发挥效果，而葡萄糖本身则是需要大量的水分囤积，所以才会出现储水的情况。水分本身也是导致体重变化或者体重测量不准确的重要因素，你可以试试在检测前喝2升矿泉水，体重肯定比你预期的要大。

（二）肌肉

肌肉也是体重问题里很容易弄混的一个方面。体重大并不代表一个人的脂肪或者水分就多，也可能代表着一个人肌肉数量较多。一个肌肉发达的训练者，如果其体内脂肪和水分含量都不高，他的体重也未必就如我们所想象的那样，为这点做最好诠释的就是健美运动员。此外，肌肉的获取因为必须是建立在大量科学的训练和合理饮食的基础之上，对于一个训练者，一些普通的体重和身高标准对于他们就不再适合了，特别是一些计算标准大都是十多年前就开始采用的，与如今的营养状况、发育状况有着很大的出入，很多理想和标准体重建立时都没有考虑到运动这个问题。很多训练者往往在计算自身标准体重时，会发现自己的体重比标准的体重高出10%～20%，便由此感到减体重的压力，其实这时候你不需要担心，因为根据思德列斯教授研究发现，体重超过标准值10%～20%的人反而更长寿。这些人体重稍微超标往往与他们的科学训练和合理饮食密不可分，他们的抗寒、抗疾病的能力更强。

（三）脂肪

首先我们要明白一点，脂肪过多的确会对体重带来影响，也会对身体健康造成危害。但是，很多训练者在减脂训练时，误解了脂肪的基本含义，将减脂与减体重这两个事情混为一谈。减脂与减体重的差别在于：

1. 目标不同　减脂顾名思义减去的是脂肪，在这个过程中体重不一定出现变化。因为前面的增肌减脂训练中也说到，在减脂的过程中你可能通过训练会出现脂肪减少、肌肉增多，但是体重没什么变化的情况；而减体重顾名思义就是减掉体重，一般是为了准备某类分体重级别的比赛或者盲目的减肥减体重。减什么不是最关键的，关键的是把体重控制在需要的范围内。而这样一来因为方法不对，很容易出现脂肪本身并没有什么变化，如肌肉、水分大量流失所导致的体重下降。虽然体重本身得到了控制，但是身体状况却极度糟糕。直肠癌如今发病率很高，其中一部分原因就是营养水平过低，饮食方式过于极端。在这部分患者中，有一部分人就是因为减肥减体重减出来的病。乍一听觉得非常奇怪，减肥减体重肯定是控制饮食、蛋白质和脂肪的摄入，但为何还会出现直肠癌呢?原因在于有不少人是采用极端控制饮食和节食的方法来减肥减体重的，必定食物摄取量就会减少，食物中的纤维自然就无从摄入，便会极大程度诱发直肠癌。

2. 方法不同　减脂与减体重的根本手段都是要对于饮食进行控制。这里所说的控制饮食绝对不是节食，而是合理的通过饮食安排来达到健康瘦身的方法。减脂过程中，饮食的控制主要体现在对于脂肪摄入的严格控制上。如果不注重食物中脂肪的摄入，很有可能出现“喝点凉水都长胖”的问题。减体重过程中，饮食的控制体现在多方面，不仅仅是对于脂肪摄入的严格控制，对碳水化合物、糖类等能量较高的食物也都要有一定限制。减体重过程中一定要注意蛋白质的摄入问题，因为减体重有时是为竞赛准备的，自然需要保留一定的肌肉和力量状态，如果单纯控制碳水化合物、脂肪等，不注重蛋白质、氨基酸的摄入，很容易出现肌肉和力量流失过多，比赛时无法正常发挥的问题。这一点特别容易表现在业余爱好者中，很多年轻人因为对于某项运动能力有一定的梦想，在身边没有可以给予他们建议和帮助的人以及自身对于训练理解又不多的情况下，便会从自身体重这个“最显而易见”的问题上着手，希望可以通过体重的减低让自己更有利于触碰梦想，只可惜最后的结果往往与他们当时的设想相去甚远。

很多训练者在减脂的过程中都背离了自己的初始目标，把减脂变成了减体重，导致自身脂肪数量没有什么变化肌肉反而大量流失，从而得出减脂期间肌肉必定大量流失的观念。我们不否认减脂期间肌肉会出现流失，绝对力量会减少，但是我们做的所有都是为了尽可能地减少肌肉流失，切忌不要将体重和脂肪混为一谈，认为减脂等于减体重。这样很容易导致肌肉大量流失，体重减低，但是脂肪含量几乎毫无变化。特别是对于前文我们提到的青少年训练者，这种方法无异于杀鸡取卵。如果体重变化是因为你流失了大量的肌肉，没有了肌肉的支持，想提高运动能力就成了空想。

减脂需要营养与训练的相互配合，在训练中有什么需要注意的方面呢？下面我们就通过与增肌训练，特别是其中改善肌肉质量训练对比的方法来加深对于减脂训练的理解：

（1）适用人群不同：减脂训练针对的主要是有肥胖现象的训练者，故也被称为减肥训练。我们日常所说的健美运动员为了备赛而进行的减脂训练也属于这个范畴；增肌减脂训练针对的人群主要是希望通过肌肉与脂肪此消彼长的方式，间接提高自身的运动能力或身体形态。

（2）训练方式不同：改善肌肉质量训练在减脂的过程中，仍然需要尽可能的获取力量提升，故改善肌肉质量训练依然是以无氧训练为主，只是相比单纯的增肌训练，提高了有氧训练的比例，加强了对于饮食的控制；在减脂训练中，主要目的即尽可能多的减去身体不必要的脂肪，因此训练方式主要以有氧训练为主，无氧训练为辅。对于饮食的控制变得更加严格，甚至还会加入减脂类补剂的使用以求达到更好的效果。

（3）体重与运动能力的关系不同：改善肌肉质量训练的根本理念是通过减少脂肪

的比例，增加肌肉的水平来提高训练者的运动能力。这段期间内，训练者的体重往往会出现减少，但是也存在一部分因为自身体重较轻，没有经历过增肌训练，导致出现体重变化不大，甚至不降反升的情况；减脂训练因为对应的训练者往往体重较高，脂肪超标，故一般都会带来体重的明显下降。对于那些健美爱好者，他们追求的不是单一的运动能力，而是身材的完美度，肌肉的分离度，与改善肌肉质量训练中所追求的运动能力提高是有本质区别的。

对于减脂训练，在训练方法上与其余训练最大的不同点在于有氧训练的核心地位。前文提到在改善肌肉质量训练下，有氧训练的比例较增肌训练有了不小的提升，但是与减脂训练相比，无论是在重要性还是比例上都有极大的差别。下面我们就来讲解减脂训练需要牢记的黄金训练法则：

（1）注意训练类型：有氧训练占核心地位这是毋庸争议的，其在减脂中起着至关重要的作用，千万不能抱有“有氧训练是最傻、最愚蠢的减脂方法”这种态度。即使水平再高的健美运动员也无法通过单纯的无氧训练或者饮食来获得好的体脂状态。在安排有氧训练时，我们一定要区分好什么是有氧训练，什么是无氧训练，这些在前面的耐力一章已经有了详细的介绍。这里需要特别注明的一点：即耐力训练不等同于有氧训练，因为耐力本身还分为心肺耐力、速度耐力和力量耐力三大类，不同类型间的训练方法大相径庭，绝对不能把它们与有氧训练混为一谈。近些年来，有人提倡用半有氧的方式来减脂，如间歇跑、爬坡跑、动感单车等。虽然这些项目无一例外会让训练者大汗淋漓，极度疲劳，但是我们一定要弄明白那个最关键的问题，即你减去的体重到底是不是多余的脂肪？这种方法就如同你训练全蹲、举重等高强度训练一样，虽然你大汗淋漓，但是却没有起到减脂的效果。因此，在训练类型方面选择有氧训练，这种最传统、最有效的训练依然是减脂的王道。

（2）注意训练频率：减脂训练中有氧训练占主导地位，而有氧训练一个很明显的特点就是调动全身大部分肌肉参与运动。因此，有氧训练也是全身的训练，不是局部的训练，更不是所谓的“局部减脂”。相对无氧训练，有氧训练不需要、也不可能每天单独划出一个部位去训练，然后一周只练一次。有氧训练可以在一周的时间内采用隔天休息的方法，一周的训练在3～4次。这样的安排即做到了有专门的、独立的有氧训练日，又在两个训练日间合理的安排了休息的时间。此外，除去特定的有氧训练日，我们还可以在平时加强心肺耐力的训练，如每日的慢跑训练等，都是很不错的选择。

（3）注意与无氧训练结合：减脂训练中虽然有氧训练是绝对的核心，但我们也不能忽略无氧训练的安排，特别是对于健美爱好者，无氧训练更是绝对不能忽略的。如果你的目的是单纯的减去脂肪，那么一周安排两次左右的综合性无氧训练会有不错的效果。这里所指的综合性无氧训练是在一个训练日内包含多个不同部位的训练模式，与传统增肌模式中一个部位一周内只训练一次截然相反；如果你有健美的需求，应当在大肌肉群遵循传统增肌模式的基础上，加大小肌肉群的训练频率，如在一周内训练手臂肌群2~3次，以求获取最好的肌肉形态与分离度。

（4）注意局部减脂的问题：既然有局部增肌的问题，相对的也就有局部减脂的问题。这个问题被许多训练者或普通人所困扰，因为在他们中间往往并不是全身都有肥胖，只是那么几个部位过于明显，如下腹部的脂肪堆积。然而我们在前面提到：有氧训练本身是全方位而非局部的，因此减脂也应当是全方位的，而不是局部的减脂。

我们习惯中对于局部减脂的概念，其实是在全身减脂的基础上对于脂肪过多的部位进行更有针对性的训练。具体在方法上与普通减脂没什么区别，只是有几个饮食、训练方面的细节问题需要注意。我们在此拿腹部脂肪堆积过多这个问题进行分析，为大家提供一个正确的思考方向：

（1）饮食控制不到位：这里所说的饮食控制不到位分为两方面，一个是食物摄入问题。一个是饮食习惯问题。在营养选择中，有很多训练者对于食物的做法不加以控制，导致食物因佐料、烹饪方法导致的脂肪含量增多，使训练者的减脂计划受到影响。在做好食物摄入后，对于腹部堆积脂肪这个问题，饮食习惯同样非常重要。在我们日常饮食中，你会发现当你觉得自己吃饱不想再吃的时候，一般是腹部形状起了明显变化。因为腹部本身很容易堆积脂肪。所以如果想解决腹部堆积脂肪的问题，一定要坚持一日多餐的基础原则。

（2）训练针对性问题：很多训练者为了减去腹部多余的脂肪，把自己的训练计划定为以各种仰卧起坐、悬垂举腿等腹部训练为主。这样一来实在是拣了芝麻丢了西瓜，因为他们忽略了减脂最重要的是有氧训练。虽然你的腹部脂肪过多，但是不能因为这一点就只练仰卧起坐，把仰卧起坐的地位无限放大，毕竟有氧训练才是减脂的基础，你现在拔掉了这个基础，改为用仰卧起坐这种进阶级的训练法，对于减脂的效果是很差的，所以最正确的做法应当是在保持有氧训练日训练强度的基础上，在每一天都安排一定量的仰卧起坐，特别是在训练日加大针对下腹部的具体腹肌动作的训练量，这样才会更有效果。

（3）训练时间问题：这里指的训练时间主要是训练者开始减脂训练的时间长短问题。因为像腹部堆积脂肪过多这种需要涉及“局部攻坚战”的问题，其解决时间一定短不了。罗马非一日建成，你的腹部脂肪堆积也不是一天暴饮暴食、不注重营养所致，所以在局部攻坚时一定要有耐心，有很多训练者在即将接近目标的地方停了下来，他觉得自己的这种训练方法没有效果，这么长时间了还没有什么改变，于是便倒回头寻求所谓的更有效的方法。而在下一次他又找到了看似有效的方法时，但是因为耐心的缘故，又一次在接近目标的地方放弃了，这样久而久之，周而复始，自己的减脂目标就如空中楼阁遥不可及。

以上便是骨骼肌发展的三个重要方向，即增加肌肉围度和数量，改善肌肉质量和减脂。我们发展骨骼肌的目的是为了自身的体态更加完美或运动能力更加出色，这些都离不开一个核心——力量训练。一个训练者力量训练水平的好坏，直接决定着他的竞技成绩和外在体态的优劣，这也是许多训练者和训练师存在误区较多的一个方面，在下一节我们将进行详细介绍。

第五节　力量训练

一、力量的本质

（一）力量的概念

肌纤维的面积和神经的强弱程度是力量构成的主要部分，其相对应的肌肉力量与神经控制能力也是我们安排力量训练所依赖的主要原则。在日常训练与生活中，关于力量的认识不少人都存在着一个误区，即力量就是一个人力气大小的表现形式，进而将它理解成为绝对力量。事实上力量本身包罗万象，绝对力量只是其中一个分支，绝对速度、弹跳力等都属于力量的范畴。如果片面孤立的认识力量的作用，会对自身的训练效果产生根本性的影响。

（二）力量的价值

力量是达成一切运动能力的基础，如果训练者没有力量，高水平的训练计划就无法完成，无论是肌肉围度，还是具体的运动能力都无法获得。在生活中，如果人类没有力量便无法从诞生之日起一直进化繁衍到现在。特别是在原始社会，人类的生活环境比现在要糟糕得多，可以借助的生活工具也非常少。然而，随着时间的推移，人类对于各种工具和科技的研究也越来越深，从石器、青铜器慢慢发展到蒸汽、电力，再到如今的信息化，可以说人类的科学技术，工具水平的进步越来越快，人类的动手能力、生存能力、力量水平反而越来越差。这一切皆因为便捷、高水平、自动或者半自动化工具的出现解放了人类的双手，让人类的工作更有效率。如在古代钻木取火的能力几乎人人具备，但是现在不要说钻木取火，又有几人能够具备野外生存的基本能力呢？所以随着社会的进步，人类自身的力量反而在削弱，因此力量训练的价值在生活中就被凸显得更加重要了；对于预防伤病，如果一个人没有力量，他受伤的风险是非常大的。因为当外部环境出现危险时，他没有能力去自保，这点体现在运动员身上更是尤为突出。现在，很多NBA接近不惑之年的球员依然在球场上与比他们年轻差不多20岁的球员比赛，就是因为其自身力量水平优异，才能够保护自己的身体在长达十余年的高水平职业比赛中不受到毁灭性伤病的打击。一个球员如果想延续自己的职业生涯，高水平的力量训练是必须的。所以，力量的价值无法用语言来形容，无论你是否是职业运动员和训练者，力量都是你必须要获取的。

（三）力量的获取——中外训练者差距的重要环节

关于力量的获取，毫无疑问是要通过两个方面来做到，即营养和训练。营养的问题我们在前面已经讲到了，的的确确是中外差距的根源。除去营养，在训练方面我们同样与国外训练观念有着极大的差距，而这一差距概括为两点：不重基础和不加反思。

1. 不重基础　不重基础分为两个方面，一方面是不注重民间训练这个人数基础；一个则是不注重基础训练方法这个技术基础。在人数基础上，近些年我们国家健身房和会员数量都有明显的增加，但是这些健身房无论从器械的专业程度，还是教练水平上都与国外有着不小的差距。这样一来，一些有潜质、有能力的训练者就无法获得预期的进步和提高。此外，这些会员大多以成年人为主，而成年人因为年龄、特殊的工作时间安排、家庭等问题，无法持续、规律地进行训练，更不存在水平提高到半职业，甚至职业的可能性。相反，最有发展空间、社会压力较少的年轻人、学生却因为学习或者父母的缘故同样无法走进健身房。而在这些学生中有不少人是具备一定潜质的，可以通过专业训练打磨成才的。学什么、做什么应该是根据自己爱好和特长来选择，而不是根据别人的眼光，短时间内是否能赚钱来做决定。所以注重基础最需要、最简单的就是从年轻人、从学校做起。在欧洲，每所大学的健身房专业程度都可媲美社会上一些专业的健身房；在我们国家的大学中有没有健身房还是一方面，即使有，你能发现很多健身房连一个最基本的自由深蹲架都没有。这样一来何谈基础，何谈提高呢?

在技术基础方面指的主要是对于基础训练的重视与否。现在我们与国际先进体能训练方法的接轨程度越来越高，更优秀的训练理念被引入国内，但是在这个环境下，基础训练的重要性反而被忽略了，这点在健身房里显而易见，如希望提高爆发力、高翻、高抓等练习是非常好的方法，不过其训练动作复杂，力量要求过高，如果一上来就进行这些练习，不仅无法掌握动作要领，更会因为力量基础太薄弱导致训练效率缓慢。因此，在这种情况下最应当采用的是从深蹲、硬拉等基础力量练习做起，否则没有力量基础，上来就训练高翻、高抓练习，很容易出现因可完成重量过轻所导致的训练效果低下。这就更不用说一些难度更高，对技术以及身体素质要求更全面的跑跳类训练了。如果你不做好基础训练，不仅这些高难度的训练动作无法完成，还会导致伤病的持续侵袭。此外，在技术基础上还有对于训练不分主次和动作姿势不标准的问题，如在健身房里你很难看到有训练者在训练全蹲、硬拉，能看到的大多以卧推、哑铃弯举训练为主。因为在很多训练者看来，哑铃弯举、卧推训练见效更快，而且见效部位诸如肱二头肌、胸大肌都是很多训练者认为的训练“核心部位”。这种片面的训练观往往会忽略了腿部、臀部以及下背部（核心肌群）的训练，导致训练者容易出现头重脚轻，本末倒置的问题。在训练中，无论是大肌肉群还是小肌肉群都不能忽略，少练了哪一部位都会让肌肉力量发展出现偏颇和不平衡。在训练重要性以及主次上必须要选择清楚，以大肌肉群训练为主，小肌肉群训练为辅。千万不能因为对于小肌肉群（如腰腹力量）的看重，而忽略了最根本的大肌肉群训练，这样本末倒置是非常危险的。此外，动作姿势的问题在健身房里体现的非常明显，是很多训练者和训练师不加注意的地方。这些细枝末节看似微不足道，如果你不加注意和控制，很容易会让你所做的训练没有任何效果，如深蹲幅度不够就会变成半蹲或者浅蹲，训练部位就会由股四头肌、股二头肌和臀大肌转移为只有股四头肌参与了。

2. 不加反思　这个问题也是本书重点讲述的，训练者一定要善于思考，否则你只是一个单纯的训练执行者，教练的提线木偶，没有教练你就什么也做不成，这也是为何很多职业运动员在退役后无法在教练领域中取得其在运动员领域相应成就的原因。我们在训练时一定要注意思考，如我们为什么要这样训练，这样训练有什么好处，为什么不那样去练？在思考的时候一定要把范围扩大，逻辑性理得更加通顺。切记，不可思考范围狭窄、片面，这样很容易导致自身训练观念的极端化。如核心肌肉群，其具体生理位置按照定义是人体除了四肢和头部以外的躯干部位，因此有些训练者就会觉得核心肌肉群训练只要注重躯干部位即可，腿部以及手臂等部位可以不参与，事实上这种想法是大错特错的，核心肌肉群的训练如果想获得一定的成效，必须要有很好的腿部力量，你很难想象一个能够深蹲200千克的训练者自身核心力量是极差的。

在反思训练时，还要注意我们选择的训练动作是否符合训练目的和身体水平，如你希望提高弹跳能力，却持有 “不想把腿部练粗”的观点，进而回避腿部训练，这样是与我们的训练目的背道而驰的。因为你的目标是提高弹跳，而弹跳必须要具备一定的腿部力量水平，但你却因为单纯的不想把腿部练粗就回避练腿，毫无疑问是对训练目标的毁灭性打击。并且，这种不想把腿练粗的观点有很多时候是在为自己的懦弱和害怕高强度训练找借口，你不去亲自训练怎么知道腿部就会变粗？不要因为这些朦胧、模糊的训练观点羁绊自己力量训练前进的脚步，千万不要把力量训练想成简单的重复性重体力劳动。除了你的身体需要大量付出力量外，头脑也一定要灵活，要善于和敢于思考。

（四）力量训练的分类

力量由两部分构成，一是骨骼肌的肌肉力量；一是神经控制能力。因此，我们在进行力量训练时就要从这两个方面入手。

1. 肌肉力量训练　指通过肌肉对抗阻力的方式来达到增肌、健美和提高绝对力量等目的。肌肉力量训练是神经控制能力训练的基础，为神经控制能力训练提供了必要的力量、肌肉和神经水准。

2. 神经控制能力训练　相对肌肉力量训练，更专注对于神经控制的提高和力量技术的发掘，通过各种跑、跳和举重等方法磨炼训练者神经系统调动肌肉的能力，进而达到提高爆发力等具体运动能力的提高。一个训练者在进行神经控制能力训练前，可以调动自身大约30%的肌肉，如果进行专业的神经控制能力训练，神经系统可以调动的肌肉能逼近90%，相应的力量水平、运动能力就会获得显著地提高。

3. 两种训练方式的对比

（1）训练目标不同：肌肉力量训练的目标是对于骨骼肌的训练；神经控制能力训练的目标则是对于神经系统可以调配肌肉多少的能力训练。肌肉力量训练提高的主要是绝对力量和肌肉水平；神经控制能力训练则更侧重爆发力和具体运动能力的提高。

（2）训练次序不同：肌肉力量训练与神经控制能力训练本来是没有先后次序的问题，二者属于你中有我，我中有你的关系。如绝对力量的综合使用，健美训练的孤立发力等都会有神经控制能力的参与，并且力量训练切忌孤立，所以一定要将这两者结合起来训练。

这里所指的训练次序主要是面向训练经验匮乏的新手和初级训练者，因为神经控制能力指的是调动肌肉和协调发力的能力，满足这个能力的前提必须是训练者本身具有一定的肌肉数量基础。如果训练者本身肌肉数量不足，又忽略最基本的肌肉力量训练，只关注神经控制能力的进阶练习，很容易造成因训练量过大所带来的各种伤病，以及运动能力和力量水平的大幅度退步。

当训练者自身训练水平达到一定程度以后，即可加入神经控制能力训练。将力量训练方式改为以神经控制能力训练为主，肌肉力量训练为辅。因为此时训练者无论是训练经验和训练水平都已经达到了一定程度，对于神经控制能力训练的各种复杂动作的要求都可以落实好，具备了一定的力量基础，除非你是健美或力量举爱好者，否则没有必要再过多纠结于肌肉力量训练，应当开始把训练重心转移到能够直接提高运动能力的神经控制能力训练上来。

（3）训练方法不同：肌肉力量训练的训练方法主要以器械训练为主，训练离不开杠铃、哑铃、力量器械等基础设备。此外，为了增加训练难度，提高肌肉围度和力量，还会采用弹力带、铁链、绳索等辅助器材；神经控制能力训练则在基础的哑铃、杠铃等器械训练上，加入了跑动、跳跃等针对性更强的训练方法。

以上便是力量的基础介绍，熟悉力量的基本概念，了解力量获取时需要注意的问题、方法和具体的力量训练分类，对于树立良好的训练观，更快速和科学地提高力量所包含的多种运动能力是非常重要的。

二、力量的训练总纲

（一）了解基础训练常识（动作名称、姿势要求、训练部位和注意事项）

这是力量训练最基础的要求，如果不明白训练动作名称、姿势要求、训练部位和注意事项，训练者就是不懂思考，只知道盲目训练的“训练机器”。如经典的腿部训练方式squat，中文普遍用后蹲或者深蹲来称呼，不要用“蹲起”等来命名，不然对于训练者学习更多先进的训练知识和日常的训练安排都有诸多不便。不同的训练动作有不同的姿势要求，了解清楚正确的训练姿势会让你的训练效果事半功倍，减少因动作不标准所带来的受伤问题。训练者需要对于运动学和生理学有一定的了解，这会帮助你更好了解为何该动作会有这样的训练姿势要求，即使碰到一些自诩专家的所谓正确建议时，你可以根据这些基础知识来做出合理的判断。此外，你应该对一些必备的训练常识和名词，如平台期、爆发力、速度、极限力量等有一定的了解。最后，不同的训练动作和计划也有不同的注意事项，如卧推时注意不要让腰部拱起，全蹲时注意重心前后位置，组间休息的长短以及动作间休息的长短等。注意这些问题不仅会让你避免在训练中受伤，更会帮助你提高训练水平。

（二）了解常见训练器械的针对目标以及工作原理

在肌肉力量训练和神经控制能力训练中会用到不少的训练器械，需要训练者对于每一个训练器械有充分的了解。拿平板卧推举例，平板卧推可以采取杠铃自由重量、哑铃自由重量和史密斯机三种训练方式，这三种训练方式各自的工作原理不尽相同，针对的目标也各有差异。我们发现平板史密斯卧推受滑轮控制运动轨迹，主要针对的是肌肉围度和肌肉形态的提高；杠铃平板卧推相对较自由，主要针对的是肌肉绝对力量以及神经控制能力的强化；哑铃平板卧推因为可以获得较大的运动空间，则主要着眼于肌肉形态和神经控制能力的提高。

当你能够充分了解不同训练器械的不同训练目标、工作原理和训练方法时，将他们串在一起综合分析就能够发现，为什么这种训练方式可以获得提高，而不是采取别的训练方式。当你能够把力量训练总纲的第一条和第二条充分弄明白，相互融合和联系时，基本上就具备了一定的训练思考能力，不再是单纯的“训练机器”了。

（三）知道人体各肌群名称、部位和四大实用力量

根据我们前面关于骨骼肌大小肌肉群的介绍，你必须牢记它们的名称、作用和部

位。除此之外力量训练中力量始终是最重要的一环，因此你对于人体的四大常见的实用力量也必须有一定的了解，它们分别是：上肢力量、核心力量、伸膝力量和屈伸髋力量。当然只知道它们的名称是远远不够的，你还需要知道它们各自对应的发力肌群。

1. 上肢力量　背部肌群、肩部肌群、斜方肌肌群、胸肌肌群、手臂肌群。

2. 核心力量　下背部肌群、腹肌肌群。

3. 屈伸髋力量　臀部肌群、股二头肌肌群。

4. 伸膝力量　股四头肌肌群。

（四）一切从增肌训练开始

没有哪个高手一上来就是走顶级训练模式的，这好比你打游戏一样，必须一关一关地过，逐渐积累经验后升级，而不能直接去打最后的Boss一样。增肌训练这种基础的训练方式是任何训练者都必须走过的，只是因为不同的运动项目或不同的身体状况，每个训练者持续这种训练的时间长短各不一样，但这并不代表你可以不经过这个打基础的阶段，直接迈向顶级训练模式。在你的实力没有真正强大起来时，踏踏实实地进行4×12（4组，一组12次）的经典增肌训练模式对你只会有好处，不会有任何障碍。切记，不可盲目选择难度较大、见效较慢的训练模式，如爆发力训练模式，很容易让训练者因为基础不牢遗祸无穷。基础训练好比武学中的内力修为，基础打得越牢，对于以后训练的进步就会越有帮助。

（五）选择合适的健身房

“子贡问为仁。子曰：工欲善其事，必先利其器。居是邦也，事其大夫之贤者，友其士之仁者。”我们要想获得理想的训练成果，必须要有好的、足够的训练设备辅助。不借助器材想让自己的训练水平、身体素质达到一定的层面是不可能的，否则就不会有职业运动员和业余爱好者之分。如今国内的健身房数量并不多，分布也不够广，很多小城镇甚至都没有健身房，加之已有的健身房不少都存在着价格虚高、器材不够齐备等问题，因此更难让训练者做出选择。你在选择健身房时，要从以下三个方面进行判断。

1. 锻炼环境　一个好的、干净的训练环境会让你心情舒畅，注意力更加集中，不会使你还没练就从视觉和心理上产生疲惫感。古有“宝剑锋从磨砺出，梅花香自苦寒来”一说，但除非万不得已，没必要给自己刻意创造一个不好的训练环境，逆境出英雄固然值得鼓励和褒扬，但顺境出来的同样也是好男儿！此外，一个好的锻炼环境还体现在这个健身房所拥有的训练者和教练水平上，如果你进入一个健身房发现没几个比你强的，教练对于训练和营养知识都似懂非懂，那这种健身房你还有什么动力待下去、练下去呢？相反，如果你进入一个有不少顶尖高手的健身房，你的训练心态首先会端正起来，把自己摆在一个弱者的位置上努力训练，争取赶超对手。你还可以近距离观察顶尖高手的训练，从中汲取的营养和知识比你看一个月训练录像，听教练滔滔不绝地讲几个小时的课都要管用。

2. 训练器材　训练器材主要从三个方面判断：器材的整体齐备程度、器材的准确度和每一个器材自身的延伸性。器材的准确度应当是判断训练器材优劣的最重要标准，器材不齐备不是毁灭性的，器材自身延伸性不够也不是非常的重要。训练者在训练初期一般不会面对这三个问题，但是训练器材的准确度如果有偏差，所造成的后果却是毁灭性的。特别是对于采用包胶等材质的杠铃片或者哑铃，很容易因为胶皮的损毁导致重量有偏差。另外，杠铃杆的长短、粗细也与其重量大小的变化有关系，这些都是需要训练者在训练前仔细了解清楚的。如果训练器材不准确，你的训练很有可能一直处于自欺欺人之中，无论是因为重量不准造成的训练力量比实际力量虚高不少，还是因为器材设计不准造成的训练轨迹偏差，无法充分刺激目标肌肉，这些都是非常危险的。

器材齐备程度的问题很好理解，最起码的杠铃、哑铃、史密斯器械、自由重量器械（卧推架、深蹲架）是要必备的。现在有很多健身房虽然都置备齐全了史密斯器械，但是却没有可以完成自由深蹲的深蹲架，这就需要训练者在选择时多加注意。此外，一些辅助的器械和非常专业的力量训练器械可以很好地提高印象分，如绳索、铁链、弹力带、健身球或者瑜伽垫这些力量训练不可或缺的辅助器材，以及GHR训练器这种专业的力量训练器械。至于有氧器械，没必要作为考察点，你要想跑步完全可以去户外操场，那里的效果和氛围更好。

关于训练器材自身的延伸性问题，主要体现在该器材重量的可选择范围上。如哑铃是我们力量训练必不可少的伙伴，故哑铃本身的纵深性非常重要。特别在针对三角肌的侧平举、肱二头肌的弯举等训练时，无论是新手还是具备一定年限的训练者，都很难用较大的重量来标准完成规定组数和次数，更勿论超级组训练对于哑铃的重量要求会更细致，如需要具备3千克、4千克、5千克、6千克、7千克和8千克等重量。有的健身房则只有2.5千克、5千克和7.5千克这三种重量的哑铃，这无疑对我们的训练是有负面影响的。此外，杠铃片和专业力量训练器械也要具备一定的重量选择范围，只是相对于哑铃不同，这里的选择主要是为将来训练者进入中高级水平后所准备的，如是否具备1.75千克的杠铃片，腿举器械是否可以加足够多的杠铃片等。

3. 价位　这个问题很简单，不多做解释，主要看训练者本人如何把握训练环境和训练器材质量与价位的关系。我建议，训练环境上可以有商量和做出退步，但是训练器材上必须要严要求，不能凑合，因为你获取提高的关键之一是训练，训练的基本是器材。如果可供选择的健身房器材都有不足，这个健身房少了深蹲架，那个健身房没有小重量的哑铃，更建议训练者选择自身额外花费最少的方式，即选择缺少小重量哑铃的健身房，因为你可以自己购置小重量的哑铃，花费不会太多，但如果你去购置深蹲架，那花销就非常昂贵了。

（六）正确面对是否使用护具的问题

无论是训练还是比赛时，护具都是保护训练者和运动员必不可少的物品，护具可以很好地为关节、韧带和肌肉提供保护。护具所保护的必定是你薄弱的部位，会对该部位的关节或者肌肉施加压力，导致其无法拥有原本的灵活性和活动范围，这些都是有可能直接决定我们训练或比赛时的运动能力的。如果在强化薄弱部位的方法上你第一个选择的是佩戴护具，而不是通过相应的力量训练去弥补，这便是非常糟糕的一种训练观。这是一种自欺欺人的表现，护具帮你掩盖了你某一部位薄弱的现象，我们需要正确面对护具使用与否的问题，不能让本身起好作用的护具影响了我们训练、比赛和身体健康。这里主要从护具面对的不同使用群体入手，仔细分析是否有必要选择护具和选择什么样的护具等问题。

1. 陈旧性伤病训练者　陈旧性伤病训练者主要包括以下三种类型：长期慢性伤病患者、毁灭性伤病后恢复期和易受伤类人员。

（1）长期慢性伤病患者：指的主要是一些慢性的关节炎症或关节囊等对运动状态影响不是非常大，需要半年甚至一年以上的时间去恢复的伤病患者。这类训练者往往喜欢静养而不去训练。然而适当的恢复性训练是必须的，在护具的选择上避免过于压迫肌肉和关节，给被保护部位一定的自由空间并减少其压力，这样不仅可以对关节有一定的保护，更不至于让训练者本身的薄弱部位无法受到应有的训练。

（2）毁灭性伤病后恢复期：这里指的是处于十字韧带撕裂、骨折等严重毁灭性伤病恢复期的训练者。他们往往都经历过了手术治疗，无论是对于韧带、肌肉还是关节都需要重新去适应。这段期间内在训练时无论重量轻重，一定要选择可以很好地固定以及包裹受伤部位的护具，护具可以充分避免因训练者对于自身身体状况不熟悉、发力过猛而导致的受伤。

（3）易受伤类人员：这类训练者易受伤的原因主要有两点，一是因为之前受伤后不注意恢复和保养所遗留的病根，最典型的就是脚踝挫伤后不坚持打一定时间的绷带，导致的韧带出现松弛，脚掌在放松状态下无法与小腿成一条直线的现象；一是因为训练者训练特点或运动风格所决定的高受伤风险，如训练中喜欢频繁使用中、高重量冲击极限次数、比赛中喜欢高速突破、强力对抗等都容易提高受伤的概率，故护具对这类训练者而言同样是必不可少的。因为他们独特的比赛风格，故最好选择双重护具的办法进行保护，如保护脚踝时，可以选择先用绷带固定好脚踝，再戴一个护踝这种安全的保护措施。但是，这种方法却会对脚踝和腿部的活动范围造成一定负担。

2. 普通训练者　可能有人会感到非常奇怪，为何没有伤病也非易受伤的训练者还会有用到护具的时候吗？这里主要有两个原因：一是心理上希望护具可以在训练和比赛中对自己起保护作用；一是从具体训练需求上希望其可以提高自己在训练和比赛中的成绩。

（1）从心理上考虑：普通训练者选择护具未免有些杯弓蛇影。特别是在训练中，如果仅仅是因为心理上对于训练可能会导致受伤而有恐惧，那么大可不必如此。因为你只要去训练，受伤的风险就存在着，只是有时会因为你的训练姿势错误或者自身注意力不集中，负荷使用极大超出自身能力导致受伤的风险被提高而已，在正确的训练姿势和训练负荷选择下，受伤与不受伤的概率都是各占50%。因此，你更应当仔细研究正确的训练姿势，调整自己的训练心态。至于在比赛中选择护具的问题，如果是因为自身容易受伤的缘故而使用护具，原理和选择方法与前面提到的易受伤运动员一致；如果只是因为自己审美爱好或者装什么，完全没必要去用护具，因为这时竞技体育在你看来已经不是比赛和运动，而是一种单纯的走秀了；如果是走秀，你完全可以选择更华美的服饰。

（2）从训练或比赛成绩上考虑：这个问题是要辩证去看待的，特别是在训练中，举个最简单的例子：一条顶级的力量举腰带、两条弹力绷带、一双出色的举重鞋，会让你的深蹲成绩“瞬间”得到大幅度提高。因为它们根据深蹲时容易失败的几个关键点，提高了相应的薄弱部位的辅助发力能力。腰部松动容易导致深蹲时出现塌腰，膝盖不稳定容易出现股四头肌发力不完全、发力方向不稳定，柔韧性欠缺容易出现蹲起时重心不稳等问题，都可以通过一定的训练护具来解决，这样一来训练者本身的成绩就得到了提高。更何况是卧推背心、深蹲背心等科技水平更高的训练装备，其提高的训练成绩是要远远大于腰带、鞋子这些简单的训练护具的。一旦撤掉这些护具与装备，训练者依靠“纯天然”的自身所能完成的水平便会有大幅度的下降。这样一来，这些护具只是起了短暂提高水平的作用，而非真正地提高了训练者的能力，更近似于是一种训练者“自欺欺人”的把戏。训练者会更加忽略自己薄弱部位的训练，导致长久陷于训练的误区中无法提高。这些成绩往往是虚假的，因为它们无法帮助你在竞技比赛中依旧释放出力量训练时的“虚假力量”。

护具对训练其实是有很好辅助的，例如，在没有拉带帮助的情况下，一个训练者只能完成一次5个的引体向上；如果采用拉带，这个训练者可以一次做8个。这里使用拉带是因为引体向上最容易先力竭的力量是握力，这样一来容易出现握力已经报废，但背部肌群依旧状态良好没有受到应有的刺激，所以这里采用拉带的目的是为了尽可能避免自身的背部训练受握力影响过大。又如，力量举和重竞技运动员，使用这些护具自然是理所应当的，只是这种方法并不适用于新手或初级训练者，因为他们自身水平并不高，如果贸然养成“护具依赖症”，对于自身的训练和成长是有百害而无一利的。

至于比赛中提高自己的成绩，除去已经提过的心理因素、易受伤等问题，护具对于比赛成绩的提高主要还是在于吸汗上，避免汗水等流到手和眼睛等部位上，影响进攻或者防守，这点也同样适用于日常的训练。一些日常比赛时必备的物品，如牙套、球鞋等都是每个训练者应当知晓的基础知识，这里就不再多做介绍。

（七）顺利度过新手期阶段

这里所指的顺利度过新手阶段主要是面对零基础的训练者，新手阶段与平台期都是训练者最头疼、最无从下手的时期，特别是新手阶段，因为训练者面对的一切都是新鲜、不了解的。训练本身是一门综合、复杂和多方位的学问，训练者在接触训练的初期，很容易因为面对需要解决的问题太多，导致不知从何下手，进而出现盲目训练的结果。在此建议训练者先不用特殊制定具体的训练目标，而是以熟悉训练动作、训练氛围为主，将营养补充放在新手期阶段的核心位置。因为在这段期间内，无论训练者以什么身体能力为目标，都是很难获取一定成效的。新手期阶段的主要任务就是了解基础的训练动作和训练环境，以求顺利、平稳和快速的度过，不要在这个阶段浪费过多的时间和精力。一般两个月的系统训练和科学营养，就会让你顺利度过新手期阶段，踏入真正的力量训练大门。虽然新手期的训练难度不高、训练目标不固定，但是同样不能忽视，否则一旦基础打不稳，留到以后再去重新打基础那就延误大事了。

（八）制定合理的训练计划

一份优秀的训练计划是达到训练目的的根本保证，也是每个计划制定者需要充分思考、分析综合完成的。一般情况下，训练计划都由专门的体能教练来制定，然而我们更建议训练者本人来做这份工作，因为相比专业的体能教练，你更清楚自己需要什么，想获取什么，以及具体的身体情况。所以在计划的制订和完成上，你会比专业的体能教练更具有针对性，唯一稍显不足的应该是你的专业知识有限。不过，这个并不是什么无法跨越的障碍，我们会在后面详细介绍如何制订体能训练计划。

（九）保持训练计划的纯粹性

你需要清楚自己最渴望提高的能力。人总是不知足的，这点在训练上同样如此，很多新手或者初级训练者，因自身薄弱点过多，故希望通过训练可以做到综合全面提高。这种想法和愿望是一定要杜绝的，因为训练计划的整体安排切忌繁琐、复杂和多重目标。如果训练者心存“多角度、全方位身体素质能力提高”的幻想，很容易导致训练计划的难度被抬高，无法突出主次点，易导致事倍功半，毫无收获的结果。如果你最缺少的是力量基础，你的训练计划就要围绕增肌训练来设计；如果你希望在提高力量的同时，获得速度、弹跳的发展，很容易会因此打乱以提高力量水平为目的的训练计划安排，导致训练变得不纯粹。并不是说你希望提高力量基础，所有的训练内容就都不能离开力量训练，柔韧性、协调性训练等力量训练的良好辅助手段也可以加入其中，只是需要注意区分主次的问题。

（十）合理安排训练周期

一个训练周期内的时间长短也是一份训练计划的基础内容，其具体安排对于训练计划的最终效果有着十分重要的意义。在制订训练计划前，我们要为这个训练周期设置一个总体目标，在这个训练周期内还要分阶段设立几个小目标。例如，一个训练者在计划开始前深蹲水平为120千克，他希望在一个训练周期后能够将自己的深蹲能力提高到135千克，这就是总体目标。再如，一个训练者计划开始前深蹲水平为120千克，他希望在一个周期内，每一次训练循环（一般为一个星期）提高2.5～5千克的能力，这就是分阶段的小目标。我们还需要明确训练周期具体的时间长短，如果我要在八周内让自己跳高10厘米，就要针对这个时间要求进行每周具体的训练与营养安排。

（十一）正确的训练心理

前面我们已经提到过，一个优秀的训练者必须具备一定强大的内心世界。训练切忌心浮气躁和贪得无厌。只要确定了一个优秀的训练计划，你需要做的便是调整好自己的身体，尽可能完成制定的目标。切不可因为一时的困难或疑虑，就断然放弃已经努力过的成果，特别是对于那些设立的训练目标见效速度较慢的，如以弹跳高度、弹跳速度、绝对速度等神经控制能力占绝大成分的运动能力，其见效速度往往是很慢的和不太明显的。除非训练者自身的基础过于薄弱，否则百分之一秒的提高是很难通过肉眼所判断的。当遇到困难，你需要冷静判断，分析一下是因为自身执行力不够所导致的训练效果低下，还是因为自身制定的计划的确不适合所致？切忌半途而废，随便自我否定，出现没意义的“非受迫性失误”。

（十二）勤于思考

缺乏思考是很多训练者都缺乏的一项能力，特别是一些训练水平不高、信心不坚定的人，很容易因为缺乏思考而导致对别人的建议无论是正确还是错误的都听之信之，把听信二字混为一谈。一定要通过自己的知识储备，实践感受去理性判断。勤于思考也有利于训练者更好地制订训练计划，学习新的训练知识。

（十三）保持训练计划的连贯性

这或许是训练总纲所有要求中普通人最难达到的。因为我们无法与职业运动员一样拿训练当职业，每天按时按点，数十年如一日的持续训练，所有工作、学习、生活变动等，都会导致训练计划的执行出现或长或短的中断。即使是职业运动员，也会被伤病所侵袭。一旦你的训练无法延续，可能你需要多花费一两倍的时间才能够弥补。所以，怎样在遇到不得不中断或打乱训练计划的情况时，作出合理的调整，尽量让训练效果不至于受到较大程度的影响，就成为每个训练者都需要了解和掌握的。我们针对八种较为常见的影响训练计划连贯性的情况进行分析，看看如何在受到影响时尽可能保持自己的训练成果，如何尽快找回自己的训练状态?

1. 因工作、学习、生活等极短时间所导致的　指的往往是几天，最多不超过一个星期的时间段，训练者可能因为考试、出差等原因在极短的时间内无法完成既定计划的训练。在恢复训练时需要注意以下两点：首先切忌疲劳训练，有时突发因素影响的训练计划只有1～2天，有的训练者就觉得这1～2天只要缩短一下休息日，或者把两个训练日合成一个即可。这种想法是一定要杜绝的，因为你的计划制定不是根据这个星期或者这一个训练循环决定的，如果你在这一个星期内打破原有的安排，很容易导致自身无法恢复，影响后面尚未进行的训练效果。其次尽量保留大肌肉群训练，曾经有个健美冠军说过，如果我只有一天的时间去训练，我会去练腿；如果我只有做一个动作的时间，我会去练全蹲。由此不难发现大肌肉群训练的重要性。如果训练者的计划受到较短时间的影响，尽可能保证腿、臀、背、胸这四个部位的训练不受影响；如果训练者无法满足腿、背、胸这三天的训练，就按照重要性由小到大进行排除，即胸小于背，背小于腿。

2. 因工作、学习、生活等较短时间所导致的　这里所指的一般是因工作、学习或生活所带来的4～8个星期（或训练循环）无法正常按规律训练的状况。一般4个星期或者4个训练循环可以组成一个最小的训练周期，如果训练者因为外界原因导致一个训练周期受影响，在调整训练计划，保持连贯性时需注意以下两点：首先如果该计划尚未开始超过两次训练循环时，应适当降低已经制订的训练目标能力，并不改变已经制定的训练计划为上策，如果训练没有受到持续影响，即一周内能保证两天左右的训练，应做到优先保证大肌肉群的训练效果；如果外界因素持续影响训练，比一周内只能抽出一天甚至更少的时间时，无论以什么训练目标为主，都应当放弃所有已经制订的训练目标和安排，改为进行有氧训练，如慢跑或游泳，转为加强和巩固心肺能力。其次如果该计划已经开始了两次以上的循环时，训练计划几乎已经执行了三分之一甚至一多半，这种情况下如果训练没有受到外界因素的持续影响，应大幅度降低已经制订的训练目标，并且在保证大肌肉群优先训练的基础上改变训练计划，用之前未受到外界因素影响的训练循环时的安排，继续训练一直到训练者可以确定不再受外界因素影响训练重回正轨时为止。这种方法可以最大限度保留训练者已经付出的汗水所带来的成绩；如果训练受到了外界因素的持续影响，适合的解决方法是采用基础的跑跳练习来维持人体最重要部位——腿部肌肉群的运动能力，一直持续到训练者可以重新开始正规训练。这种方法可以很好地解决训练者因为外界因素无法进入健身房等专业训练场所的问题，可以尽量维持已获取的体能水平。

3. 因为工作、学习、生活等较长时间所导致的　这里所指的一般是因为工作、学习、生活所导致的8个星期（或训练循环）以上无法正常规律训练的情况，一般适用于在假期里进行过训练，但迫于学业等压力不得不放弃训练1～2个学期的中学生或大学生。这种情况下，训练者在制订训练计划前就要充分计算好时间，确保在被影响前至少充分完成一个计划。训练目标最好选择最基础、也是最重要的增肌训练，因为训练者如果长时间不训练，自身的肌肉会每年逐渐减少一定的百分比，所以在长时间无法正常训练前应当着重增肌训练，这样在训练恢复后，不仅动作姿势不至于完全忘干净，肌肉数量也不会减少过多。当训练者重新恢复训练时，如何适应丧失已久的训练感觉是非常头疼的一件事，此时应当先进行一段时间的适应性训练，无论是强度、负荷都要比上一次训练时的重量和密度大大降低，才有利于训练者尽快找回训练感觉，并且不容易受伤。

4. 因为伤病所导致的极短时间　这里所指的伤病因素主要有两种，一种是外伤，如皮肤的一些割伤等轻微现象；一种是内伤，如轻度感冒。这两种伤病的影响时间应当不超过一个星期或一个训练循环。如果训练者属于外伤的情况，在受伤当天要避免训练，否则可能会因为训练强度引发已经停止流血的伤口再度裂开。第二天就可以继续正常的训练，不用降低训练强度和负荷。唯一需要注意的是不要在该训练循环内进行弥补，继续原本的训练计划即可，这种情况对于训练效果收获的多少影响不大。如果训练者属于内伤的情况，如感冒这种问题，需要在感冒彻底好以前完全停止训练，因为感冒虽小却可以扰乱训练者的状态以及整个计划安排。在感冒痊愈后，训练者应着实减小训练重量和强度，进行一个训练循环的适应，让肌肉和神经能力充分恢复，再依照之前制定的训练计划重新开始一个周期的训练。

5. 因为伤病所导致的短时间　这里所指的伤病因素同样分为两种，一种是外伤，如脚踝挫伤；一种是内伤，如重度感冒、发烧。这两种伤病的影响时间应不超过四个星期或四个训练循环。如果训练者属于外伤情况，无论制定的计划是否已经开始，都应当立即停止一切训练和运动，好好静养。否则，脚踝挫伤这种看似不严重的伤病，也会造成对以后运动生涯较大的打击。痊愈后，训练者应进行至少四个星期或四个训练循环的恢复训练，再根据恢复情况，重新开始或改变之前制定的训练计划；如果训练者属于内伤情况，那么同样无论已经制定的计划是否已经开始，都应当立即停止一切训练和运动，注意饮食，穿着等问题，避免病情迟迟得不到改善，影响恢复时间。当病情痊愈后，训练者只需进行最多两个星期或两个训练循环的恢复训练即可重新开始之前制定的训练计划。因为重度感冒，发烧等带来的主要影响是体重的减低，训练感觉的流失，这种影响一般通过短时间的适应训练、强化营养摄入都能慢慢回到伤前的正常水平。

6. 因为伤病所导致的较长时间　这里所指的伤病一般主要是指外伤，即一些关节的扭伤、肌肉的拉伤或者毁灭性伤病，如骨折、韧带撕裂等。一般需要至少四个星期或四个训练循环以上的恢复时间，严重的甚至要超过一次春夏秋冬的交替。在这种情况下，无论已经制定的计划是否开始，都应立即停止一切训练和运动，谨遵医嘱，耐心静养。否则，会直接导致自己以后的运动寿命缩短，甚至严重到影响正常的生活。进入到恢复期后，训练者应当谨遵医嘱进行适量的康复训练，即一些针对受损部位的轻微活动，特别是受伤部位毗邻的肌肉群更需要着重进行强化。伤病痊愈后，训练者应当根据自己受伤部位附近的肌肉为训练目标，先制定一个针对这些肌肉的中等周期增肌计划，严格注意训练密度和负荷的选择；接着制定一个针对全身肌肉的增肌训练计划，让全身肌肉都慢慢被唤醒；再制定一个针对受伤前所定的训练目标的较长周期恢复计划，让训练者的肌肉、关节、神经系统都充分适应，最后就可以重新开始受伤前所制定的那份训练计划，并且可以适当调整训练目标的难易程度。在受到严重伤病后，训练者一般需要至少32个星期或训练循环，用八个月的时间重新恢复到伤前水平，虽然时间很长，但是这是相对保险负责的康复安排。

7. 因自身观念所致　训练者容易在一定阶段或者达到一定水平后出现对自己训练的满足，如经常能遇到这类问题：请问练到什么水平后可以停止训练？在开始训练前，每个训练者都要明白这样一个道理——逆水行舟，不进则退。不要说对于业余训练者而言，即使是曾经的职业运动员、世界级训练者，在退役告别训练以后，身体能力也会大幅度下降。所以“达到一定水平以后停止训练”这种训练观念切不可有，如果你心存侥幸，觉得水平到了，训练量可以减少了，这样短时间内身体可能不会出现大的变化，但只要时间稍微一长，如2～3个月以后，训练者自身就会出现体能的大踏步后退。这种情况下，再想重新回到以前的训练轨道和训练水平，无论是从时间还是心理上都非常困难。故，只要你的运动生涯还在继续，训练就不要停止，不要放弃，不要打折。你对待训练态度如何，训练就会如何回报你。

8. 因训练专注度所导致的　这里所指的不专注一般针对的是水平不高的训练者，因为对于组间休息长短控制不好、与人攀谈、注意力不集中等，都会导致某次训练课出现不连贯的问题。这种情况下，建议训练者最好随身备一块秒表和一张组间休息时间表，在训练时严格把关，就不会出现因组间休息控制不佳影响训练计划的问题。同样，训练者也需要保持训练的专注度，要做到七分锻炼三分休息，而不是七分聊天，两分休息，一分锻炼。切记，不要因为这种不专注的出现影响训练的连贯性，尊重训练也就是尊重你自己。

（十四）慎重选择私人教练

选择健身房训练的朋友都会遇到私人教练和私教课程的推荐，而在面对私人教练时，如何选择、是否选择就变得非常重要，很多新手、初中级训练者往往喜欢选择私人教练，事实上他们是最不适合选择私人教练的人群，原因主要有以下三点：

1. 新手以及初中级训练者不精通训练知识且不知如何思考，故无论选择的私人教练是否确有实力，他们都无法做出正确的判断。如果选择的私人教练是负责、内行的，是训练者的幸运；如果不小心碰到的私人教练是不负责的，他们也没有分辨真伪的能力，容易造成金钱与时间的浪费。新手以及初中级训练者训练观并不成熟，很容易受别人影响，如若造成错误的训练观便十分危险。

2. 如今很多人都喜欢拜师，因为一旦有了教练，他们就可以不用去看书，只听老师的传授即可。训练者自身就不会去主动思考，将自己所学到的知识真正转化为自己所有，长久下去是十分危险的。

3. 很多教练喜欢过多辅助训练者，新手如果受过多辅助，极易导致训练完成度不高和受伤的情况，导致自身训练水平迟迟不得提高，与训练的基本原则相去甚远。但是，一些中高级训练者比较适合选择私教，因为他们的训练年限较长，已经形成了固定的训练观，这时选择私教，不易被影响，也能够辨别私教带来知识的真伪。此外，因为他们很容易遇到平台期的问题，而突破平台期的办法一般有两个，一个是休息，让肌肉彻底放松一阵子，还一个就是选择大重量突破训练瓶颈。如果选择大重量训练，一个好的帮手是十分有必要的。

（十五）注意训练前后的热身与放松

热身与放松指的主要是训练前后或为了减少肌肉酸痛、提高训练表现、保护训练者的身体安全所做的力量训练的必备辅助动作。

1. 热身是训练或者比赛前都必须要做的，可以安排在拉伸以后进行，主要有两种方式：

（1）比赛前的热身：主要采用慢跑、变速跑等动态热身，时间不要太长，最好控制在20分钟以内。目的就是为了尽快让身体各个部位、肌肉和关节充分预热，可以以最快的速度进入到比赛状态，并且避免因为训练者身体没有充分的准备，在面对过于激烈的比赛时容易造成身体受伤的问题。

（2）力量训练前的热身：如果是以健身房为环境的力量训练，主要是根据训练计划所制定的动作和负荷，提前采用较小的重量来做热身组，让训练者的协调能力和神经控制能力可以尽快进入状态，特别是对于训练强度和密度较大的计划更是如此。一般热身组的组数应当控制在2组左右，负荷适合选择正式组最小训练负荷的80%；如果是以田径场为环境的力量训练，根据其需要大量的跑跳特点，适宜采用强度较小的变速跑、短跑以及连续起跳摸高为主要热身方式。同样采用2组左右的轻量训练，避免热身组过多影响正常的训练安排。

2. 放松、拉伸主要是通过对于肌肉、韧带的拉伸和按摩来缓解肌肉的疲劳，避免乳酸堆积，提高柔韧性以及避免韧带、肌肉和关节受伤。一般在训练前后都要进行拉伸和放松，主要有以下三种应用情况：

（1）训练或比赛前后的按摩：按摩的主要目的是通过对于肌肉进行放松，避免过多乳酸堆积所造成的肌肉隔日或持续酸痛，一般应在运动后进行。按摩时主要需注意手法和力度的问题，不要手劲过大，导致肌肉因疲惫出现拉伤的状况。此外，部分按摩方法还对于相应关节、韧带的恢复有着不错的效果。

（2）力量训练前后的拉伸：理论上讲训练前后是都应当进行拉伸的，因为可以通过对于韧带、肌肉的拉伸，预防训练时造成的关节和韧带的损伤。根据美国现在最新的运动研究发现，训练前对于韧带和肌肉拉伸，会降低训练者在力量训练时的力量水平。这里看似训练前应该放弃拉伸这项准备动作，但还是应当从不同的力量训练方式去分析：如果是以绝对力量为目标的力量训练，如一些重竞技运动员可以考虑不进行拉伸，只进行热身组的训练，这样可以避免力量的流失。但不进行拉伸，相应的关节、韧带和肌肉没有充分的准备好，直接进入高翻、高抓等需要极高协调能力，关节、韧带和肌肉充分配合的训练动作时，训练者很容易因没有拉伸而导致神经系统无法充分调配好肌肉与关节和韧带的关系，进而容易出现受伤或影响运动成绩的问题。如果是以爆发力、速度、弹跳等为目标的力量训练，因其训练地点主要转移到田径场，并且伴随着各种跑、跳等快速训练动作，若不充分让韧带、关节和肌肉准备好，很容易出现拉伤、挫伤、扭伤等问题。这部分训练不是非常要求绝对力量的保留，即使拉伸影响到了一部分绝对力量水平，对于速度、爆发力、弹跳等训练的影响也没有绝对力量训练时那么大。所以这就要看训练者自身如何把握训练效果与身体健康之间的关系，如何在这两者之间找到一个适合自己的平衡点则是见仁见智的。

在作者看来，即使是强如举重运动员都会选择在训练前按部就班地进行拉伸练习，让肌肉、韧带与关节彻底活动开，如果你没有举重运动员那样强壮，还是踏踏实实地进行拉伸比较靠谱。

（3）比赛前后的拉伸：比赛前后是都需要拉伸的，无论其对于比赛时的绝对力量是否有影响。因为比赛不同于日常的力量训练，是人与人之间的对抗。而力量训练只是人与器械、场地的对抗，只要训练者头脑清楚、计划科学，力量训练中受伤的概率是很低的。但是比赛时不确定因素太多，即使你尽到了自己的职责，也无法保证别人的技术动作会否变形。所以比赛前的拉伸对于训练者在比赛时更好地保护自己是非常重要的，而比赛后的拉伸与之前力量训练时的拉伸原理一样，都是为了减少肌肉酸痛和维持身体柔韧性。

力量训练中，热身、放松和拉伸都是必不可少的，特别是新手和初中级训练者，切不可因这些准备活动或预训练消耗太多的时间就不去做。很多人往往因为怕别人说自己装假或者偷懒等原因回避这些必不可少的训练，认为这些可有可无，做不做对训练或比赛没什么太大影响。这种训练观念是急需纠正的，因为疏忽没做这些“可有可无”的动作，导致自己受到严重的伤病再后悔已晚。

（十六）切忌自欺欺人

这一条是所有训练者都必须注意的一个问题，特别是对于新手和初级训练者。自欺欺人主要指的是训练者因为自身心理原因所导致的训练时偷懒，采用不正确的姿势完成比自己实际能力高得多的负荷进行训练。

很多训练者因为刚进入健身房，自身基础较薄弱，看到一些高手强大的身体和力量水平时，不免心里出现一些嫉妒、羡慕等微妙变化，自己也想尽快达到一定的力量水平，避免别人瞧不起或看低自己。其实这种心理完全是自己给自己设置了一层魔障，训练时所有的训练者应当都专注于自己的训练，而不是去观察别的训练者水平如何，用的重量大小与否。如果有的训练者在意这个，并且因为这个就看不起比他弱小的人，产生不存在的优越感，这种训练者也完全没有必要去理会，更没有必要去在意他的看法和评价。境由心造，训练者一定不能自己给自己设置心理障碍，不然训练起来就麻烦了。如果训练者本身因为自己做的重量大就采用错误的姿势，并且洋洋自得，这种自欺欺人，满足自己虚荣心的心理实在是极度病态，这种训练观甚至会影响到训练者自己的正常生活。

除此之外，还有一部分训练者因为自身水平不高，内心极度渴望上进，希望通过短时间的训练就达到一定的水平。前面多次提及训练是循序渐进的，不同的训练目标，其见效速度也完全不一样。这好比你吃一个馒头，如果你想一口吃掉它是非常困难的；如果你分成多口去吃，就完全没问题了。我们很能理解这部分训练者的心理，可能他们平时在别的领域都没有处于这么低的一个位置，心理会很不平衡。如果因此就选择不正确的姿势、降低训练幅度或者盲目大重量训练，不仅影响训练的效率，更会容易导致伤病的出现。对于一个训练者，训练的真正意义在于进行自我超越，而非一味的与他人一较高下。

（十七）注意休息与恢复

很多训练者因为自身基础较薄弱、上进心强烈或者有备赛时间要求等原因，往往强迫自己过量训练或者“魔鬼训练”，以求尽快达到自己的目标。这种看似提高训练难度的做法可以很好地提高训练效果，但因为超负荷、超量的训练计划，很容易让训练者因恢复能力不足，与自己制定的目标南辕北辙，导致越想得到什么，越无法将它收入囊中的窘境。所以，每个训练者都需要清楚在面对不同的训练目标、训练类型时，如何把握不同训练日之间的休息长短。此外，训练者在判断自身是否恢复足够、得到充分的休息时，不能够单纯根据肌肉是否酸痛来判断。因为很多情况下，如果训练者的目标不是针对增肌或健美等训练模式时，肌肉酸痛对于恢复能力的高低代表性并不十分突出；有的时候反而需要根据神经系统的恢复速度来判断。即使是增肌或健美训练，也不应当以肌肉酸痛消失为判断标准，因为酸痛感的消失只能代表乳酸堆积的消失，并不能代表所训练部位的肌肉是否已经重新组建完毕，以及关节、韧带是否休息足够，故如果以单纯的肌肉酸痛与否来判断是否可以开始训练，是十分偏颇并且较有危害的。

（十八）谨慎对待辅助与保护

在健身房我们能看到许多训练者在他人的辅助下完成卧推、深蹲和高滑轮下拉等器械训练。这种辅助虽然让你可以完成更大的重量，但是却不一定对训练者自身的水平就有提高，有时甚至会适得其反，出现迟迟不足以进步或者被伤病所困扰的问题。所以，训练者一定要谨慎选择他人的辅助与保护，这里主要根据以下三种情况来判断：

1. 以绝对力量，爆发力为目标的训练　这种情况下训练者应当谨慎使用辅助与保护，因为只要有人对你进行辅助或保护，他必定会分走一部分负重，从而让你的训练难度大大降低。很多人认为只要辅助者不用力就行，单纯的接触杠铃并没事，这是一种对于力学极度缺乏认知的现象。当然，也不是说要完全杜绝，如当你在进行卧推的极限训练这种高风险的力量动作时，自然需要找人来确保你的安全。力量训练中有一些独特的训练方式，如借力卧推、借力深蹲等也需要有人的辅助，可以帮助你更好地提高极限力量水平。只是这种相对难度较大，对训练水平要求较高的训练方式，并不是十分适用于普通训练者。此外，在进行爆发力训练时，训练者没必要采用辅助与保护。因为根据爆发力的训练动作特点，往往也很难找到伙伴对自己的训练成绩进行“提高”或者保护自己的身体健康。

2. 以增肌或健美为目标的训练　这种情况下应当分训练负荷超过训练者自身水平的多少来判断，如果负荷严重超过训练者自身的水平，训练者应当立即停止辅助，改为适合自己的负荷强度进行训练；如果负荷与自身的训练水平相当或者略高，可能由于训练密度较大，训练者经验不足，会出现难以完成的现象，这时训练者可以采用一些辅助与保护，因为这个重量训练者是可以完成的，只是因其训练经验不足或者发力技巧掌握不好才出现这种情况，以后注意并且尽快改正即可。

3. 固定轨迹的器械训练　这种情况下训练者应当必须避免辅助与保护，因为所有的固定轨迹的训练器械都是由传送带、滑轮等设计而成的机器，其训练轨迹早已被固定好，若训练者想改变这种轨迹或者强迫自己发力，很容易出现关节和韧带的伤病。所以这时无论训练者选择的负荷是否属于严重超过其自身水平的范畴，都会因为他人的辅助与保护，导致训练轨迹改变，进而出现伤病等情况。如你能在健身房看到下面这种情况：一个训练者在做高滑轮的背部下拉器械，他的朋友在旁边通过用手压器械直杆的方法，减轻训练者的难度。这种方法就是绝对错误并且急需避免的。

训练者如果想尽量避免辅助与保护，除了提高自身的训练水平、积攒足够的训练经验外，还要注意合理选择训练负荷，避免其过高或者过低于自身的能力。

（十九）选择合适的训练负荷

如何选择训练负荷以及如何通过训练状态观察训练负荷是否合适是避免受伤，尽快达成训练目标的关键，主要根据以下几种不同的训练方式来选择：

1. 绝对力量　绝对力量的训练负荷多为极限重量的80%～100%，每组重复的次数在1～6次。在训练时，面对每组重复次数低于3次的训练，一般训练者无暇观察训练负荷是否合适。当每组重复次数在3～6次时，训练者可以根据自己在第二次重复动作时的难易程度来判断，如训练目标是三次，当第二次重复动作完成较易时，该训练负荷就较低于训练者自身的水平；如果训练目标为4～6次，该训练负荷便是适宜的选择。

2. 爆发力　爆发力训练的负荷范围较广，从极限重量的30%～100%都可以，但是每组重复的次数往往不会高于三次。一些负荷较轻、重复次数较高的负荷安排虽然也可以提高爆发力，但更侧重的是对于爆发力中动作技术环节的提升。爆发力训练讲究高速度和大力量的技术结合，所以很难通过训练时完成动作的难易程度来观察训练负荷是否适合。训练者只能在开始训练前尽可能选择好正确的负荷。

3. 增肌或健美　这部分训练的负荷主要在极限重量的50%～60%，每组的重复次数在10～15次左右。训练者本身可以通过训练时完成动作的难易程度来观察训练负荷是否合适，如目标重复次数为10次的训练，如果在第5次重复动作时训练者可以正常完成，并且在第7次重复动作时出现完成动作较费力的情况，这个负荷的选择应当是十分合理的；如目标重复次数为12次的训练，如果在第6次重复动作时训练者可以正常完成，并且在第9次重复动作时出现完成动作较费力的情况，这个负荷的选择应当是十分合理的；如目标重复次数为15次的训练，因为其开始考验一定的耐力水平，故训练者应当至少保证前10次重复动作时可以正常轻松完成。

（二十）注意训练速度

不同的训练动作、训练目标有自身不同的速度要求，这也是一门非常重要的学问，不是说所有的动作都要按照一个速度完成。我们来仔细分析形成不同的训练速度类型的原因和相应适合的训练目标：

1. 全程快速度　主要指一些动作需要快速完成的，如高翻、高抓、挺举等，如果速度慢，很有可能会导致动作无法完成。这种类型的训练普遍存在于以爆发力为目标的训练计划中，需要高速度和高力量来完成的一些复合动作。

2. 特殊速度　这种动作因为自身的特点，即初始阶段为抗阻阶段，需要训练者直接发力的动作，如硬拉。故在训练时的速度选择必须要非常谨慎，这里建议训练者在动作初始阶段要快速完成，否则很难直接让身体充分发力。

3. 初始慢，抗阻快　即在动作的初始阶段特意慢速控制，在抗阻阶段快速完成，有的训练者也将这种方法简单理解为“慢下快起”。这种速度类型的目标是提高绝对力量，而非很多训练者所误以为的爆发力。因为虽然抗阻阶段要快速完成，看似符合爆发力高速度，高力量的特点。实际上这种观点是片面的，因为在抗阻阶段虽然速度快，但此是建立在绝对力量的基础之上的。也就是说，快速度只是绝对力量带来的附加效果，无法达到爆发力训练时的高速度。并且，爆发力训练时动作一气呵成，整体速度都很快。而慢下快起时动作是分离的，整体速度并不快。故无论从哪点分析，慢下快起这种类型都是针对绝对力量的提高，普遍存在于极限全蹲、卧推等训练动作。

4. 初始慢，抗阻慢　即在动作的初始阶段以及抗阻阶段时都特意慢速控制，有的训练者将其称为“慢下慢起”或“慢起慢放”。这种类型主要是针对增肌或健美训练，其工作原理是通过神经的控制，让肌肉受到更强烈的刺激，进而达到肌肉围度生长或肌肉形态的改变。这种类型的训练普遍存在于孤立动作中，如哑铃弯举、肱三头肌臂屈伸都应属于此类型。这也是训练者在训练初级阶段所较为容易遇到的，一定要多加留意。

（二十一）注意动作幅度

动作幅度也是必须要注意的一个方面，它直接决定着训练者的姿势是否正确以及力量训练效果能否充分发挥的问题，与我们所倡导的“宁轻勿假”原则息息相关。

（二十二）注意避免训练时大声呼喊

很多训练者在高强度训练或身体极度疲劳时，都喜欢通过大声喊叫来让自己完成更大的重量或既定训练计划。这种呼喊被很多训练者当做一个突破极限的“法宝”，如在举重等重竞技比赛中，很多顶级高手也是这样做的。这个并不意味着普通训练者也可以频繁使用，除去大声吼叫时对他人训练的影响问题，这种方法对于训练者本身也是有一定危害的。因为很多训练者使用此招时，往往是身体趋近于力竭或者神经无法控制的边缘，这时采用大声吼叫的方法，一定程度上是可以通过刺激神经来提高自己的能力。如果神经极度疲劳，无法再受到刺激、调配足够的肌肉，那么就会出现严重受伤的问题。

并且，这种方法本身又会泄走训练者的一部分体力，在已经濒临力竭的状态下是非常不明智的选择。

（二十三）注意训练时的呼吸

怎么呼吸也是一个训练时需要明白的基本常识，特别是对于新手和初级训练者，他们因为掌握不好呼吸节奏和呼吸方法，喜欢在训练时憋气，这是非常明显的一种训练误区。因为人体只有摄入充足的氧气，把氧气输送到细胞和肌肉中，才能够让身体发挥足够的力量。而持续的憋气，只会让训练者更加不堪一击。

很多训练者可能就此感到疑问，即力量训练一般都是无氧训练，无氧训练不应该是不需要呼吸、可以憋气的？如果这样理解无氧训练、力量训练，那就大错特错了。因为所谓的无氧训练不是没有进行呼吸，而是氧气摄入极低。也就是说所谓的无氧训练应当理解为低氧或厌氧训练。如果不能理解，也可以通过具体的力量训练进行感受。即使是极限重量训练时，训练者也要做到至少一次呼吸才可以保证训练正常完成。如果是在需要呼吸次数更多的增肌训练、甚至力量耐力训练中，出现憋气或者呼吸频率紊乱的情况，很容易导致训练者无法完成训练，出现岔气、受伤等问题。所以训练时是必须要呼吸的，决不可出现憋气的现象。至于何时呼气和吸气，没有绝对的定论，可以根据每个训练者自身的习惯所决定，不能以自身的习惯去强迫他人。

此外，如何在极度疲惫时调整呼吸也是必须要重视的问题。训练者在极度疲劳时，呼吸频率会受到较大程度影响，出现呼吸紊乱的情况。此时训练者应当停止训练，避免出现受伤的现象。如果训练者自我感觉还可以通过调整继续训练，一定要加大呼吸力度和次数，摄入更多的氧气以满足肌肉、细胞等需要，避免出现伤病。这也是为何当你冲击极限力量时，教练往往会告诫你一定要吸满气的原因。

（二十四）正确对待平台期

这是每个训练者在训练时都会出现的，特别是执行绝对力量、爆发力训练等见效速度较为缓慢的训练模式时，更容易遇到这个问题。

所谓平台期，即训练者在持续规律性训练三个月以上的时间内，没有任何肌肉围度或力量体能方面的进步。判断自己是否处于平台期主要有两个重要标志：一个是在三个月以上的规律训练时间；还一个就是肌肉围度与力量体能都没有任何进步。如果训练者的肌肉围度有进步，力量体能没有进步，就不存在进入平台期的问题，应当从自身的训练计划入手，进行分析；如果训练者出现肌肉围度与力量体能都没有任何进步的情况还不足三个月，应当耐心等待，而不是笼统判断，认为这是进入平台期。因为这可能与训练者自身选择的训练目标较难见效有关，如绝对速度、爆发力等，也有可能与训练者自身已经具备极高水平有关。

在实际训练中，因为计划制定不适合训练者现有水平、计划执行不够严谨、休息以及营养不足都会导致训练者出现平台期。没有哪个训练者是从来没有遇到过平台期的，因为你的成绩不可能永远在快速进步。判断一个训练者是否优秀和高水平的一个重要方法，就是看他能不能尽量推后平台期的到来和在遇到平台期时能否以最快的速度突破平台期的阻碍。所以如何尽快突破平台期是所有训练者都要有了解，也是力量训练的重要一环。这里主要从平台期出现的原因寻找方法：

1. 休息与营养不够　主要表现群体是新手和初级训练者，他们往往希望通过短时间的努力就达到一定的水平，故强迫自己密集训练、超负荷训练，结果导致训练者因为肌肉、关节、韧带和神经恢复不过来，身体长期处于疲劳状态。

2. 训练计划执行力不够　训练者因为自身或外界的因素，导致注意力不集中，出现训练不够连贯、训练密度和强度与计划本身相比大大缩减的问题。

3. 训练计划不适应现有水平　不是说所有的计划都适合所有的训练水平，如当你经过一段时间的训练，身体有了极大的改观，于是你觉得这种训练计划是最适合你的，可以长期使用。但殊不知这种方法对于实力已经大幅度进步的你早已不再适用，如训练强度、密度对于你现在的水平已经非常轻松，那么继续这种训练计划只会加速平台期的出现或者平台期的延长。

在了解清楚平台期出现的原因后，怎么解决问题就可以对症下药了：

（1）休息一段时间或提高营养水平：训练者可以选择休息一周方法，让自己的韧带、关节、肌肉和神经彻底放松和恢复来突破平台期。这种方法使用时要慎重，特别是对于初中级训练者和新手，因为一周的彻底休息很容易丧失训练感觉，所以训练者一定要注意避免在水平不高时就出现平台期的问题。此外，训练者还可以通过提高营养水平的方式，如加大蛋白质、碳水化合物、维生素或肌酸等营养物质的摄入，让身体可以合成更多的肌肉来突破平台期。当然这种方法也有自身的局限性，如容易在短期内出现体重和体脂增长的问题。

（2）提高训练强度或密度：除去外界因素所导致的训练计划不连贯的问题，训练者自身对于计划执行力的不够也是导致平台期出现的原因之一。如果训练者出现这种现象，通过严格控制或缩短组间、动作间休息时间，加入大重量训练的方法，提高训练密度或强度是一种非常不错的选择，这种选择特别适合训练水平不高、执行力不好的新手或初级训练者。使用时一定要多加留意，在大重量训练时会因自身训练经验不足，出现易受伤的问题。

（3）改变训练计划：这里改变训练计划的方法主要有两个：一是彻底改变训练计划；一是改变每一次的训练循环，并不改变整个训练计划的目的和出发点。第一种方法适合训练计划与自身水平已经极其不符，这时需要提升整个计划的强度或者训练目标。需要注意，不要因为提高强度就让新计划的强度超过自身的现有能力，不能由于原计划不合适就改用另一个更不合适的计划去执行。如果你要改变原来的计划，就必须要确保新的计划是合适的、优秀的，否则还不如不变，弄伤自己就得不偿失了。另一个方法就是改变每一次的训练循环，并不改变整个训练计划的目的和出发点。这种方法适合自身经验较为充足的训练者，因为如何能够在整体训练计划不变时，通过调整每次训练循环的安排来提高自己是很困难的，你需要确保每一个训练循环的出发点都是要服从于整体的训练计划，又比之前在负荷、动作针对性上有所提高，这对于训练者自身的能力考验是非常之大的。

（二十五）正确看待“死肌肉”

什么是死肌肉？所谓的死肌肉指的是那些徒有肌肉体积，却没有相应的力量水平或者运动能力的肌肉。出现这种“死肌肉”的原因有五点：

1. 不注意拉伸或柔韧性训练，导致训练者自身灵活性、移动能力较差，这点最容易体现在那些自以为水平很强的业余爱好者身上，他们笼统的认为力量就可以盖过一切，殊不知自己练出来的力量只是器械的力量，是没有移动范围的力量。

2. 健美运动员　这里并非否认健美运动，而是其竞技特点决定了训练者的超低脂肪和孤立训练。孤立训练这一环节是所有新手都必须经历的，但并非像健美运动员一样要练一辈子。它会让你的发力方式随着训练水平的提高变得越来越孤立，这对于运动能力的提升是非常糟糕的。此外，健美运动员往往较少采用田径类的训练方法，导致其本身就已经孤立的发力方式更加孤立，如果有机会看看健美运动员参加类似大力士的比赛项目，就会发现它们虽然不缺少比赛要求的力量水准，但是在发力方式上总会让人感觉十分僵硬和别扭。

3. 缺乏爆发力训练动作　爆发力训练动作属于“纯天然”的训练动作，与那些被设计出来的死板动作有着本质上的差别。如果你的训练计划中缺少这一类训练的安排，你在赛场上就会变成固定的靶子，徒有一身不错的力量却不知道如何使用。

4. 主观臆断　有很多训练者认为力量与速度、灵活性是无法兼容的，训练了力量另外两项必定会受到削弱，他们坚决抵制肌肉。如果你拿顶级高手的例子说服他，他会说这是天赋，是职业与业余的区别。众所周知人体一切的运动都取决于肌肉的收缩，速度和灵活性都源于此。肌肉收缩能力的高低就是一个人力量的高低，只有力量不够导致灵活性和速度不如人的情况，还没发现有谁的速度和灵活性优秀是因为自身力量水平较差。

5. 忽略最基本的体能训练　一些最基本的体能训练是无论以什么运动能力为目标

的训练模式都不能忽略的，只是在相对的训练量上需要特别把握。你绝对不能忽略掉最基本的体能训练，否则它会让你的肌肉逐渐走向“睡眠状态”。你在健身房获取的力量却无法帮你纵横竞技场。

（二十六）合理将力量训练成果运用到实战中

很多人在获得一定训练成果后都有这样一个问题，那就是训练成果无法与自身的实战相结合，让自己的实战能力获得较大的提升，甚至会出现影响自己实战能力的情况。于是，其中有部分训练者就擅自认为自己之前做的那些训练都是错误的，严重者甚至会有力量训练对于比赛实战是无意义的错误观点。出现这种情况的原因很简单，即训练者自己的身体素质进步过快，但是与实战相关的技术训练却没有充分跟进，以至于出现身体素质变化过快，自身原有的技术水平或比赛习惯无法与其相适应的局面。解决这个问题的办法很简单，在通过力量训练让自己的身体素质得到提高后，用一段时间降低力量训练的强度，在这段期间内通过与实战相关的技战术训练来让自己的技术和比赛习惯适应已经出现巨变的身体，并且维持之前的力量训练效果。在具体的技战术训练中需要注意三个问题：

1. 让自己的身体真正获得巨变后再进行技战术训练　一般至少需要一年左右，身体才会获得真正巨变。如果身体没有出现巨变就进行技战术训练，很有可能会影响自己的力量训练效果。

2. 切忌与高强度力量训练同时进行　这点在制订训练计划时会再详细介绍，训练一定要确保纯粹性，特别是对于业余训练者更是如此。在训练时一定要把专项训练与高强度力量训练分离开来。可能有人会因此质疑，难道所有的职业运动员都是这样训练吗？答案是否定的，因为职业运动员的训练能力、营养水平是普通人、业余爱好者完全不能比的，他们之间在这两方面的差距可谓是天壤之别，由此带来的双管齐下的训练容易导致体能恢复不充分，会出现两手抓两手都不硬的现象。

3. 切不可完全停止力量训练　我们说过力量这个东西是逆水行舟，不进则退。如果你停止力量训练，把一切都放在技术训练上，你的身体素质会直线下滑。所以我们在训练具体技术时，一定不能忽略力量的维持训练。可能你会有些疑问，为何在力量训练时我们要求训练者不能掺杂任何技术训练呢？因为首先力量是竞技类比赛的基础，没有它就没有任何技术的发挥与使用。其次，技术训练的难度要高于力量训练，如果你将二者同时进行，不仅无法保持训练纯粹性，更会让自身技术能力依旧无法与力量水平相匹配。

如果训练者出现了身体素质无法与实战能力相结合的情况，一定要通过训练的方法让自己的技战术适应身体素质的变化。只有这样，你的实战技术才会获得更大的发挥，你的力量训练才有实际意义，不会白费。如果你因为一时的不适应就停止力量训练，否定自己已经取得的成绩，岂不非常可惜。

（二十七）注意伤病

伤病是不可忽视的一个问题，特别是对于力量训练受伤的风险就更大。在此介绍一下训练者需要注意的几个避免伤病的方法：

1. 注意动作的标准　切忌因为对于动作正确姿势研究不到位就盲目训练，这很容易导致自己的动作极度不标准所产生的关节、韧带的伤病。

2. 注意负荷强度　切忌盲目使用严重超过自身水平的重量训练，容易出现训练者因身体无法承受，导致关节、韧带、肌肉受到伤害，严重者甚至会危及身体安全。

3. 注意热身、拉伸、按摩　这些准备和放松动作可以让训练者在训练前充分活动开韧带、关节，在训练后充分拉伸肌肉，以避免韧带、关节、肌肉出现伤病。

4. 注意集中精力　很多训练者受伤的原因往往不是极限重量所造成的，因为完成极限重量时即使失败，也不大会有伤病出现的可能性。事实上，很多训练者受伤的原因往往是采用中等重量，因为注意力不集中导致的肌肉、关节与神经配合错误诱发的伤病。故训练者在训练时，一定要全神贯注、聚精会神，否则会给自身带来极大的隐患。

5. 避免过度训练　过度训练会让训练者的关节、韧带、肌肉和神经无法获得足够的休息，出现疲惫训练的现象。这种情况下，训练者对于自身保护的能力是极低的，也是伤病最喜欢选择入侵的阶段之一。

（二十八）合理对待天赋

有些训练者十分喜欢把天赋放在口头，随时随地拿出来当做武器攻击或防身。在训练心理篇里我们对天赋进行过探讨，一定要合理看待，否则奥林匹克也没什么举办的意义了。洛杉矶湖人队的著名球星科比曾经说过自己天赋并不出色，是通过每天四点起床的刻苦训练，终于站到了世界篮坛的巅峰。训练者应该多学学巨星成功的背后是如何付出的，而不是自我抱怨天赋不够。

（二十九）了解年龄与力量训练的关系

一个成年人的自然绝对力量巅峰在33～40岁，而一个人的神经控制能力巅峰则在18～21岁。如果你的训练水平足够高，是可以把这两个训练巅峰各自延长3～6年的。在选择力量训练时，一定要根据自身的年龄情况做出正确的选择，否则就容易出现迟迟无法收获训练效果的现象。我们在这里也能看到一个非常有趣的现象，当我们年轻的时候是最适合进行神经控制能力训练的，但那时候我们往往缺乏训练经验和一定的力量基础，所以训练效果极低。而当我们年纪大了，对于训练有了一定的经验和认知，力量水平也得到了大幅度的提高，但是却已经错过了提高神经控制能力的大好时机。可见训练要趁早，越早开始专业训练对于以后的成长帮助也就越大。

此外，低于18岁的训练者也不是完全不可以开始力量或神经控制能力训练的，特别是如果低于10岁就开始进行有针对性的力量训练，对以后走上职业道路是非常有帮助的。这一点是许多世界级运动员的共性，即很小就开始力量训练。不用担心所谓的影响身高，只要你的负荷控制好，不仅不会抑制身高，还会促进生长发育。

（三十）注意营养

原因在营养篇中就已经说到了，没有营养就没有了身体素质提高的来源，甚至没有了维持生命正常活动的能力，普通训练者与顶级高手之间差距最大的地方就在于此。因为很多时候营养不是我们想关注就可以关注的，它毕竟牵涉到购买力、摄入方法等许多现实问题。相比训练水平的差距而言，营养方面改善起来更加困难。

在了解清楚力量训练的总纲后，我们便可以开始进行正式的力量训练。我们根据力量训练的两大不同类型，对肌肉力量训练和神经控制能力训练来分别进行介绍。

第六节　肌肉力量训练

肌肉力量训练是通过专业器械、自由重量等方法提高肌肉的力量、围度和数量的训练方式，是力量训练的基础，无论训练者以什么运动能力为训练目标，都需要把肌肉力量训练作为训练基础。肌肉力量训练可以根据训练部位和训练类型来再进行细微的划分：以四大实用力量为依据，可以划分为上肢肌肉力量训练、伸膝肌肉力量训练、屈伸髋肌肉力量训练和核心肌肉力量训练；以训练类型为依据，可以划分为增肌训练、健美塑形训练和绝对力量训练。

关于基础的肌肉力量训练原理与法则，其中增肌、健美训练部分我们在前面已经有过提及，而绝对力量训练因为属于我们后面要提及的复合竞技类训练模式之一，故将它的基础训练法则与复合竞技类训练统一放在第七节进行系统的讲解。

一、上肢肌群力量训练

上肢肌群力量训练主要针对的目标部位有肩部肌群、背部肌群、斜方肌肌群、胸部肌群和手臂肌群。在训练上肢肌肉力量时，遵循先提高肌肉数量、围度和形态（增肌或健美训练），再进行绝对力量训练的顺序。

（一）第一阶段：增肌或健美训练

提高肌肉围度、形态和数量训练也可以归纳为增肌或健美训练。在这类训练中，训练者必须对于全身肌肉的分布、大小、特点和用处有着基本的了解。增肌训练是提高速度、力量、爆发力等各种更高水平运动能力的根本。即使是水平再高的职业运动员，也不能忽略最基本的增肌训练，更何况营养、训练能力都差很多的业余爱好者。我们在介绍增肌训练的具体理念时，主要通过对各个部位的训练难点讲解，让大家明白基础的增肌训练对于日后各种更高阶段的训练方法是何等重要，并且提供一个正确的训练观念和思考方法。

1. 肩部肌群　肩部增肌或健美训练的难点主要体现在肩部的宽度上，即我们所关注的肩宽问题。所谓肩宽，是由一侧肩胛骨到另一侧肩胛骨的宽度，一般与西服的尺寸相似，如48号的西服，就是指训练者的肩宽为48厘米。肩宽是一个男人上半身强壮的重要标志之一，很多训练者训练认为肩宽是无法改变的，因为骨骼已经被定型，无论怎么努力都是无法改变骨骼的构造。这种观点完全孤立了骨骼与肌肉之间的关系，每个人的骨骼上都附着着大小不同的骨骼肌，如果骨骼肌训练到位，是可以提高训练者自身宽度和厚度的，因为没有人看你的肩宽是只看骨头而自动忽视你的三角肌。在进行相关训练时，需要特别注意三角肌中束、胸大肌、背阔肌的训练，三角肌中束对于宽度的影响不难理解，因为它们位于肩膀的最外侧，强大的三角肌中束自然会提高训练者自身的宽度。胸大肌和背阔肌可能很多训练者都不能理解，这两个部位与肩膀宽度貌似八竿子打不着。实际上，因为胸背肩三者相互贴近，并且在训练时会相互辅助、共同发力，故如果想提高肩膀的宽度，不仅要注意肩部肌群的训练，更要注意胸部、背部这两大相邻肌群的训练。没有哪个通过训练获得宽厚肩膀的训练者自身背部、胸部是薄弱的。此外，肩部增肌或健美训练还体现在肩部的整体形态上，众所周知，三角肌绰号叫虎头肌或球形肌（状似球形），训练者如果想练得漂亮，必须要特别留意三角肌后束的训练，否则肩膀很容易呈现难看的半圆形。

（1）针对肩膀宽度的解决途径：

①递增或递减重量的侧平举超级组：因为三角肌是羽状肌，这种形状的肌肉虽然体积很小却可以举起很大的重量，但是耐力稍差。所以在训练时要采用密度大的递增或递减重量的侧平举超级组，即没有组间休息，连续完成几个不同的重量为一组。这种方法还可以帮助训练者从负荷选择上避免因重量过大所导致的动作不标准，刺激不到位。建议训练者最好采用递减重量的侧平举超级组训练，递增重量的方法难度更大，一般只适合顶级训练者选用。

②递增或递减重量的俯身侧平举超级组：原理与侧平举超级组一样，即通过高密度的方法刺激三角肌，只是针对部位改为三角肌中束和后束。俯身侧平举也被认为是拉宽肩膀的最佳动作，只是这个动作对于训练者的训练水平要求极高，一旦掌握不好很容易出现伤腰和训练部位转移的问题，所以训练者可以在训练时借用一个斜板椅，避免动作

掌握不标准。

③宽握引体向上、杠铃推举、杠铃平板卧推：如果你想让你的肩膀变宽，那么自然而然要宽握，这样你的肩部外侧才会受到刺激和被充分拉伸。按照我们前面所提到的胸背肩是好邻居，所以注重背部、胸部肌群的力量训练也有益于提高肩膀的宽度。

（2）针对肩膀形状的解决途径：

①注意俯身侧平举的姿势：很多训练者出现半圆形或半球形肩膀的根源往往不是没有针对三角肌后束进行训练，相反他们可能把主攻点都放在了后束上，因为对于一些动作细节的不注意，导致整个动作刺激部位的偏颇，如训练转移到了斜方肌、背阔肌都是有可能的。三角肌本身就是极难练出好形状的肌肉，需要训练者下苦功去钻研。在训练各种侧平举时，一定要注意先动肘部，以肘部带动哑铃举起，而非用肩部或者手腕的力量，因为那样极易导致三角肌休眠，反而是斜方肌在发力。这点我们可以自己体会一下，你的手腕动肩膀并不一定有转动，如果你动了肘，必定带来肩膀的转动。换句话说只要先动肘，就可以确保是三角肌在发力，而非斜方肌。

②加入大重量的推举练习：如果我们希望肩膀练出球形，除了对三角肌三束的全面刺激外，肩膀的整体厚度也是必不可少的，否则你的肩膀看似就像一个猫头而不是一个虎头。所以提升整体厚度的大重量练习就必须要加入到训练中。我们采用颈前或颈后的坐姿推举，因为它是非常好的复合动作，可以一次性刺激多个部位的肌肉，不仅对于提高整体肌肉形态有好处，更有助于上肢力量基础的培养。之所以不采用大重量的侧平举、前平举，原因是要保证动作的标准性。侧平举、前平举所刺激的部位较单一，不利于肩部整体增肌。

③运用超级组、巨型组或地狱组等训练方法：这些方法的组间间歇极短，对于提升三角肌这种羽状肌有很大裨益。超级组、巨型组或地狱组可以在杠铃推举时使用，更可以在侧平举、前平举、俯身侧平举时使用，对于提高肩部形状效果都非常不错。

2. 斜方肌肌群 斜方肌肌群在整体肌肉围度和形态训练上较难把握，因为其紧密挨着背部和肩部肌群，很多孤立的背部和肩部训练动作如果把握不好，都会直接刺激到斜方肌上，久而久之导致斜方肌过于隆起，过于突出，出现我们所说的“溜肩”现象。所以我们在训练斜方肌的整体肌肉围度和形态时，一个极需注意的地方就是避免因肩部，背部训练不到位所导致的溜肩的现象。但是，斜方肌作为上半身肌肉，力量的重要组成部分之一，实战中力量价值甚至远高于胸部肌群和肩部肌群，是必须要训练的。不能因为怕出现溜肩，或怕自己肩部、背部动作不标准就不去进行斜方肌训练，这是非常错误的一种观念。

（1）针对溜肩问题的解决途径：

①注意各种侧平举重量选择：这里要求没有经过两年时间刻苦训练的训练者，都不要使用10千克以上的哑铃，否则很容易因为重量过大导致姿势错误，出现斜方肌发力过多的问题。

②注意各种哑铃侧平举姿势：这里讲两个小技巧，第一个就是先前提到的先动肘的三角肌发力方法；第二个技巧则是当哑铃举至最高点时，一定要让手肘高于手腕，否则同样会让斜方肌发力过多。只是这里需要注意，手肘高于的是手腕，而非手掌或手指，如果高于手掌或手指，很容易出现斜方肌或者背阔肌发力的问题。

（2）针对斜方肌数量和围度问题的解决途径：

①体前杠铃耸肩加哑铃耸肩组合：杠铃耸肩可以很好地提高斜方肌的整体厚度，而哑铃耸肩可以刺激斜方肌在杠铃耸肩时所未刺激到的深层肌肉。将这两种动作作为一个小的超级组训练，会给斜方肌的增肌效果带去不错的惊喜。

②不要忽视体后杠铃耸肩：很多训练者往往都没有注意过这个动作的训练，导致自己的斜方肌出现缺乏整体的厚度或者只有一部分受到刺激的问题。

③谨慎使用哑铃农夫走训练：哑铃农夫走对于提高训练者的行进能力，握力有很大的好处。如果在斜方肌训练日加入这个动作，必定会影响一部分杠铃耸肩或哑铃耸肩的训练效果。训练者不要在斜方肌训练日加入哑铃农夫走，如果选择这个动作，其提高绝对力量的效果要比单独作为一个增肌动作要好得多。

④谨慎使用高翻等举重训练动作：虽然很多举重选手的斜方肌都异常发达，但并不意味着普通训练者或业余爱好者也适宜通过举重的训练动作，如高翻等来训练斜方肌的数量和围度。因为高翻、高抓等对于训练者具体的举重技术、爆发力、绝对力量都有要求，如果增肌训练的训练者自身水平处于较低阶段就采用这种高难度的方法来提高斜方肌质量，毫无疑问是不现实的。与农夫走类似，举重更适合用来训练爆发力而非单纯增肌。

3. 背部肌群　强壮的背部是一个男人的重要标志之一，特别是背部“倒三角”几乎是所有人都非常向往的。背部肌群在增肌或健美训练上主要有两个问题，即背部的整体宽度和背部的整体厚度。这两个问题如果处理不好，很容易让训练者出现罗锅腰，两肩膀前扣的现象。因为背部本身极难训练，在其上面附着着广阔且疏散的神经，一般水平的训练者往往很难感受到背部肌肉的充血。背部本身是训练者不大重视的部位，很多人只对自己能够在镜子里面直接看到的部位感兴趣，如胸部、肱二头肌等，所以背部肌肉的训练不仅难度高，而且势在必行，训练者如果不仔细钻研，很容易出现练完背部后手臂肌肉非常酸胀，但背部肌肉没有任何感觉的现象。背部肌肉的训练水平高低，也是间接衡量一个训练者自身增肌或健美训练水平高低的重要标准。

（1）针对背部宽度问题的解决途径：

①自由宽握引体向上：自由宽握引体向上是提高背部宽度的最佳途径，在宽度效果上没有任何动作能够代替自由引体向上。很多训练者不注重或者不练引体向上的原因一般有两个：一个是因为自身握力或背阔肌、大圆肌、小圆肌力量不足，导致无法完成自由宽握引体向上；二个则是因为对于背部宽度和背阔肌宽度理解有问题，背阔肌是背部肌群的重要组成部分，其上缘始于腋窝下方，下缘则靠近下背部。一部分训练者认为，如果采用宽握引体向上，很容易因为握距过宽、动作幅度缩短导致上背部的小肌肉群，如大圆肌、小圆肌和菱形肌受到充分刺激，背阔肌反而无法得到充分的训练，故导致背阔肌宽度不足，不如采取窄握、对握的下拉训练能够很好地刺激背阔肌肌肉。从这个角度看，自由宽握引体向上应当不是提高背部宽度的好方法，但事实上这恰恰是片面的，因为背阔肌的宽度并不能等同于背部的宽度，大圆肌、小圆肌、菱形肌，甚至包含斜方肌与三角肌后束都是后背宽度的重要组成部分，如果忽略这些肌肉，训练就会出现片面性。所以自由宽握引体向上虽不是针对背阔肌最好的刺激方法，但恰恰是提高背部综合宽度的最佳方案。

②对握或窄握器械下拉：利用把手进行对握或窄握的下拉训练，可以最大限度地收缩背阔肌，充分刺激和提高背阔肌的宽度。

（2）针对背部厚度问题的解决途径：

①杠铃划船：杠铃会很好的提高一个人的肌肉厚度，故在提高背部厚度的问题上，必须要使用杠铃。划船动作可以充分的刺激背部肌群，特别是背阔肌。

②哑铃划船：哑铃动作可以帮你充分刺激杠铃或力量训练器械所没有刺激到的深层肌肉，使用哑铃划船会让你的背部肌群雕塑工作得到完善。

③对握或窄握器械下拉：原理与提高背部宽度时一样，即最大限度刺激背阔肌。

4. 胸部肌群　增肌或健美训练中胸部是所有肌肉里面较容易掌握训练感觉，练出效果，但又极难获取高水平的一个部位。因为胸部本身神经分布比较紧凑，训练动作较容易掌握，故对于新手和初学者，胸部的进步往往是最快的。甚至于你只在家里面进行徒手的俯卧撑或双杠练习，都能给胸部不错的刺激。但胸部本身若想练到高水平，特别是一定水平的厚度和宽度，就需要训练者仔细钻研和把握每一个细枝末节了。

（1）针对胸部宽度问题

①注意宽握距各种倾斜角度的杠铃卧推：卧推比赛时规则允许的握距为83厘米，一般健身房的杠铃杆上面都有两道刻痕标示，训练者双手最外侧紧贴刻痕的握法即为宽握距。很多训练者因为过于注重对胸部厚度，卧推力量的问题，故多采用握距与肩同

宽，甚至较窄的方法，但这些方法如果长时间使用很容易导致“馒头胸”的出现，即胸部宽度严重不足。所以训练者平日就要多注意宽握距各种倾斜角度的杠铃卧推训练。但是，一定需要注意握距不能超过刻痕，否则很容易导致肩膀，肱三头肌受刺激过多，进而有损胸部的训练效果。

②自由宽握引体向上：原理在前面讲背部，肩部宽度问题时已做介绍，并且自由宽握引体向上可以从纵向角度刺激胸部肌肉。

（2）针对胸部形态问题的解决途径：

①注意上斜卧推：在健身房内很多训练者的胸部肌肉都有下垂以及整体厚度不佳的现象，这是因为训练者本身不注重上斜杠铃或哑铃卧推训练，姿势把握不好的结果。

②注意纵向提升胸部肌肉：这里主要有两种训练方法，一种是哑铃仰卧屈臂上拉，这种方法对于训练者的训练能力有极高的要求，一般不建议新手或初级训练者选用，不然很容易出现训练目标转移到肱三头肌或腰部受力过多的情况。还一种则是自由宽握引体向上，这种方法的适用范围较广泛，但对于训练者自身的握力和背部肌肉力量也有着一定的要求。

③注意哑铃卧推与各种飞鸟的训练姿势问题：哑铃卧推与各种飞鸟都是为胸部整体塑形，刺激胸部深层肌肉的黄金动作。在进行训练时，训练者需要多留意哑铃等自由器械的训练姿势问题，否则无法给肌肉形态的塑造带去较好的效果。器械训练大都因为固定轨迹的缘故，对于训练者自身的姿势标准性有一定辅助作用。

5. 手臂肌群　这里所指的手臂肌群包含肱二头肌、肱三头肌、肱肌和前臂肌群四大部分。手臂是很多训练者都非常看重的一个部位，特别是大臂、小臂的粗壮程度从美学角度考虑有着极其重要的价值。此外，手臂肌群主要以小肌肉群为主，本身的训练难度很高，非常考验训练者的能力。这部分肌群也很容易导致训练者走入误区，无法获得理想的训练效果。关于手臂的增肌或健美训练，主要需注意四个问题：肱二头肌训练姿势问题，肱三头肌训练姿势问题，肱二头肌肌峰问题和前臂粗壮度问题。

（1）针对肱二头肌训练姿势问题的解决途径：

①选择合适的负荷：很多训练者在训练肱二头肌时都会有姿势不正确的问题，其中导致最容易出现的原因莫过于负荷选择过大，如一个没有什么手臂训练经验的训练者弯举10千克以上的哑铃，这就是典型的训练负荷过大。负荷一旦超过训练者承受范围，必定会出现姿势不标准、训练目标转移等问题。

②孤立肌肉：很多训练者因为姿势不标准，无法充分孤立肱二头肌肌肉，导致其训练动作的刺激点转移为前臂肌群，甚至是下背部和腿部，以至于肱二头肌训练迟迟不得要领。

③注意动作幅度：很多训练者因为一开始的训练负荷选择过大，导致自身没有能力做全程动作，故而偷懒选择使用半程动作，这种降低幅度的做法不仅自欺欺人，更不利于既定目标的实现。不要担心全程动作所导致的锁关节问题，弯举类训练动作因为姿势的缘故，不会对肘关节造成毁灭性的打击，即使使用锁关节也会非常安全。

（2）针对肱三头肌训练姿势问题的解决途径：解决肱三头肌训练姿势的途径与肱二头肌一样，即通过合适的训练负荷、孤立肌肉和正确的动作幅度来完成，原理相同，这里不再多做介绍。

（3）针对肱二头肌肌峰问题的解决途径：

①顶峰收缩：从训练角度上讲，解决肱二头肌没有肌峰的最好方法就是采用顶峰收缩，即在弯举动作的最高点选择停留至少一秒钟左右的时间，以充分刺激深层肌肉。这种方法要求训练者必须具备一定的训练水平并且合理把握训练负荷大小，不然很难完成相应的动作要求。

②降低脂肪：很多训练者练了长时间的肱二头肌，训练姿势把握的很严格，但迟迟没见肌峰的隆起，其中一部分原因或许是训练者自身体脂比例较高，导致已有的肌峰被脂肪覆盖无法充分显露出来。

③先天原因：这里不可否认先天因素对于肱二头肌肌峰是有着一定程度的影响，很多训练者即使注意了脂肪和训练方法同样无法获得肱二头肌肌峰。这个原因与腹肌先天是六块或八块一样，是后天几乎无法改变的。训练者在确定自身是否属于先天因素导致的无法拥有肱二头肌肌峰以前，必须进行过足够且正确的努力，不要把自己不认真、不专注、不科学的毛病用先天因素这块遮羞布掩饰和遮挡。

（4）针对前臂粗壮度问题的解决途径：

①训练地位问题：一提到手臂的粗壮程度，很多人都会下意识地去关注大臂，特别是肱二头肌。这种观念是非常错误和片面的，因为肱二头肌虽然在外形上给人一种决定手臂粗细的感觉，但事实上手臂的粗壮程度并非单指大臂的粗壮，前臂的粗壮程度也非常重要，你经常能看见有些人大臂练得不错，但是忽略了对于前臂的训练，导致比例极度不协调的现象。前臂在力量中价值极大，甚至某些方面要超过大臂，故一定不能忽略或者贬低前臂的训练地位。

②注意握力器训练方法的问题：握力器是非常好的训练前臂肌群的方法之一，但是很多训练者不通其道，以为握力器重量越大越好，其实根据前臂肌群的特点，高次数的耐力训练对于前臂肌群的粗壮程度效果反而更好。

③注意腕弯举负荷选择问题：腕弯举同样是提高前臂肌群的重要方法，但是腕弯举因为其独特的动作特点，是非常考验训练者对于训练姿势把握能力的。选择这个动作

的训练者大部分都有提高腕力、拉力或者握力的目标，往往乐于选择较大的负荷进行训练。这样一来，出于训练难度考虑是有很大的受伤风险，所以我们要求训练者必须合理选择训练负荷，最好还是采用较高次数的训练方法，否则不仅无法获得足够粗壮的肌肉，更容易导致自身伤病的出现。

6. 第一阶段训练常见误区谎言

（1）锁死肘关节：在上半身肌肉力量训练的第一阶段，对于一些孤立性较强的动作，如飞鸟、侧平举、肱三头肌屈伸、肱二头肌弯举，一定要注意锁死肘关节，即在训练过程中，不要让肘关节出现任何晃动和移动的情况，在飞鸟、侧平举时，还需严格控制大小臂夹角的幅度不变，这样才能够让目标肌肉受到充分的刺激和孤立，增肌的效果才会更为明显和突出。不过，卧推、推举等会给予手臂垂直压力较大的训练动作，不适合采用锁死肘关节的方法，因为那样会容易导致你的肘部和腕部出现伤病。

（2）别把侧平举做成扩胸：在健身房中，你很容易能够看到这样一种现象：一些训练者拿着重量很大的哑铃在辛辛苦苦地做“侧平举”，他们的姿势无一例外是胸肌被充分打开，手臂被用力甩起，腿部和腰部在充分晃动。这种现象主要出现在各种侧平举中，以俯身侧平举时情况最为明显。这种姿势对于无论是肩部的三角肌中束还是后束刺激都非常小，在训练时切忌把侧平举做成这种扩胸或夹背的姿势，否则对于自己的既定目标无任何益处。

（3）不要反握推举：习惯中我们的推举都是采用双手正握（手背靠近身体）的方法，但有的训练者为了加强对肩部的刺激习惯加入反握推举（手心靠近身体）的训练安排。这里不是说反握推举是错误的或者对肩部训练没有什么效果。不推荐主要是从其安全系数较低的角度去考虑，因为它不同于正握，随着器械高度的提高，训练者肘关节所受到的垂直方向的压力也就越大，相比正握而言更缺乏人体对于关节的主动保护能力，所以一旦有强迫推举的现象，很容易造成肘关节囊、韧带等损伤。

（4）耸肩，训练斜方肌会对颈部健康不利：这是一个比较搞笑和荒唐的谎言。不否认人身体中有些部位神经较为密集，如果在训练时对于训练姿势或负荷把握不当，会造成该部位受损。如我们这里所说的斜方肌，过度训练，训练姿势不正确，负荷量过大是有可能导致颈部受损的。如果你这样考虑，人身体所有的部位都无法训练了，因为只要你训练就存在训练过度、姿势不正确、超负荷的问题，就存在肘部、膝关节、腕关节等部位的伤病。我们在力量训练的总纲里面提到要保证身体的主要肌群都得到训练，否则会造成力量发展不协调的“最短的一块木板过短”的现象。如你不训练斜方肌，那么你的提、拉、翻能力就会受到极大的限制，实战中就会非常吃亏。作为对斜方肌需求较多的几个竞技项目，如大力士、力量举、拳击、举重、赛车等，到现在为止没有发现哪个选手是因为平日里训练斜方肌导致受伤、退役或者某些荒唐言论中痴呆的情况。此外，从具体的训练科学分析，人体的颈椎是非常灵活的，只要你的负荷正确、精神集中，是根本不用担心颈椎会因为力量训练而受伤的。

（5）俯卧撑可以获得“完美”胸肌：这种误区在青少年训练者中较为普遍，或许是受训练条件的限制，让他们简单认为俯卧撑就可以获得完美的胸肌。这里并不否认俯卧撑可以通过改变姿势、角度来刺激胸肌的上、中、下、外不同部分，可以让胸肌的各个部位都获得一定的训练。但是俯卧撑自身有着极其严重的限制性，即无法带来足够的训练强度，以至于训练者的胸肌厚度和立体感不强，无法获得“完美”胸肌。可能很多训练者感到疑惑，一些俯卧撑的变异训练法，如俄式俯卧撑等，训练强度也很大，为何对于胸肌的厚度和立体感效果同样不佳呢？因为很多训练者将训练强度与训练难度相混淆，如俄式俯卧撑的训练难度很大，但是它对于训练者除去胸肌外，自身手臂肌群、核心肌群的要求都非常高，以至于出现训练者在训练俄式俯卧撑时，手臂肌群、核心肌群所受的刺激强度较大，而对于我们的目标肌群胸肌的刺激很小。由此我们也发现了一个规律，即不能以动作完成的难易程度，简单归纳为某个部位的薄弱与否。在很多情况下，一个难度系数较高的动作不是只对于一个部位要求较高，而是对于多个部位有着较大的考验。

（6）哑铃卧推可以替代杠铃卧推：很多训练者因为受条件限制，往往无法去健身房训练，故在家中寻求以哑铃卧推的方法来代替杠铃卧推进行胸部肌肉训练。在科学的训练计划里，杠铃卧推和哑铃卧推是无法相互替代的，如果你只做杠铃卧推，胸部肌肉就欠缺足够的雕刻；如果你只做哑铃卧推，胸部肌肉就缺乏一定的整体效果。训练者若自身条件确实不允许，这里建议可以在哑铃卧推训练日的基础上加入双杠和引体向上的训练，能够从纵向的角度给予胸部肌肉一定的整体训练效果。

（7）别把飞鸟做成臂屈伸或卧推：许多训练者在训练哑铃或者绳索飞鸟时不注意对于肘关节的控制，导致大小臂屈伸严重，让原本是训练胸大肌的飞鸟动作变成了训练肱三头肌、三角肌，甚至背阔肌的臂屈伸或者哑铃卧推，以至于与我们原本的训练目标相去甚远。在训练时一定要注意保持手臂固有夹角不动。

（8）引体向上对背阔肌意义不大：这点在之前已经提到了，引体向上也可以通过改变握距，握法的方法提高对于背阔肌的训练价值，如改用正常握距或窄握。

（9）硬拉可以训练背部肌肉：这是一个很典型的误区，硬拉虽然会让你的背部受到一定的刺激，但是其主要发力点完全集中于伸髋与伸膝肌群。背部本身对于硬拉的提高和帮助并不大，硬拉对于提高背部肌肉数量或者肌肉形态的价值也不高。你能够发现在一些高水平健美运动员的训练计划里，背部训练日少有安排硬拉训练的。硬拉往往是与一些臀部的训练动作安排在一天单独训练。如果你希望硬拉提高你的背部肌肉形态，真的是好心办了坏事，因为硬拉考验握力的缘故，会让你被迫采用正反握的方法，导致左右发展不均衡；如果采用双手正握，可能又会由于受限握力，导致背部训练效果的降低；如果你实在想将硬拉安排进背部训练，也应当选择采用半程的屈腿硬拉，从而让背部受到充分刺激，减少腿部、臀部发力。这里需要特别留意，不要选择直腿硬拉，因为它对于你的髋部柔韧性考验极大，这恰恰是初级训练者比较脆弱的地方，强行训练极其容易导致腰部伤病。

（10）倒三角的根本原因是腰细：呈现倒三角体态的根本原因是背部的整体宽度、厚度的优异，而非单纯的腰细或者有明显的腹肌形态。如果你不注意背部的训练，而是只关注腹部的训练，你的身材只会呈现一个梯形，而不会拥有倒三角。

（11）弯举只有反握一种训练方法：如果你认为弯举只有反握一种训练方法，正握的弯举训练可有可无的话，你的前臂肌群训练水平自然会受到较大程度的削弱，因为它与反握弯举是相辅相成的。如果你练一个动作，最好把它的辅助动作也训练到。

（二）第二阶段：绝对力量训练

提高绝对力量训练指通过以较大的训练负荷、较多的复合动作为主要训练方式，刺激训练者体内睾酮激素大量分泌，增加白肌纤维数量的训练类型。绝对力量训练是建立在一定的增肌训练基础之上，对于训练者训练水平要求更高的训练类型。绝对力量训练对于训练者自身的神经控制能力也有一定的要求，特别是在每次突破自己原有极限重量时考验极大。我们在训练绝对力量时，要做到从整体看局部，即绝对力量往往是多个部位共同发力的结果，故在提高绝对力量时要从整体入手。在一个整体中，必定有这样或那样的细枝末节有不足之处，导致训练者容易出现平台期，见效缓慢等问题。我们在做绝对力量训练时，一定要在注重整体训练的基础上，突出或注意局部薄弱点的提高与改善。此外，绝对力量训练水平的高低对于训练者自身的柔韧性、协调性同样有要求，相比增肌或健美训练时训练者需要加强每日在柔韧性、协调性方面的训练比例，不要让它们成为限制我们绝对力量提高的绊脚石。

1. 肩部力量　肩部力量是上肢力量的重要组成部分之一，无论是在训练、实战还是日常生活中都有极大意义和价值。肩部力量大小直接决定了一个训练者“推和举”能力的高低，可以说没有一个卧推或推举高手的肩膀是薄弱的。肩部力量强弱也体现在实战中的对抗能力上，特别是那些对抗性极强的竞技项目，更是需要一定的肩部力量基础。训练者在训练肩部力量时，往往容易把提高绝对力量训练与增肌训练混淆，出现练了半天肌肉虽然得到了大幅度的进步，但是具体的绝对力量却不见增长。

针对肩部力量提高的解决途径：

①多做大重量的杠铃自由颈前推举：这里不建议训练者选择史密斯器械进行杠铃颈前推举，因为根据其设计特点，对于绝对力量所需的大重量、完全幅度和神经控制能力都没有任何提高和帮助，更偏向于增肌或健美训练。

②注意杠铃自由颈后推举的姿势问题：颈后推举是非常好的提高上肢力量，特别是肩部力量的训练动作，许多大力士、重竞技运动员的训练课中都会加入不少颈后推举的训练。只是颈后推举因为难度较高，很容易导致训练者因动作不当，导致肩胛骨或肌腱受伤的结果。所以训练者必须确保自己的力量水平与训练安排相符合。

③采用杠铃自由站姿推举（可借力）：杠铃自由站姿推举无论是颈前还是颈后，对于训练者肩部的整体力量训练都有很好的效果。因为站姿推举的动作特点会很自然的对于训练者的下背部——腰部有很大的压力，故如果你还想提高自己的深蹲、硬拉等方面的实力，不如选择用借力推举的方法，不仅可以弥补腰部受压力过多的缺陷，还能够带来一定协调性、爆发力的提高，对于日后进行更复杂的爆发力训练有良好作用。

④注意杠铃推举的幅度：无论是颈前还是颈后的杠铃推举，训练者都需要保持杠铃下降到一定的幅度，否则很容易让自己的肩部只能受到极小的刺激，主要的训练目标会转移到肱三头肌甚至前臂肌群上。“宁轻勿假”这四字一定要为训练者所牢记。在借力推举时，因为训练者希望的是每次所能推起的重量尽可能大，往往一组训练次数不会超过六次，所以训练者一般都选择一次推其后将杠铃重新放在锁骨或斜方肌上，而不是传统观念中的不停留身体连续推起。

⑤禁用大重量的侧平举、前平举以及俯身侧平举：所谓的大重量训练，指训练者采用一组只能完成6次以内的重量。这种负荷如果在推举时使用，对于提高绝对力量效果是非常好的。如果作用在侧平举、前平举以及俯身侧平举等动作时，因为其自身动作的发力特点，使用大重量训练不仅无法保证动作的标准性，更会造成下背部——腰部发力过多，长久下去必会导致腰部出现伤病。这里也不建议训练者使用类似增肌训练时的超级组负荷，如果使用这种方式训练，那么肩部所受的重量刺激过小，对绝对力量的训练效果提高不大。我们建议训练者可以使用3组，每组重复10次的提高力量耐力的方法辅佐肩部的绝对力量训练。

⑥使用站姿单臂哑铃推举：在提高肩部绝对力量的几个局部细节上，训练者还需对单侧肩部的力量有足够的训练，以防出现一侧肩部过强，另一侧极弱的不平衡现象。否则，无论是出于实战还是训练角度讲都是很不利的。站姿单臂哑铃推举，即马戏团哑铃在大力士比赛项目中是十分常见的，它可以被看做是一个单臂的借力推举或上挺，对于训练者的不对称发力能力有着较明显的提高效果。

⑦加强斜方肌、背阔肌训练：根据人体的生理构造，斜方肌、背阔肌对于肩部力量

的发挥，肩部的移动和灵活性有着极大的意义。训练者在提高肩部肌肉的绝对力量时，整体上一定不能忽略几个虽不是肩部肌肉，却对于肩部力量有着很大作用的部位。做到我们所说的在整体中注意细节，又不忽视整体的训练效果。

2. 斜方肌力量　斜方肌在实战、训练以及健康等多方面的意义和价值，丝毫不逊于它的邻居三角肌，在外旋、上举、内收和下压肩胛骨方面有着极大作用。这些直接决定了肩膀的灵活性、发力大小和移动范围的能力。可以说任何提、拉、翻等动作，都需要斜方肌大量参与其中。训练者本身如果不懂得利用斜方肌或斜方肌过于薄弱，很容易导致颈部、肩部安全系数过低或整体力量无法充分发挥的问题。此外，斜方肌的力量水平对于日后神经控制能力训练中，挺举、抓举等需要频繁使用提、翻等力量的动作有着重要意义。

针对斜方肌力量提高的解决途径：

①大重量杠铃耸肩：大重量的体前或体后杠铃耸肩，对于提升斜方肌的拉、提力量有着很大作用，并且非常考验训练者自身的握力水平。

②适当高翻训练：在增肌训练时我们提到了斜方肌要尽量避免高翻训练，目的是为了能够尽可能的孤立斜方肌。在提高斜方肌绝对力量时，我们要适当的加入一些高翻训练，因为它可以很好地帮助训练者感受斜方肌的存在，让训练者逐渐熟悉斜方肌发力的方法和感觉，为以后的爆发力和举重训练打下基础。

③大重量、短距离哑铃农夫走训练：农夫走作为大力士比赛的一个常备项目，对于训练者的移动能力、提拉能力和握力都有很高的要求。训练者采用大重量、短距离的哑铃农夫走，对于提高斜方肌的提拉力量有极大意义。

④适当宽拉、窄拉训练：原理与高翻一样，宽拉和窄拉不仅可以帮助训练者感受斜方肌发力的方法，更可以提高斜方肌的上翻、提拉力量。根据其动作特点，宽拉和窄拉与高翻和高抓相比难度较小，更适合处于绝对力量训练期间的训练者选择采用。

⑤不要忽视握力训练：我们在讲肩部力量时提到了要注意斜方肌、背部这两个辅助肩部发力的肌群训练，在斜方肌训练时，我们同样需要注意与斜方肌绝对力量大小密切相关的一类训练，那就是握力的训练。不难发现我们提高斜方肌绝对力量的训练项目无不需要握力的强大供应，如果握力不足不仅训练动作完成不了，更会成为提高斜方肌绝对力量的障碍。

3. 背部力量　背部主要由背阔肌、大圆肌和小圆肌的肌肉力量组成，对于人体旋转、内收肩关节都有十分重要的作用，并且对攀爬、带动躯干上升、保持躯干稳定性也有很多帮助，一些对抗性较强的运动项目对于背部绝对力量的需求度是非常高的。如果训练者背部力量不足，不仅无法在对抗上占到任何便宜，还会很出现躯干不稳定，导致核心力量受损等现象。在背部力量训练时，很多训练者因无法合理的选择正确的方法或对于训练姿势控制不好，会导致绝对力量训练目标转移到腰部或斜方肌等部位。

针对背部力量提高的解决途径：

①负重自由宽握引体向上：与普通的宽握引体向上不同，如果想提高背部的绝对力量，特别是攀爬能力，就必须要选择一定的负重来完成。只是这种训练方法对于训练者的能力要求极高，如果训练者完成不负重的引体向上都很困难，也就没有什么意义和必要去做负重的自由宽握引体向上。

②大重量的单臂哑铃划船：这里之所以采用大重量的单臂哑铃划船，因为其动作幅度相对杠铃划船更大，并且对于姿势的控制能力要求更高。此外，选择单臂的哑铃划船，对于提高弱势手的力量，弥补不对称发力能力缺失有很大好处。

③大重量的下拉训练：如果想弥补引体向上能力的缺失，最好的办法就是选取大重量的下拉训练。无论是宽握模仿引体向上的下拉，还是窄握、对握等刺激背阔肌较明显的下拉都会对你的背部力量提高有帮助。

④标准姿势的硬拉训练：这里所指的标准姿势，主要是指在杠铃被完全拉起后背部的位置问题。一般在硬拉训练时，只要背部伸直即可重复进行下一次训练。为了加大对于背部肌肉的刺激，训练者可以在拉起杠铃后身子稍微后倾，以充分刺激背阔肌和下背部肌群，无论是对于背部肌肉力量还是下背部的核心力量都有很大的好处。

4. 胸部力量　胸部力量也是很多新手，甚至有一定经验的训练者都容易陷入误区的一个方面，他们认为胸部力量就等同于卧推力量，卧推的高低与胸部力量的大小有着密切的联系。这种说法不能说是完全错误的，卧推力量与引体向上，杠铃推举与握力并称为检验上肢力量的四大标准之一。卧推力量并不等同于胸部力量，因为无论是根据卧推的动作特点还是胸部的构造，卧推时主要的发力部位集中在肩部、肱三头肌、前臂肌群，甚至某些高手能够充分利用自身臀部、背部的肌肉推起更大的重量，所以胸部力量指的主要是胸部被动承受的能力大小，虽然这也是卧推中必不可少的一部分，但相比肩部、手臂等可以主动发力的部位，其重要性和决定意义还是稍微欠缺的。此外，卧推动作本身的实用性也较差，如你无法见到在实际生活中有什么时候是需要卧推这种发力方式的，所以有的人认为，如果练卧推，还不如练坐姿推胸对于力量的实用性更有意义。这里我们谈胸部力量，主要还是针对卧推力量的提高进行分析与讲解的。

针对卧推力量提高的解决途径：

①标准姿势卧推：对于所有非中高级水平的训练者，都要保证最标准的卧推姿势，很多训练者因为盲目追求重量或自尊心作祟，会使用一些不正确的姿势来完成一个虚假的大重量，这是没有任何意义的。

②避免史密斯机卧推：很多新手在刚接触卧推时喜欢选择史密斯机训练，因为史密斯机固定了轨迹，并且根据滑轮的构造会较容易上重量、较安全。事实上，史密斯机对于新手而言是最不安全的训练器械，虽然其可以帮助训练者固定正确的训练轨迹，但很多人往往利用它来上重量而不是学习动作。一旦史密斯机选择了大重量，那么根据其构造特点，会导致上肢主要关节被锁住、固定。试想一下，自由重量时如果你推不起来可以把杠铃放到胸上，慢慢把它滚离身体。但是如果用史密斯机卧推时你推不起来又当如何？没有那么多巧合让你每次推不起来的时候都可以有个挂钩让你把杠铃放上，如果没有，你就彻底被压在了杠铃下面了。并且，史密斯机有控制轨迹、滑轮减少摩擦力的帮助，会让你的动作难度大大降低，从而让你的力量真实增长受到巨大限制。

③避免起桥推法：起桥推法是不标准卧推姿势的一种，通过利用腰背部拱起借助腿部、背部的力量完成大重量的卧推。这种方法对于训练者的腰背部有着极大的损害，长久使用会缩短训练者的运动寿命。虽然有些顶级高手训练时采用起桥推法，但是跟其卧推比赛时需要使用卧推背心，为了适应卧推背心有关。普通训练者既不参加卧推比赛，也不使用训练背心，更没有足够的训练经验保护自己的安全，完全没必要采用起桥推法。

④注意握力训练：卧推对于训练者的握力也有很高的要求，特别是在大重量时，卧推对于手腕的压力会很大。如果训练者握力不够，那么就无法把持好杠铃，完成卧推，所以训练者在训练卧推力量时，握力训练同样不能被忽略。我们建议训练者多采取一些窄握卧推的训练，可以对卧推力量的提升有更大帮助。

⑤适当使用半程卧推：半程卧推并非完全意义上的错误姿势，只是对于水平不足的初级训练者（卧推水平低于自身体重1.5倍）是不正确的。半程卧推可以帮助训练者改善后半程发力不足的问题。卧推需注意的主要有三个阶段，一个是下放阶段；一个是触胸后起阶段；还一个就是完全推起阶段。如果使用半程卧推训练，就可以很好地解决卧推最后半程的推起困难问题。

⑥善用辅助肌肉发力：这里所说辅助肌肉发力并不是用不标准的姿势发力，如起桥推法，而是让脚尖向后蹬地，尽可能使用臀大肌、背阔肌甚至腹肌等可以最大限度辅助卧推的肌肉。只是这种充分调动辅助肌肉的能力，非一般训练者可以做到。

⑦控制速度：慢下快起，即在收缩阶段慢速度、抗阻阶段快速的训练方法，可以很好地提高训练者的绝对力量，卧推中同样如此。此外，训练者也可以使用间歇式的卧推训练法，让杠铃触胸后停留一秒钟再推起，它会帮助你提高卧推最困难的阶段——触胸后推起阶段。

⑧缩短训练循环频率：一般卧推训练一次循环的频率在一周左右，如果为了提高卧

推的绝对力量，那么这个频率就要加大，在3天左右就训练一次，这样会对提高绝对力量有非常大的好处。

⑨善用辅助器材：使用木板、铁链、弹力带等辅助器材，可以很好地提高卧推的绝对力量，弥补卧推触胸后推起阶段的弱点与不足之处。

⑩善用窄握下斜卧推：如果想提高卧推的绝对力量，杠铃下落的位置是十分关键的，与增肌训练时采用触乳头的方法不同，根据其动作特点和发力原理，选择触下胸对于成绩提高有很大益处。因为这样可以尽可能地解放手臂和肩部来提高卧推的绝对力量，一些顶级高手甚至采用杠铃接触腹肌的方法，所以选择下斜窄握卧推对于提高卧推水平是十分有利的。

⑪卧推时腿部位置的问题：有部分训练者出于虚假提高成绩或更好刺激胸部的考虑，喜欢蜷起双腿或踩在一个离地面有一定高度的台阶上进行卧推训练。这种方法虽然通过改变人体在卧推时的姿势，让胸部可以受到更好的刺激，但是这种方法因为腿部的抬起，导致训练者可以更好地借助腿部的力量完成大重量卧推，让卧推的真实水平掺有不少水分。在卧推比赛中，双脚是必须要接触地面的，如果训练者平日里习惯了蜷起双腿时发力的方法和技巧，便很难再习惯正规、标准的卧推姿势，特别是对于新手，养成这种习惯是非常不好的。

⑫注意三角肌前束的训练：三角肌前束的力量大小，是决定你将杠铃推离杠铃架后肢体稳定与否的关键。不少训练者反应杠铃重量过大，手臂撑不住，其中绝大部分因素是自身三角肌前束过弱所致。强大的三角肌前束会帮助你在卧推的整个过程中保持肢体的平衡，避免动作的失败。

5. 手臂力量 膂力一词常见于古书典籍中对于壮汉的形容。很多训练者在刚接触训练时，经常把膂力理解为肱三头肌或者肱二头肌的力量，把哑铃或杠铃弯举、臂屈伸列为判断臂力大小的标准之一。其实，肱三头肌或肱二头肌作为臂力的判断标准之一并不算错，但我们要弄清楚这个臂力指的是什么？在实战中臂力是哪一部分肌肉的主要力量？拿篮球项目来讲，传球、接球、投篮是实战中几个需要大量运用臂力的技术，这些技术不管是从力度还是速度角度观察，都与前臂肌群有着密切的关联。此外，前臂肌群关系到手腕的屈伸，是握力、抓力的重要发力部位，是上半身极其重要的实战力量之一。如果在臂力训练时忽略了对于前臂的提高，你的训练计划必定是不完备的。

针对手臂力量提高的解决途径：

①目标锁定为前臂肌群：提高手臂绝对力量一定不能忽略前臂力量的训练，因为你的屈伸、弯举力量再大也需要一个“桥梁”去传递和释放到具体的物体上，这个“梁”就是前臂肌群。我们在进行力量训练时，一定不能忽略四肢末端的训练，如前臂和

腿。此外，我们所熟悉的提、拉、握等力量主要依靠的就是前臂肌群的发挥，它们在实际应用中非常普遍。因此，我们在训练臂力时将训练目标主要锁定在对于前臂力量的提高上。

②大重量握力器与小重量握力器相互配合：虽然理论上讲提高绝对力量、大重量是必须使用的一种方法。但根据我们前面所讲对于前臂肌群这种小肌群，其耐力相对薄弱，更适宜采用较小重量、大数量的握力器训练。至于大重量的握力器，可以在每次训练开始阶段，训练几组或采用接下来要提到的一些更好的训练方法代替。

③谨慎使用手指俯卧撑：可能很多训练者都听说过NBA球员为了训练自己的投篮能力和指力，经常训练手指俯卧撑。其实这里所说的指力，并非手指肌群或手腕肌群所发挥的力量，它们自身肌肉数量有限，能够释放的力量甚微。主要发挥作用的还是我们的前臂肌群，手指与手腕在这里主要是起着支撑和保持平衡的作用，而非主动发力，主动做功。这种方法虽好，但却要求训练者具备一定水平，对于保护自己的能力都有很高要求。如果训练者水平不高，保护能力不强，则尽量不要采取这种训练方法。

④各种高难度引体向上：引体向上本身就是提高握力的绝佳训练方案，如果你在此基础上加入一些道具或者更改训练姿势，会给你的握力带来意想不到的提高，如使用单臂引体向上或者毛巾、绳索引体向上等，是非常好的训练动作。

⑤用大重量硬拉训练：这里之所以不采用农夫走训练或耸肩训练，因为农夫走时训练者前臂肌群主要是发挥抓力，即抓住哑铃，并非主动发力。而耸肩训练时，虽然前臂肌群会使用一部分握力，但主要决定你耸肩水平的是斜方肌肌群，而非前臂肌群。但大重量硬拉却是必须要主动发挥握力的，否则单纯依靠腿部、臀部、背部肌群很难完成大重量的硬拉。虽然这种方法风险系数和对训练者的训练水平要求极高，但大重量的硬拉是每个训练者都必须要做的、不能回避的。

⑥让杠铃变粗：这个原理非常简单，我们能够发现在日常生活中，当你抓一个东西感觉到困难时，你会主动选择握的方法，牢牢把它攥在手里，否则你只需轻轻一提，一抓就即可，不必主动去握。每当我们感觉抓起来很困难时，该物体往往体积较庞大或者没有一个较为突出的点可以供手把持。在训练时，如果让你选择抓7千克或10千克的细杆，与20千克的粗杆感觉肯定大相径庭。相比之下，较粗的杠铃使用握力和前臂主动去发力的机会则更多。故我们在训练时应当多采用较粗的杠铃，无论是在手臂训练、肩部训练还是背部训练时，使用加粗杠效果会更好。

⑦善用绳索类器械：原理与让杠铃变粗一样，你会发现在现实生活中一些绳索类的东西往往很难抓住，必须主动采取握力。如果在训练中多采用一些绳索训练，如把高滑轮下拉时的把手，引体向上时的单杠都换成麻绳效果会非常之好。

⑧提高训练循环频率：绝对力量的训练频率本身就很高，前臂肌群这种更小的肌群恢复起来相比背部、胸部等大肌肉群会更加迅速，故训练频率还可以再提高一些，甚至每日训练都不为过，如中华武术中对于前臂肌群、握力就十分看重，而他们的练习方法基本就是一天一个训练循环。

⑨避免单臂俯卧撑：这点与手臂绝对力量训练需注意的第一点，即锁定正确的训练目标如出一辙。很多训练者，特别是没任何经验的年轻人喜欢把俯卧撑多少的能力当做臂力大小的判断标准之一。这种方法是很错误的，首先，俯卧撑发力部位主要是肱三头肌与三角肌，不是我们这里所说的前臂肌群。其次，就算你把俯卧撑错误地理解为臂力，但是俯卧撑做的多少，代表的是你的耐力水平而非绝对力量。这方面也是很多新手和初级训练者都有的一个误区，如更直接的体现在腹肌绝对力量上，很多人浅显的认为腹肌力量就是仰卧起坐的多少，我一次能做100个仰卧起坐，就证明我的腹肌绝对力量，甚至腰腹力量都很厉害。而事实上根据我们的分析，这种能力只能归结为腹肌耐力，与腹肌绝对力量风马牛不相及。其次，单臂俯卧撑考验的更多是训练者自身的平衡能力和做俯卧撑的技巧，对于不对称发力的考验并不大，所以单从动作设计上也不是提高绝对力量的好动作。

⑩注意与其余部位的绝对力量训练相辅相成：凡是绝对力量训练，所有的训练者都要注意这个问题，即相辅相成的训练。没有哪个部位的或者哪种类型的绝对力量是只要一个部位强大，或者只注重哪一个部位的训练就能够满足的。如果你这样认为，只能代表你的训练经验和水平还有很多需要提高的地方。提高前臂的绝对力量，一定要注意在背部、胸部、肩部、肱二头肌、肱三头肌力量训练时相辅相成，运用我们前面所说的一些注意事项，如使用较粗的杠铃做卧推、划船、推举，使用绳索完成引体向上、下拉训练，甚至臂屈伸、弯举等肱三头肌、肱二头肌的训练。这样你的绝对力量才会得到综合的提升，才不至于出现局部薄弱的方面。

⑪注意颈后臂屈伸与双杠训练：这两个动作被誉为提高手臂屈伸力量的黄金动作，但同样它们却有着极高的风险，训练者如果不注意对于动作姿势的把握，很容易导致自身肘关节、腕关节，甚至肩关节出现较为严重的伤病。

⑫弯举慎用大重量：如果你的杠铃或哑铃弯举使用了较大的负荷，不可免会出现腰部、腿部借力的问题。虽然对于手臂的刺激加大，但却同时也给你的腰部、腿部带去了一定刺激，如有不慎也会造成腰部的持续疲劳。

6. 第二阶段训练常见误区与谎言

（1）不可忽视的锁关节：在绝对力量训练期间锁关节的现象不可避免，因为我们选取的重量往往非常大，当使用大重量在进行重复训练时，如卧推、推举等动作，训练者会不可避免地出现在推起的顶端锁死关节，调整呼吸，再进行重复训练的现象。如果你不锁死关节，本来能完成四次的训练可能只能做两次，或者最典型的本来能够完成的极限重量现在无法完成，这些都是训练者要面对的。相比卧推，推举可以选择站姿推举的方式，利用站姿的方法卸走一部分对于手腕、肘部的压力，相对安全许多。但卧推就没有那么多的选择，这也是为何卧推训练的实用性较差、安全性较低的原因。

（2）推举的低效性：推举绝对不是低效的训练，要知道在以前的举重比赛上除了挺举、抓举外，还有推举的比拼。推举更符合我们力量训练实用性的原则，对于提高实战能力效果更佳。你可以不训练卧推，但不能忽视推举的训练。在如今的竞技环境下，除了力量举比赛外，已经少有运动项目还注重卧推力量的使用。举重、大力士比赛，甚至球类运动都更强调肩部力量和推举水平的高低。

（3）卧推时的反弹发力：有许多训练者认为，卧推时胸部是主动发力的部位，这点我们在前面已经进行过解释，无论是从动作特点还是生理构造，肩部或者肱三头肌对于卧推的提高都要明显强于胸部。如你训练三个月的推举与你训练三个月的飞鸟相比，自然是前者对于卧推的帮助更大。有不少训练者听从一些错误的训练观念，认为在卧推时利用反弹发力可以很好地借助胸部力量完成试举。这是一种非常自残的训练方式，利用胸部的反弹发力会让你的肩关节、肘关节出现较为严重的伤病，甚至还会因为反弹时力道过猛出现胸部受伤的现象，这是急需纠正的一种错误观念。

（4）俯卧撑可以获得强大的力量：我们已经分析过俯卧撑对于增肌效果较低的原因，如果你弄清楚了，也就不难理解为何俯卧撑无法帮助你获得强大的力量。与其选择这样一种效率不高的训练法，不如选择双杠臂屈伸，虽然风险较大，但却同样是徒手训练，对于你的整体力量提高有更为显著的效果。

（5）硬拉力量与背部力量：我们解释过硬拉可以训练背部力量，却对背部肌肉形态没有什么提高的原因。可能有训练者就此认为，背部力量的高低可以与硬拉力量的高低画等号。这其实是一个错误的知识迁移现象，因为硬拉的大小主要依靠的是伸髋力量而非背部。你能够看到不少训练者负重引体向上做得很好，却不一定拥有强大的硬拉水平，原因就在于此。

（6）使用拉带、手套：有不少训练者因为顾忌手上长茧子或者想尽快提高握力，选择在训练时使用拉带或手套。如果你选择使用护具又不注重基础的握力训练，只会导致你薄弱的地方更加薄弱，长期依赖手套或拉带等，会让你的握力逐渐“休眠”。

（7）握力与抓力：在上肢力量训练时一定要清楚握力与抓力的区别。握力是主动释放力量，主动去握住杠铃；抓力则主要是被动发力，目的是仅仅抓住某一个物体。两者在力量的释放方式上是有着本质区别的。

（8）不同握法：握距是上肢力量训练中需要注意的一个方面，而握法同样如此。正握、半握（五指在同侧）、反握、锁握（四指紧扣大拇指）对于力量训练的效果各不一样。其中反握出现的现象多以特殊的肌肉刺激动作为主，如反握的引体向上；使用正握时训练者的肱二头肌往往受牵引比较明显，如当你在背部训练时使用正握就会感受到手臂的刺激；半握可以为我们更多的提供来自肱三头肌的力量，如在卧推、推举等极限重量时使用的往往都是半握；锁握则对于握力要求更高，是日后爆发力训练主要采取的一种握法。

（9）卧推与弯举的价值：有部分训练者认为，卧推与弯举的价值很高，特别是在实际应用中。然而，我们会在后面的神经控制能力训练中引入一个概念：即一个动作对于实战能力的价值主要受“动作相似性”的影响，如你想提高弹跳，与弹跳动作极其相似的高抓训练显然是具有极高价值的。然而，卧推或推举训练的动作发力特点，却很难让你从实际应用中发现有哪个体育项目的技术动作与它们是非常相似的，故相应的实际应用价值是非常低的。

二、核心肌群力量训练

核心肌群或者说核心区域是近些年随着先进训练理念传入后，广受体育爱好者、训练者所注意的一个部位。核心区域所释放的核心力量对于维持人体在运动中，特别是上拉、上提、上翻、起跳、下蹲、奔跑时躯干的平衡、稳定有极其重要的作用，可以说任何一个竞技运动员都不能忽视核心力量的练习，否则不仅无法让自身身体获得强大的稳定性和对抗能力，更因其特殊的位置——连接上下肢的桥梁，而无法将上下肢力量充分结合在一起，出现发力僵硬和协调性不佳的问题。在进行核心肌肉力量训练时，训练者需要首先了解清楚什么是核心区域，核心区域所包含的肌肉群都有哪些。其次要知晓核心肌肉力量训练的难点在哪里，了解主要的训练方法。最后还要弄清楚一些关于核心肌肉力量训练时容易出现的误区，避免伤病的出现。与上肢肌肉力量训练一样，核心肌肉力量训练同样需遵循先增肌后提高力量的顺序，否则你很难想象一个瘦弱的人能背着300千克重的杠铃身子不会摇晃。你必须要先通过增肌训练打下一定的力量和围度基础，再进行绝对力量的提高训练。

（一）第一阶段：增肌或健美训练

1. 核心肌群　开始核心肌群训练前，你需要先弄清楚核心肌群在哪里，包括哪些部位？这里核心区域的范围有很多种说法，如简单版本的，除去四肢和头部以外的躯干部位，都可以算作核心区域；再详细点的，腹肌肌群与下背部肌群合称核心区域；按照核心肌群职责划分的，所有起平衡、稳定作用的肌肉都可以算作为核心区域等。不管是哪种划分方法，都揭示了一个道理，即核心肌群并不等同于腹肌肌群。可能有人会觉得这不是废话吗？而在现实生活中，确实有很多这种“废话”理论和观念的出现，如你有没有看到过在健身房里，许多训练者挥汗如雨的只练仰卧起坐，你上前询问为何，他回答你是提高核心肌群的情况？再如你有没有在论坛、贴吧等处看到一说起核心力量，就有人把它与腹肌力量画等号？我相信这种情况不仅有，而且还非常多。现实生活中有不少人把腹肌简单地理解为核心区域，或许他们中有部分人明白核心区域除了腹肌还有别的部位，但他们并不明白那些部位也同样是非常重要的，也是必须要拿出甚至比训练腹肌肌群还要多的时间去练习的。这样一来，他们就很容易陷入一个误区和无限循环的黑洞中，即不断地训练所谓的核心区域，而核心区域却很难有提高。此外，核心肌群因为其特殊的位置（在腰部附近），如果训练姿势把握不当，很容易出现伤病问题，特别是一些积重难返的伤病，如腰椎间盘突出、腰肌劳损等。很多训练者在出现这些伤病后，往往会选择放弃核心肌群的训练，这样一来很容易造成你的薄弱部位的核心肌群会更加脆弱，对腰部的保护会更低的恶性循环。带伤训练是肯定不行的，但在伤病恢复后或者伤病有明显好转时，不能完全放弃对受伤部位的训练，不能因为受过伤就不练，这是万万不行的。

（1）针对全面训练核心区域问题的解决途径：

①将腹肌肌群与下背部肌群列为核心区域训练的两大主要目标：腹肌肌群对于身体的伸展有着不可忽视的作用，而下背部肌群对于维持保护腰部的健康，躯干部位的平衡同样意义重大。在训练核心区域时，一定要将这正反两个部位共同摆在首位。

②不要忽视背部与臀部的训练：虽然背部主要肌群在维持身体平衡中所起到的作用没有腹肌肌群和下背部肌群那么重要，但是根据均衡发展的原理，你很难想象一个下背部非常强大的人，背部主要肌群会非常差。如果你不注重背部主要肌群的训练，如背阔肌，就会让你的身体呈现驼背的现象，无论是对于健康还是美观都非常不好。其次，臀部肌群如果没有训练得当，你的腰很容易就会在运动或对抗中出现松动的现象，甚至会导致你在高水平的比赛中出现无法站稳的现象。

（2）针对核心区域形态问题的解决途径：

①注意腹肌的整体形态：所谓核心区域的形态，其实在广大训练者看来主要就是指腹肌的形态问题。无论是男人还是女人，腹肌似乎都是判断一个人身材好坏最关键的部位，因此腹肌的形态几乎是每个训练者都非常关心的问题。想获得几块清晰可见的腹肌并不难，难的是腹肌的整体形态能否达到一个不错的标准。换句话说，六块清晰可见的腹肌并不能代表腹肌整体形态就很好。这点只要参照中国与欧美健美运动员就能明白，特别是小级别的健美选手，中国的运动员几乎都是“瘦出来”的，即腹肌整体感觉很干

瘪，没有外国高水平选手的充实，有立体感。所以，训练者在提高腹肌时，一定要注意其整体形态的问题，不要让自己的腹肌是单纯通过普通的仰卧起坐或者节食来获得。

②注意腹肌训练动作的多样性：前面提到不要只做单纯的普通的仰卧起坐，一定要让你自己的训练方法丰富多样化，这样你的腹肌形态才会有很好的提高和全面发展，如转体的卷腹、下斜卷腹、伐木、体侧屈等都是很好的训练手段。

③注意控制饮食：腹肌不同于别的部位，它非常容易堆积脂肪，所以要求训练者对于饮食必须有强大的控制能力。请注意，这里说的是控制饮食并非节食。节食是非常危险的，不需要多做解释和宣传。而控制饮食的问题，除去我们在营养篇中提到的问题外，一定要严格遵守少食多餐的原则。

（3）针对核心区域训练姿势问题的解决途径：

①避免弯腰弓背现象：这里指的主要是在下背部肌群训练时，如果训练者出现弓背弯腰的问题，很容易导致腰部被迫发力，产生各种慢性伤病，进而影响运动生涯。下背部肌群的训练非常特别，因为它本身几乎不能主动发力，一旦主动发力就很容易出现伤病。

②避免腰部发力：这里特指仰卧起坐训练时，很多训练者习惯用腰部快速发力，以求达到提高仰卧起坐次数的目的。这种做法不仅对于提高腹肌肌群没有任何益处，更会损害你的腰部。此外，一些需要髋部力量的训练动作也应当避免通过弯腰借力的错误方式。

③注意手的位置：这里指的主要是腹肌训练中手的位置，不少人喜欢把手放在脑后，这样训练难度是最大的，对于腹肌的刺激效果也最明显。这种方法在高力量的情况下，同样具备着高风险，即对颈椎有较大的隐患，特别是如果选择颈后持杠铃片这种负重方式，更是危险。

④注意卷腹的感觉：卷腹比仰卧起坐对腹部的刺激更好，训练者要想象自己像蜗牛一样卷起来，利用腹肌收缩，带动身体蜷曲，这样不仅会很好的避免腰部发力，更会让你的腹肌受到极强的提高。

⑤注意幅度的问题：这个问题在腹部肌群训练和下背部肌群训练时都要注意，如腹部训练时仰卧起坐的幅度问题，不少人选择起到手肘触碰膝盖的幅度，而事实上如果你选择这种幅度，很容易让你的腹肌在手肘触碰膝盖时完全放松，无法获得充足的训练效果。

⑥注意利用臀部的问题：在一些腹部肌群和下背部肌群训练中，有些动作需要训练者合理利用自己的臀部，而不是运用所谓的“腰部”，否则无法让相应肌群受到应有的刺激和训练，并且很容易引发腰部的严重伤病，如伐木、体侧屈、站躬身等动作。如果

训练者不会合理的调整和利用自己的臀部，就会导致无法正确完成规定的训练动作，让既定训练目标出现转移。

2. 第一阶段训练常见误区与谎言

（1）无视下腹部，侧腹部的训练：许多训练者在训练腹肌时，只关注最原始版本的仰卧起坐，而这个动作对于下腹部、侧腹部的提高效果较差。这样一来就导致了腹肌训练的片面性，对于核心区域的整体训练效果不佳。

（2）腹部天赋问题：这里必须要肯定天赋的问题，因为并非每个人都能拥有整齐的腹肌，并且也有六块与八块之分。这点在代表健美顶级水平的奥赛上可以看得更为直观，世界级选手同样无法避免腹肌块数与整齐度的问题，更何况是普通的训练者。与其纠结美学上无法更改的事实，不如做好那些具体的训练动作更实际。

（3）痛感并非“死亡前兆”：有不少训练者在训练核心肌群时会感受到腰部疼痛，他们往往把这个当做腰部报废的前兆。然而你必须分清楚这个疼痛是因为负荷过大、姿势错误所导致的刺痛，还是因为训练刺激到位所导致的肌肉酸痛。不同的感受所代表的意义是不一样的，可能发生在肌肉上的疼痛让你理解为腰椎受损，进而要否定自己的训练方法，那就得不偿失了。

（4）有氧训练量过低：如果你关注腹部的形态，除了仰卧起坐外，最基本的有氧训练也不能忽视，否则你难以保持一个较低的体脂比例，腹肌的形态也会因此受损。

（5）忽视下背部训练：我们说到了核心区域是由下背部和腹肌所共同组成的，如果你只练腹肌，好比打网球只训练正手而忽略反手训练一样，早晚有一天会被对手所摸透。所以我们在训练核心区域时，一定不能出现这种明显的训练缺失。

（二）第二阶段：绝对力量训练

在介绍核心绝对力量前，我们需要再一次对核心区域的作用进行阐述，即维持身体静止或运动状态下的平衡与稳定。从定义中我们不难看出，核心区域的发力特点与我们之前所说的上肢各部位有很大不同，它的发力类型主要是被动发力或者说是抵抗发力、保护发力，不是传统意义上的主动发力，只有当身体在有外力导致失去平衡或需要保持稳定时，核心区域才会被动地释放力量。实际应用中，核心力量的重要性比比皆是，如训练者在进行前蹲训练时，很容易出现因为平衡问题所导致的动作失败现象；训练者在进行极限弹跳或者短跑测试时，容易感受到身体在空中或者水平奔跑时出现摇摆不定，发力不充分的现象；有不少训练者反应自己在空中身体很不稳定，对抗能力不足，容易一撞就飞。除去体重严重不足的原因外，另一个很重要的原因就是核心力量的不足，导致你无法在离开地面后依然保持充分的身体平衡与稳定。此外，核心绝对力量的高低，对于自身腰部与下肢关节的保护是非常重要的，强大的核心力量或许会帮你躲过一劫。

所以，无论是从训练、竞技还是健康角度观察，核心绝对力量都是要着重提高的一个方面。

1. 针对提高核心绝对力量问题的解决途径

（1）合理安排训练时间：有不少训练者不知道如何安排核心绝对力量的训练时间为好，因为其特殊的位置，所以无论把它归为背部训练日还是腿部训练日都不合理，而如果单独列出一个训练日，又会让整个训练计划难度加大，除非是高级训练者否则难以掌握。这里建议训练者根据髋部、臀部对于核心力量的意义，将核心绝对力量与下面我们要谈到的屈伸髋力量一起单独放到一天内进行训练。

（2）注重腿部训练：有不少训练者可能通过一些不准确的汉语译文得知，核心区域训练是可以完全不用大腿参与，进而归纳为核心绝对力量训练也是不用大腿参加就行得通的。这种观点属于典型的不知变通，你可以仔细想一想，什么叫完全不用大腿参与？如果你站在地上，你的腿部就自然而然起支撑你站立的作用；如果你跪在地上，你的腿部肌肉就在起保护膝盖安全和上身直立的作用；如果你悬垂在空中，你的腿部更是为维持你身体的平衡有着重要意义。核心区域所处的特殊位置——上下肢的结合部，注定了训练动作必须上下肢互相配合，如果你简单割裂了上下肢的关系，认为某个动作单纯地靠核心区域就能完成，这未免太异想天开、忘乎所以了。很多训练者就是练得过于孤立，导致自己的发力方式很僵硬，给人一种“死肌肉”的感觉。如果你在核心绝对力量训练时出现这种误区，很容易让训练水平陷入泥潭。

（3）注意硬拉训练：有很多训练者因为觉得硬拉难度较高或自身有“腰部伤病”，便不去进行硬拉训练，这是非常不可取的！凡是核心绝对力量出色的人，都必须经受过硬拉训练的洗礼。硬拉本身就是力量训练动作中考验上下肢结合度极高的一个动作。无论是从力量基础训练、神经控制训练、核心力量训练等各个角度考虑，硬拉都是必不可少的训练黄金动作。但是，这样好的一个动作，我们在安排训练时却要极其留意，否则很容易出现在训练动作确保准确无误的情况下，训练者由于计划安排的不合理所导致的伤病频发。硬拉对于腰部的压力是非常大的，如果训练者在训练时出现弓腰，即所谓的乌龟拉，对于腰背几乎是毁灭性的打击。训练者在开始硬拉训练前，首先要做到的就是确保腰背部挺直，整个发力过程都不能弯曲。在安排硬拉训练计划时，要尽量确保避免过多次数重复，如一组8～12次的训练模式。因为这种模式针对的主要是增肌或熟悉技术动作，对于核心力量的需求程度并不高。此外，在两次不同的硬拉训练课间，训练者最好让自己的身体得到充分的修养调整，特别是腰部这种恢复时间极慢的部位。日常训练中我们习惯了一周一练一个部位的规律，但这种公式却无法生搬硬套到硬拉训练上。硬拉因为其特殊的动作特点，导致腰部受力过多，所以还是采用一周一练的训练频率，会很容易让腰部无法充分恢复过来。特别是采用大重量的硬拉训练，往往十天甚至两周一次极限重量训练的频率，不仅对于提高成绩有帮助，更能给你的身体上一道十分安全的保险。

（4）注意屈伸髋训练：屈伸髋训练完成质量的好坏是区分一个中级训练者和一个中高级训练者的主要方法。一般中级训练者不会安排或者不太注意进行屈伸髋训练，相反中高级训练者则会在自己的计划里面加入一些特殊的屈伸髋训练动作，提高屈伸髋力量。屈伸髋训练不仅对于提高训练者臀部发力能力，极限硬拉能力有着很大帮助，还可以直接性的刺激训练者的核心区域，如GHR（glute ham raise）、站躬身等动作，不仅需要训练者拥有强大的屈伸髋力量，还需要训练者自身具备不错的核心力量，否则一旦在大重量负荷时，训练者很容易出现躯干前后左右摇摆不定的现象。

（5）注意腹肌力量训练：很多训练者需要弄清楚这样一个问题，即腹肌力量训练并不等同于腹肌形状训练。腹肌力量训练一般都是负重的较大负荷训练，而腹肌形状训练则是主要通过各种变换复杂的训练动作来塑造腹部形态，几乎不使用额外负荷，只通过自身体重来训练，相对的每组训练次数要比腹肌力量训练多得多。同样，良好的腹肌形状并不能代表你的腹肌力量就好。相反，腹肌形态差也并不能代表腹肌力量就差。这点直接体现在大级别的举重比赛里，我们能发现不少的选手腹部形态甚至可以用“糟糕”来形容，一个个看似是“怀胎十月”，但他们却可以在完成大重量翻站、上挺等动作时保持身体平衡和稳定。

（6）运用短跑训练核心绝对力量：前文中我们提到了奔跑时核心区域对于维持身体平衡、稳定和跑动速度的重要意义，相应的奔跑训练也可以间接地训练核心绝对力量，特别是强度极大的短跑训练，如30米跑、50米跑、100米跑、200米跑等。使用这种训练方法，可以让你的力量训练不再枯燥，提高你在实战中运用核心绝对力量的能力，做到综合全面地提高绝对力量。此外，短跑训练对于训练者的神经控制能力要求极高，可以让你在训练核心绝对力量的同时，提高爆发力、极限速度、加速度等技能。只是这种训练相对于要求训练者的水平要更高，更适合那些已经拥有不错的绝对力量，即将开始神经控制能力训练的训练者。

（7）运用跳跃训练核心绝对力量：短跑训练核心绝对力量，仅仅是从水平发力角度提高，这是远远不够的。因为在实战中，我们不可能只停留在陆地表面，还需要通过跳跃带动自己的身体离开地面，在空中完成一些事情，所以训练者还需要从垂直发力角度提高核心绝对力量，即我们所说的跳跃类训练。跳跃训练同样需要注意适用的范围，如果你刚开始进行绝对力量的系统训练，还是不适合采用这种方法来提高核心力量的。

（8）运用体操、举重等训练核心绝对力量：体操这个项目对于核心绝对力量的水平有非常高的要求，特别是在平衡木、吊环等项目中，重要性不言而喻。只是作为一般训练者没有专业的体操训练基础，并不是十分推荐用体操的方法来提高核心绝对力量，因为训练者自身能力不足，很容易导致上肢关节出现伤病。除去所有球类、奔跑类项目外，举重应当是对核心力量，特别是核心绝对力量需求最高的项目。举重中的翻站、上挺、支撑、深蹲等技术环节，都需要强大的核心力量，重心必须处于完美状态，躯干稍有偏差、晃动就会导致无法完成试举重量。有的训练者对于举重类动作持保留态度，因为他们觉得举重对于训练者的技术、姿势、力量水平有极高的要求，稍有不慎就会受伤。这种观点是典型的弱者论，既然你知道举重的重要意义，更明白其对于训练能力的要求，那么更应当刻苦努力，积极钻研，争取早日掌握这种训练方法才是正途。纵观一些高水平运动员，即使本身不从事举重，如短跑选手，举重类动作也是他们训练计划中不可缺少的一部分。因为这些动作不仅可以提高所需要的爆发力，更能获得不错的核心绝对力量水平。

（9）引体向上：这是一个很多训练者都忽略的黄金动作，引体向上除了我们熟知的对于背部宽度的训练功效外，对于核心区域，特别是腹肌的提高也有一定帮助。这种帮助在你腹肌极度酸痛时，可以通过引体向上非常明显的感受到。我们在训练时，可以采用腰间悬垂杠铃片或者双脚夹哑铃的方法做引体向上，这不仅能够提高引体向上的难度，还会加大对于核心绝对力量的刺激与提高。

（10）多用健身球进行训练：使用健身球完成一些哑铃卧推、哑铃推举或者仰卧起坐的训练，可以很好地在提高相应动作能力的基础上，促进自身核心力量的发展。因为有健身球的加入，所以对于训练者的平衡能力和稳定性有着极高的要求。

（11）注意不对称发力训练：不对称发力能力的高低，往往也代表着一个训练者自身核心力量的水平，如箭步蹲的完成质量就与核心力量息息相关，如果你的力量不足，那么在蹲起时就会出现身子晃动和不稳定的现象，也就无法完成大重量训练了。

（12）不要忽略健腹轮：健腹轮是很好的训练核心力量的器材，特别是使用站姿训练的方式会成倍增加核心力量的训练效果。如果把健腹轮改为负重的杠铃或者更灵活的哑铃，还会提高其训练难度与核心力量的增长速度。

（13）静态支撑：从动作本身就能看出其对身体稳定和平衡性的要求有多高。我们在训练时往往采用下背部负重或健身球辅助的方法进行训练，如果你的核心绝对力量不足，当你的负荷达到一定程度后，身体就无法保持之前的水平状态，出现塌腰等现象。

2. 第二阶段训练常见误区与谎言

（1）练核心不练腿：这个误区是最常见的，你很难想象一个腿上没根的训练者能够拥有多么出色的核心力量和身体平衡能力。

（2）腹肌至上论：如果你认为腹肌训练就是核心力量的全部，忽视下背部肌群对于训练和运动的意义，你永远无法获得真正出色的核心力量。

（3）缺乏动态训练：这点在初级训练者身上很容易能够见到，他们对于核心力量的提高只来源于健身房里面的那些力量动作，少有与田径场打交道的。虽然我们提到过，如果用跑跳训练来提高核心力量，对于训练者的训练水平是有要求的，但也不能因此就忽略了最基本的体能训练。训练不能过于偏激，过于死板，这样对于自己的训练提高是没有帮助的。

（4）柔韧性、平衡力、协调性训练：众所周知核心力量的主要意义就在于维持训练者自身的协调性与平衡力，这两者与柔韧性是相互扶助，相互促进的关系。训练者在提高核心力量的同时，不妨稍微加大一些日常柔韧性、平衡力与协调性的训练，会让核心力量的进步更加明显。

三、屈伸髋肌群力量训练——髋部肌群

在核心肌群的下方连接着臀部肌群，臀部肌群在运动实战中的重要地位仅次于腿部肌群。这里我们所讲的髋部肌群并非单纯指臀大肌、臀小肌、臀中肌，而是包括内收肌群，甚至是整个髋部的宏观意义上的髋部肌群。在美学角度上，坚挺后翘的臀部是无论男女都渴望拥有的。你很难见到一个短跑运动员的臀部是干瘪的。在训练方面，臀部肌群对于人体四大重要力量之一的屈伸髋力量有着举足轻重的意义。在健康方面，臀部对于维持腹股沟和腰部的安全和健康都有重要帮助。髋部肌群无论是在运动、健康还是外形多个角度上，都是非常重要的一部分。其训练质量的好坏，也决定着一个训练者自身训练能力的高低。在日常训练中，髋部肌群在增肌训练方面的苦恼主要在于如何利用特殊的训练方法训练臀部肌肉，又不会给腰背、腿部带去过大的负担和压力。

（一）第一阶段：增肌或健美训练

1. 针对髋部肌群训练方法的解决途径

（1）找到臀部发力感觉：要想找到臀部发力的感觉，臀屈伸和硬拉是非常不错的选择，其中硬拉作为提高伸髋力量的利器，必须臀部主动发力，否则训练者难以以正确的姿势完成动作。而臀屈伸则采用器械配合的方法，让臀部顺着一定的轨迹做屈伸训练，可以帮助训练者用小重量，慢速度的方式仔细感受臀部发力的方法和窍门，同样是不可多得的黄金训练法。

（2）注重短跑训练：跑步是人与生俱来的技能之一，它对于人体的伸膝、屈伸髋、核心、上肢四大力量都有非常高的要求，其中伸膝、屈伸髋因为直接决定着下肢的

摆动速度、幅度和力量大小，故对于跑步而言意义和价值是非常大的。选择高强度的短跑训练，可以给予臀部肌群强大的刺激，并且有助于训练者学习如何使用臀部发力，也是感受伸髋与屈髋力量的所在。只是短跑训练作为典型的神经控制能力训练，对于训练者自身的绝对力量水平有着较为严格的要求，不适宜刚接触绝对力量训练的训练者。

（3）注重伸髋动作训练：大部分的伸髋动作，都会对训练者的股二头肌和臀部肌群有强大的刺激，因为这二者是组成伸髋力量的最核心肌群，所以凡是伸髋动作基本都会给予臀部肌群刺激。在训练计划中加入一些伸髋动作，对于提高臀部肌群水平有很大的好处。

（4）获得翘臀：翘臀吸引了无数的男男女女为之努力，为之奋斗。所谓翘臀的意义和价值，无需用多余的语言去形容，只需要打开电脑或电视，看看田径运动员的臀部就能明白。可以说如果单纯对比臀部的形态和翘挺的幅度，健美运动员也很难与高水平的田径运动员，特别是短跑运动员相提并论。如果你想获得完美的翘臀，短跑运动员的训练方法很值得借鉴。除了我们前文提到的短跑训练外，蛙跳训练、各种举重类训练都是不可或缺的翘臀利器，它们充分利用了人体臀部发力工作的生理原理，通过自由地奔跑或大重量的直接刺激来助你获得完美的臀型。

（5）注意内收肌群训练及安排：我们将内收肌群在这里也划到臀部肌群里，形成了一个广义范围上的髋部肌群概念。内收肌群是比较容易恢复的一类肌群，其训练动作也不是非常多，常见的以内收或外展的器械为主，故可以选择一周进行2～3次的训练，时间方面安排在腿部、背部训练日甚至休息日都是可以的。唯一需要注意的就是因为其特殊的生理位置，在训练安全性上要十分警惕，如果你不能保证大强度训练后再训练内收肌群的专注能力，索性把它放到休息日去训练，别葬送了自己的身体健康安全。

（6）不要忽略屈髋训练：有不少训练者只关注髋部的伸展肌肉训练，却对屈髋的训练重视程度不够。实际上屈髋的实用性一点也不比伸髋低、奔跑、跳跃中都需要较大程度的屈髋力量释放，才可以确保一定的成绩。

2. 第一阶段训练常见误区与谎言

（1）臀屈伸是女性才练的动作：如果你认为臀屈伸是只有女性才会训练的动作，你相当于直接把整个臀部的意义都否定了。臀屈伸对于臀部甚至髋部，整体力量的意义都是不可估量的，无论是从孤立的刺激臀部发力还是从提高伸髋屈髋力量角度考虑，臀屈伸都是黄金训练动作之一。在健身房有不少教练告诉你这个是女性才练的动作，男人可练可不练，如果你信以为真的话，你的运动能力永远也无法得到提高。

（2）臀部复合发力：我们在前面提到的训练理念里，臀部多以复合动作为主。这是与其自身的生理构造密不可分的，但是这样一来往往对于肌肉的孤立刺激效果不好，不利于臀部的塑形工作。所以我们建议训练者不要执著于过多的复合动作，一些相对较孤立的臀部训练动作，如臀屈伸、臀桥、俯卧举腿等对于臀部肌群的提高同样十分重要。

（二）第二阶段：绝对力量训练

屈伸髋力量是人体四大基础力量中十分重要的一种，其重要性仅次于伸膝力量，由臀部肌群与股二头肌共同发力组成。是无论哪一个训练者、运动员都必须着重训练的，对于人体奔跑、跳跃等一切运动时髋部的伸展幅度和力量起决定作用。我们在这一节里只谈论利用一些髋部发力或参与较多的动作提高屈伸髋绝对力量的方法。至于如何从股二头肌角度提高屈伸髋绝对力量的方法，我们在下一节，股二头肌训练时再进行介绍。

1. 针对提高屈伸髋绝对力量的解决途径

（1）明确屈伸髋力量与腰腹力量（核心力量）的差别：有非常多的训练者和所谓“专家”分不清楚屈伸髋力量与腰腹力量的区别在哪里，从肌肉发力部分讲，屈伸髋力量由臀部肌群和腘绳肌（包括半腱肌、股二头肌、半膜肌、大收肌坐骨部）组成，而腰腹力量则由附着在脊柱前后两侧的肌肉共同组成；从发力方式上讲，屈伸髋力量多为主动发力，而腰腹力量更多的时候是起维持身体平衡，较少主动发力；从训练动作考虑，硬拉、短跑为屈伸髋力量的主要体现形式，表现在髋关节的伸展或前屈上。而腰腹力量则主要体现在一些维持身体平衡的训练上。了解清楚屈伸髋力量与腰腹力量的差别，可以帮助训练者在制订训练计划，实施训练计划时避免陷入不必要的困境，树立正确的训练观和运动发力观。

（2）注意蹲的方法：后蹲训练是非常优秀的提高屈伸髋力量的手段之一，从臀部肌群角度提高屈伸髋力量的话，在深蹲与全蹲这两种蹲法中臀部肌群发力比例较大，超过股二头肌的是深蹲，特别是力量举姿势的深蹲。因为相比于全蹲，力量举深蹲的幅度没有那么大，臀部肌群和股二头肌需要发力制动，克服阻力做功的比例要远远高于全蹲。在一般情况下，一个训练者的力量举深蹲水平应当高于全蹲水平，臀部肌群可以受到相比全蹲更大重量的刺激，进而在姿势和负荷大小两个角度做到从臀部肌群角度提高屈伸髋绝对力量。

（3）注意硬拉的方法：硬拉是提高伸髋力量的黄金动作，但并不是所有姿势的硬拉对于人体各部位发力大小的要求都是一致的。拿两种主要的硬拉姿势，相扑硬拉与屈腿硬拉相对比，我们不难发现相扑硬拉中臀部发力的比例明显要比屈腿硬拉大的多。这里需要注意的一点是，相扑硬拉是一种常规的硬拉动作，并不是一些人眼里的所谓取巧方法。这与深蹲时采用半蹲幅度，卧推时采用起桥推法是有本质上区别的。此外，如果训练者选择使用相扑硬拉，对于内收肌群的刺激程度也要更高，对于提高训练者的力量举深蹲水平，身体的旋转速度，幅度也有着较大的辅助作用。

（4）黄金动作之箭步蹲：箭步蹲是非常棒的一个训练动作，其对于下身肌肉，伸髋、屈髋、伸膝力量的锻炼价值甚至可以逼近全蹲、硬拉等经典动作。因为箭步蹲不仅可以通过极大的刺激股四头肌、股二头肌、臀部肌群、内收肌群，提高伸膝力量、屈伸髋力量与幅度和旋转能力，更可以提高训练者膝关节和躯干部位的稳定性，特别是将箭步蹲这个动作进化到箭步走时效果会更加突出。并且箭步蹲是纯天然完全不被设计出来的动作，训练者每一次箭步蹲，实际上就相当于一次普通行走，只是腿部、臀部的移动幅度变大了而已。如果你想下肢变得强壮，运动能力得到极大幅度的提升，箭步蹲是你必不可少的一个训练动作。此外，在训练箭步蹲时，臀部肌群的发力比例仅次于股四头肌，要超过股二头肌，如果动作进化为箭步蹲走时，臀部肌群所占的比例还会得到提升，会更加符合我们从髋部肌群角度提高伸髋力量的训练出发点。

（5）黄金动作之站躬身：站躬身相比GHR虽然在刺激股二头肌方面比重略低一些，但相比GHR来讲，它对于股四头肌的考验更低，对臀部肌群的刺激几乎是GHR的一倍多，并且相比硬拉，站躬身对于腰部的刺激程度小到几乎可以被忽略。唯一不便的是站躬身对于训练者的柔韧性有着极高要求，并非每个人都可以做到完美的站躬身。

（6）让身体跑起来：当人的身体处于奔跑中或行走时，根据人体构造和发力原理，髋部会大量参与到运动中，支持训练者使用伸膝、屈伸髋等力量，做到行走或奔跑。所以，我们在训练时如果选择让身体处于奔跑或行走的训练方式，自然会从髋部肌群角度给予屈伸髋力量、屈伸髋幅度较大地刺激。然而让身体奔跑或行走，除了我们印象中的短跑训练，模仿行走的箭步蹲外，一些不为训练者熟识或了解较少的动作，不仅可以满足训练者从髋部肌群角度提高屈伸髋力量的训练目的，还可以带给训练者一定上肢力量的训练，如农夫走、肩扛负重行走、登台阶等，对于核心肌群、背部肌群、肩部肌群，甚至手臂肌群的刺激，要比箭步蹲大得多得多，是非常不错的辅助训练。采用这些动作相比跑跳训练，适用范围更广，即使你是刚刚接触绝对力量的训练者也可以采用。

（7）善用投掷类训练：如果你观看过3次以上的投掷类比赛，如标枪、铁饼、铅球等，你就会明白为何这些训练动作，对于从臀部肌群角度提高屈伸髋力量和屈伸髋幅度有着不可忽视的作用。此外，根据我们把内收肌群与臀部肌群并到一起讲解的方面考虑，投掷类训练对于训练者的内收肌群绝对力量和身体的旋转能力有着重要帮助，其对于内收肌群的需求程度甚至不低于相扑硬拉、力量举深蹲这些经典动作。

（8）臀部专项训练：一些相对孤立的训练动作，即臀部专项训练，对于提高臀部绝对力量的作用同样不容忽视，它们可以很好地帮助你学会如何让臀部去发力，如臀屈伸、臀桥、俯卧举腿等。

2. 第二阶段训练常见误区与谎言　见股二头肌力量训练一节。

四、屈伸髋肌群力量训练——股二头肌肌群

（一）第一阶段：增肌或健美训练

股二头肌在增肌训练上的误区与肱二头肌基本一致，即对于动作姿势标准性的把握问题。如果你的姿势把握不严谨，很容易将你的训练目标和刺激部位由股二头肌转移到股四头肌、臀部肌群，甚至是核心肌群上，导致训练事倍功半。此外，由于股二头肌“地势偏远”，故许多训练者往往只关注它的近邻股四头肌的发展，这同样是十分严重的训练误区。

1. 针对股二头肌增肌训练问题的解决途径

（1）像做哑铃弯举一样做腿弯举：同样是二头肌，同样的弯举动作，只是一个针对手臂，一个针对腿部。这两个动作无论是在练习姿势、训练原理，还是对于各自所刺激部位的重要性都几乎如出一辙。所以，我们在这里建议训练者把腿弯举当做哑铃弯举来做，严格控制动作姿势的标准性，如哑铃弯举我们提到的避免手肘的晃动，在腿弯举时就引申为避免腰部晃动；如哑铃弯举我们提到的保证动作的幅度，即下放到位，在腿弯举时同样需要注意，否则会出现对肌肉刺激的不全面。

（2）善用单腿弯举：腿弯举也可以用单腿的方式完成，这种方法不仅在塑造肌肉形态，刺激肌肉发展上效果更好，更有利于训练者突破股二头肌的平台期，特别是适合解决那些自身力量较强，但健身房腿弯举器械负荷较小，用双腿训练效果太低的训练者。

（3）合理选择伸膝，伸髋复合动作：伸膝、伸髋的复合训练动作可以很好地刺激股二头肌的生长，是股二头肌训练必不可少的方法。因为伸膝、伸髋的复合训练动作一般会牵扯到股四头肌、臀部肌群，甚至小腿肌群等，所以在进行选择时一定要选择一些股二头肌参与比例较多的复合训练动作，如全蹲与力量举深蹲，后者对于股二头肌的刺激较为明显；屈腿硬拉与相扑硬拉，前者对于股二头肌的刺激较为明显。

2. 第一阶段训练常见误区与谎言　股二头肌价值不高：有些训练者认为，股二头肌的价值远没有它的邻居股四头肌重要，无论是在实战还是在美学上，股二头肌似乎都不是训练重点。然而事实上判断一个训练者大腿形态是否完美，股二头肌的整体厚度是十分重要的一个衡量标准。有些训练者股四头肌练的十分优秀，但是股二头肌的干瘪让他在侧身展示时腿部显得十分单薄，整体形态非常不美观。此外，股二头肌在对于膝盖的保护以及恢复方面有着股四头肌都无法替代的作用。因为往往膝盖的受伤会直接影响

股四头肌的训练，但是对于股二头肌的影响时间则没有那么长。一些受到伤病困扰的训练者可以在恢复期选择训练股二头肌来逐步恢复运动能力，所以无论是从哪个角度观察，股二头肌绝非一些人口中的“价值不高”。

（二）第二阶段：绝对力量训练

股二头肌绝对力量的大小是非常重要的，不仅仅是因为股二头肌是屈伸髋力量以及屈膝的一大重要参与部分，更因为股二头肌对于膝盖的保护。一些经受过膝关节毁灭性伤病的训练者，在康复期所首选的训练动作应当就是针对股二头肌的。通过提高股二头肌的力量，慢慢恢复整个大腿的肌肉和力量水平。这种方法相比直接刺激股四头肌的恢复方法，对于受损的膝关节刺激不直接、比较弱，是一种较为理想的恢复方法。

1. 针对从股二头肌角度提高屈伸髋力量的解决途径

（1）黄金动作之GHR：glute ham raise，是一种非常不错的提高伸髋力量的训练动作。在这个动作中股二头肌所参与的比例是所有提高伸髋力量的动作中仅次于屈腿硬拉与直腿硬拉的。之所以说这个动作是黄金动作，而不是屈腿或直腿硬拉，因为在GHR中，训练者的股四头肌发力比例很小，而在硬拉中，股四头肌是十分重要的一个发力肌群，如果股四头肌不释放一定的伸膝力量，是无法完成一定重量的硬拉的。在GHR中，因为股四头肌发力大小与否并不影响股二头肌同等发力状态下动作的完成程度，所以我们说GHR是从股二头肌角度提高伸髋力量的黄金动作。

（2）不可忽视的最传统方法：在力量举三大动作里面，卧推主要考验的是上肢绝对力量，深蹲则主要针对伸膝力量，而硬拉则是判断一个人伸髋力量大小的标准。特别是最传统的硬拉训练方法——屈腿硬拉，对于从股二头肌角度提升伸髋力量有着不可磨灭的作用。硬拉相比卧推、深蹲等可以通过幅度、借力或者装备取巧来提高成绩，其自身很难通过一些技巧性或者“旁门左道”的方法来让自己的成绩得到提升。硬拉是不折不扣的力量训练，你的力量究竟有多大、是什么水平，看看硬拉成绩就知道了。能拉起来就是能拉起来，这与深蹲、卧推等可以通过控制运动幅度来获得成绩提升有着本质的区别。有人说硬拉可以通过滚动杠铃的方式来获取一个初速度，让自己在上拉过程中容易一些，我们不否认这种现象的存在，但这种方法带给运动员成绩的获利程度相比卧推和深蹲利用幅度的方法要小得多。此外，与深蹲和卧推可以借助绑膝、力量举背心等装备大幅度提高成绩不同，硬拉因为动作的初始阶段即为抗阻阶段，故很难通过力量举背心这种“超人级”装备来瞬间提高自己的能力。虽然我们熟知的拉带可以通过改善握力的办法来提高硬拉成绩，现在也逐渐开发出了提高抓地力的专门适用于硬拉的袜子，但这些对硬拉成绩的提高幅度是远远无法与绑膝、力量举背心、举重鞋等对深蹲或卧推成绩的提高幅度相提并论的。

（3）善用弹力带、铁链等辅助器材：近些年，随着国外对于力量训练研究的深入，许多训练者开始发现弹力带、铁链等过去少见的辅助器材越来越多地出现在深蹲、硬拉、卧推等经典训练动作中。从物理力学的角度考虑，使用这些器材的原因非常好理解，即通过他们自身的弹性、重量改变训练者在训练时不同阶段的负荷强度，达到更好提高力量的目的，如我们在做箱式深蹲时，在杠铃两端栓上弹力带，当你坐到箱子上的时候，你的负重还是杠铃的重量，但是当你试图克服重量站起来时，弹力带就会因自身弹性逐渐给你压力，而你的力量和爆发力就在这个时候得到了进步。采取弹力带、铁链等辅助器材对于提高硬拉、深蹲、卧推时的绝对力量和爆发力是有很高价值的。并且，这些辅助器材还有助于改善你动作某个阶段的发力困难现象。唯一不便的地方在于这些辅助器材在国内很难找到，有时候甚至一座城市的营业性健身房中都无法找到这种器材。

（4）掌握多种姿势的硬拉：除去我们所提到的屈腿硬拉和相扑式硬拉外，还有一些硬拉方式也是十分有训练价值的，如采取股四头肌发力更多的、较为原始的骑跨蹲拉和哈克蹲拉，都是必须要进行训练的硬拉姿势。特别是针对那些对于自身硬拉成绩有要求、技术动作又不够完善的训练者，这两种姿势是必须要加入到自身训练计划中的。

（5）合理看待直腿硬拉：可能有很多训练者在等待，为什么迟迟不讲直腿硬拉的问题，在从髋部提高伸髋力量角度时就没讲，为何在股二头肌这里也不讲？难道是直腿硬拉不重要吗？显然不是，直腿硬拉对于提高训练者的伸髋力量，特别是从股二头肌角度提高伸髋力量有着屈腿硬拉都难以替代的表现。因为从姿势上看你就不难发现，直腿硬拉中发力部位几乎就是伸髋肌群，导致了直腿硬拉训练的局限性——难度太大。这里指的难度主要是指姿势正确性的难度，因为你不能允许你的腰出现弯曲的现象，否则这是很危险的。而这点看似容易，但是做起来真的很难，它要求训练者自身必须具备很好的身体柔韧性和身体控制性。一个身体柔韧极强的训练者，如果对自己的身体缺乏控制，同样有可能在大重量时导致自身动作出现严重错误和偏差。所以，我们不是不推荐直腿硬拉，而是建议大家在训练前想清楚，拿捏好这个分寸。

（6）半程硬拉：与我们之前提到的半程卧推对于力量提高的意义差不多，首先，它们都不应当被作为常规的训练动作。有很多训练者为了满足自己的虚荣心，采取半程硬拉的方式，杠铃下降到膝盖即拉起。这种方法不仅仅对于伸髋力量提高没什么意义，还会让你的腰背部持续疲劳，活脱脱地把一个练腿臀的动作弄成了练背。其次，它们对于高手提高绝对力量而言是不可多得的好武器，我们能够发现有些时候你将杠铃从地上拉起十分容易，当杠铃超过膝盖后直到腿部完全伸直也比较容易，难的往往就是在拉起杠铃后到膝盖这段距离间。很多训练者因为本能或者坏习惯，喜欢在这时候放弃腿部发力，转移为依靠腰背部去发力。这种现象在训练中是十分常见的，特别是在一些极限重量的冲击时更是十分普遍。因此，适当的采取半程硬拉，专攻拉起杠铃后到膝盖这段距离的训练，对于提高你的伸髋极限力量或者说是硬拉极限力量是会有非常不错的帮助的。

（7）注意硬拉动作的轨迹：你需要注意动作的轨迹，与卧推、深蹲时你要注意其各自的轨迹一样，避免出现自身因为多余或者不正确的轨迹而浪费力量的现象。这里我们建议硬拉的轨迹应当是贴着小腿拉起的，其实所有用到类似硬拉动作的，如举重中的翻站类动作，都应当确保杠铃在拉起阶段是贴着小腿运动的，因为根据人体力学的特点，如果你的杠铃远离你的身体，那么你所要释放的力量自然要比贴近你时大的多。换句话说，最省力的方式就是让杠铃离你的身体最接近。我们试想在硬拉或者举重的翻站类动作姿势下，人体最接近杠铃的部位是哪里？自然是小腿！所以，让你的杠铃轨迹尽可能顺着小腿，甚至是贴着小腿起来，会让你的力量能够更从容地释放。这里我们要明白一个问题，杠铃轨迹贴着小腿运动并不是什么取巧的办法，而是根据力量最优化的道理所做出的科学姿势而已，这与卧推冲击极限时我们要求尽量确保杠铃触下胸的道理是一样的。

2. 第二阶段训练常见误区与谎言

（1）腰力或者腰部力量的真面目：在训练或比赛场上我们经常能听到所谓腰力，腰腹力量的概念。这些指的往往是一个训练者在空中的“滞空”，对抗或躲闪能力。许多训练者因为对于训练的研究不够透彻，对于力量释放一知半解，故认为这些运动能力出现的根源在于腰腹力量的大小，甚至认为腰部是主动发力的，进而在日常训练中大量针对腰腹去练习。

首先，关于“滞空”能力已经被科学研究证明是一种假象，人体无法延长自己在空中逗留的时间，滞空是长久以来就一直欺骗许多篮球爱好者的谎言。其次，关于空中的对抗能力，前面已经有过提及，除去体重的因素外，核心力量的大小也是关键。而决定核心力量大小的一个最直接因素就是屈伸髋力量，特别是臀部力量的大小。如果你的臀部不紧，很容易出现腰部松塌的现象，对抗能力也就无从提起。最后关于躲闪能力的问题，与其说是腰力或者腰部力量在起作用，不如说是训练者自身髋部的柔韧性，协调性极佳所致。因为你需要让自己的身体做出一些复杂的变形，尽可能躲开防守或者冲撞，而腰部力量的职责是保护腰椎与躯干，并不是施展一些“躲闪魔法”。如果你连最基本的柔韧性都不具备，何谈动作的舒展性，更何谈躲闪能力的体现呢？由此看来，所谓的腰力，其实一直在迷惑着我们，过多地关注腰腹训练，忽略更重要，更基本的臀部力量以及柔韧性训练，会让你更难触碰到胜利的果实。

（2）髋部柔韧性重视不足：在屈伸髋力量的诸多训练动作里面，无一例外的对于髋部柔韧性有着十分严格的要求。如果你的髋部柔韧性不佳，如站躬身、GHR等动作都无法完成，对屈伸髋力量的提高效果自然缩水不少。训练者一定要注意髋部柔韧性与腰部柔韧性这两个不同的概念，具体原因我们会在柔韧性训练中进行详细阐述。

（3）忽略屈髋力量训练：如果你的训练计划里面只有伸髋力量，对于髋部的整体提高是有一定局限性的。除了伸髋以外，屈髋力量的强弱在跑跳中起着不可忽视的作用，同样十分重要。股直肌、髂腰肌与阔筋膜张肌共同配合释放着决定短跑冠军水准的“隐形武器”——屈髋力量。因为运动员对于伸髋力量的重视程度往往比屈髋要多得多，所以屈髋力量的大小也成了限制一个人跑跳能力的关键因素。虽然有部分学者认为，屈髋力量的提高会限制伸髋的幅度，甚至会对速度的进一步提高有影响，但我们还是要辩证的来看待这个问题，毕竟有伸就有屈，没有屈何谈来的伸？屈髋是为了辅助并提高伸髋而存在的，如果你不去训练这部分力量，伸髋的水平也很难得到快速的提高。在日常训练中安排一些站姿或仰卧的绳索、弹力带屈髋训练，对于发展髋部的整体力量有着不可忽视的效果。

（4）伸髋训练等于背部训练：伸髋训练并不等同于背部训练，有这种观点的训练者可能是将硬拉训练与背部训练相混淆。这点我们在前面已经有过提及，硬拉不属于背部训练动作，虽然它可以刺激一定程度上背部肌肉的发展，并且在很多新手入门计划里面将它与背部训练放在一天。但你不能因此就断定它是针对背部的训练，进而出现伸髋训练等于背部训练这种错误的知识迁移现象。

（5）学会使用拉带：我们在上肢肌肉力量训练中强调要避免走入使用拉带的误区，因为我们当时的训练目标是上肢力量的提高，而握力是上肢力量中较为重要的一类，如果你使用了拉带，你的握力自然无从提高。在伸髋力量训练中我们要求训练者要学会使用拉带，因为此时你的训练目标不再是上肢肌肉力量，而是伸髋力量。不要让握力成为你在伸髋力量训练中的阻碍因素，如你已经具备了完成200千克硬拉的伸髋力量，如果不使用拉带可能因为握力的缘故，你只能完成180千克以下的重量，这毫无疑问就给你的伸髋力量提高带来了一定的限制。

（6）学会锁握：锁握不是只有在举重比赛中才会使用的一种握法，而是一种非常普遍的可以“瞬间”提高你双手握力的握法。因为它通过独特的握法，让四指紧扣大拇指，可以充分握紧杠铃，不会让你在快速上拉、上翻杠铃时出现脱落的现象。当你熟练掌握它后，它会带给你一种仿佛双手缠绕拉带的强大握力感觉，只是这种握法唯一的局限性在于不是那么容易掌握，需要每个训练者多加钻研和练习。

（7）硬拉会伤腰：这同样是一个非常荒唐的谎言，因为从硬拉的动作姿势和发力方法来看，它没有任何不安全的地方。如果你说硬拉会伤害腰部，只要你在日常生活中下蹲去捡一个东西，同样也会伤害你的腰部，因为这是完全一样的动作。如果你说硬拉会伤腰是因为其重量太大，难道在所有的力量训练动作中，只有硬拉是属于负荷超过训练者自身极限就会导致训练者受伤的吗？显然不是如此。在现实中有许多训练者因为硬拉造成了腰部伤病，这其中除了负荷过高以外，最关键的因素在于训练者动作姿势错误和发力方法不当，如强迫乌龟拉，强迫腰部发力，伸髋肌群却丝毫不做功等都是摧毁你腰部的原因。你不能因此就将错误归结于硬拉本身，因为从动作姿势和发力方法来看，硬拉不仅不会伤害你的腰部，反而是你腰部健康的保护神。

五、伸膝肌群力量训练

（一）第一阶段：增肌或健美训练

说到伸膝肌群的增肌或健美训练，指的主要是股四头肌，它是人体所有肌群中最大的一个，也是最难练的一个。你想练出股四头肌的基础雏形是不难，但是想把它练精壮、练细致却非常困难。在股四头肌的四部分（股内侧肌、股外侧肌、股直肌、股中肌）中，相对较容易训练的是股内侧肌和股外侧肌，股中肌和股直肌相对较难分离。此外，股四头肌整体的围度也是一个很让人头疼的问题，你能够发现有些训练者的股四头肌围度在靠近膝盖处较为出色，但是整体感觉却稍显单薄，这跟一些训练者在动作的选择、姿势的掌控上都有一定问题有关。

1. 针对股四头肌围度和分离度的解决途径

（1）深蹲不可忽略：如果你只有一天的时间去训练，那么就练腿吧！如果你只有做一个动作的时间，那么就练深蹲吧！它绝对不会让你失望和虚度光阴！在中国流传着这样一句话："人老先老腿。"如果你想延缓衰老，最好的方法就是确保腿的健康或者说直白点就是保持腿部的训练。没有任何一个动作能够像深蹲这样，给予人体肌肉最大限度、最大数量的刺激；没有任何一个动作能够像深蹲这样，带来巨大的溢出效应，帮助你其余的部位的提高；没有任何一个动作能够像深蹲这样，最大限度的刺激人体激素分泌；更没有任何一个动作能够像深蹲这样，为你同时带来健康、实用力量和强大的肌肉水平。所以，任何人都没理由不练深蹲，无论你是从事何种体育项目。即使是我们觉得跟深蹲风马牛不相及的花样游泳，也会把深蹲作为日常训练的一部分。这里我们谈到增加股四头肌的围度和改善分离度的问题，众所周知，股四头肌在深蹲里是发力比例最大的一部分肌肉，无论你采取哪种蹲的幅度，股四头肌的发力永远是占据最大比例。结合我们前面所说的深蹲种种的重要性，你没有任何理由和资本可以不去练深蹲或者用别的方法替代它。

（2）注意蹲的幅度：蹲的幅度有很多种，根据不同的幅度大小，可以分为全蹲、深蹲、半蹲、浅蹲等几个不同的姿势。这四种姿势对于训练者腿部肌肉刺激的着重点都各不相同，有的更加专注膝盖周围的股四头肌肌肉，有的更加专注股外侧和股内侧，还有的对于整体上增长股四头肌的围度有着不错的效果。对于大部分的训练者，在腿部训练中，特别是深蹲训练中会很容易出现一个误区，即因为幅度的不够，让动作姿势变为半蹲或浅蹲，以至于自身的腿部肌肉缺乏整体性的雕塑和围度，只能够带给自己膝盖周围的股四头肌，特别是股外侧的增长。所以，我们在训练的时候，一定要注意幅度问题，尽可能采取深蹲或全蹲的幅度，才能够带给自身腿部肌肉最全面，最深层次的增长。

相比于浅蹲和半蹲而言，全蹲与深蹲相对来讲更加安全。这里的安全指的是针对膝关节的健康程度，因为浅蹲和半蹲的幅度较小，重量很容易集中到自身的膝盖上，给予膝盖较大的压力，而深蹲和全蹲虽然幅度更大，但是可使用的腿部肌肉也更多，相对安全不少。故无论是从增肌角度，还是从安全角度来讲，采取深蹲和全蹲意义以及价值更大。

（3）理性看待史密斯机的选用：我们在前面已经讲解过关于史密斯机的种种利弊，在上肢增肌方面，我们提到了史密斯机可以很好提高你的训练精度，但是相应的对于关节的保护性要差一些。这个道理在下肢训练时同样适用，特别是在深蹲训练时，如果选择史密斯机，因为其器械本身的构造原因，很容易出现训练者自身无法蹲到一定幅度或者腰、膝盖等较易受伤部位受到严重损害的现象。这并非是夸大其词或言过其实，而是这种现象已经有不少的例子出现，看似安全的史密斯机反而不如自由重量来的保险和稳定。当然，我们不能否定史密斯机对于增肌，特别是健美方面的意义和价值，只是我们在这里需要理性地为大家分析出来，告诉每一个训练者这个器械或者这个动作容易出现的问题在哪里？让每一个训练者都能够做出最适合自己身体水平、训练目标的选择。

（4）黄金动作之腿举：我们介绍的股四头肌的黄金训练动作总共有三个，腿举是这其中最有价值的一个。首先，腿举可以做到最大限度的对于股四头肌的刺激，甚至是全蹲都很难与之相比的。其次，腿举训练都是在腿举器械上进行的，没有深蹲这种自由重量的训练方法，故相对安全性更高。腿举训练与深蹲、全蹲等最大的区别在于其几乎不会给腰部产生压力，只要你的动作完全标准，不做超出自身负荷的重量，你的腰部绝对不会出现任何疲劳感。此外，腿举有不同的姿势和器械设计，如斜向角度的腿举、水平角度的腿举等，不同的器械设计、不同的姿势和角度，带给股四头肌的刺激也是有不小区别的。

（5）黄金动作之肩托深蹲：这个动作可能很少被训练者所熟知，因为这跟国内健身房较少引进这类器械有着一定关系。最常见的肩托深蹲是跟腿举机合为一体的训练器械，即斜向角度的训练方法。它与腿举一样，可以尽最大可能地减少深蹲对于腰部的压力，并且着重刺激股四头肌。除此之外，与腿举不同，肩托深蹲更加模仿深蹲的动作，但不会带给你深蹲中容易产生的前倾或后倒现象，可以让你完全放心地蹲到你想蹲的幅度。肩托深蹲也有着多种的器械设计，如最常见的弧线形运动轨迹的设计，相比传统的肩托深蹲而言，运动轨迹更像深蹲，并且因为器械构造的原因，它可以在赋予你股四头肌增长的同时，刺激你的伸髋肌群发展。肩托深蹲与腿举一样，都是非常好的股四头肌训练动作。它们虽不完全属于孤立动作的范畴，但是却能够不错的改善股四头肌的围度和分离度，是不可多得的好动作。千万不要用这个器械做出站姿提踵！

（6）黄金动作之腿屈伸：因为腿部自身构造和运动生理方面的特点，在已知的腿部训练动作中少有针对股四头肌的孤立动作，其中我们看似孤立的肩托深蹲与腿举都并非完全意义上的孤立动作。肩托深蹲很好理解，其对于伸髋肌群的刺激决定了它不可能是孤立动作。较容易产生误解的腿举，看似只有股四头肌发力，但实际上在腿举中，小腿、踝关节的发力程度对于动作的完成水平同样有着十分重要的意义。这与真正意义上的孤立动作，即“只依靠这部分肌肉也可以完成相应的动作要求”有较大差距。我们这里要介绍的腿屈伸，就是个真正意义上的孤立动作，你不用担心脚踝、小腿，甚至手臂是否发力，只用依靠股四头肌，即可完成标准的腿屈伸训练。腿屈伸几乎是每一个追求大腿围度，分离度的训练者都必练的一个动作。因为它刺激的部位太专一了，训练者可以做到非常高的训练精度，带给肌肉充分的刺激和生长。这好比站躬身和GHR对于伸髋肌群的训练一样，所有发力部位几乎都是伸髋肌群，可以做到给予其最大限度的刺激。

（7）避免选择哑铃深蹲：有不少训练者因为自身训练条件或者时间所限，无法去健身房训练，只能够在家里选择哑铃进行深蹲等力量训练，但这里我们建议训练者尽可能避免使用哑铃做深蹲练习。首先，哑铃深蹲的姿势多为手持，而这种姿势与肩扛杠铃的方式完全不同，它会导致你在深蹲时的刺激点和刺激幅度大大转移，如你做20千克的杠铃全蹲，与你做左右手各10千克的哑铃全蹲意义是完全不同的。哑铃深蹲因为手持负重的缘故，与杠铃深蹲相比，虽然看似是同样的下蹲幅度，但因为其负重位置的不同，故实际意义上哑铃深蹲的运动幅度是没有杠铃深蹲那么大的，它无法带来与杠铃深蹲同样对于股四头肌的刺激效果。其次，哑铃深蹲因为多为手持，故当你的负重随着腿部力量的增长而逐渐提高时，你的身体不会因为腿部力量不足而感到动作完成困难，反而会因为握力或背部力量不够，从而导致动作无法正常完成，这与我们刺激股四头肌的出发点大相径庭。

2. 第一阶段训练常见误区与谎言

（1）动作不到位：在伸膝肌群的训练中，一个最常见的误区就是动作幅度的不到位。体现在深蹲、腿举、腿屈伸等力量动作方面，幅度的欠缺会直接导致你所刺激的肌肉产生片面性。这点与我们在讲解上肢肌肉力量训练时的原理一样，动作幅度的不到位会让你的增肌或健美训练变得十分低效。只是与上肢肌肉力量训练不同的是，我们在进行腿部训练时出现动作不到位的原因往往与自身的懒惰密不可分，不像在上肢肌肉力量训练时动作做不到位是因为对于动作要求本身的不了解。你对待训练怎么样，它就会如何回报你。自欺欺人只能骗的了自己一时，却骗不了自己一世。

（2）腿部肌肉围度有害论：有些训练者认为过大的腿部肌肉围度不仅是没用的，更是有害的，如它会影响我们在购买一些紧身牛仔裤时的方便程度。当你的腿粗起来以后可能会出现无法买到裤子的情形。这点我们在前面的训练心理部分中已经有过详细的说明，一定的大腿围度不仅对于心脏健康有好处，更有利于保护你的膝关节健康。如果让你在健康与衣服中做一个选择，你还会去选择衣服吗？没有哪个腿部力量强悍的训练者，他的大腿是十分纤细的。不要拿那些两米以上的篮球或排球运动员举例，因为你并没有考虑到身高所带来的视觉影响。一个运动员如果不注意自己的腿部肌肉，等待他的可能就是无休止的伤病侵袭。

（二）第二阶段：绝对力量训练

在人体的四大力量里，伸膝力量毫无疑问是最重要的。其发力部位股四头肌是全身最大肌群，能够释放最大的力量，带动膝关节充分屈伸。其所对应的膝关节也是全身最大，构造最为复杂，运动意义最大的关节。膝关节一旦出现问题，任何运动能力便无从谈起。其所带来的运动能力，身体素质多为竞技体育所必不可少的一部分，几乎所有的运动项目都需要一定伸膝力量支持。所以，无论是从肌肉原理、伤病或健康还是实战意义哪一个方面，伸膝力量都是人体最为重要、最需强加训练的一个方面。

1. 提高伸膝绝对力量的解决途径

（1）使用自由重量：这几乎是我们在介绍所有提高绝对力量方法时的最基本的准则，有不少训练者因为膝关节或腰部的一些伤病问题，较为抵触自由重量这种训练方式，特别是针对腿部的杠铃深蹲。他们担心这种训练安全性较低，不能像史密斯机一样给自身带来一定安全保障。根据我们前面多次对于史密斯机的分析已经得出结论，新手以及一些患有陈旧性伤病的训练者其实并不适合使用固定运动轨迹的史密斯机，因为他们较为缺乏对自身身体的控制和器械使用经验，容易导致自己易受伤的部位在器械的影响下更加脆弱。并且，已经有越来越多的膝关节陈旧性伤病患者反应，当正确的采取自由深蹲训练后，自己的膝盖并没有预想中的不适，反而相比之前感觉更为舒服。所谓的杠铃深蹲会损伤膝盖或者腰部，多为训练者自身姿势错误、训练经验不足，甚至是心理恐惧，未练先怯所导致的。

排除了伤病所可能产生的不良影响后，我们再回到绝对力量提高本身，如果我们选择史密斯机而非自由重量的杠铃深蹲，你的训练便无法帮助你提高神经控制能力，导致你的训练过于孤立，从而背离了深蹲的根本目的和出发点，无法使你的绝对力量，特别是伸膝力量得到充分的生长。故无论是从身体安全方面，还是绝对力量提高方面考虑，我们都应当选择采用自由重量的训练方式，而非史密斯机等器械。

（2）尽可能选择全蹲：前面提到过，根据幅度不同，蹲可以分为浅蹲、半蹲、深蹲和全蹲四种，其中考验一个训练者力量水平最为真实的应当是深蹲和全蹲，因为他们的幅度相比其余两种更大，考验的肌肉、关节以及神经控制能力更高。在大多数的力量举比赛中，采取的幅度为髋关节低于膝关节的衡量标准，也就是我们所说的四种幅度里深蹲的幅度。在这里我们并不建议训练者选择这种比赛的幅度进行日常训练，原因无非有这么三点：首先，相比全蹲，深蹲幅度下训练者的伸膝肌群活跃性较低，与我们提高伸膝绝对力量的出发点相悖。其次，深蹲这种幅度很难掌握或者很难判断，对于新手而言，往往容易将深蹲做成半蹲的幅度，影响训练效果。对于一些具备一定经验的训练者，在尝试深蹲极限重量时，会出现因自身本能反应所带来的刻意控制下降幅度，以至于深蹲做成半蹲的现象。此外，相比全蹲的幅度，深蹲幅度较小，如果以深蹲这种标准进行训练，容易导致训练者自身力量增长不真实，不如以全蹲为标准进行训练所获得的力量更充分。训练者可以放心的蹲到大腿与小腿完全接触，没有任何幅度方面的刻意控制。

（3）善于使用弹力带、箱子、铁链等辅助器材：原理与我们在分析提高屈伸髋绝对力量时一样，弹力带、铁链等辅助器材可以提高训练者的爆发力、绝对力量和动作各阶段的难点。唯一与伸髋训练时不同，我们在伸膝训练时还可以加入箱子这个辅助器材，进行箱式深蹲的训练。这种方法除了提高训练者的静止发力能力外，还可以很好的帮助新手掌握深蹲幅度，尽快熟悉深蹲这个动作的发力方式。

（4）不能忽视田径类训练：与伸髋训练中髋部一节有相似之处，田径类训练不仅可以帮助你提高屈伸髋绝对力量，还可以帮助你提高伸膝绝对力量，如我们熟知的短跑、蛙跳、纵跳等训练方法，在提高你的伸膝绝对力量基础上，还会提高你的速度、弹跳等技能。只是需要注意，这种训练方法对于训练水平有较高要求，刚迈入绝对力量大门的训练者要慎用。

（5）黄金动作之腿举：在增肌部分我们已经提到过的动作，这里还要再提一遍。

腿举对于提高伸膝绝对力量，特别是深蹲水平扮演着十分重要的角色，它可以特殊强化你的股四头肌力量，并且不会给予腰部任何负担以及压力，是不可多得的黄金训练动作。

（6）黄金动作之箭步蹲或者保加利亚剪蹲：箭步蹲可谓是训练下肢力量的黄金动作，它对于股四头肌、股二头肌、臀部肌群刺激的均衡性我们在前面已经详细提到过了。这里主要分析保加利亚剪蹲这个较少被人熟知的动作，所谓保加利亚剪蹲，是一种将股四头肌着重强化版的箭步蹲动作。相比箭步蹲，它对于股二头肌的要求极小，较大程度上提高了股四头肌的发力比例，并且在平衡性要求方面变得更加严格，不仅可以很好地提高伸膝绝对力量，还可以帮助平衡性，特别是侧膝部位的平衡能力得到提高。

这两个动作虽然看似相仿，但都无法相互替代。箭步蹲的实用性和对于力量素质的提高前面已经提到了，重要性无可替代。保加利亚剪蹲，恐怕很少有人知道它是单侧提高伸膝绝对力量最有效的动作，其效果远超单腿腿举、单腿腿屈伸、单腿深蹲等训练。它与箭步蹲类似，是纯天然、非设计出来的训练动作，仅这一项就可将单腿腿举和单腿腿屈伸秒杀。而所谓的单腿深蹲，因为难度极大，如果掌握不好动作或训练量很容易导致膝关节扭伤的毁灭性伤病，也无法与保加利亚剪蹲的价值相媲美。与箭步蹲不同，保加利亚剪蹲着重提高伸膝肌群的力量，如果你要提高你的伸膝绝对力量，既安排大重量、更为综合的箭步蹲，又安排着重强化的保加利亚剪蹲，是一种非常优秀的设计和训练安排。

（7）黄金动作之负重攀登：又名负重登台阶，与箭步蹲、保加利亚剪蹲类似，动作本身更加自然，更符合生活中常见的发力特点和习惯，只要你上楼梯那么你就需要做负重攀登，其对于着重提高训练者近膝盖部位股四头肌的力量有很好的帮助。负重登台阶可以根据台阶的高低，来提高不同部位的股四头肌力量，有助于帮你解决伸膝力量局部薄弱的问题。

训练者在提高伸膝绝对力量时可以安排负重登台阶这种训练方式，其训练器材简单、动作较容易掌握，是非常适合新手入门的力量训练动作。此外，相比箭步蹲与保加利亚剪蹲、负重登台阶更富运动性，对于提高训练者的弹跳能力有不错的辅助。

（8）攻克局部难点：在提高深蹲的绝对力量时，我们会遇到之前进行硬拉、卧推等训练时同样的问题，即出现身体局部或动作某个阶段非常薄弱，以至于无法完成预期目标的现象。因此，我们在训练这些动作时，会选择一些特殊的、技术性强的动作来攻克局部的难点，如卧推时采用半程卧推、木板卧推。硬拉时采用骑跨蹲拉、半程硬拉等。深蹲训练也有着自己独特的、专为攻克局部难点所设计的训练动作，如提高静止时发力的底部启动深蹲、箱式深蹲。提高绝对力量的间歇式深蹲等。这里我们不是非常建议训练者采用半蹲或者浅蹲的训练方式，因为这两种姿势下，训练者的运动幅度较小，容易导致身体重心、杠铃重量全部集中到膝盖上，给予膝关节过大的压力。这两种姿势与深蹲、全蹲发力点几乎全不相同，因为深蹲、全蹲虽然是股四头肌发力较多，但伸髋肌群也有着一定程度的付出和作用。在浅蹲和半蹲这两种姿势下，伸髋肌群几乎不发力，所有身体力量释放的来源恨不得都是股四头肌包办的。这种发力方式会导致训练者成绩虚假进步幅度非常大，会给予膝盖短期内无法承受的重量，以至于出现各种膝关节的伤病。

（9）不能忽视的单侧训练：在看过箭步蹲、保加利亚剪蹲和负重登台阶的作用后，可能会有人质疑，为什么还要再进行单侧训练呢？那三个黄金动作不是足够提高单侧或者不对称发力时的训练效果吗？这里提倡不忽视单侧训练，主要是处于两个方面的原因：首先，我们不可否认，有些训练者的实力非常强或者说其训练的场所器械过轻，以至于出现腿举、腿屈伸等器械双腿可以轻松完成最大负重的现象。我们知道腿举作为黄金动作之一是完全不可以抛弃的，而腿屈伸虽然有不少人认为可以通过箭步蹲来替代，但考虑到其对于股四头肌的强化和孤立没有任何一个动作可以媲美，并且难度较低，较容易被新手掌握，故也不能完全抛弃。此时如果你采用单腿腿举或者单腿腿屈伸的方式，可以很好地改善器械最大负重受限制的问题。其次，几乎所有人都存在左右力量不平衡的现象，这跟每个人天生的习惯，使用左侧或右侧肢体是有关系的。要想平衡左右侧的力量，最好的办法是让自己的强弱两侧都采取弱侧所能训练的重量。而如果我们选择箭步蹲或保加利亚剪蹲进行训练，看似是可以平衡左右两侧的力量，但因为其动作孤立性没有腿举、腿屈伸等器械出色，故实际上所带来的平衡左右两侧力量的效果并没有想象中那样出色。更何况无论是保加利亚剪蹲还是箭步蹲，根本目的和出发点都不是在平衡左右两侧力量上。所以，不要忽视你的单腿腿屈伸和腿举训练，它对于提高你的单侧力量和平衡强弱侧肢体是有着不可替代的作用。

（10）核心肌群、股二头肌等辅助训练：有不少训练者反应深蹲时腰部所受压力较大，这当中与其自身动作有问题不无关系。但除此之外，深蹲确实对于核心肌群有着一定要求，主要体现在蹲下、蹲起过程中身体重心的稳定、不前倾、不后倒。如果一个训练者的核心肌群力量不足，他是无法完成大重量深蹲的，自然也不可能拥有出色的伸膝力量。

股二头肌的价值在伸膝力量方面，主要是针对深蹲的成绩。一个深蹲能力极强的训练者，他的股四头肌和股二头肌必定都是十分出色的。虽然深蹲中蹲起的过程几乎是股四头肌在发力，但股二头肌作为伸髋肌群的一部分，对于伸展髋关节是有重要意义的，在蹲下的过程中，股二头肌也扮演了十分重要的角色（释放屈膝力量）。如果一个训练者的股二头肌力量薄弱，他在下蹲过程中的制动能力就会较差，很难稳定的控制住下蹲的速度。如果你的下蹲速度太快，超出了你自身的心理准备，轻则会造成动作失败，重则会导致失去平衡，出现腰部或膝盖受损的现象。此外，股二头肌作为支持与保护膝盖的一部分肌肉，是必须要着重训练的，如果没有它的保护与支持，你根本不可能获得出色的伸膝绝对力量。

（11）适当选择辅助装备：这里所指的辅助装备主要有两种，一种是绷带类，固定包裹膝关节，可以提高膝关节在深蹲时的稳定性，从而提高成绩；另一种是训练背心，通过特殊材质强化训练者薄弱的核心肌群以及伸髋肌群，达到提高成绩的目的。

针对于这两种装备，第一种我们建议不要使用，因为除非你的膝关节有严重伤病，不然你使用绷带，提高膝关节稳定性的结果是会让你的膝关节对绷带产生依赖感，一旦你在比赛或者训练中没有了这种习惯记忆中的包裹感，就很容易导致膝关节伤病的出现。一定要记住一个道理，所谓护具就是保护你薄弱的地方，如果你对于薄弱的地方不加训练，只会让你薄弱的地方更加薄弱。第二种我们建议选择性使用，首先它很难在国内被购买到，即使有一部分训练者能购买到，也少有使用它的机会或者经验。因为目前国内与力量举相关的比赛都是不允许使用背心这种装备的，所以你买来实际用处也不大。使用这种背心会让你的深蹲幅度减小，一旦养成这个习惯，可能对于以后的训练有消极影响。正如我们前面所说，如果你不是为了参加什么力量举比赛，老老实实全蹲对于你是最正确的选择。但是，这种背心可以让你在训练中完成更大的重量，从而带给肌肉更大程度的刺激，这都是你平常训练所无法体验到的。此外，有它的存在，你能够更好的发现自身训练中的弱点在哪，更有利于你自己水平的提高。如果是处于训练或比赛角度考虑，它会是你的良师益友。相反，如果仅是图一时虚荣，则完全没有必要去浪费金钱，走上不归路。

2. 第二阶段训练常见误区与谎言

（1）后蹲会损伤你的腰椎：这在不少篮球体能教练看来是十分正确的观点，然而事实上只要你在后蹲时保持动作标准性，你的腰部并不会感受到压力，重量会根据力学原理集中于腿部，这点与我们所说的在借力推举时即使出现锁关节，肘部所受的压力也不大，因为重量全部转移到腿上是一样的。你的腰部不会受到多余的剪切力，并且根据力量训练的原理，它会增加你的核心区域骨骼、肌肉以及结缔组织水平，所谓的“后蹲伤腰”指的多是那些采用不正确训练姿势或者在训练过程中明知无法完成，却偏要强迫自己完成所导致的伤害现象，这些与后蹲本身是没有任何关系的。

（2）后蹲会损伤你的膝盖：我们并不否认后蹲会将重量集中在膝盖上，但我们却不承认因此膝盖就会受到损伤。这个道理非常好理解，因为几乎所有的训练动作都会将重量集中于目标部位上，如果因此就断定后蹲是会损伤膝盖的，那岂不是所有的力量动作都会对相应部位产生损伤？事实上，后蹲所带来的提高不仅是强化膝关节周围的肌肉，更会强化肌腱连接处的骨骼。这两个作用对于提高膝关节的健康程度是毋庸置疑的，千万不要把一个很好的保养膝盖的动作理解为健康杀手。

（3）后蹲会损伤颈椎：我们不否认因为杠铃负重的缘故，你的脖子在一开始会感觉到非常不舒服，有些训练者因此就选择使用毛巾或者垫子的方式来减轻这种疼痛感。出现这种现象的原因并非是后蹲在损伤着颈椎，而是因为训练者本身对于这个动作不习惯，杠铃背负的位置出现错误或者斜方肌不够强大所致。如果你因此就断定后蹲会损伤你的颈椎或者在以后的训练中垫一个垫子，毫无疑问是非常错误的训练观。这里我们建议训练者最好不要使用海绵护垫，因为毕竟这是对你斜方肌、核心区域力量的一次考验。面对考验你应当做出一定的努力与回击，而不是单纯的躲避。

（4）后蹲过时论：有些体能教练认为后蹲已经过时了，这种古老的训练方法早已不适合现如今的运动员需求。并且后蹲的“应用性”看似非常低，因为你很难在实际运动中找到有“背负杠铃站起”这样的发力场景。

关于这两个问题我们分别来进行解答，首先后蹲不可否认是古老的训练动作，但是它的价值却是现在所有新研发出来的动作都无法相比的，如所谓的振动台深蹲、肩托深蹲、腿举等，它们无一例外的都是在器械上模仿后蹲进行训练，而后蹲所带来的效果是它们无法比拟的。因为后蹲是基础，如果你忽略了基础，只追逐那些更高阶的，毫无疑问是非常过激的。其次，后蹲的应用性绝对不能这么片面的理解，因为后蹲是基础动作，它的目的是提高腿部力量和肌肉水平，并非是针对某一具体运动项目，如篮球中的跑跳能力、排球中的扣杀能力，这些都是要有具体的训练项目去强化的，这不仅是后蹲所无法做到的，也是我们提到的所有力量训练动作都无法满足的。不过，这并不等同于运动员就可以不练后蹲，因为无论是跑跳还是扣杀的专项训练，其根本都是要求训练者具备一定的腿部肌肉和力量。而获取这个基本的关键就是后蹲，如果后蹲水平上不去，一切就会像多米诺骨牌一样倒塌。

（5）后蹲对于提高运动能力价值不大：这个问题我们已经在前面旁敲侧击的提到过许多次，提高运动能力的核心在于提高腿部力量，而腿部力量训练的关键则在于后蹲的训练水平。

（6）后蹲会影响身高：如果你明白后蹲对于腰椎的影响，理解这个谎言也就并不困难了。只要不是在年轻的时候采取过大重量的负荷，后蹲不仅不会限制你的身高增长，反而还会促进你的身体发育。

（7）全蹲危险性最高：全蹲是有一定危险的，但这种危险仅仅存在于两类人：一类是希望通过反弹借力的方式完成全蹲的训练者，这与我们在讲卧推时容易受伤的原因类似，反弹借力会直接摧毁你的膝盖；另一类则是训练经验不足的新手或初级训练者，他们对于动作的了解度不高，在全蹲训练时容易出现身子的晃动，膝盖的松动或者在蹲到最下面时膝盖完全放松，进而导致各种伤病的产生。

（8）适当放弃腰带：除去重竞技爱好者，大部分训练伸膝力量的训练者都是为了提高自己某一运动能力的水平。要知道，无论你在进行什么样的竞技活动或者释放哪种类型的身体素质时，都是几乎没有腰带参与的。所以，你使用腰带时所获取的深蹲成绩，并不是完全意义上的客观伸膝力量体现，因为这其中必定掺杂着腰带的辅助。如果你想让你的训练成绩更真实，对实战帮助更大，在伸膝训练时，特别是后蹲中选择放弃腰带，或许会给你带来意想不到的收获。

（9）只注重后蹲：有很多训练者只练后蹲，却不去训练前蹲。这毫无疑问会让你的股四头肌无论是在力量还是形状的增长上都受到一定的限制。前蹲相比后蹲对于股四头肌的要求更高，并且因为体前负重的缘故，对于腰部的压力较小，相对更加安全。同样是一个不可多得的提高伸膝力量的黄金动作。

（10）弓背蹲起：有许多训练者喜欢模仿高水平的力量举选手，即在大重量后蹲或前蹲训练时选择采用弓背蹲起的姿势来完成大重量。这种训练姿势是十分危险的，它可能直接给你的腰部带去毁灭性打击。在前蹲中它可能直接导致你的动作失败，严重的甚至会出现手腕的挫伤。力量举选手因为大都使用深蹲背心、弹力护腕，并且自身训练经验丰富、实力高超，故即使使用这种方法风险也要相比普通训练者小不少。

（11）后蹲膝盖不能超过脚尖：有不少训练者在初次接触后蹲训练时，因为自身踝关节、髋关节柔韧性的缘故，导致无法蹲到底，如果蹲到位身体可能会出现前倾的现象，膝盖明显超过脚尖。这种姿势长久持续下去会导致膝盖的严重伤病，进而有部分训练者将膝盖不能超过脚尖作为后蹲训练的一个重要要求。关于这个问题我们可以从运动科学角度进行分析：如果你想确保自身训练的安全性，那么发力方向与骨骼方向越一致，相应的安全系数也就越高。表现在后蹲训练上，即要保持膝关节发力方向与脚尖指向一致。如果你的膝关节在蹲起过程中出现左右晃动的发力现象，毫无疑问是非常危险的。这种左右晃动的发力方法其实无意中增加了你训练的难度，这也解释了为何重竞技爱好者都偏爱护膝，绑膝等护具的原因。所以，只要你的膝盖发力方向与脚尖保持一致，即使膝盖轻微超过脚尖也不会对膝关节健康带来伤害。我们要清楚这个超过范围是有限制的，你不能无限制的超过脚尖。否则根据力学原理，你的身体重心会前倾，重量会全部集中在膝盖、髌骨上，并且随时有动作失败的可能性。许多训练者因为膝盖超过脚尖受伤，往往都是在蹲起过程中重心太靠前，后蹲幅度不够，导致膝盖受到较大冲击力所致。这也解释了为何浅蹲、半蹲等不完全幅度的后蹲练习危险系数相对更高的原因所在。

至于解决膝盖过多超过脚尖的办法，训练者还是需要从下蹲幅度以及踝关节、髋关节的柔韧性着手。后蹲不是什么很困难的训练方法，但同样不能一上来就进行大重量训练，依旧要按部就班地慢慢熟悉动作，逐步过渡到强化训练阶段。

（12）反弹借力问题：利用膝关节的反弹借力是一种可以快速提高爆发力，绝对力量的“自残手段”。当你在下蹲，下落的过程中你想到的并非是对于膝盖进行缓冲保护，反而是尽可能借助下落的速度反弹跃起，这样虽然你的成绩在短时间内有了迅速的提高，但是膝关节却受到了强烈的冲击。这也解释了为何蛙跳、跳深、蹲跳等训练安全系数较低的原因，因为它们无一例外地运用了反弹借力这样一种“自残”训练方式。

六、小腿肌群力量训练

（一）第一阶段：增肌或健美训练

小腿肌群与手臂肌群一样，同属人体所有肌群中较小的一类，附着于人体的四肢，这两者在训练原理、特点以及会产生的误区方面都有着较多相似的地方。首先，作为小肌肉群的一类，小腿肌群同样注重训练的精度，对于训练姿势的标准性有着严格要求。其次，小腿肌群与手臂肌群一样，如果想获得不错的肌肉围度、形态，必须要加入一定超级组的训练，通过高密度的方法充分刺激肌肉生长。此外，小腿肌群所存在的误区与手臂肌群相似，有部分训练者过于夸大其作用，将弹跳、奔跑的强弱与否直接归纳为小腿肌群是否优秀，进而出现的所谓“瘦小腿论”等，这些都是片面和不科学的。当然我们也不能否定小腿的真实价值，就如同我们前面对前臂肌群所做的肯定一样。

1. 针对提高小腿肌群肌肉围度、形态的解决途径

（1）分清楚腓肠肌和比目鱼肌的位置：区分清楚人体每一个部位的肌肉名称，应当是开始每一个部位训练前所做的必须功课和基础要求。这里之所以与其余肌群训练时不同，着重提出腓肠肌和比目鱼肌位置的问题，是因为在实际训练中有不少人经常将这两个肌肉的位置颠倒，进而出现训练动作搭配不合理等现象。这里建议训练者用简单的形状法去记忆，比目鱼肌之所以这样命名，是与其状似比目鱼有关，比目鱼最大的特点就是扁平状。只要你记住了这个方法，就不会再担心弄不清楚这两个肌肉位置的问题。

（2）不可忽视的提踵训练：提踵是小腿肌群训练的基础，这个重要性就如同弯举对于肱二头肌而言，它可以充分刺激你的腓肠肌和比目鱼肌生长。提踵训练有不同的训练形式，或站姿，或坐姿；或器械，或自由重量；或脚尖内扣，或正常站立等。不同的训练方法可以给予腓肠肌和比目鱼肌不同程度和比例上的刺激。

（3）注意提踵训练的姿势标准性：所有的小肌肉群都要注意这样一个问题，就是动作姿势的标准性，一定要严格把握。在提踵训练时最容易犯的错误就是动作幅度不够和关节固定不佳，这点与我们在做弯举时容易出现的问题一样。弯举中讲究手臂充分伸直后再弯举，并且过程中肘关节夹紧不动；而提踵时讲究脚后跟一定要尽量往地上延伸，让小腿肌群充分伸展后再提起，并且过程中膝关节要夹紧不动。

（4）长距离奔跑训练：人类只要处于运动状态，就必须要运用小腿肌群的能量，特别是在奔跑中，对于小腿肌群的要求更大。如果你想获得所谓的“纤细小腿”，采用长距离奔跑训练是很好的方法，因为它即满足了有氧训练的减脂要求，又极大程度地消耗了小腿肌群，绝对是塑形、减脂一举两得的好方法。

（5）田径类训练：所谓田径类训练，与我们前面在屈伸髋、伸膝训练时所提到的短跑、蛙跳、纵跳训练如出一辙。通过较大强度的训练负荷刺激小腿肌肉数量的增长，并且给予训练者一定的运动能力。同样，我们在这里也要注意田径类训练与训练者自身绝对力量基础水平的关系，不要出现训练不相符的现象。

2. 第一阶段训练常见误区与谎言

（1）“瘦腿观念”：在众多错误严重的训练观念里，“瘦腿”是一个出现频率较大，波及面积较广的问题。这其中与现在不少人以“瘦”为美不无关系，当然反应在训练者中间的，还是深受篮球运动员影响所致。因为在他们的印象里，几乎每一个弹跳力出色、速度极快的运动员都是小腿纤细的，而一双瘦小腿更是爆发力极强的表现。

关于这个错误的训练观，我们主要从运动原理和外形两个方面进行分析：首先，在外形上，不可忽略地每个篮球运动员都有着较高的身材。从比例上来讲，如果一个两米的运动员小腿围度是45厘米，而一个一米八的运动员小腿围度同样是45厘米，很明显两米的运动员的小腿看起来要比一米八的运动员纤细许多。这就好比是一张纸，你把它压成个纸团或者拉直，其形态看上去肯定不一样，但纸还是那张纸并没有什么变化。所以，如果你从外形，比例上分析，就不难发现这种训练观的片面性。

当然，我们不能说每个“纤细的小腿”都存在我们刚才所说的比例问题，必定会有一部分训练者小腿就是那么细，与身高比例无关。这里我们就需要引入运动原理的观点进行分析，即好的弹跳力，极限速度是否完全依赖小腿的纤细。

其实这个问题的答案很简单，弹跳出色、速度极快并不是一定要有一个纤细的小腿。如果你的小腿肌肉发达、神经控制能力出色，伸膝、屈伸髋力量十足，即使你的小腿没有那么纤细，甚至围度较大，同样会给予你出色的弹跳和速度能力。为这点做最好印证的就是举重运动员、橄榄球运动员和短跑运动员，他们的小腿不能说是纤细，甚至是粗壮，但他们同样拥有众人难以望其项背的弹跳和速度能力。

最后我们从健康角度考虑一下“瘦腿”观念的局限性和错误性，首先，我们在减脂章中已经提到了没有绝对意义上局部减脂这种可能性，除非你去抽脂。如果你要瘦腿，必定带动着身体其余部位也会多多少少的减去一些，这个是否与你的本意相同就有待观察；其次，当你的小腿变得纤细时，你的膝盖负担会大大增加，即使你的体重已经因小腿纤细而减少一些。这个道理很容易想象，一根火柴棍是难以支撑多大体积的，而一旦它撑不住就会折断。当然，如果你能够做到小腿纤细是减掉了多余的脂肪，增加了许多肌肉，其对于膝盖的保护反而会增加。但是做到这个需要满足一个基本前提，即增加肌肉，减去脂肪。所以，无论从哪个方面考量，“瘦腿”这种训练观都是十分危险的。任何一个会思考、有目标、有经验的训练者都不能走入这个泥潭中。

（二）第二阶段：绝对力量训练

小腿肌群本身是小肌肉群，故其所能够释放的绝对力量是无法与大肌肉群相比的，但这并不是代表它们的绝对力量训练就不重要或者说可以抛弃。小腿肌群作为人体四肢肌群的其中一部分，连接大腿与地面，其力量大小直接影响着训练者能否将自身的伸膝、屈伸髋力量充分转化为实际的做功，实际的运动表现。在训练馆中，我们能看到这样一种现象：一名训练者自身的屈伸髋、伸膝力量不错，但是却无法展现出色的奔跑或跳跃能力，这其中很大一部分原因就是与其自身对于小腿肌群的绝对力量训练把握不好有关。

小腿肌群的绝对力量训练与手臂肌群一样，很容易出现一些误区，最常见的就是有些训练者将“跟腱长短”与小腿肌群的绝对力量高低，甚至整个人的运动能力好坏混为一谈，这种训练观念是十分不科学和荒唐的。此外，很多训练者因自身经验不足，很容易将小肌群的绝对力量训练做成增肌训练，这样一来无疑是事倍功半。所以，我们在这里将就这两个问题进行详细的分析和介绍。

1. 提高小腿绝对力量的解决途径

（1）黄金动作之田径类训练：田径类训练对于提高小腿绝对力量的价值在增肌环节我们已经有过介绍，这里不再多做赘述，短跑、纵跳、单脚跑跳等都是非常实用的训练方法。

（2）黄金动作之举重类翻、拉、抓等训练：在举重类的各种训练动作里，几乎都对于小腿绝对力量有着一定的要求。如一些基础的高翻、下蹲翻、高抓、宽拉、窄拉等训练，都要求训练者在快速翻起或抓起、拉起杠铃时，脚尖快速并且有力踮起。这整个过程对于训练者小腿肌群的绝对力量，速度都有着极大考验，如果你的小腿没有足够的绝对力量，是不足以支持完成一定重量的举重类训练的。然而举重类训练在提高绝对力量期间的“局限性”与我们所提到的田径类训练如出一辙，即训练本身难度较大。

（3）合理搭配提踵与后蹲的训练时间：我们需要特别注意提踵和后蹲的训练搭配吗？难道练后蹲那天再训练提踵会对训练有什么负面影响吗？当你从站姿提踵的动作要领来看，其实可以发现回答上述两个问题的正确答案：站姿提踵要求训练者在脚尖踮起，下落的过程中完全保持膝关节的锁死。根据我们绝对力量训练的基础原理，即避免过多使用器械，特别是史密斯机训练，我们在练习站姿提踵时只能选取自由重量的杠铃进行训练，这就会导致在提踵的过程中，膝关节受到较大的压力影响。一般不会有哪个训练者在后蹲和提踵要放在一天训练时，选择将提踵训练放在后蹲训练之前进行，一般都是将提踵训练放在腿部训练日或者后蹲训练日的最后一个动作进行。如果我们按照正常的安排进行训练，在你所有的后蹲或腿部练习完毕后，膝盖已经受到多次压力考验，人体神经也较为疲劳，此时再遇到需要锁死膝关节，压力较大、考验控制能力较强的提踵训练，未免有些不得当。所以，我们建议训练者如果将后蹲与提踵训练安排在一天，最好选择坐姿提踵等器械训练，虽然对力量提高效果并不显著，但出于安全考虑，一辆没有刹车的赛车跑得再快也不可能获得最后的胜利。正因如此，我们没有把杠铃提踵这个动作列为黄金动作之一。

（4）绝对不可忽视的反向提踵训练：无论是小臂还是小腿，训练者在训练时都很容易出现只练一半的现象。即所谓屈伸屈伸，只练屈不练伸或者只练伸不练屈，这都是非常蹩脚、非常畸形的现象。特别是在绝对力量训练这种讲究综合性、全面的科目中，更是完全要不得的。与小臂训练正好相反，小腿方面训练者极其容易忽略掉屈肌的力量，一些我们常做的训练，如田径类、举重类、提踵等都是着重考验伸肌的，相应的屈肌训练往往很少安排。这其中与训练者自身对于小腿肌群屈肌的作用不够了解不无关系，举个最简单的生活中需要运用到屈肌的例子，当你正常行走时，突然间发现前面有个“地雷”，你需要立刻让自己的脚步停止，这个让身体停止的力量就是来源于小腿肌群的屈肌、伸肌在这时则无法起到停止，制动的作用。扩展到具体的运动项目上，篮球中我们运用极多的急停、急走、停就是屈肌在制动，而走则是伸肌在发挥。武术、拳击、格斗类等相关腿法的动作，都离不开屈肌的重要作用。田径类跳远，跳高等项目，则是屈伸肌相互完美配合的展现。能够做到训练这部分力量最好的动作就是反向提踵训练，它不仅可以帮助你提高制动时的速度和力量，更可以与正向提踵训练搭配，共同辅佐你的小腿力量提高，进而保护你脆弱的膝关节和踝关节。所以，这个动作是任何一个训练者都不能够忽略，都必须要重视的。

（5）隐形武器之平衡类训练：平衡类训练对于小腿肌群绝对力量的意义，就如同内收或外展训练对于屈伸髋部位的意义一样重大，它们都是隐形武器，只有高手才会重视和训练它们。众所周知，所有平衡类训练动作的一个最大特点就是在于左右发力方式的不对称，如我们所熟知的“金鸡独立”，其对于小腿力量的考验就非常大，虽然说单腿站立的时间越长与小腿力量耐力关系更大，但如何站得稳则与小腿绝对力量密不可分。试想一个小腿薄弱，腿上没跟的人，是根本不可能保持这种特殊姿势许久的。此外，当你使用这种平衡力训练时，其必不可免的会对你的踝关节有不小考验，不少踝关节薄弱的训练者会在这类训练时被识破，发现问题所在。多进行这类训练，更是对于保护你的踝关节，甚至是恢复踝关节已有的伤病而言都是十分有价值的。至于平衡性对于人体核心力量、运动能力、竞技项目的重要性，我想不用再多赘述，几乎每个训练者都能明白它的价值所在。那么，你还有什么理由忽略这个已经被你“隐形”许久的“常规”武器呢?

2. 第二阶段训练常见误区与谎言

（1）跟腱与运动能力：我们不可否认跟腱对于人体运动能力的重要性，它是决定人体一切跑跳，行走的基础，如果没有了它，你有再强大的腿部力量、臀部力量也都是枉然，如我们在奥运会看到跨栏运动员的跟腱出现问题，即使是一点小小的炎症，都能够让你无法坚持比赛，哪怕是正常的行走都异常困难。但是长久以来，关于跟腱的作用却一直存在着一些误区和谎言，主要集中于两个方面，一个是跟腱长短的问题，还一个则是跟腱长短与运动能力的关系问题。关于第一个问题，要看你如何理解跟腱的观念。如果你把跟腱理解为从脚跟骨位置开始，向上一直到腓肠肌，也就是我们所说的腿肚子下方这段距离的长度，实际上就是把跟腱与小腿三头肌肌腱放在一起对待。每个人的“跟腱”长短肯定是不一样的，因为毕竟每个人的身高比例摆在那里，你不可能要求一个两米的人与一个一米八的人“跟腱”一样长。所以，如果从整体的角度看问题，即把跟腱与小腿三头肌结合起来看，的确每个人的“跟腱”长度是不一样的。

我们要区分清楚跟腱与肌腱的关系，跟腱是人体最粗大的一条肌腱，它决定着人体的跑跳能力。然而人体除了跟腱外还有许多条肌腱，每一块肌肉都有相对应的肌腱分别附着在两块或两块以上的骨头上。并非每一条肌腱都起着决定人体跑跳能力的作用，所以如果你从整体上看待跟腱长度的问题，一定不能忽略跟腱与肌腱的区别在哪里，不要因为整体就混淆一些问题的概念。

关于第二个问题的回答往往纠结于两个方面，一个是跟腱能否被拉长，另外一个则是跟腱的长短与力量大小是否有关？相对来讲第一个方面需要解释的可能更多，如果从整体角度来理解跟腱，跟腱是可以被“拉长”的。毕竟一些提踵训练会提升你的小腿三头肌，让肌腱得到延伸，出现如“腿肚子”提高这种现象。但是你要清楚这种现象对于运动能力的直接意义或者影响有多少？即我们要解释的第二点，跟腱长短与力量大小是否有关?

关于这个问题的答案是否定的，即跟腱长短与力量大小毫无关系。决定你力量大小的是跟腱本身的强度、质量，而非单纯的长度。这点作用在举重运动员身上最为明显，他们的跟腱不仅不长，甚至还较短，但他们却拥有着许多运动员所无法媲美的爆发力与绝对力量。

如果我们从跟腱本身的作用上来分析，理解起来可能会更加容易。跟腱之所以能够起到决定人体跑跳等基础能力的原因，与其在运动中承担着传导力量的职责密不可分。而我们知道如果你要更好的传递力量，长度与力度这两个因素相比，自然力度所占的重要程度更高，并且长度反而还会在一定程度上影响力量的传递，因为越长的传递距离，自然导致速度受到限制。而如果速度降低，只有大力量是无法释放出足够强大的爆发力。所以，如果你从整体角度理解跟腱问题，就不难解释为何在博尔特之前，少有身材高大的运动员称霸百米赛场的原因。并且在使用速度与爆发力较多的竞技赛场上，如篮球比赛中，往往是那些身材相对较矮小，“跟腱相对较短”的运动员拥有较快的速度与爆发力，而非那些身材高大，“理论跟腱最长”的内线球员。有时候你觉得他们弹跳速度要好过矮个子的球员，往往是没有注意到他们自然状态下站立摸高的巨大差距。好比一个站立摸高300厘米的运动员与一个站立摸高260厘米的运动员被要求同时摸320厘米的距离，自然是前者摸到的速度更快一些。在现实生活中，很多训练者往往就是被这个假象所迷惑。故无论你是从整体角度看待肌腱与跟腱，还是单独研究跟腱，你都能发现其长短与运动能力间没有直接的关系。决定一个训练者运动能力的高低在跟腱的质量，而非“长度”，如果你盲目追求所谓的“拉长跟腱”，往往你会收到适得其反的效果。

第七节　神经控制能力训练

所谓神经控制能力训练，主要侧重提高训练者神经系统调配肌肉、肢体、关节、韧带协调发力的能力。专注对于神经控制的提高和力量技术的发掘，通过各种跑、跳和举重等方法磨炼训练者神经系统调动肌肉的能力，进而达到提高具体运动能力的目的。神经控制能力的实际应用非常多，如日常我们习惯的搬举重物，就是一个全身协调发力的作用。如果你的神经控制能力不好，肌肉与关节配合不默契，单纯想通过硬实力去搬动它，可能就会出现某个部位肌肉拉伤或者韧带挫伤，关节扭伤的问题。

在运动方面，神经控制能力施展的魔法就不胜枚举了，人体的奔跑、跳跃、投掷等都在考验着神经控制能力的高低。我们所说的技术、技巧、协调性其实就是神经控制能力好坏的一个表现，一个训练者他的神经系统越发达，调配肌肉的能力就会越高，掌握一些高难度技巧性的动作就会越容易；在力量训练方面，绝对力量就是一个很考验训练者神经控制能力的技能，所谓绝对力量绝不是我们印象中的那种“死发力”或者“硬使劲儿”，无论是硬拉，卧推还是深蹲都有一定的发力技巧去掌握，如果你的技巧性不够，即使你的硬实力再强，也很难在某个项目上称霸。最简单的例子，我们都知道深蹲考验股四头肌最多，但并不代表股四头肌力量最大的训练者，其深蹲水平就是最高的。

神经控制能力训练与前面所讲的肌肉力量训练是你中有我，我中有你的包含关系，并非完全独立平行的两种训练方式。只是在某一类的训练方式里，对于神经控制能力或者肌肉力量的考验所占比例较大而已。这里关于神经控制能力训练主要分为两大类：一类是孤立训练，即我们前面所讲的增肌或健美训练法，特别是上肢肌群和一些小肌群的训练，非常讲究精度，要求训练者必须对自己的肌肉有足够的调配，控制能力；另外一类则是复合竞技类训练，以提高训练者的运动能力，竞技能力为主，需要训练者将速度与力量通过完美的技术展现出来，如常见的极限速度、极限弹跳、极限力量等训练都是属于复合竞技类训练。

我们在前面已经对第一类孤立训练有了详细的讲解，这里就不再重复，而是主要以第二类复合竞技类训练为主，详解如何提高这类身体素质的训练方法。

一、复合竞技类训练的法则

（一）训练针对性

在实际生活中，我们能够发现一些力量非常大，但是运动能力较弱的训练者，即所谓的“死肌肉”现象。我们需要明白的是出现这种情况的原因并不是因为他练了过多的增肌训练，而是自身缺少对于神经控制能力训练中复合竞技类训练的安排。因为一定的力量、肌肉水平虽然是你获得任何运动能力的前提，但并不代表你只增肌就可以获得各种运动能力。这里我们需要提到复合竞技类训练，甚至是所有训练的一个核心宗旨：即多做针对性训练，如你想提高股四头肌的力量，自然要加大股四头肌的训练比例；如你想提高深蹲水平，自然要多去练深蹲。同样，如果你想提高运动能力，如短跑能力，你必须要进行相应的短跑训练。绝不可能说你一点短跑都不练，只通过绝对力量训练，增肌训练就能获得一个很不错的百米成绩，这是异想天开的。但是，你短跑能力得不到提升，与你安排增肌训练并无关系。

（二）增肌训练是基础

我们在前面提到过增肌训练是所有训练的基础，无论你是练绝对力量、爆发力、速度、耐力，甚至是平衡、协调能力，通过增肌训练来获得一定的肌肉数量都是最基本的。这其中有肌肉与身体素质的关系，更有训练难度由简到繁的缘由。

有不少训练者存在这样一个错误的训练观，即认为肌肉越多、力量越大，相应的速度和灵活性就会越差。根据运动医学分析，人体所有运动表现都离不开肌肉的收缩，这是最基本，也是最无争议的。只有肌肉收缩，才会有速度、力量、灵活等身体素质的存在。肌肉收缩能力的强弱就是人类自身力量的大小，所以，力量越高、肌肉越多，灵活性、速度就越差的命题从科学角度分析是非常可笑与不合理的。有些训练者一直持有这种训练观，忽视增肌训练这个最基本的训练方法，毫无疑问是十分偏颇的。

除此之外，我们知道增肌训练作为神经控制能力训练的一个分支，其有一个显著的特点，就是讲究对肌肉的孤立刺激和训练精度。这两方面都是非常考验一个训练者自身神经控制能力的，只是相对我们这里所提到的复合竞技类训练而言，动作较为简单掌握起来更容易。以增肌训练作为基础，可以让你快速掌握神经控制的一些技巧和窍门，更有利于当你开始采取复合竞技类训练时，较快熟悉训练动作和特点。有部分训练者认为的可以抛弃增肌训练的想法是十分偏颇的，增肌训练对于神经控制能力要求水平较低、较孤立，而复合竞技类训练相对较高、较复杂。当你没什么训练经验时，就采用一个难度较高的方式训练毫无疑问是不自量力的。这好比你一只手的书法还没练成，就去追求双管齐下一样，是十分不现实的。

（三）学会如何复合发力

基础的增肌训练会让我们的肌肉和神经系统形成孤立发力的记忆，而这种记忆对于我们进行复合竞技类训练并没有什么好处。因为复合竞技类训练的特点就是强调复合发力，尽一切可能的调动身体所有能够运用的肌肉、关节去参与运动，以达到运动成绩最优化的目的。所以，如果你想练好复合竞技类训练，就必须要学会如何复合发力，甚至是忘记一些增肌训练时的发力方法。

（四）从局部着眼整体

复合竞技类训练是强调复合发力的，不像增肌、健美类训练一样着眼局部问题较多，它更关注的是整体上的配合和提高。在进行训练时，我们也需要注意局部薄弱的问题，它会帮助我们突破平台期和阶段性难点，如弹跳力这项，不少训练者每天都进行大量的跑跳练习，以求让自己调配肌肉的能力更强。但发现长时间以来的刻苦训练却没有相应的收益，弹跳水平一直不见提高。这里我们排除其训练负荷过高、营养不良的问题，单从提高弹跳的难点上分析：弹跳虽然是强调全身协调发力的运动方式，但在具体发力部位上，下肢明显要多过上肢。所以你在训练中必定要多安排些下肢训练的动作，相应减少上肢所消耗的训练时间。此外，在弹跳力方面，下肢肌群中伸膝肌群与臀部肌群在弹跳中发挥的作用最为明显，如何让伸膝肌群发力，这个问题相信不少训练者都懂得如何解答，但如何调配自己的臀部肌群发力，便不是每个训练者都能够熟悉和掌握的。所以，如果你想提高弹跳力，从感受臀部发力方式进行突破，肯定会给你带来一定的收益。

（五）田径类训练是基础

作为世界上普及面积最广的运动，田径运动考验的是人类与生俱来的基本能力，如跑、跳、投掷等。是根据历史上人们在于自然、动物的斗争中，所不断演变、熟悉和掌握的动作，田径几乎完全是纯自然、非设计的动作，是每个训练者都不可或缺、不能忽视的重要训练方式之一。有些训练者一提到田径类训练或许首先想到的就是奔跑，在田径场上一圈圈的不知疲倦的奔跑，来提高自己的耐力，减去一定的脂肪，进而有把田径类训练直接归纳为有氧训练的错误观点，认为田径类训练只能减脂不能做别的。事实上，田径类训练是所有体能训练的基础，无论你是从事球类还是游泳等比赛项目；无论你是想提高耐力，绝对力量还是爆发力；无论你是想增肌还是减脂，田径类训练都是必须要作为基础扎实掌握的。

在肌肉力量训练中，我们提到了一定大强度的田径类训练，对于刺激肌肉生长，突破绝对力量增长的阶段性难点有着很大帮助。并且，一定的有氧训练也会帮助你在进行增肌训练和绝对力量训练中，不至于增长过多的脂肪和流失一定的体能。而在复合竞技类训练中，田径训练的意义则变得更大。我们熟知的一些复合竞技类训练所提高的运动能力，如爆发力、绝对速度、弹跳能力几乎都是依靠田径运动来体现的，从“提高训练针对性”角度出发，田径训练几乎奠定了在复合竞技类训练中的核心地位。此外，无论是爆发力、绝对速度还是弹跳能力除去单纯的田径比赛外，体现最多的无非是在球类赛场上。这中间就必不可免地出现了一个运动能力延续性，也就是体能的问题。如何让你的爆发力，绝对速度，弹跳能力能够有一个充沛的体能作为支持，则成了十分重要的一环。田径训练正是解决这个问题的最好办法，在耐力一章中，我们提到了田径类训练对于速度耐力和心肺耐力提高的重要性。

如果说田径类训练有什么需要注意，或者说“吹毛求疵”地讲有些危险的话，那无非就是在动作姿势的标准性以及如何与力量训练互相搭配的问题上了，这点我们在绝对力量训练中已经多次提及，在这一章中会给出具体的解决办法。

（六）谨慎安排训练量

在复合竞技类训练中，如何安排训练量是个极为重要的一环。如果训练量安排有偏颇，不仅会导致你预期的训练目标无法达成，更容易因疲劳训练，负荷过大等导致身体出现较为严重的伤病。下面就让我们来看看安排复合竞技类训练量的基本原则，以增肌训练原则为对比。

在增肌训练中，我们要求尽可能用恒定的负荷做规定组数的训练。而在复合竞技类中，我们要学会用不同负荷来完成规定的组数；增肌训练中我们要求训练者组间休息的时间不能太长。而在复合竞技类中，则是要求训练者做到神经系统的充分恢复；增肌训练中我们以具体部位作为不同训练日的划分标准。在复合竞技类中，训练者则要学会以具体训练目标所包含的力量与技巧作为划分不同训练日的标准；增肌训练中我们要求训练者一个循环内，一个部位只训练一次。而在复合竞技类中，我们要学会一个循环内针对一个目标进行高频度训练，基本维持在2～3次，甚至4次这样的训练量；增肌训练中我们强调要让训练部位彻底疲劳，着重对肌肉的刺激，并且给予充足的时间让它们重建和生长。在复合竞技类中，训练者要尽可能避免力竭训练，刺激目标由肌肉转为神经系统，这样一来肌肉本身并不需要特别多的时间去休息，可以做到一个循环内的高频率训练；增肌训练中训练者每日的训练动作数目较多，基本在4～6个。而复合竞技类中，我们要做到削减训练项目，在关键训练项目上加强训练量，以避免过度疲劳训练所引发的伤病。所以，在安排复合竞技类训练时，一定要做到以下几点：

1. 保持训练计划的纯粹性，不掺杂大量增肌、健美、耐力等相反的训练方式。
2. 注意避免肌肉的过度刺激，力竭训练。
3. 每组训练给予神经充分的休息时间。
4. 一个动作高频率，大重量，高组数训练。

（七）理性对待肌肉形状与消长

当你在增肌或健美训练阶段获得了不错的肌肉围度，特别是肌肉形状、分离度时，一旦转入复合竞技类训练，那么必不可免的会在初期出现肌肉围度减少，肌肉形态有所退步的现象。此时，你一定要保持一个合理的心态，理性对待肌肉形状的变化，围度的消长。

有些训练者认为，肌肉形状与围度是可以通过复合竞技类训练保持的，原因无非有两点：一个是复合竞技类训练考验的是全身肌肉的配合使用，故不至于说出现全身或某些局部肌肉的减退；还一个则是顶级的短跑运动员、举重运动员、大力士等复合竞技类训练的代表者都拥有不错的肌肉围度和形状。关于这两个原因看似非常有道理，但实际上你多加分析就会发现症结之所在。首先，针对复合竞技类训练时调控全身肌肉的配合使用问题，我们要承认事实的确如此，但这并不代表全身肌肉都有训练就可以确保你之前增肌训练时的围度与形状可以保留。其中形状问题是最好理解的，因为复合竞技类训练中不再安排特定的小肌肉群训练日，健美训练日，所以你的肌肉形状根本无法保持的非常好，在前期必定会出现一定程度的下降。其次关于围度的问题，众所周知肌肉围度必须要有一部分脂肪作为基础，而在复合竞技类训练的模式下，训练者需要严格控制脂肪的数量，故在短期内围度也会出现明显的下降。此外，肌肉围度需要有针对局部部位的大负荷刺激才可以让该部位明显增厚、增大，而复合竞技类训练因为针对的目标较为综合，不再孤立，故也不利于维持原有的肌肉围度。

至于顶级的从事短跑，举重等采用复合竞技类训练较多的运动员同样可以保持不错的肌肉围度，形状的问题，我们要从以下三个方面来理解：首先，从饮食方面，职业或者顶级运动员有普通业余训练者所无法媲美的营养优势，根据我们的观点，营养至上，一个好的营养水平对于提高你的训练水平，运动能力都是最基础的。其次，从训练量方面，顶级运动员因为高超的训练水平和营养条件，可以做到将一些普通业余训练者单独拿出两天训练的内容安排到一天训练，并不会影响自己固定的训练安排和身体恢复。这个是大部分业余训练者都无法做到的，如职业运动员可以在每天进行500个俯卧撑的基础上照常完成短跑或者举重等训练，而业余爱好者可能只进行500个俯卧撑便无法再在同一天安排其余的训练。最后，从训练年限方面，顶级运动员的身材和运动水平都是从小便经历了无数的日积月累，辛苦汗水所打磨出来的。业余爱好者的训练年限往往仅有1~2年，这种情况下改变训练模式，进入到一个全新的训练环境下，必定会在初期有不适应的情况出现，即我们所说的肌肉围度与形状的变化。这并不代表你以后就一直这样，随着你的训练能力的提高、肌肉围度、形状会逐渐与你的运动能力相符合，一起得到变化。千万不要拿自己一两年的训练经验与顶级运动员的十年经验相提并论，进而得出自己的训练方法错误等结论，这是十分冒进的作法。

关于这个问题，我们还可以从“训练针对性”原理进行解释，如果你想保持你的肌肉围度和形状，必定要安排一定的增肌训练或健美训练，否则这无异于是痴人说梦。好比我们讲如果你想提高弹跳力，多练深蹲，提高弹跳中主要发力的部位——伸膝肌群是没有任何错误的。如果你只练深蹲却不做任何针对性的跳跃练习，你的肌肉和神经系统只会对深蹲有记忆，只会明白如何在深蹲这种动作下发力，一旦涉及纵跳与球结合，肌肉和神经系统便会丧失记忆和调配能力。所以，如果你要保持肌肉围度和形状，增肌训练或健美训练是不能忽略的，但是有的训练者因此便试图在复合竞技类训练的计划中，加入一定量的增肌训练或健美训练，以求获得“双丰收”的效果。这种现象，属于典型的“训练计划不纯粹”，是我们接下来要重点说明的。

（八）保持训练的纯粹性

这个问题我们在增肌训练中也有提及，这次针对复合竞技类训练再次做出解释，所谓的训练纯粹性，主要体现在复合竞技训练与增肌或健美训练的兼容性以及复合竞技类训练内纯粹性的问题。

关于第一个问题前面已经提到过，增肌或健美训练与复合竞技类相比可以说是完全不同的训练模式，在这种情况下如果将这两种训练兼容，那毫无疑问是天方夜谭。如果我们试图在复合竞技类训练中安插一部分的增肌或健美训练，必定会导致以下三种结果：

1. 肌肉恢复周期被拉长　这个是最为典型的一个现象，如你进行手臂的增肌或健美训练，必不可免的手臂肌肉就需要一定时间的恢复，在此期间内如果你进行复合竞技类训练，你的手臂肌肉并非出于最佳状态，神经系统相应的调配能力也会受到削弱，进而导致整体的运动能力受影响。

2. 神经系统过度疲劳　增肌或健美训练也属于神经控制类训练的一种，如果我们把它与复合竞技类训练安排在同一天训练，无论谁在前，都会影响后面那个的训练成果，因为稍早训练的那个已经预先让神经系统出现了一定程度的疲劳。这样一来无论是提高运动能力还是维持肌肉形状，围度的目标都会打折。

3. 受伤风险大大增加　这个是与第二条紧密联系的，当你的神经系统出现疲劳，对肌肉，关节的控制能力削弱时，毫无疑问你的受伤风险会大大增加。所以，无论你从哪个角度看，在复合竞技类训练中安插增肌或健美训练，对于不是高水平的训练者是非常危险、毫无益处的。因为，你相当于是在用只能一只手控球的能力去做双手控球，还要要求你自己双手都控好，这个在一定时期内毫无疑问是不现实的。与其两手都不好的去练，不如先练好一只手、一个方面，效率会得到明显的提升。

关于复合竞技类训练内的纯粹性问题，主要是出现在训练者对于多种无法同时训练的运动能力过度渴望上，这些运动能力的训练方法和原理往往大相径庭，如你想同时提高你的速度和弹跳能力，这两种一个是奔跑，一个是弹跳；一个是水平运动，一个是垂直运动；一个是髋部肌群所主导，一个则是伸膝肌群为核心；虽然同属爆发力的一种，同样需要力量作为支持，但各自对应的发力方式，发力肌群完全不同。所以，如果你想同时训练这两项是非常困难的，并且很容易造成训练过度的问题。但是，不管是速度还是弹跳，因为同属爆发力的一种，所以只要有一种你练得特别好，另一个水平绝对不会差。相反，如果你想做到两手抓，两手都要硬，则十分困难，如我们在奥运会少见有百米冠军可以同时拿下跳跃类项目的，即使是传奇巨星杰西欧文斯与卡尔刘易斯，也只是拿到跳远，这个类似水平发力跳跃项目，而非绝对垂直发力的跳高。所以，当你开始复合竞技训练时，一定要明白你所训练的运动能力与哪些运动能力是有冲突的，是不能混在一起训练的，这样才不会出现积劳成疾，运动成绩迟迟不得进步的现象。

（九）注意保护肌肉，关节与韧带健康

相比肌肉力量训练时，保护肌肉、关节与韧带健康的问题需要被更加重视，因为我们的主战场不再只是与杠铃、哑铃以及简单的孤立动作“缠绵”，我们的训练伙伴加入了田径场，孤立动作被抛弃，加入了大量的复合训练动作。并且，我们的训练以刺激肌

肉转为了对神经系统的考验，此时肌肉虽未疲劳，但神经的疲劳会让你的肌肉同样无法保持自身关节与韧带的健康。

相比肌肉力量训练时训练者的肌肉较少出现拉伤的问题，主要易受伤的部位存在于肘部、肩部、腰部以及膝关节等部位上。在复合竞技类训练中，因为训练动作的变化、训练刺激核心的转变，肌肉较容易出现拉伤，膝关节、踝关节增加了因过量运动所导致的伤病风险。这些伤病较多为毁灭性伤病，这是肌肉力量训练所不会带来的问题，如你很难在训练深蹲时出现十字韧带断裂的情况，这个在复合竞技类训练中，一些跑跳项目的训练时则有潜在的发病危险。相比肌肉力量训练时，只要你做好标准训练姿势，把握好训练量便几乎不可能受伤。复合竞技类训练因为较高的训练频率，大量的跑跳专项训练，神经系统疲劳缺乏对肌肉的控制能力，会极易出现即使你的训练姿势标准，训练负荷适宜，依然会出现较严重伤病的现象。所以，我们建议训练者在开始复合竞技类训练前，一定要仔细了解清楚不同动作的训练要求，一定要在训练动作掌握熟练后再开始增加负荷。不能像之前在肌肉力量训练时，采取边练熟动作，边训练的方法。因为肌肉力量训练所有的动作几乎都是基础的，所以你不能不练，不练只会导致你永远无法掌握。而在复合竞技类训练中则非如此，它是一种进阶的训练模式，你必须要确保你自己有了充足的训练经验和水平后，再进行专项训练。否则，现实生活中那么多青少年因为自身水平不足，就去训练弹跳，速度等高难度计划，所导致自身膝盖或者腰部出现问题的例子就不会比比皆是。此外，即使你的训练经验和水平足够，在进行复合竞技类训练时也同样需要注意和保护。除了我们前面所说的通过饮食的方法外，一些必要的拉伸练习、静力练习，充足的热身等都是不能忽略的训练项目。只有做到这些，才不会出现在你大功告成之日，身体早已积劳成疾，满是伤痕。记住一句话：只有确保身体的健康，才是最强大的身体素质表现。

（十）减掉多余不必要的肌肉

复合竞技类训练的核心目的是提高训练者具体的运动能力，虽然运动能力的提高离不开肌肉的基本支持与供应，但是我们不得不承认对提高运动能力本身没必要的肌肉是十分多余的，是应当在复合竞技类训练中被抛弃的。比如你想提高弹跳力，一些与弹跳力无关的肌肉数量过多，必定会导致你在释放弹跳力时需要多拿出一部分力量去做功，如胸肌数量的过多，就会在弹跳中成为一个累赘。当然，我们这么说并非否认肌肉对于运动能力的重要价值，肌肉是一切身体素质得以发挥的最基本因素，这点一定要牢记。我们只是单就如何将运动能力最优化这个问题进行分析，承认多余，不必要的肌肉对于训练者本身运动能力的提高是没有任何帮助的，甚至还会有消极作用。但是，我们不希望训练者因此就放弃肌肉力量的基础训练，特别是那些新手或初级训练者，不要把减掉多余不必要的肌肉理解为可以不用进行肌肉力量训练。因为我们所说的只是让你减掉那些多余不必要的肌肉，没让你停止那些对于复合竞技类训练至关重要的肌肉力量训练，如你想提高弹跳力，你可以停止胸部肌群的训练，但你切不可连腿部力量训练也停止，那就大错特错了。

（十一）善用辅助器械

除去前面我们提到的弹力带、铁链、箱子等辅助器械外，复合竞技类训练中还需要加入绳索、格子、跳台等器材，以帮助你更好地获取绝对力量或爆发力。

（十二）扔掉护具

这里我们不建议训练者再使用护具，特别是那些对于你的训练成绩有直接提高作用，如拉带、绑膝、腰带等，因为使用复合竞技类训练的根本目的是提高某一运动能力在实战中的应用程度，而无论是哪种运动能力，在实战中你都无法看到有这些护具的参与。比如在后面我们会介绍提高弹跳力需要一定的后蹲水平，而如果你的后蹲成绩是在腰带、绑膝的辅助下所完成的，那么便是有水分、不真实的，因为你不可能在具体的竞技比赛中还带着腰带、绑膝，它们也不可能再给你大幅度的成绩提高。

（十三）不要忽略力量耐力或速度耐力训练

复合竞技类训练的根本目的是提高某一运动能力的实战性，既然考虑到实战的问题，那么必不可免要提到延续性。没有谁是不希望自己可以在一场比赛中随时随刻都能称霸的，因此力量耐力、速度耐力的训练则显得十分重要，甚至相比绝对力量、绝对速度在某种程度上有过之而无不及。并且，在突破复合竞技类训练平台期时，如果着眼于力量耐力、速度耐力的提高，相比单纯的加大训练负荷、频繁冲击极限力量与极限速度的训练方式，更加温和平稳。虽然前者没有后者的突破平台期效果好，但却避免了后者因为力量或速度增长过快，关节、韧带强度无法赶上前进步伐所带来的伤病问题。后者依靠的是短时间内通过对于神经系统的极限负荷，多次频繁刺激提高绝对力量或绝对速度，这种方法很容易因为受到训练计划执行不规律的巨大影响。导致当你重新进行训练时，发现自身的绝对力量或绝对速度被彻底打回原形。如果你的注意力集中在力量耐力与速度耐力的提高上，虽然见效速度没有频繁冲击极限的方法快，但是带来的增长却更加真实与稳定。

（十四）技术训练很重要

这里我们所提到的技术训练是对应复合竞技类训练的核心和训练针对性原则提出的，包含协调性、神经兴奋程度、具体动作的技术熟练程度等训练，是开启复合竞技类训练大门的金钥匙。有不少硬实力、绝对力量十分出色的训练者，反映自身在某一具体的运动能力或运动技术的使用上无法充分发挥自己的潜能，其根本原因往往与忽略技术训练有非常大的关系。拥有一定的力量水平是获取高水平运动能力的基础，但不是全部，如果没有优秀的技术训练，你就只是一个徒有内功，不会招式的“移动靶子”。

当你弄清楚一个训练模式的基础法则后，你就可以开始对这类训练进行具体的分析和钻研，找出提高相应能力的具体方案。复合竞技类训练有两大表现形式，即绝对力量与爆发力。其中在肌肉力量训练中我们已经对绝对力量训练进行了具体分析，关于上肢、核心、伸膝以及屈伸髋这四大力量是每个训练者都必须牢牢打好基础的。如果你没有一定的上述四种力量作为基础，想提高具体的运动能力是非常困难的。我们在之前已经详细介绍过了绝对力量训练的原理与方法，这里不再多做赘述。

二、爆发力训练的方法

所谓爆发力，即在最短的时间内使自己或一件物体能够移动到尽量远距离的力，简单讲就是在最短的时间内用最快的速度释放出最大的力量，用公式表示：爆发力＝力量×速度。从爆发力的定义以及公式来看，决定爆发力高低的主要有两个方面，即力量和速度水平。而绝对力量和绝对速度的高低，分别受肌肉水平，神经控制能力，技术能力决定。其中肌肉水平决定你的力量和速度下限，而神经控制能力则是决定你的力量和速度水平上限有多强。当然，不是说只有速度与力量就可以获取足够优秀的爆发力。这里你还需要一定的技术能力，即如何合理的将自身的力量，速度与身体相结合。如果没有强大的技术能力，你的爆发力训练同样会受到较强影响。

人体释放爆发力的基础方式有两种，一种为让自身在短时间内移动尽可能远的距离，主要表现形式有弹跳力高低、启动速度快慢等；另一种为让一件物体移动尽可能远的距离或尽可能快速移动重量较大的物体，常见表现形式有举重、投掷类、球类项目、大力士比赛等。除此之外，爆发力在释放过程中，根据运动轨迹不同，还分为三类：水平方向，主要以启动速度，跳远能力为主；垂直方向，主要以纵跳能力，举重能力为主；弧线方向，主要以投掷类或球类项目为主。

在爆发力讲解中，我们主要根据爆发力的两种释放方式进行分类介绍，详细分析提高不同爆发力的原理以及解决方案。在此之前，我们要先了解清楚爆发力训练的基础原则：

1. 合理对待局部爆发力　我们不否认局部爆发力的存在，如投掷一个物体时，手臂自然要释放一定的爆发力。如果你以手臂爆发力来理解整体的爆发力或者区分爆发力训练，则是有一定误区的。首先，爆发力是全身协调发力的作用结果，如果你有局部爆发力这个概念，会影响你对爆发力的认识，进而会出现训练方向的偏差。其次，如果以局部爆发力来划分训练日，与我们前面所提到的复合竞技类训练中不要以某个部位来划分训练日的观点相悖，会很容易让你的训练模式又重新回到增肌或健美训练的老路上。

2. 田径类训练是基础　在爆发力释放的两种方式里，几乎都是田径类训练可以直接或间接提高的运动能力。所以，田径类训练堪称是爆发力训练的基础，不管你的目标是爆发力中的哪一种，田径类训练都是最根本的。

3. 举重类训练是核心　一些训练经验较低的训练者可能不会明白举重类训练对于爆发力的意义在何处，但从我们对于爆发力的定义中，你或许能够窥见一二：所谓爆发力，即在最短的时间以最快的速度释放最大的力量。在举重类的训练动作中，无论是挺举、抓举、高翻、高抓，还是宽拉、窄拉、借力推举，全部都满足“最短的时间内，最快的速度释放最大的力量”的定义要求，这三点如果有任何一个做不到都会影响动作的完成效果。此外，举重类训练中有不少动作发力轨迹、运动姿势与部分爆发力表现形式类似。比如有球结合时的纵跳，就与借力推举、高抓的发力方法、动作十分类似，虽然有球结合时的纵跳能力可以通过重球进行专项训练，但因其负重程度有限，对于神经控制能力的考验不高，无法与杠铃借力推举、高抓相比，所以举重类训练动作的“仿生效应”让它在爆发力训练中成为不可替代的核心。

4. 不同运动轨迹的爆发力不易兼容　我们在前面提到过关于保持训练纯粹性的问题，其中就有关于复合竞技类训练中不同运动能力的搭配训练问题。在爆发力训练中，不同发力、运动轨迹的训练能力是无法同时训练的，但这并不妨碍你训练其中一种发力轨迹，会相应的促进并且带动其余发力轨迹下，运动能力的提高和进步。

5. 如何应对平台期　与肌肉力量训练同样，复合竞技类训练也会出现平台期的问题，并且相比之下它的持续时间较长，突破难度也较大。因为你想提高几厘米的纵跳或者百分之几秒的启动速度是非常困难的，也极难保持，很容易出现因主观或客观因素所导致的训练水平退步。它不像肌肉力量训练，提高1千克的力量或1厘米的肌肉围度并非特别难的事情。此外，在采用复合竞技类训练时，所遇到平台期的速度相比肌肉力量训练时也要快很多，它会非常容易与你见面。一般当你的肌肉围度或力量出现一段时期内没有任何长进时，往往是你已经经历了较长时间的系统训练。而复合竞技类训练的各种运动能力，因为其自身的难度和特殊性，会让你刚开始训练没多久甚至还没开始训练，就会遇到一个个接踵而来的平台期。在应对爆发力训练的平台期时，我们首先要做到的是保持耐心，正像前面所说的，提高几厘米的纵跳或者百分之几秒的启动速度在短期内是极难实现的。此时你必须要保持一颗耐心，否则会让你的训练计划朝令夕改，拉长平台期的持续时间。其次，与肌肉力量训练时采取完全不训练，彻底恢复的方法也非常可取，只是相比那个阶段我们所建议的完全休息一周的时间而言，复合竞技类训练的完全休息时间不要太长，因为它休息的目的不是缓解肌肉疲劳，而是神经系统的疲劳。

所以你只要让神经系统充分休息好即可。例如，当你熬夜看完一场比赛，睡了几个小时醒来，与之前一直习惯的作息时间不同，你的神经系统肯定有一定的不适应和疲劳。如果你在当日继续规定的复合竞技类训练，你会发现非常不在状态，但是你的肌肉却没有任何疲劳感，这就是因为你的神经系统过于疲劳所导致的。故神经系统的彻底休息也是一种突破复合竞技类训练中平台期的方法之一。此外，前面提到的通过提高力量耐力或速度耐力的基础训练，也可以帮助你从硬实力角度尽快突破平台期。

以上便为我们在开始爆发力训练前所需要注意的基础训练法则，接下来就让我们根据爆发力释放的两种基础方式，来对爆发力训练抽丝剥茧，详细分析。

（一）抗阻目标为自身

弹跳能力是人类与生俱来的能力之一，人类的生存和活动都离不开它。对于竞技体育，弹跳力更是十分重要的一项身体素质指标，它反映了一个运动员自身力量、协调性、控制能力的水平。如果说在人体所有的运动能力里排一个受欢迎程度前三名的话，弹跳力一定榜上有名，甚至还可能会高居榜首。因为在几乎所有我们日常习惯参与的体育活动里，都对弹跳力的高低有着极大的需求。想想高高跃起时的扣杀；想想一飞冲天，把球狠狠扣进篮筐；想想在防守者的严密看管下，依然可以旱地拔葱将球顶入球门。这种种的实用性，观赏性无不诱惑着每个体育爱好者。并且，弹跳力的训练在很多训练者看来是“非常容易上手”的，不需要什么复杂的训练动作和训练器材，随时随地就可训练。所以无论是从实用性、观赏性，还是训练的“难易程度”讲，弹跳力都是广受人民群众欢迎的运动能力。正因如此，这些年来随着网络和运动的普及，开始有越来越多的训练者关注弹跳力训练，开始研究一些弹跳力的训练方法。这其中有利有弊，有值得创新推广的，也有偏颇待商榷的。我们在这里取其精华，去其糟粕，从全方位角度分析怎么样才能真正提高弹跳能力，在理论分析的角度上，抽丝剥茧将所有的利弊得失全部摆在读者面前。正像我们所说，一种训练法，只要不违背基本的训练原则，那么没有绝对意义上的好与坏，只有适合与否的问题。每一位读者都要养成良好的独立思考习惯，根据自身才能选择出最适合自己的训练方法。复合竞技类训练不同于增肌或健美训练，没有那么要求训练精度，故相对的死板要求也要少一些，高下立判，何去何从，就待每位读者自己来发掘。

接下来我们将对弹跳力进行理论介绍，让大家明白是什么决定了弹跳力，以及怎么做能够提高弹跳力，大的训练方向在哪。然后根据弹跳力的两种发力方式，即水平方向的跳远，以及垂直方向的纵跳进行具体的训练方法研究，以求达到安全，有效的提升弹跳力。

1. 弹跳力面面观　在分析具体的跳远和纵跳能力提高方法前，我们需要先了解清楚决定弹跳力的几大因素有哪些，是什么决定了弹跳力，以及相对应的共通的提高方法都有哪些，这些方法有哪些特点，有哪些弊端我们都要熟悉透彻，这样才会确保我们的训练选择是优秀的。

弹跳力属于爆发力的一种，根据爆发力决定的条件，我们也能大体推断出弹跳力的组成因素，即力量、速度水平、技术能力，其中技术能力与速度相辅相成，同为难度较高的技能。绝对力量水平是基础，你不可能幻想一个力量极差，肌肉萎缩的训练者能够拥有强大的弹跳能力。但是，绝对力量水平并不代表你一定能跳的高。比如有许多的训练者，他们的深蹲能力或者说腿部力量十分优秀，但在纵跳或跳远上往往成绩不如预期那样好。这其中最重要的原因就在于他们自身的协调性欠佳，神经系统调配肌肉、关节协调发力的能力太低，导致训练者自身只拥有对深蹲这项训练的记忆，对于纵跳或跳远等弹跳力毫无发力经验与记忆，也就是所谓的没有“弹跳细胞”。所以，如果你要提高弹跳力，一定要从绝对力量速度和技术能力这三方面下手，决不能有其中任何一项的缺失。技术能力为主，绝对力量与速度能力为辅不仅仅是弹跳力训练的特点，更是几乎所有爆发力训练的特点。

在现实生活中，特别是在力量训练爱好者中，缺乏技术能力是一个非常普遍的现象。可能有许多训练者不明白，因为在前面所提到一些提高绝对力量的训练动作，在大重量时不是也会考验到训练者自身的技术能力吗？我们现在却说他们缺乏技术能力，这其中究竟是为何呢？一个最关键的因素就在于单纯的力量训练所带来的技术能力，并非完整意义上的技术能力。它只能让你熟悉在身体没有位移的情况下，针对杠铃、哑铃等器械的技术能力，如普通的后蹲练习。完整意义上的技术能力还包括身体在有位移，针对自身做功时的具体技术使用，如短跑练习。所以，如果你的技术能力不高，是不足以将绝对力量与速度完美融合在一起的。要知道，在陷入爆发力训练平台期的众多原因里，除去休息时间不足，力量与速度水平欠佳外，还有一个最重要的因素就是训练者自身技术能力的薄弱。徒有一身力气，如果不会使用它们，无法将它们真正转化为具体的运动表现，同样是白白地“浪费天赋”。

表面上看来，一个训练者在选择如何提高弹跳力时，应当将大部分心思和注意力放到技术能力的提高方面，绝对力量速度练习可以放在平时进行辅助，这也符合我们所说的“技术为主，绝对力量、速度能力为辅”的爆发力训练法则。但事实上却并非如此，大家要注意对于爆发力而言，什么是最根本的？很简单，是力量，如果你没有力量，只有所谓的“爆发”，所谓的“快速”，是无法很好诠释爆发力这个概念的。我们在前面也提到了，训练爆发力必须要有一定的力量基础，否则你的神经系统拿什么去调配？这个力量基础指的不是单纯的腿部力量或者伸膝力量，而是一个综合的力量表现，这其中包括伸膝力量、屈伸髋力量、核心力量，甚至还包括一定的上肢力量，这些都是决定你弹跳力高低的基础因素。对于大部分训练者，你的综合力量水平真的达到了足够让“绝对力量为辅”的要求吗？我不喜欢做百分比的预估，但大胆揣测，能够达到力量水平要求的恐怕只有经历过专业训练的人才具备，甚至这其中一部分人也都不具备。如果你的综合力量水平不达标，就直接进行神经控制能力训练，这毫无疑问是空中楼阁，没有基础的。因为你的综合力量水平达不到要求，在你进行神经控制能力训练时，会大大提高受伤的风险性，特别是针对膝关节、踝关节等弹跳力会大量“消耗使用”的部位。

我们建议训练者从基础的力量练习和提高绝对力量做起，并不仅仅是因为关节安全、力量水平不达标等问题，还与训练者自身的年龄有关。弹跳力是一个非常有魔力的运动能力，围绕在它身边苦苦追求的不仅仅有十五六岁的年轻人，更有三十岁左右的“老年人”。而训练是与我们的肌肉发育、骨骼发育，甚至是人生阅历、年龄都有关的，并不是说所有的训练法都适合不同年龄段的训练者，如在弹跳力训练上，针对已年近中年的训练者，因为家庭、工作、自身激素分泌水平等问题，技术能力水平已经较年轻时下降了许多。这就是为何有很多训练者反应自身年纪大了，感觉力气增长了不少，但为何弹跳力反而下降了的答案所在。所以，对于这个年龄阶段的训练者，如果选择着重提高技术能力的训练方法，毫无疑问是有待考虑，不适合自己的。但是，这个年龄阶段的训练者骨骼发育、肌肉发育水平已经十分的优秀，如果选择进行力量训练、提高绝对力量的话，必定是十分不错的选择。并且，开展力量训练会帮助你提前二十年预防并减少将来关节伤病出现的几率。

对于一些尚处青春期或者较为年轻的训练者，激素分泌水平正值巅峰，自身受工作、家庭困扰极少，只有学业这一个头疼的问题。故看似选择技术能力训练是最佳的选择，但实际上我们仔细考虑，这个年纪的训练者往往较为冲动，有较强的欲望，渴望自己尽快提高，不满足现状。他们会出现在规定训练计划完成后，继续加练和超负荷训练等问题，导致自身水平不升反降的现象。这个年龄阶段的训练者骨骼发育还未成熟，如果因为超负荷训练出现一些严重的毁灭性伤病则会抱憾终生。相反，如果在这个年纪进行基础的力量训练，只要方法得当，不仅对于身高生长有着一定的促进作用，更会帮助你在这个年纪积攒出许多同龄人都无法获得的力量基础，这个基础甚至是在成年后许多年内都无法被轻松超越的。只是，我们需要注意这个年龄段的训练者在进行力量训练时最好采取增肌或健美训练的方式，不要特别执著于提升绝对力量水平。在一些较复杂的高难度复合动作训练时，可以采取轻重量只掌握技术动作的训练原则。这样一来，不仅可以帮助你获得一定的力量水平，养成不错的技术习惯，更会相对安全许多。因为我们在前面也提到了，增肌或健美训练讲究力竭，讲究对于肌肉的刺激，训练者较难进行超量训练。而复合竞技类训练着重于对神经的刺激，肌肉疲劳度较低，很容易导致训练过量。

当然，我们在选择力量训练和技术能力训练孰先孰后时，同样要明白一个适应性的问题，如有些训练者自身确实力量水平已经足够，只是技术能力欠缺、协调性不足，你自然不能再让他先进行力量训练，这样效果远不如直接进入技术能力训练来的实在。相反，如果一个训练者自身技术能力已经非常出色，为何还要继续训练已经非常优秀的能力，忽略自身真正薄弱的力量水平呢？所以，综合考虑年龄、力量水平、身体健康等多方面问题，先进行力量训练，提高绝对力量水平应当是提高弹跳力最先要做的事情。只是根据每个训练者自身的情况，处于这个训练阶段的时间也各有不同。在开始训练前，你需要明白组成弹跳力的几大力量和肌群有哪些，这样才会让你的训练更加有针对性。

首先在力量方面，伸膝、屈伸髋、核心和上肢力量都会应用在内，虽然弹跳力释放的轨迹有不同，但是这四大力量在其中做功大小的排列是相同的。伸膝力量作为人体预蹲、起跳的最直接力量，重要性自然位列头把交椅；屈伸髋力量对于助跑时的初速度，落地时对于膝盖的缓冲，让它在弹跳力中占据第二重要的位置；一个人要跳的高，身体稳定是十分重要的，这样才能确保你所释放的力量做功方向是统一，而非分散的，做到“劲儿往一块使”，核心力量的重要性仅次于伸膝和屈伸髋这两大力量；上肢力量中手臂和肩部的旋转，对于带动身体上升，维持协调性有着积极地贡献。不摆动上肢的弹跳或者不会挥臂的弹跳力自然是不够强大的，只是因为前面三大力量实在过于重要，所以只能屈居第四位。

如果要在绝对力量训练与技术能力训练间放一个标准的话，当你的极限深蹲能力达到体重的2倍，极限硬拉达到体重的1.5倍，借力推举达到体重的1倍就可以着手进入以“技术能力为主，绝对力量为辅”的训练阶段。因为当你具备这三个水平时，你的力量训练应当持续了至少一年半的时间，四大力量也都达到了一定的要求，无论是从训练经验、力量还是肌肉水平上讲，都已经足够可以应付更为复杂的技术能力训练。

可能很多训练者看到我们提到至少一年半的训练时间时就已经有点泄气，但我们要告诉每个训练者，怎么训练是最安全，最有效，最负责任的。我们要考虑的不是最快见效，不是以牺牲自己的身体或者不计一切后果为代价，这是不成熟，不负责任的！对于大部分训练者，一年半的时间真的不长，即使你已过而立之年也不需要担心，因为人体的力量巅峰期大约在33岁才会到来。你为了弹跳力所付出的这一年半是完全值得的，它会告诉你许多东西，会给你带来很多帮助。对于一部分训练者，甚至不需要一年半的时间就能够得到你想要的训练成果。因为我们前面说过，绝对力量也是决定你弹跳力高低的因素之一，所以不排除在你训练绝对力量这段期间内，你的弹跳力已经获得了巨大的提升。

当你结束绝对力量训练进入更为复杂的技术能力训练时，你的训练计划要完全颠倒，以之前的绝对力量为主，只辅以一定的技术能力训练，改为技术能力训练为主，绝对力量训练为辅。有时甚至可以用一些完全技术能力的训练替代原有的绝对力量训练动作，起到维持绝对力量水平的目的。比如我们所熟知的蛙跳，对于维持并提高伸膝、屈伸髋力量是有着深蹲和硬拉不能替代的价值的，并且它还属于完整意义上的技术能力训练，何乐而不为呢?

假如有一天你具备了不错的弹跳力，你需要考虑两个问题：一个是如何维持，还一个就是自身的健康安全。健康问题前面已经提到了，大量的技术能力训练会消耗你的膝盖，所以膝关节安全是头等大事。此外，因为弹跳力的提高，训练者自身会加大起跳的频率，这样一来相对的脚踝风险性同样较高，特别是在一些有身体接触的运动项目中更是如此。至于维持弹跳力的问题，我想每个训练者应当还是把力量耐力训练放在第一位。首先根据年龄关系，每个训练者，每个运动员在年纪逐渐变大时，第一个想到的就是提高力量耐力水平，加强肌肉能力以保护自己。其次，如果通过技术能力训练来维持弹跳力，对于膝盖、脚踝的消耗还是会比较大，要是再兼顾一些竞技类比赛，恐怕会有过度疲劳以及身体无法承担的危险。如果采取力量耐力训练为主要维持方法的话，不仅不用担心健康的问题，而且还会有利于弹跳力与运动状态的保持，并且延长运动寿命。

以上便是我们针对弹跳力组成、如何提高、训练的先后、不同方法的适用人群、弹跳力的维持、身体的健康等弹跳力面面观进行的详细介绍。下面就让我们来通过不同的发力方式，分析如何具体提高跳远或纵跳能力的训练方法。

2. 水平发力——跳远　跳远根据有无助跑，可以分为立定跳远与助跑跳远（三级跳远）这两种不同的弹跳力释放方式；根据起跳方式的不同，可以分为单脚起跳与双脚起跳；立定跳远与助跑跳远都不是单纯意义上的水平发力，因为其根本目的在于向前跳、跳的远，所以它们都有一定的水平或斜向力进行辅助。

立定跳远是没有助跑，完全依靠训练者原地发力，抵抗重力与自身体重等因素，尽可能跳的远的爆发力释放方式。与助跑跳远或三级跳不同，立定跳远考验的是一个训练者的硬实力，即伸膝与屈伸髋力量的水平，特别是伸膝力量的高低，直接决定了一个训练者立定跳远能力的好坏；与助跑跳或三级跳不同，立定跳远因为没有助跑，所以自身的技术性没有那么高，但这也不能忽略摆臂，起跳角度对于立定跳远成绩好坏的重要意义。

从动作发力方式来讲，立定跳远不仅仅是单纯的水平发力，因为涉及距离远近与起跳角度的关系，故立定跳远也有一定程度上的斜向发力。如果没有斜向发力的作用，只单纯意义上通过水平角度所释放出的爆发力是不足以让你跳的距离足够远的。

从肌肉力量角度来讲，立定跳远主要依靠伸膝力量，股四头肌的强大程度直接关系着这种弹跳力的强弱。此外，屈伸髋力量与核心力量在这里也扮演着重要的角色，虽然相比助跑跳，立定跳远中屈伸髋肌群所释放的力量要低一些，但从起跳和缓冲角度分析，屈伸髋肌群还是有自身独特的价值的。核心力量在立定跳远中，主要起落地后身体保持稳定的作用，如果训练者自身核心力量不强，容易出现落地后身体失去平衡的现象，导致成绩达不到预期效果。立定跳远相比助跑跳，因为缺少了助跑，是一种静止状态下的发力，故训练者上肢摆动好坏所对成绩的影响也是很大的。

从训练方式来讲，立定跳远与无助跑的纵跳是爆发力中比较特殊的一类，即绝对力量好坏对于成绩的影响程度甚至要大于技术能力的强弱。这与它没有助跑，直接从静止状态下释放爆发力不无关系。所以，如果训练者希望提高立定跳远的能力，着眼于绝对力量的提高是非常有效率的。由此，我们分析出提高立定跳远能力的几个训练方法：

（1）着眼于全蹲训练：在力量训练中我们讲过，相比深蹲，全蹲对于股四头肌的依赖程度更大，对于屈伸髋肌群的依赖更小。所以，对于伸膝力量占主导地位的立定跳远而言，采用全蹲训练是非常有价值的。全蹲水平的高低，甚至直接可以成为判断一个训练者立定跳远能力的标准。几乎没有一个全蹲非常厉害的训练者，立定跳远水平很差。虽然它们有姿势不相似的问题所在，但它们所依赖的发力肌群和发力比例大小几乎完全一样。

（2）不可忽略的立定跳远专项训练：根据复合竞技类训练的核心原则，即“训练针对性”原理，立定跳远的专项训练也必须要加强。它不仅能够帮助你提高立定跳远时肌肉与神经系统的记忆，优化你的上肢技术水平，更可以从有位移的角度帮助你提高伸膝、屈伸髋的力量水平，达到完全意义上的技术能力训练标准。它有着后蹲训练所无法媲美的优势，即几乎每一次全力的立定跳远，都可以看为一次极限后蹲。你可以做很多次“全力”的立定跳远，但却无法做多次极限后蹲训练，故可以带给训练者很多后蹲无法带来的关于伸膝、屈伸髋力量提高的帮助。也正因如此，训练者较容易出现训练过度的问题，如果在跳跃类训练时出现这种现象，膝关节毫无疑问是非常危险的。

（3）强化屈伸髋力量：一些屈伸髋力量占主导地位的训练动作，也是提高立定跳远能力所不能忽略的训练，如GHR、山羊挺身、硬拉、站躬身等，它们会帮助你在立定跳远时尽可能通过髋部的摆动，发力去获得足够优秀的成绩。

（4）核心力量的加强：核心部位的绝对力量强弱，有助于训练者在受到强大力量冲击时，保持身体重心的平衡。建议训练者通过极限深蹲、极限支撑深蹲等考验核心部位绝对力量的训练方法来提高。

（5）注重极限与速度的提高：立定跳远考验的是静态下训练者腿部力量的大小，无论你以什么动作作为训练目标，都应当加强对于相应动作极限负荷的训练次数和频率。这样可以让你快速提高自身的极限力量，有助于在立定跳远上发挥出好的水平。此外，在爆发力的释放原理中，速度的快慢也是影响成绩的一个重要因素。训练者除了采取极限负荷进行高频率低次数的训练模式外，还应加入相应动作中低负荷、高频率、高速度的训练模式，以做到对相关训练动作技术性与速度的双重提高。这里我们建议训练者先将极限力量的提升作为训练出发点，随着水平的提高慢慢加入中低负荷、高频率、高速度的训练方法，最终再彻底将这两种方法融为一体，既安全又高效。

（6）注意提踵绝对力量训练：这里我们采取与传统单侧脚提踵训练不同的方式，用双脚同时进行提踵训练，其中最根本的原因就是为了模仿立定跳远起跳时，小腿肌群伸肌的发力方式，以提高训练者的立定跳远能力。训练者需要牢记一点，无论是哪种弹跳力的释放方式，小腿肌群的训练都是十分重要的。只是根据单脚双脚起跳的不同，有单脚提踵、双脚提踵以及侧重正向提踵或反向提踵的区别。无助跑的弹跳力，如原地纵跳和立定跳远，就需要双脚提踵训练，并且更侧重伸肌力量的提升；有助跑的弹跳力，如助跑跳远或助跑单脚跳，就需要单脚提踵训练，并且更侧重屈肌力量的提升。由此也能从侧面揭示一个问题的答案，即为何从事跳跃类项目或球类项目的运动员小腿肌群都非常发达。

助跑跳远（或三级跳）与立定跳远相比还是有一个共同点的，它们都是以水平方向作为主要发力方向，带有一定的垂直或斜向力辅助。但除此之外，无论是从起跳方式，还是从肌肉，力量甚至是训练方法角度讲都有着完全不同的区别。助跑跳远或三级跳远因为加入了助跑，以至于其起跳方式由双脚跳直接变为了单脚起跳（几乎没有人在助跑跳和三级跳中采用双脚起跳），发力方式由静态发力变为了动态中，带有一定初速度的发力方式。

从肌肉力量角度讲，助跑跳远或三级跳远因为加入了助跑，初速度大小对于跳远成绩的好坏有着重要影响，故屈伸髋肌群所扮演的角色在这里占据最重要的地位。伸髋与屈髋肌群运动的幅度，释放力量的大小直接决定了你助跑初速度的高低，以及起跳时所获取的助推力大小。其次，伸膝肌群的重要性对于所有跳跃类动作不言而喻，只是因为助跑的缘故，其重要性稍微略低于伸髋与屈髋肌群。另外，这里所指的伸膝肌群的力量体现形式与立定跳远或纵跳摸高时有不同，它是单侧腿伸膝肌群的力量大小，而非双腿伸膝肌群的共同发力。当然，核心力量的好坏在这里也有不可忽略的作用，它能够确保你在高速奔跑时身体不会出现偏移，并且在起跳时，身体同样能够保持平衡和稳定，将上下肢力量充分结合起来。最后，我们不能忽略小腿肌群中屈肌的重要性，它的力量大小对于训练者在起跳前最后一步急停时，腿脚能否踩的实，力量能否全部作用于地面上有着核心作用，堪称是每个训练者所不能忽略的“王牌隐形武器”。

从训练方式讲，助跑跳远或三级跳远的技术性相比立定跳远要大得多，对于训练者自身技术能力的高低有着更大的要求。虽然力量水平十分重要，但训练者在训练这一部分爆发力时，应当多安排些具体的技术训练，这样可以让自己更快掌握动作技术，让身体和肌肉习惯这种发力方式。由此我们总结出提高助跑跳远或三级跳远的训练基本法则：

①训练单腿深蹲：虽然我们不是很推荐单腿深蹲，因为其难度较大，一旦掌握不好很容易给予自身膝盖一定的伤害。但是考虑到单腿深蹲对于助跑跳远或三级跳远的重要性，以及凡是采用复合竞技类训练的训练者都有一定的训练经验和能力，我们还是不能放弃这种训练方法。它对于提高单侧腿的伸膝力量是有好处的，是一些动作所无法替代的。

②加强单侧伸膝动作训练：毕竟不是每个训练者都能够做到单腿深蹲的，即使是都能做到，也不是只有一个单腿深蹲就可以解决单侧伸膝力量这个问题的。它毕竟是一个复合动作，缺乏对于股四头肌的孤立刺激。并且，单腿深蹲或者三级跳远、助跑跳远这种单腿起跳的方式，比双腿起跳更加消耗膝盖。所以加强单侧股四头肌的孤立训练，对于刺激肌肉的生长，保护膝关节也是有一定帮助的。我们这里可以采用单腿腿举、腿屈伸等方式来提高单侧伸膝肌群的肌肉与力量水平。

③加强非对称发力训练：箭步蹲作为非对称性训练的代表动作，对于提高单侧伸膝肌群的绝对力量有着十分不错的帮助，是训练者必须要采用的动作之一。

④着重提高屈伸髋绝对力量：屈伸髋力量是三级跳远或助跑跳远的主角，所以我们需要安排大量的屈伸髋力量训练，让伸膝作为这一阶段的辅助训练。在提高屈伸髋绝对力量时，我们建议训练者选取GHR、站躬身、绳索屈髋来训练，因为它们不仅对于屈伸髋肌群刺激程度较大，而且还不会给予腰部过多的疲劳。如果训练者选择硬拉，虽然效果明显，但因为股四头肌参与比例增多，会影响伸髋肌群的训练效果，并且给予腰部过多疲劳，会容易影响田径类以及助跑跳远专项训练的正常实施。

⑤多训练启动速度和加速度：这里强调加速度和启动速度的训练，根本原因是为了在本身不长的助跑赛道里，让训练者能够尽可能地获得一个较高的初速度，这样对于成绩的提高是显著的。所以，一些相关的短跑练习，启动练习，加速跑就必须要加入到训练计划中。

⑥注重核心部位力量耐力：一定的核心部位力量耐力可以帮助你在身体受到助跑高速度的冲击下，依旧保持平稳，技术动作不变形。

⑦助跑跳远或三级跳远专项训练：与前面一样，助跑跳远或三级跳远的专项训练还是为了提高训练者肌肉，神经系统对于动作的熟悉性和记忆程度。在助跑跳远时，摆臂的方式与立定跳远有很大差别，无论是助跑（立定跳远还没有助跑）还是空中都有很大不同，所以训练者更需要通过类似立定三级跳这样的专项训练来让自己逐渐熟悉强化具体的动作技术。

⑧大重量提踵训练：有了出色的核心部位，伸膝、屈伸髋的力量还不够，如果你忽略了大重量的提踵训练，那么一切都是空谈！你的助跑跳远或三级跳远根本得不到提高！因为它不再是像立定跳远那样依靠双腿发力而是单腿，除去对于单侧腿力量有要求外，脚踝、小腿伸肌的力量也非常重要。如果你的跟腱力量不够发达，那么是无法将大腿以及臀部，上肢所释放的力量最终转移为让你跳的更远的助推力。此外小腿肌群的屈肌对于起跳前最后一步的急停有着重要意义。如果你的屈伸肌力量都不强，即使你的伸膝，屈伸髋力量再强大，也无法把这些能量汇聚于脚底的一个点上，让它产生强大的反作用力助推你往前飞。所以，大重量的正向、反向提踵训练都是提高助跑跳远的利器。

⑨不可忽视柔韧性：柔韧性，特别是髋部的柔韧性对于助跑跳远是很重要的，它不仅体现在助跑时屈伸髋的运动幅度，更体现在起跳后训练者在空中身体的延展性。

⑩单脚跑跳训练：它对于助跑跳远，或者助跑摸高所带来的帮助简直无法用语言来形容。首先它是完全意义上的技术能力训练，不仅考验你的力量，速度水平，还对你的技术能力，运动状态下的发力能力有较高要求。其次，单脚跑跳训练符合不对称发力的原则，并且会对你的小腿力量带去强大的刺激，这些无论哪一个都仿佛是为了提高助跑跳远而制定的。如果你的训练计划里面没有单脚跑跳训练，你便不是一个合格的弹跳爱好者。

3. 垂直发力——纵跳　垂直发力方向上所释放的弹跳力，是大部分对弹跳有要求的竞技运动中主要的表现形式。与跳远一样，纵跳根据助跑与否可以分为助跑跳与原地纵跳；根据起跳方式的不同，可以分为单脚起跳与双脚起跳。另外，由于篮球运动中会大量使用纵跳，故结合球类运动，还可分为简单的纯徒手助跑摸高或原地纵跳摸高，以及与球结合的有球助跑摸高或有球原地纵跳摸高。

（1）原地纵跳：原地纵跳与跳远中立定跳远有着很多相似的地方，它们都是完全处于静止状态下的弹跳力释放方式，都是检验训练者股四头肌硬实力的最佳办法之一。除了一个是水平方向发力居多，另外一个是完全依靠垂直发力的弹跳力释放轨迹有所不同外，其余的几乎完全一样。所以我们在分析原地纵跳时，可以参考立定跳远。

从肌肉力量角度讲，伸膝肌群毫无疑问是原地纵跳中发挥作用最大的肌群，训练者通过预蹲，释放出强大的伸膝力量以带动自身身体上升，故一些提高伸膝肌群绝对力量的训练动作必须要好好掌握，特别是极限后蹲的训练。我们在立定跳远中进行过分析，后蹲除了绝对力量的释放轨迹与立定跳远有所不同外，其余几乎所有的发力肌群完全相同，是针对性非常高的训练动作。而在原地纵跳这一阶段时，后蹲的相似性得到了更大的提高，因为它们不仅有着几乎相同的发力肌群，更有着完全一样的绝对力量释放轨迹，是不可或缺的常规性训练武器。屈伸髋肌群的意义在这里与立定跳远时所扮演的角色几乎一样，即起到力量启动和缓冲保护的作用。核心肌群在这里同样需要重视，它能够保证你的力量完美结合，协调发力，你很难想象一个挺着大肚子的人能有多么出色的弹跳能力。上肢肌群在原地纵跳中需要快速摆臂，以达到在“静态中获得一定初速度”的目的，提高纵跳能力。只是与立定跳远不同的是，这里的挥臂所带来的力量是垂直的，而立定跳远时所带来的力量是斜向的。

从训练方式讲，原地纵跳考验的是伸膝肌群的硬实力，所以后蹲的极限水平在这里显得异常重要，如果你要提高你的原地纵跳能力，那么着眼于后蹲极限水平的提高是肯定没错的。原地纵跳因为是单纯的垂直发力，没有任何水平或斜向力的辅助，这让本身技术性就不高的它，看上去更没有什么对于技术的要求。但事实上，原地纵跳中也不能忽略技术的掌握，一些专项的原地纵跳训练，可以帮助你的上下肢逐渐磨合，强大的伸膝肌群适应弹跳力这种爆发力释放方式，达到巨大的合力输出效果。此外，原地纵跳与立定跳远还有一个最大的不同点，在于它加入了有球的结合。如果你不是单纯意义上的跳的高，而是要做到摸得高，特别是有球结合时更能摸得高，那么你的训练还要做出一些改善，如上肢的柔韧性训练、上挺、重球摸高、高抓等都可以帮助你在有球摸高时同样有一个比较优秀的成绩。相反，如果你忽略了这些训练，很容易出现无球时徒手摸高非常好，但一与球结合就立刻现原形的情况，这就是所谓的协调性过差。综合上述几点，我们分析出原地纵跳的训练法则：

①着手提高极限后蹲力量：原理已经阐述明白不再多说，少有后蹲水平高者原地纵跳能力极差。这里训练者可以多采用浅蹲或者半蹲的幅度进行训练，虽然它们对于力量的提高不够全面，但从预蹲幅度上与纵跳一模一样。从训练相似性角度考虑，它们对于弹跳的提高甚至要好过全蹲训练。只是你需要注意，这种训练方法很有可能会带给膝盖一定的压力，造成膝盖的不适或伤病。

②注意双脚提踵：与立定跳远时一样，不采取传统的单侧脚提踵，而是双脚提踵，这与立定跳远、原地纵跳独特的起跳方式有关，着重提高小腿肌群伸肌的绝对力量。

③核心部位绝对力量的提高：为了应付在极限伸膝、屈伸髋力量释放时，能够与上肢挥臂的力量相结合，并且释放出巨大的合力，保持身体在空中的稳定性，你需要提高一下核心部位的绝对力量。

④强化屈伸髋力量：与立定跳远时一样，虽然屈伸髋力量在这里不是主角，但你不能忽略它的训练，一旦臀部、股二头肌无力，变成你的负担，你不仅跳不高，而且还会有可能出现伤病等问题。这里再次注明，尽量减少硬拉的练习，以避免给予腰部过多的疲劳感，影响训练效果。

⑤原地纵跳专项训练：根据“训练针对性”原理，原地纵跳的专项训练可以帮助你纠正一些上下肢结合的技术性，提高肌肉与神经的记忆能力。你会慢慢学会怎么跳，将后蹲训练所获得的成绩充分运用到实战中。

⑥上肢柔韧性训练：如果要让你自己摸得更高，你就必须要采取单手摸高的方式，双手摸高显然不会比你单手摸高带来的成绩好，这是最基本的生理常识。所以，如果你要采取单手摸高，一定的上肢柔韧性训练显然是会有所帮助的。如果你的身体过于僵硬，跳起后在空中一侧身体根本无法打开，没有好的柔韧性和延展性，那肯定是不会有多么优秀的摸高成绩。

⑦上挺：上挺的意义主要是针对有球结合时，训练者容易出现协调性不足，肌肉与神经对这种发力方式没有记忆所产生的弹跳力直线下降问题。上挺是所有力量训练动作中与原地持球纵跳摸高相似度最高的动作，它对于这项弹跳力的提升效果甚至可以超越最直接的重球摸高。因为它可以负担很大的重量，这是重球所不具备的，而当你肩膀上所负担的重量越大时，对于你借力推起所带来的神经控制能力方面的提高自然也就越好。所以，如果你有提高原地持球纵跳摸高的能力需求，一定不能忽略上挺的训练。有训练者可能存在疑问，上挺是挺举的一部分，为何不将整个挺举训练都加入到提高原地持球纵跳摸高的训练中，反而仅仅保留最后一个阶段的借力推举呢？这其中与挺举在翻站时会极大消耗伸膝、伸髋肌群，并给予腰部一定的负担有关系，如果保留了完整的挺举训练，会延缓一些肌群与神经的恢复速度，影响原地纵跳专项训练的效果。

⑧重球摸高：对于原地持球纵跳摸高的训练有最直接的刺激效果，它符合我们所提到的“训练针对性”原理，在改变球的重量后，它可以很快地给予你这项弹跳力水平的提升。重球摸高与原地纵跳专项训练一样，都需要训练者勤加练习才可以慢慢掌握动作发力的技巧，提升自身的协调能力。我们建议训练者最好将重球摸高与上挺相结合训练，在做完一组上挺练习后，立刻进行一组重球摸高训练，这样不仅有利于力量水平的提升，更可以加深肌肉与神经系统对这个动作的记忆。并且，因为上挺不会采用较高的次数，所以不用担心肌肉疲劳所带来的伤病隐患。

⑨王牌武器之悬垂高抓：在原地纵跳的所有训练中，最有价值的不是革命基础——后蹲，也不是相似性极高的上挺、重球摸高，更非最直接的原地纵跳专项训练，而是我们这里要说到的悬垂高抓训练。高抓训练作为提高抓举水平的一个举重类训练动作，

对于提高训练者的协调性，爆发力有着无与伦比的价值。而在原地纵跳的训练中，这个价值更是被放大了无数倍。首先，从动作姿势上分析，悬垂高抓具有与原地纵跳极强的相似程度，这个程度是连后蹲都无法比拟的。因为后蹲训练中，我们的手一直是把握住杠铃的，但原地纵跳时训练者是需要挥动双臂获得初速度的。而在悬垂高抓训练中，我们发现这个问题被改善了，训练者手持杠铃于膝上，全力将杠铃快速抓至头顶，很像原地纵跳时的发力姿势。此外，后蹲训练中，训练者需要蹲到最深的位置，而我们在原地纵跳时，几乎不用预蹲这么大的幅度，一般都是浅蹲，最深也就是半蹲的幅度，连髋关节低于膝盖的幅度都少见。在悬垂高抓训练时，训练者的预蹲幅度则几乎与原地纵跳时的幅度相同。并且悬垂高抓对于训练者自身的柔韧性，特别是髋部柔韧性以及髋部发力技巧都有着极高的要求，是一项技术性非常高的训练动作。其次，从动作安全性角度考虑，高抓是纯天然的动作，安全系数极高。特别是相对各种蹲跳训练而言，更是安全不少。只要你将动作做标准，合理按照训练计划要求，就会将伤病出现的可能性压至最低。所以，这样一个即对绝对力量有提高，又会给神经控制能力带来极大帮助，并且还与我们想提高的目标动作如此相似的训练动作，还有什么理由不成为你训练的王牌武器呢？如果你掌握了高抓训练，特别是更特殊的悬垂高抓，它会在短时间内给你的弹跳力带来巨大的提升。有训练者可能会质疑，既然高抓训练对于提高原地纵跳能力有这么大的好处，那为何在立定跳远中不做这类安排？原因很简单，因为立定跳远时的发力轨迹与高抓练习有本质上的区别，不能简单地以偏概全。

⑩注意各种蹲跳训练：为了避免后蹲训练没有跳起这一环节，我们设计出了一些蹲跳训练，它们可以分为杠铃跳、哑铃跳、浅蹲跳、半蹲跳或深蹲跳，对于模仿原地纵跳有着各自独特的效果。如果你采取杠铃跳，那么在你提高原地纵跳能力的同时，更会提高你在竞技比赛中，有对抗能力下的纵跳水平。有不少训练者因为自身力量过差、体重较轻，往往在有对抗能力时便无法释放出强大的弹跳力，这便可以通过杠铃跳的方法来改善；如果你采取哑铃跳，虽然你腿部的发力幅度受到减小，但是它可以帮助你提高持球时的原地纵跳能力。只是这种方法相对于上挺和重球摸高而言效果雷同，并且安全系数相对较低，不推荐使用；如果你采取不同幅度的蹲跳，即浅蹲跳、半蹲跳或深蹲跳时，你需要先弄清楚自身习惯的弹跳预蹲幅度是浅蹲、半蹲还是深蹲。因为这些蹲跳是根据你自身的预蹲幅度来设计的，如果你习惯的预蹲是半蹲，但是你却训练浅蹲跳，那肯定是南辕北辙的。在采取各种幅度的蹲跳训练时，我们建议训练者一定要注意自身的膝盖，因为蹲跳会给予你自身膝关节持续的冲击，特别是在离开地面后，带给你的不仅仅有杠铃的重量还有你自身的体重。训练者此时往往习惯借助膝盖的反弹发力去完成动作，这样持续训练是非常危险的。半蹲与浅蹲这类不完全幅度的后蹲训练本身就会给予

膝盖较大的压力，更勿论加入了连续起跳，变为半蹲跳、浅蹲跳后对于膝盖的危险性。但是，蹲跳训练对于提高弹跳力的效果是非常快速、显著的，这个我们必须要指出来，因为它属于完整意义上技术能力训练，并且难度系数很低，不像高抓一样极难被掌握。所以它的见效速度要超过高抓，极限后蹲甚至是原地纵跳的专项训练。不过，你要弄清楚一点，即这种快速见效的训练方式是伴随着极高风险性的，如果你的膝关节因为图快速见效，导致受到严重的伤病，那岂不是得不偿失？

⑪不要忽略前蹲：前蹲对于股四头肌的刺激效果非常显著，是提高伸膝力量所不能或缺的训练动作。此外，针对有球结合时原地纵跳的负重方式而言，负重在体前并非体后，所以前蹲相比后蹲，在针对原地纵跳的提高方面有着独特的优势。

⑫慎用跳深训练：跳深训练对于弹跳力提高同样是有不可估量的作用。但是我们在这里建议训练者最好思考清楚，因为它们在带来高效果的同时，也会带来巨大风险。而这个风险是要远比蹲跳，不完全幅度后蹲更大的。因为每次跳深时，训练者的膝盖在落地一刻所承受重量为自身的两倍，并且需要在落地后立即发力跳起，这其中几乎没有任何缓冲以及对膝盖的保护，长久训练下去毫无疑问是自毁武功。

（2）助跑摸高：助跑摸高与助跑跳远一样，因为加入了助跑，起跳方式由双脚改为单脚，所以在协调性方面对于训练者有很高的要求，它的技术性非常高，要求训练者必须充分调动全身的肌肉与关节协调使用，才能够做到成绩上的提高。如果你的协调能力不强，控制能力较差，很容易出现比原地纵跳时摸高高度还矮的现象，这点是在助跑跳远中很少能够见到的。所以，我们在训练助跑摸高时，一定要仔细研究、慎之又慎，不能笼统的把助跑跳远时的训练方法归纳到助跑摸高的训练中，否则极其容易导致训练效果与既定目标的偏差。

从肌肉力量角度讲，助跑摸高中屈伸髋肌群占据核心地位，无论是助跑，还是最后一步起跳的摆腿，都需要屈伸髋肌群积极发力，才可以充分利用助跑的初速度让你获得比原地纵跳更好的摸高成绩。伸膝肌群与核心肌群在这里的意义几乎平起平坐，一个决定着最后起跳时身体获得的助推力有多少，一个决定着助跑和起跳时身体的平稳和力量的聚合。与助跑跳远一样，小腿肌群的屈伸肌在这里同样显得意义非凡，作为单脚起跳且有助跑的弹跳力释放方式，如果你的屈伸肌力量不强，最后一步的急停以及起跳时小腿的伸肌力量都会显得异常薄弱，这样一来是无法跳高的。

从训练方式讲，助跑摸高对于训练者的协调性，起跳动作的技术性有着十分严格的要求。这个严格要求程度甚至远远超过了助跑跳远时的要求。因为如果你的协调性不足，很容易出现助跑摸高比原地纵跳差的现象。一些训练者反应自身原地起跳可以轻松摸到篮筐，但是改为助跑单脚起跳后反而连篮板都只能勉强摸到。这表面看上去是单脚起跳、双脚起跳的区别，其实内因是神经控制能力，协调性与绝对力量高低的问题。一些训练者自身协调能力不高，技术性不强，自然而然只能在双脚起跳中占据优势。所以，如果你要提高助跑摸高的能力，训练重心一定要由绝对力量训练转移到具体的技术能力训练上来，多提高自身的柔韧性、协调性和技术性。我们能够发现，有一部分助跑单脚跳的训练者自身腿部力量并非那么强，但却拥有很强的摸高能力，原因正在于此。由此，我们归纳出助跑摸高（含助跑单脚和双脚跳）的训练基本原则：

①助跑双脚跳——扣篮王的利器：助跑摸高并非仅仅有单脚跳这一种弹跳力释放方式，它还有另外一种起跳方式，即助跑双脚跳，一种将助跑跳与原地纵跳相结合的弹跳力释放方式，通过助跑获取一定的初速度，然后利用身体的绝对力量让训练者获得远远大于原地纵跳和助跑单脚跳所带来的摸高成绩。我们能够发现，无论是在什么球类项目中，当需要获得最大弹跳力或者摸到最高高度时，运动员往往会采取助跑双脚跳这种方式，如扣篮大赛或者摸高比赛，体测时大部分运动员都会选取这样的起跳方式，以带给自己最大的摸高高度。那么为何还有助跑单脚跳这种存在方式呢？事实上，它是一种糅合了纵跳与跳远优点的弹跳力释放方式，不仅可以让你跳的高，更可以让你跳的距离远、起跳速度快。我们发现在扣篮大赛上，当你需要从罚球线起跳时，你必须采取单脚起跳的方式才能够获得足够的飞翔距离，如果你想采取双脚起跳，那毫无疑问是给自己徒增烦恼。当你在篮球比赛时需要完成一次快攻上篮，最简单、最快速的攻击手段毫无疑问是利用单脚起跳的方式。因为它可以带给你更远的攻击距离以及更早的进攻发起机会，如果采用力量释放更多的双脚起跳，虽然在高度上有所保证，但有可能因为进攻时间的错过，吸引对方的防守，导致大好的进攻良机白白流走。所以，如果你想让你的助跑摸高成绩得到提升，最直接的一个训练方法就是将助跑单脚跳改为助跑双脚跳，这样你的成绩会得到瞬间的巨大提升。当然，这需要满足一个前提，即你拥有足够强大的伸膝、屈伸髋肌群力量，否则你不会发现这种起跳方法有什么明显的不同。

②加强屈伸髋绝对力量的提高：虽然助跑双脚跳从摸高角度讲可以带来最大的高度和成绩，但我们不能忘了当你需要足够远的起跳距离时，你必须依靠单脚起跳。这其中首当其冲的就是加强屈伸髋绝对力量的提高，与助跑跳远时类似，通过GHR、站躬身、绳索屈髋等既不影响腰部恢复，又效果显著的训练动作来提高自己的屈伸髋肌群绝对力量。

③多训练单侧伸膝肌群：意义在于单脚起跳时可以释放巨大的伸膝力量，以带动训练者身体离开地面。我们建议训练者多采取些单腿腿举、腿屈伸的训练，可以很好地刺激单侧伸膝肌群。与助跑跳远时训练要求加入单腿深蹲不同，这里我们不建议训练者采取这种方式。因为助跑跳远毕竟是要跳入到沙坑内的，对膝盖的缓冲效果会好很多。而

助跑摸高是直接降落在地面上，无论是从地面材质（沥青、塑胶、木地板），还是从落地姿势、垂直下落与近似水平下落来讲，助跑摸高对于膝盖的冲击都要大许多。在这种情况下，如果还采取单腿深蹲的训练，恐怕许多训练者的膝关节会无法承受这么强的刺激。

④注意核心力量的提高：与助跑跳远原理相同，不多做赘述。

⑤王牌武器之箭步蹲：箭步蹲是提高助跑单脚跳的王牌武器，其根本原因在于它的非对称发力符合助跑摸高时的发力特点。并且箭步蹲会给予你单侧伸膝肌群绝对力量的提高，从力量角度也会带给助跑单脚跳一定的帮助。之所以在这里建议使用箭步蹲，而非保加利亚剪蹲，原因有两点：其一，箭步蹲可以连贯训练，形成箭步蹲前进，即箭步走；保加利亚剪蹲是固定的单一力量训练动作，从运动性、技术能力方面无法与箭步蹲相媲美。其二，箭步蹲与助跑单脚跳的助跑阶段发力以及姿势相似程度相比保加利亚剪蹲要更高，虽然保加利亚剪蹲对于股四头肌的刺激程度较大，但是考虑到助跑单脚跳训练时，技术能力训练为主，我们还是忍痛割爱，放弃保加利亚剪蹲训练，只保留更合适的箭步蹲，以避免肌肉过多的刺激，从而影响助跑单脚跳专项训练的效果。

⑥加强小腿屈伸肌群的绝对力量：训练者需要加强自己小腿屈伸肌群的绝对力量，这样才会让你在单脚起跳的助跑摸高中占据优势。其中，特别是屈肌的绝对力量更是要打起十二万分的精神去训练。至于具体的训练方法，反向提踵与正向提踵都要加大训练负荷。

⑦助跑单脚跳的专项训练：助跑单脚跳的专项训练可以帮助你很好的掌握动作技术性、提升协调能力和肌肉与神经系统的记忆。理论上讲，在三种摸高的方式里，原地纵跳是摸高高度最低的，助跑单脚跳次之，最高的是助跑双脚跳。有很多训练者却有原地纵跳比助跑单脚跳摸高还要好的现象出现，这中间最关键的问题就在于训练者自身协调性、技术能力太低，以至于出现助跑单脚跳被割裂成助跑加单脚起跳这种方式，即助跑所带来的初速度和力量无法在单脚起跳时使用到，让一个本身很连贯的起跳动作变的特别孤立。这样一来就变成了单纯的单脚起跳，没有任何初速度和力量的辅助。所以无论从力量还是速度角度分析，这种蹩脚的助跑单脚跳摸高高度比原地纵跳矮是十分正常的。如果训练者要改变这一现象，最简单的就是从专项训练做起，多练你想提高的目标动作，会帮助你慢慢改掉协调性较差的毛病。

⑧柔韧性训练：其意义对于助跑单脚跳和助跑跳远一样，即加强髋部的运动幅度，以争取获得更好的运动成绩。此外，助跑单脚跳时因为有摸高需求，故一些上肢的柔韧性训练也必须要加入其中。

⑨合理进行速度训练：与助跑跳远时我们强调加强启动速度和加速度不同，在这里

我们并不要求训练者过多关注这方面的练习。因为助跑单脚跳对于协调能力和技术性要求更高，并且助跑距离较短，故对于速度的依赖程度不是特别大。与助跑跳远时较强的助跑速度所带给成绩直观上的提高是有不同的。在助跑单脚跳训练时，与其花费较多的时间在速度练习上，还不如更多地去钻研技术，协调性方面的提高。

⑩持球助跑摸高训练：当你的助跑单脚跳有了一定的提高后，你会发现一个更为棘手的问题，就是与球结合后摸高高度可能并没有达到预期的期望。这与持球助跑摸高时对于身体协调性，动作技术性的要求更高不无关系。并且这个问题不仅仅出现在助跑单脚跳上，作为扣篮王的利器——助跑双脚跳同样也面临这个问题。所以，我们在助跑单脚跳或助跑双脚跳练习到一定程度后，必须要开始进行持球助跑摸高的训练，这样才能够做到身体与技术的完美结合，特别是针对那些有扣篮梦想的训练者更是如此。

在进行持球助跑摸高训练时，一定要注意尽可能选择运球，而非抱着球跑这种训练，因为凡是有这项能力要求的训练者几乎都是想在篮球比赛中能够将它充分运用。而我们都知道，篮球比赛是有“走步”限制的，你不能一直抱着球跑。所以为了避免训练者自身肌肉与神经系统养成不良记忆，一定要在训练中注意这些细枝末节。可能运球会比抱着球要难许多，摸得更矮，但你不能因此就去追寻一些错误的训练方法。

以上便为我们针对所有弹跳力释放方式（立定跳远、助跑跳远、三级跳远、原地纵跳、助跑单脚跳、助跑双脚跳、持球助跑跳、持球原地纵跳）的理论分析以及训练方法介绍。如果你想提高上述弹跳力中的一种，根据我们前面所提到的弹跳力面面观这一基础理论，结合上述分别对应的弹跳力提高方法，必定会收获令自身满意的弹跳力水平。

4. 速度能力——万里草上飞

（1）奔跑速度：奔跑是人类与生俱来的能力之一，跑步也是目前普及范围最广的训练项目。一个人速度能力的好坏或者是否善于奔跑，不是单纯看谁百米跑得快就可以区分的出来。速度能力包含有很多个方面，如维持一定速度时间长短的速度耐力；如考验一个人启动能力的启动速度；如决定一个人最大速度的极限速度；如决定一个人达到最大速度所用时长短的加速度能力等。此外，一个人的速度能力还不仅仅体现在水平发力的方向上，垂直发力方向也体现着一个人的速度能力，如很多篮球爱好者所痴迷的弹速或连续起跳时的反应速度，都是检验一个人速度能力的重要标准。如果说除了弹跳力外，所有爆发力素质中最受欢迎的一个想必就是速度能力。几乎没有人不渴望拥有“千里独行，万里草上飞”的奔跑能力，甚至在一些竞技类项目中，拥有极限速度的人并不弱于那些拥有极限力量的大块头。作为爆发力的重要组成部分之一，训练速度不仅对于一个人的速度能力有提高，更对其本身爆发力的综合素质有不错的加成。

（2）速度能力面面观：速度训练与弹跳力训练有着明显的不同，这点我们在各自命名上就能略知一二：弹跳力讲究的是一个力，即虽然协调性，具体的技术能力很重要，但决定你弹跳力强弱，摸高高低的关键还是在力量上。无论是从理论意义上最大的摸高方式——助跑双脚跳，还是细微到小腿肌群屈伸肌力量对于助跑单脚跳时的价值，力量始终是决定你最大弹跳高度的最关键因素。在速度训练中，力量的实用价值相比具体的技术能力而言则要少得多，一个训练者即使自身的绝对力量，硬实力再强，如果具体的奔跑技术不佳，协调性较差的话，是不可能具备一定速度能力的。所以在训练各种速度能力时，我们应当将具体技术能力训练摆在首位，力量训练在这里只是我们日常训练的辅助者或突破平台期时的常用武器。

在速度训练中存在着许多误区和错误的训练观，其中最典型的两个分别为：速度与天赋有关或过多的肌肉会对速度造成负担，所以我们不能够拥有太多的肌肉。针对第一个观念，我们又不可避免的遇到了老朋友——天赋。天赋这个概念我们在训练心理里面已经提到过了，我们不否认它的存在，但也不能够把所有事情失败的原因都归结为天赋。在速度能力中，所谓天赋看似占据比例大，但实际上却没有我们想象的那么夸张。

认为天赋影响速度较大的训练者，往往是身边有一些同年龄段没有经历过什么专业训练的朋友，其奔跑能力十分优异，或者自身经历了一段时间系统训练却在速度上没有什么进展的。这两种现象都是非常普遍的，其中第一种出现的根本原因看似是天赋所决定，因为大家都没有经历过什么系统训练，但实际上是与各自童年时的运动经历密不可分。我们在天赋论中分析过，一些幼年时的训练，活动会对将来的运动能力和身高造成深远的影响。甚至是一些连你自身都没有记忆，或者认为根本都不能够算是训练的训练，都对你以后的运动能力有无法想象的帮助。另外一种出现的原因则较为复杂，这里面有训练计划是否合适的问题，也有速度能力本身提高较为困难的原因。众所周知，速度训练是相对较为高难度的训练方式，它很容易遇到平台期并且非常难以突破。试想提高5千克的深蹲通过两三个月的刻苦训练就可以达到，但提高1秒的百米速度则是一两年都不一定能达成的。此外，你所提高的速度能力，除了秒表可以较为直观发现外，几乎很难被训练者自身所察觉。

针对第二个观念，这是有不少训练者将肌肉无用论或者“死肌肉”的概念，强加到速度训练中所产生的错误观念。有这种观念的训练者往往是对于运动生理方面的常识不够了解，众所周知人体每一次力量的释放，速度的发挥都源于肌肉的收缩，也就是说没有肌肉的收缩，就不可能拥有力量、速度、灵活等能力。同样，肌肉收缩的能力越高、力量、速度、灵活能力自然也就越强。这样一来你还有什么理由认为肌肉无用，或者说肌肉会对速度造成影响呢？我们不否认过于发达的上肢肌肉，一些与奔跑时所主要发力部位无关的肌肉过多是会给予速度一定的负担，但不能因为这个就忽略掉基础的肌肉力量训练，出现无视基础训练，直接进入复合竞技类训练这样空中楼阁的训练方法，甚至出现认为肌肉会影响速度，影响敏捷，灵活性这种错误观念。在介绍速度能力时，我们将根据速度释放的方向不同，从水平和垂直发力两个角度进行相关的分析和阐述。

5. 水平方向速度

（1）启动速度：启动速度也被称之为反应速度，主要表现为训练者在极短的时间内（1～2秒，甚至更短的时间）所能够移动的距离。启动速度不仅仅体现在田径类的比赛中，更体现在一些球类项目中，如足球中原地发力，突破摆脱防守人。篮球中的“第一步速度”都是启动速度的主要表现。

从肌肉力量角度讲，启动速度是所有速度能力中对于肌肉力量要求最高的。这点很像弹跳力中原地纵跳和立定跳远的发力方式，如果你没有足够的伸膝、屈伸髋力量，那么是不足以获得巨大的助推力，带动身体向前移动的。不过，启动速度与立定跳远或原地纵跳还有最不同的地方，那就是在于屈伸髋肌群发力大小的问题。无论是立定跳远还是原地纵跳，都是一次性的发力释放方式，身体不呈现连贯的向前持续运动，故屈伸髋肌群发力比例相对要小许多。但是在启动速度中，训练者因为需要奔跑，所以必须积极、剧烈的摆动髋部、腿部，已获得足够强大的屈伸髋力量和奔跑幅度，这样才能够在极短的时间内，释放出强大的爆发力，让自己移动的更远。所以，在启动速度的发力中，伸膝肌群与屈伸髋肌群的重要性平起平坐，同为最重要、最实用和最有价值的力量之一。其次，在启动速度的训练中，核心部位的绝对力量也不可忽略。另外，人体在高速奔跑中，每一步几乎都采用脚尖着地的奔跑方式，都近似于助跑跳远或助跑摸高的最后一步，需要小腿肌群释放巨大的力量，以帮助训练者每一步都充沛有力的蹬地，获得极强的力量反馈，达到快速启动和奔跑的目的，所以小腿肌群的力量大小同样是启动速度快慢不容忽视的因素之一。

从训练方式分析，启动速度又名反应速度，故可见一个人反应能力，神经是否发达，对于这项运动能力好坏的巨大影响。并且，速度是非常考验协调性以及具体运动技术的一项能力，如果一个训练者自身的协调性不好，不仅无法获得较强的速度，更会容易出现奔跑时都无法跑直线的现象。此外，所有的速度能力对于动作的技术性都有非常高的要求，假如你在奔跑时采取全脚掌触地的方式，显然是没有前脚掌触地跑得快的。这点从物理学的角度就可以很轻松的发现，如果你的全脚掌触地，必须要让脚后跟先着地，在脚尖着地后再蹬起。如果你采用前脚掌触地，就可以不用让脚后跟着地，做到触地后直接再蹬起，时间上自然就会省掉不少。而每一步所省掉的时间，自然就会转化为最终的速度优势，所以我们必须要在启动速度训练中将技术训练摆在首位，这样才可以让训练效果事半功倍。由此我们总结出启动速度的训练基本法则如下：

①加强反应速度练习：启动速度中最关键的一项是反应能力的好坏，训练者自身神经的发达与否，直接影响着反应速度和启动速度的高低。这里建议训练者采用弹力带指令的训练方法，由同伴做出相应方向的指令，训练者通过抵抗弹力带阻力，快速向指令方向做出移动，可以很好地提高训练者的反应速度。当然，有同伴配合所共同训练短跑时听口令的启动跑也是不错的针对性训练。

②不可忽视的弯道启动跑练习：启动速度除了在直道上有体现外，在弯道上也有一定的表现，如200米比赛的起跑阶段就是在弯道上；一些球类中所需要的启动速度也不是纯直线的启动，往往都有一定的弧线。如果训练者只进行单独的直道启动速度练习，而忽略弯道启动练习的话，是无法确保在两种启动速度释放方式上同时具备不错的能力的。一定的弯道启动跑练习，会让你的启动速度能力更加丰富和多样化。

③屈伸髋绝对力量训练：屈伸髋力量对于启动速度而言重要性极大，甚至不弱于伸膝肌群。这点从生理学就能够发现，人体膝盖伸直时同样是可以向前移动的。如果只有膝盖弯曲，没有髋关节的移动，只能原地踏步，所有的速度能力几乎都要求训练者连续地奔跑，故屈伸髋部位的力量就显得异常重要，特别是针对启动速度这种短时间内的快速度释放方式，绝对力量的使用比例要明显大于力量耐力。

④伸膝绝对力量训练：价值在于让训练者每一步蹬地时都可以获得巨大的力量反馈，以带动自身速度的提高。虽然伸膝力量在整个奔跑过程中的发挥要稍显逊色，但丝毫不影响它在静止阶段启动时所扮演的重要角色。这就好比是立定跳远和原地纵跳，训练者如果在静止状态下想释放巨大的力量带动身体位移，必须要让伸膝肌群释放极强的绝对力量。

⑤箭步走不可忽略：因为速度基本上是持续地奔跑，并且都为不对称发力，所以从动作相似性角度考虑，我们选择箭步走而非箭步蹲。这样可以更好地帮助训练者模拟奔跑时的发力方式。

⑥小腿肌群屈伸肌绝对力量训练：为了确保训练者伸膝、屈伸髋肌群所释放的力量能够完全被使用，每跑动一步都能够充分有力地蹬地，训练者必须拥有一定的小腿肌群屈伸肌的力量水平，否则根本不足以支持其获得巨大的速度。此外，因为奔跑时采用的多为前脚掌着地，故对于训练者自身的跟腱强度也是一定的考验。而小腿肌群屈伸肌的水平高低，则直接决定着对于跟腱的保护程度有多少。

⑦核心肌群绝对力量训练：核心肌群的绝对力量高低，对于在高速、高力量释放状态下身体保持平衡与稳定是有重要意义的。

⑧启动速度训练的王牌武器：启动速度训练的王牌武器有两个：一个是注意力量训练时的速度。一个则是伸膝、屈伸髋肌群的力量训练尽量采用举重类训练动作。第一个

问题非常好理解，我们要提高的是速度能力，自然你需要加大力量训练时的完成速度，如果你的速度有提升，即使你的负重没有变化，你的能力也得到了相应的提高，如之前你完成200千克全蹲时需要用4秒，但现在你只用3秒就可以完成这个重量，显然你的绝对力量和速度都有一定的提高，特别是在速度方面，提高是显著的。第二个问题主要是针对技术训练提出的，我们如果用举重类训练替代传统的力量训练，不仅在绝对力量上不会有什么减小，更能够帮助训练者在协调性方面获得巨大的提升。

⑨柔韧性训练必不可少：主要是针对髋部的柔韧问题，可以帮助训练者在奔跑时每迈出一步，都具备足够的力量和幅度。试想一下，如果比赛奔跑一段距离，你的对手五步就可以到达，而你则需要六步，你显然是不占优势的。

⑩隐藏的上肢力量：我们能够发现世界级的短跑运动员，橄榄球运动员等具备极强启动速度的选手，他们的上肢肌肉发达程度极高，优秀的上肢力量可以帮助他们在奔跑时通过摆臂获取不错的助力。而在业余爱好者的训练中，你很少能够看到有人在训练速度时，加入一定的上肢力量练习。事实上，一定的上肢力量练习不仅能够帮助你掌握奔跑时摆臂发力的技巧，还可以直观的给予你成绩上的提高。

⑪有球结合训练：我们说过启动速度不只体现在赛道上，在球场中你同样可以窥见它的身影。一些训练者所痴迷的第一步速度、原地摆脱速度，都是启动速度下的一种。这里我们建议训练者无论是从事哪种球类项目，都要遵循“针对性训练”原理，把你的启动速度与球结合起来，才可以获得相应的启动速度提高。如你热爱篮球，想获得突破时第一步的启动速度，你必须要加入大量的突破训练，让你的球与人完全融为一体，这样自然而然的专项速度就会有提升。我们能够发现有些球员他们的绝对速度或启动速度都不是非常快，但与球结合后，你会感觉到他无论是第一步，还是变向的速度都非常快，这就是针对性训练的效果。相反，如果你让一个没有摸过篮球的百米冠军来做突破，他虽然在身体上拥有不错的启动速度，但无法与球结合起来，导致整体速度的下降，无法出现所谓的“快速第一步”。此外，你的训练必须要注意与实战相结合。比如你的突破练习，如果仅仅是自己与自己练，突破“空气”，那毫无疑问是纸上谈兵的。你必须要在实战中勤加这方面的练习，才能够获得真正意义上的“第一步爆发力”。

⑫步伐专项训练：在训练奔跑能力时，一定的步伐专项训练是不容忽视的，它们可以提高你奔跑时具体动作的技术能力，如屈髋幅度、步幅、步频、协调性以及柔韧性，是不可多得的速度训练好帮手，每个训练者都应当在每日拿出一定的时间对其进行充分的训练。

（2）加速度：指训练者在经历了启动速度后，通过爆发力的释放逐渐达到极限速度的能力。加速度的快慢，可以理解为训练者达到极限速度所需要的时间长短。达到极限速度越快，训练者的加速度能力自然也就越强。好的加速度能力，可以帮助训练者在短距离比赛时抢占有利位置，在起跑后逐渐拉开与对手的距离，并且打乱对手的步伐，给予其一定程度的心理压力。此外，加速度能力也体现在球类等竞技赛场上，如篮球、足球、橄榄球中的快攻环节，对于训练者持球或徒手时的加速度能力都有强大的需求。有些球员可能启动速度非常快，但是往往后劲不足，速度始终提不起来，就会出现被防守者及时补位，大好时机白白流走的现象。

加速度与启动速度有着密切的联系，释放加速度必须经历启动速度这一环节，如果训练者在启动时浪费了过多的时间，自然会影响加速度的释放，所以在训练加速度前，训练者必须确保自身拥有不错的启动速度，如果训练者本身启动速度就不高，直接训练加速度能力毫无疑问是有些不切合实际的。

从肌肉力量角度分析，加速度的本质是尽快达到极限速度，故训练者必须加大力量的使用，才能够确保速度提升的快速化。具体到相应的做功部位，唯一需要留心的是因为在启动速度时，训练者为了释放较强的启动速度，身体向前倾斜的幅度会比较大，而在加速度阶段，因为接近途中跑，所以训练者的倾斜幅度会慢慢减小，并且逐渐过渡到上身正直。在这两种不同的倾斜幅度下，相对应的第二种幅度更加依靠屈伸髋力量，而非较多依赖伸膝肌群的发挥。

从训练方式分析，不能忽略技术能力在加速度中的核心训练地位，训练者需要加入大量的加速跑，变速跑以及步伐、步频训练才能够让自身习惯加速度的释放方式，让身体适应这种运动能力下的肌肉和关节配合方式。由此，我们分析出提高加速度能力的基本训练原则：

①建立在启动速度的训练基础上：加速度是启动速度的延续，它们在训练方法上有很多的相似之处，特别是在肌肉力量训练上，几乎完全一致，故我们在启动速度时所提到的训练方法同样适用于加速度的训练，唯一需要注意的是相比启动速度时的计划安排，训练者需要继续加大屈伸髋力量的训练比例，才会更符合加速度能力的特点。

②加速跑训练：采用一定的加速跑练习，即在运动状态下逐渐加快速度，最终达到极限速度的练习方式，可以让你在较短的时间内习惯加速跑的发力方式和技术需求，提高身体的协调性和神经控制能力。

③变速跑训练：通过速度快慢的调解，提高训练者的加速度能力。这种训练方式更加适合一些需要二次加速的短跑比赛，如200米比赛。一定的变速跑训练可以让你提高二次加速的能力，在后半程依旧展现强大的速度优势。

④不可忽视的弯道练习：与启动速度训练时一样，加速度也有弯道阶段，如在200米比赛或者球场上的“外道强行超车”时，加速度可以帮助你甩开对手或者防守者。与

启动速度训练时一样，必须要做到训练的全面性，让自身能力更加丰富和多样化。

⑤至关重要的步伐、步频训练：相比启动速度而言，加速度是真正在奔跑，持续时间和距离更长。如果训练者不注重对于步伐、步频的训练，会直接影响你在奔跑时每一步的步幅，进而与对手差距越拉越大。

⑥加大柔韧性训练：这一条与上一条紧密相连，如果你想让你的步幅、步伐、步频更加出色，必须拥有一定的柔韧性，特别是髋部柔韧性作为支撑。

⑦有球结合训练：与启动速度训练时一样，一些球类比赛中也有需要使用加速度的情况，所以结合一定的有球训练进行加速跑和变速跑，会让你的实战能力提高更快，更容易将田径场、健身房中锻炼出来的加速度能力体现到赛场上。

⑧阻力伞训练：阻力伞是非常不错的提高加速度辅助器材，依据空气动力学原理，当你奔跑速度越快，阻力伞提供的阻力就越大。它通过空气阻力的原理，不仅可以让你的速度增强，还会带给你屈伸髋、伸膝和核心力量的提高。这种方法相对传统的拖轮胎跑修正了轮胎摩擦力因训练者速度提高的增加而减少的弊端，会对加速度带来更显著的提高。这里需要注意阻力伞的训练仅仅适用于加速度的提高，启动速度与极限速度在这里并不适用。因为这两项运动技能一个所需要的时间与路程极短，另外一个则极长。无论是哪个都不利于发挥阻力伞的作用，故不推荐使用。

（3）极限速度　极限速度指训练者在经历了启动速度后，通过快速的加速度能力释放所达到的最高速度。一个训练者的极限速度越高，其相对应的绝对力量，技术能力的相互配合程度也就越高。极限速度作为启动速度和加速度能力的延续，对于训练者自身的训练水平要求也达到巅峰。每个训练者必须经历了充分的启动速度，加速度训练后才可以开始极限速度的专项训练。可以试想一下，一个训练者如果自身启动速度不快，加速度能力较差，其自身所拥有的极限速度必定是虚幻的，可提高空间非常大。如果直接跨越到难度较大的训练，忽略基本的训练，反而会让极限速度所需的提高时间拉长。

从肌肉力量角度分析，训练者对于绝对力量的需求在三大速度（启动速度、加速度、极限速度）中达到最高。其发力部位以及比例大小与之前两种速度几乎相同，唯一有区别的是因为奔跑姿势的变化，屈伸髋力量的使用在这里达到最大值，远远超过伸膝力量的释放。这也解释了为何顶级短跑运动员都拥有出色和强大的屈伸髋肌群。

从训练方式分析，极限速度是绝对力量与绝对速度、技术能力配合度达到最高的爆发力释放方式，故训练者在进行极限速度训练时，需要将绝对力量、技术能力训练同比例分配，这样才可以确保极限速度的持续进步。此外，极限速度在田径以外的比赛中体现次数并不是很多，这与场地限制和比赛中瞬息万变的局势有着密切关系。相比加速度和启动速度，极限速度在球类比赛中的应用度较低。故安排特殊的有球结合练习极限速度，不如安排更多的有球结合练习加速度或启动速度来的更有实用价值。由此我们分析出极限速度的训练原则：

①建立在加速度与启动速度训练基础上：作为加速度与启动速度的延续，想训练好极限速度必须要有一定的加速度和启动速度能力作为基础。但是，加速度与启动速度中的一些训练不能照搬到极限速度上。这其中不仅仅是因为屈伸髋肌群的训练比例要得到更大提升，还与绝对力量、神经控制能力和技术能力的训练比例变化有关。如果不加以这方面的注意，会很容易导致自身极限速度的训练毫无进展。

②加大举重类训练力度：为了合理的搭配绝对力量、技术能力训练的比重，我们要加大举重类训练的力度，用举重类训练来代替所有的力量训练，以求在获取绝对力量提升的同时，带给技术能力较大提高。

③专项的极限速度跑练习：每个训练者自身的加速度不同，故达到极限速度所需要的距离也就不同，训练者根据自身达到极限速度所需距离的长短，进行相应的极限速度跑练习，可以较好地提高自身的极限速度能力，如80米跑、60米跑练习，都可以很好地提高训练者自身的极限速度。

④专项冲刺练习：训练者在田径比赛的冲刺阶段，往往需要使用极限速度，而这时的极限速度在释放时有一定的技术要求，即体现在冲刺姿势上。训练者如果没有进行过这方面的特殊训练，很容易在冲刺阶段吃大亏，特别是对于那些有田径比赛要求的职业运动员，专项的冲刺练习更是家常便饭。

⑤速度耐力练习：与力量耐力练习可以帮助你突破绝对力量增长的平台期一样，速度耐力练习同样可以帮助你突破极限速度增长的平台期。尽可能维持极限速度的释放，几乎是短距离比赛决胜的关键。

6. 垂直方向的速度（弹速）　在介绍弹速前，我们需要对弹速下一个具体的定义，有不少训练者弄不清楚这个名词的含义，以至于出现了训练安排方面的偏差。什么是弹速？弹速在实战中的表现形式究竟有哪些？回答清楚这两个问题，就能够很好地避免对弹速产生歧义。

弹速是人体弹跳的速度，根据物理学公式，弹跳速度快慢直接影响到弹跳力的发挥。而除了这种我们印象中的“弹速”外，在实际训练或比赛中还存在着另外一种“极少被人发现的”弹速。这种很“罕见”的弹速除了指弹跳时的速度外，更包含训练者自身通过弹跳离开地面速度的快慢。有不少训练者认为这两种速度应当是同一种速度，如果训练者自身弹跳速度极快的话，离开地面的速度必定也非常快。这种观念看似从文字角度无法找到任何纰漏，但实际上我们从力量与速度的关系以及发力姿势角度分析，则能发现很大的不同点。

训练者想拥有较高的弹跳速度，目的是为了提高自身的最大弹跳力，让自身的摸高水平达到极限。这种发力方式是非常典型、纯粹的爆发力释放方式，训练者自身的绝对力量、极限速度和技术性配合达到极致，故训练者必须身体做出充分的预蹲，上肢拥有充分的摆动距离，才可以确保绝对力量，极限速度的同时释放。如果需要充分的预蹲，上肢的完全摆动，必定会导致训练者在由静止状态到跳起离开地面这段时间内消耗一定的时间，而这个时间作用到速度上，就是另外一种弹速的减慢，即通过弹跳离开地面速度的变慢。

如果训练者感觉到从发力姿势角度理解起来较为困难，我们可以从弹速的实际应用中得到更清晰的答案。第一种弹速最为常见，凡是应用到最大弹跳力、最大摸高等运动能力时，都会发现它的身影。然而第二种弹速则相对较为隐蔽些，只有在一些球类的比赛场上，我们才能够发现它的身影。最典型的就在篮球场上，如当你需要补防做出盖帽时，你必须确保你离开地面的速度足够快，赶在对手投出的球开始下落前就将其盖掉。因此，你不需要做出充分的预蹲、摆臂，然后再扑上去封盖，你在预蹲时所浪费的哪怕0.01秒，都有可能让你的指尖错过篮球。在这时候，你显然是要尽可能快速的离开地面，把握住最好的时机才是最关键的，而非单纯的达到最大弹跳力或最大摸高高度。这种弹速相比弹跳绝对速度更符合弹速本身的意义。试想一下，当你看到一个运动员释放所谓的“超强弹速”时，第一个印入你脑海里的形容词是什么？我想一定是他跳的好快啊，而非他的弹跳好高啊。弹速的核心还是在速度上，而最直观诠释这个速度含义的，应当是运动员由静止状态到离开地面这段期间内的速度快慢，即我们所说的不常见的弹速释放方式。

我们从实战应用中也能发现这两种弹速发力姿势的不同，当你观看扣篮大赛时，你会发现运动员的预蹲幅度、摆臂幅度都要大于其在实战中空中接力，补防盖帽时所作出的同样动作。当训练者需要释放第一种弹速时，他的预蹲幅度介于浅蹲与半蹲之间，手臂几乎伸直，从身体两侧完全摆动发力；而当他需要释放第二种弹速，尽快让自身呈现由静止到离开地面的转变时，他的预蹲幅度为浅蹲，手臂几乎蜷缩架在胸前，这样做的最根本原因就是为了减少预蹲时肢体对于时间的浪费。

有部分训练者容易在这里出现误区，特别是因为物理公式的原因，会将两种不同的弹速理解成为一种。这其中最大的因素就是没有考虑到实战的问题，物理学公式不会将实战的情况纳入其中，更不会将训练者不同预蹲幅度，不同摆臂幅度下所消耗的时间计算在内。由此一来，想必训练者对于弹速的理解会变得更加清晰和透彻。第一种弹速与弹跳高度有着密切关系，它的存在和释放是为了弹跳高度的最大值。第二种弹速虽然也有一定弹跳高度要求，但与具体实战细节、速度、时机有着更加密切的关系。它的存在与释放是为了在最好的时机，让身体处于最合适的位置。它不需要特别追求弹跳高度，它需要的是尽一切可能让自己快速离开地面以把握住战机，如果盲目追求弹跳高度，反而会导致自己错过进攻或防守机会。

当我们理解清楚弹速的两种释放形式后，再进行相关的肌肉力量与训练方式分析，就会轻松许多。其中第一种方式我们在弹跳力一章中已经有过介绍，这里不再多做赘述，主要针对第二种弹速，即训练者由静止状态到离开地面这段速度的训练上进行剖析。

从肌肉力量角度分析，这种弹速因为受姿势影响非常大，故肌肉力量的释放也特别有针对性。根据姿势要求，训练者不需要大幅度的预蹲姿势，预蹲幅度基本为浅蹲。故相对应的伸膝肌群发力比例远远超过屈伸髋肌群，屈伸髋力量在这里仅发挥预蹲时的制动以及落地后的保护缓冲作用。具体到由静止状态到离开地面速度的快慢上，伸膝肌群则完全占据主导地位。此外，与第一种弹速释放时核心绝对力量与上肢力量发挥一定功效不同，在这种弹速释放下，训练者所做的一切都是为了尽快摆脱地心引力的束缚，故相应的力量释放上会有较大比例的减少。此外，在这里有不少训练者都忽略了小腿肌群的意义，事实上因为需要尽快摆脱身体的静止状态，训练者往往不会采取传统的全脚掌起跳方法，反而是采用较为快速的前脚掌起跳。弹速对于训练者自身小腿肌群的绝对力量要求则非常大，其重要性甚至要超越屈伸髋肌群，在这里仅位居伸膝力量之后。

从训练方式分析，我们能够发现这种弹速对于训练者的技术能力有着十分高的要求。因为绝对弹跳高度并不是主角，所以绝对力量的大小在这里并非十分被看中。在进行相关训练时，应当多进行一些具体、专项和有针对性的技术训练，特别是把握好预蹲幅度是十分重要的。需要注意是，这种弹速的训练方式需要与弹跳力训练相区分，有不少训练者因为弄不清楚两个弹速的关系和区别，容易将由静止状态到离开地面这段距离内的速度理解为弹跳绝对速度，进而理解为弹跳力的训练。我们能够发现有不少训练者就是因为这个误区，所以自身的弹跳力一直没有什么提高，反而弹速有了一定的提升，原因就在于此。此外，这种弹速在实战中的应用也较为普遍，特别是在一些球类比赛中，故一些有球结合的弹速专项训练，不仅可以帮助训练者掌握在实战中弹速的具体应用能力，更能够帮助训练者通过有球的方式，清晰地理解两种弹速的不同。由此我们总结出弹速的基本训练法则：

（1）脚尖跳：作为弹速的专项训练可以帮助训练者提高在使用弹速时，身体的记忆程度，协调性以及技术能力。脚尖跳符合我们之前所说的前脚掌起跳方式，相比原地纵跳的方法对于训练弹速更具备针对性和实战意义。

（2）有球结合训练：有球结合的训练方法可以帮助训练者更加清晰地理解两种弹速释放方式的区别，并且可以更好地提高训练者自身应用弹速的实战能力。这种训练方法唯一的缺陷在于最好有同伴传球，否则如果自己单独通过将球扔到篮板后再跳起接球的训练方式，会因为自身已经提前对球的落点有预判而造成训练效果受到一定的限制和影响。

（3）杠铃浅蹲：虽然绝对力量并非是弹速训练的核心环节，但考虑到训练动作相似性的原理，以及一定弹跳高度的要求，我们还是要安排适当的力量训练。这里建议训练者选择肌肉使用比例，发力方式更相似的杠铃浅蹲而非半蹲、深蹲或全蹲的幅度进行训练。唯一需要注意的是，这种方法前面已经进行过分析，对于膝盖的刺激和压力相对较大，训练者需要在制订训练计划时做出谨慎的选择。

（4）浅蹲跳：相对杠铃浅蹲，对于技术能力提高的效果更好，动作相似性上更接近弹速的释放方式。它的问题还是在对于膝关节的影响上，相比杠铃浅蹲、浅蹲跳是连续的对膝关节施加压力，故相对来讲风险更大。可谓是非常典型的高风险、高回报的训练动作。

（5）小腿肌群绝对力量训练：因为要采取前脚掌的起跳方式，所以小腿肌群的绝对力量高低，跟腱强度直接决定着训练者能否释放强大的速度和一定的力量。一些小腿肌群的绝对力量训练，如正反向提踵、举重类提拉杠铃的动作、短跑等都可以借鉴使用。

7. 弹跳间反应速度　弹跳间反应速度指的是训练者需要使用多次弹跳时，每次弹跳间隔的速度。弹跳间反应速度的高低，直接影响着训练者的连续起跳能力。在这里我们同样需要面对充分认清弹跳间反应速度概念的问题，有不少训练者将它与连续起跳能力混为一谈，继而得出所谓的弹跳间反应速度就是力量耐力在垂直方向上的一种表现形式。

这种观点是有误的，我们说弹跳间反应速度的高低直接影响着训练者的连续起跳能力，并不意味着弹跳间反应速度的高低就完全等同于连续起跳能力。一个人连续起跳能力本身受力量耐力影响最大，弹跳间的反应速度只是影响它的其中一个方面。这好比我们说火候掌握的能力直接影响着一道菜的味道，但你不能说火候掌握不好，菜的味道就必定不好吃，因为这其中还有最关键的调料因素没有被考虑到。如我们前面介绍弹速时也遇到过这样的问题，弹跳绝对速度越快，自然弹跳力也就越高，但这并不代表训练者由静止到离开地面这段时间内所需要消耗的时间也就越少。故我们在理解弹跳间反应速度时，一定要将它与连续起跳能力区分开。连续起跳能力是一个持续的过程，在这个过程中力量耐力是核心。在弹跳间反应速度上，这只是每次弹跳间隔的一个时间点，是相对孤立的。

从肌肉力量角度分析，弹跳间反应速度针对的是一个时间节点，这点与弹速不同，弹速针对的是一个连续的过程，即由预蹲到离开地面这段时间内。但却与弹跳绝对速度

（即第一种弹速）有着相似之处，即都是针对着一个时间节点，都讲究力量的巨大释放以带动身体在空中获得极大的速度和高度。这两种爆发力释放方式也有着细微的区别：弹跳绝对速度是在训练者身体静止状态下或有水平方向的初速度时释放的，而弹跳间反应速度则是在身体处于运动状态下，并且是有垂直方向的初速度时所释放的。所以，它们相对应的肌肉力量释放比例，部位也都不同。连续起跳间的速度释放需要训练者的屈伸髋肌群频繁制动，以做到“快速刹车后快速跳起”以及保护身体的作用。故屈伸髋力量在这里的使用比例相比弹跳绝对速度时有着明显的提升。但这并不能妨碍伸膝力量原本的龙头地位，训练者要想力量释放的足够大，还是要从人体力量最大的肌群——伸膝肌群处着手。这里需要注意一点，无论是伸膝肌群还是屈伸髋肌群，其力量主要表现形式由我们所习惯的绝对力量转变为力量耐力。因为在实际应用中，弹跳间反应速度的发挥是紧连在一次弹跳之后的，而此时决定训练者自身能否尽快跳到与上一次弹跳相近的位置，最关键的力量因素是耐力，而非绝对力量，因为原本的绝对力量已经在第一次弹跳时基本释放完毕。在这里，训练者对于小腿肌群的使用程度要变得更高，无论是弹跳间反应速度的快慢，还是连续起跳能力的高低，都离不开小腿肌群的巨大贡献。此外，协调能力与平衡能力在这里也成为主角，如果你的平衡性、协调性不佳，很容易出现在连续起跳中身体较大幅度歪斜的情况，一旦这种现象发生，你想获得较强的弹跳间反应速度，甚至是连续起跳能力都是不现实的。

从训练方式分析，顾名思义这项运动能力的核心在于反应速度，一个人落地后如何尽快地再次跳起成为关键，而做到这点最重要的能力就是反应速度的快慢，所以训练者在制订计划时，一定要将反应速度训练摆在核心位置，如提高反应速度的指令训练法，口号训练法等都可以加入到训练计划中。此外，弹跳间反应速度所能够碰到的实战范围很小，甚至比极限速度的应用率还要低。极限速度好歹有个100米等短距离项目需要使用，而弹跳间反应速度则几乎只能够在一些球类比赛中见到。并且，当你使用它们的时候，往往是你在进攻或防守端的第一次表现出现纰漏，必须进行第二次，甚至多次弹跳予以弥补。而这种情况下，无论你是个进攻者还是防守方，都是不称职的表现。不过，我们还是要进行一定的专项练习，如连续起跳摸篮板或者连续有球起跳练习等，以防止万一在比赛场上我们出现进攻或防守时的精神涣散，可以有尽快地补救措施。由此，我们分析出弹跳间反应速度的训练基本原则：

（1）脚尖跳训练：目的在于让训练者掌握连续起跳时的技术点，提高身体的记忆程度和神经控制能力。并且，连续的脚尖跳对于训练者小腿肌群的屈伸肌力量耐力也是有着一定的辅助作用。

（2）反应速度专项训练：指令练习，口号练习等方法可以提高我们的反应速度和神经控制能力，有利于弹跳间反应速度的整体提升。

（3）连续蹲跳训练：为了配合连续起跳的方式，我们采取连续蹲跳多次数的训练。相比在弹速训练，弹跳力训练时采取大重量、低次数不同，我们在这里采取轻重量、高次数的方法，强化自身在有负重情况下，连续起跳时的速度释放能力。因为训练次数的提升，故相对的膝盖风险也在加大。

（4）连续浅蹲训练：与蹲跳训练的目的一样，为了配合连续起跳时力量的使用能力，我们采取连续浅蹲的训练方式，用轻重量、高次数的方法，强化弹跳间反应速度的能力。我们采用浅蹲和蹲跳的方式来强化伸膝肌群的力量耐力。

（5）有球专项训练：如重球连续摸高或连续跳起击球，会帮助你提高实战时的速度应用能力。并且，因为有负重的加入，还可以从侧面改善你的协调性、平衡能力不佳的现象。

（6）平衡力训练：一些平衡力不强的训练者会在连续起跳时出现身体在空中失去平衡的现象，因此我们需要安排一些单独的平衡力训练，如通过健身球、平衡板，甚至古老的梅花桩、平衡木都是不错的训练方法。单独一天的平衡力训练，会帮助你提高不少实战能力。

（7）小腿肌群绝对力量训练：同所有的速度和弹跳力训练一样，小腿肌群的绝对力量对于爆发力的发挥是有着举足轻重的地位。无论你训练爆发力的哪一种，小腿肌群的绝对力量都是必须要加入的。

（8）屈伸髋力量耐力训练：我们通过浅蹲、蹲跳等方式，训练伸膝肌群的力量耐力，究竟如何提高屈伸髋肌群的力量耐力呢？众所周知屈伸髋肌群的力量训练动作几乎都会给腰部一定的压力，特别是如果采取高次数的耐力训练法，相应的恢复时间就会更长。为了满足复合竞技类训练高频率的基础原则，我们建议训练者采取折返跑的训练方式，不仅可以使屈伸髋肌群的力量耐力得到一定的刺激，更可以带给训练者速度耐力以及心肺耐力的丰收。

（9）合理对待跳深练习：我们的训练目标虽然是弹跳间的反应速度，但有时候也需要对连续起跳的高度进行关注，这时候跳深训练因为其无与伦比的相似程度，便成为不可多得的黄金训练法。只是我们前面提到过跳深训练的局限性，即它会过多利用膝盖的反弹借力，从而给膝盖带去毁灭性打击。训练者在选择训练方法时一定要多加权衡，我们建议训练者不如选择则脚尖跳的方式，因为虽然都涉及反弹借力的问题，但脚尖跳的下落高度明显比跳深训练要低，自然带给膝盖的冲击力也要小许多。

（二）抗阻目标为物体

1. 举重能力　举重作为一项与跑步一样古老的运动，是自古以来人类训练自身体能的主要方法。普及程度不亚于跑步这项大众化运动，如古时武举人考试时会使用的石担、石锁，都是现代举重技术的原始模版。举重是一项非常考验训练者综合体能的运动，它对于协调性、绝对力量、爆发力、平衡性，甚至柔韧性都有极强的要求。并且，举重中的所有训练动作，都具有很强的实战效果，可以说无论从事哪种体育项目，都必须安排相对应的举重训练，这样才能够做到身体素质的全面发展。

练好举重，不仅可以帮助你获得绝对力量、爆发力、技术能力的提高，更可以帮助你获得一身实用的力量和比例近似完美的肌肉。因为举重训练抛弃了那些实用性不高的力量动作，所保留的训练项目完全是最具有实用价值的。一些实用价值不大的肌肉或者某个部位肌肉过多会给运动能力带来一定影响的现象都会被合理的规避掉。由此看来，没有任何一个使用复合竞技类训练的训练者有理由不进行举重类训练，但实际上你能够发现在你的身边，使用这种方法的人少得可怜。特别是在非体校或职业俱乐部的训练环境中，一些营业性的健身房里，你不仅没法见到专业的举重台，更看不到有训练者在训练类似抓举、挺举等举重类训练动作。这样一个理应是与跑步具备同样普及程度，重要性无法用语言形容的训练方式却少有人参与。更可悲的是，即使是在一些有专业举重台、专业场地的体校或职业俱乐部里，也少有运动员在进行这方面的训练，更不用说具体的训练计划是否行之有效。

举重训练是一块试金石，它可以很好地检测你的爆发力、技术能力，举重训练中的所有动作，如果没有好的爆发力、技术能力，只靠单纯的力量和一股子蛮力，是无法完成很大重量的。即使你能够举起一定的小重量，但姿势看上去也会非常别扭。有不少没有举重训练经验的训练者，单纯地认为自身技术能力很好，可实际一到具体的训练动作上，就会显得特别不协调，发力方式非常孤立，这些都是需要通过重复不断的训练来逐渐改善和提高的。接下来就让我们仔细了解如何通过围绕举重训练，提升爆发力、协调性和具体的运动能力。

（1）举重面面观：首先我们要弄清楚举重是什么？从竞赛项目讲，举重包含挺举和抓举。在之前的举重比赛里还有推举这一项，但现在已被废除；从训练动作讲，举重包含全蹲、前蹲、箭步蹲、挺举、抓举、高翻挺、高翻、下蹲翻、悬垂翻、高抓、借力推举、实力推举、宽拉、窄拉、支撑深蹲等；从辅助训练讲，举重包含腹肌训练、上肢训练、跳跃训练、引体向上、柔韧性训练等，在清楚了举重训练的基本内容后，我们需要对每个动作具体的训练目标，实用价值做出一定的了解：

①全蹲：举重训练后蹲的幅度必须为全蹲，并且蹲到底。你无法在举重比赛里看到力量举比赛中髋部略低于膝盖幅度的深蹲，更无法看到一些健美运动员所采用的半蹲。全蹲姿势对于伸膝肌群的发展达到了最大值，并且符合举重中翻站时的技术要求。

②间歇式后蹲：普通的全蹲或深蹲往往是下蹲到标准幅度后立刻蹲起，训练者往往会通过膝关节的反弹借力，以给自身在蹲起时获得一定的初速度和力量助推。这种方法虽然可以提高你的后蹲成绩，但对于膝关节的健康而言却是有百害而无一利的。并且，这种反弹借力式的蹲法无论是对于真实力量的提高，还是具体的举重专项能力都是没有帮助的。首先，你的后蹲水平是在借力情况下获得的，而非通过自身真实实力所能够达到的。如果禁止膝关节的反弹借力，你是无法完成相应重量的。其次，我们在举重比赛中，无论是挺举或抓举，少有见到运动员在大重量时进行快速翻站的，他们往往需要在底部稍微停顿一下调整重心，此时如果你习惯利用反弹借力的后蹲方法，很容易出现因重心不稳所导致的翻站失败。所以，为了能够获得更加真实的绝对力量，后蹲以及举重能力，我们可以采取间歇式的蹲法，在蹲到预定幅度后停留1～3秒，再完成蹲起。这与慢下快起对于绝对力量的提高是同一原理，有利于后蹲硬实力的提高。

③前蹲：目的在于进一步加大伸膝肌群的活跃程度，并且符合举重比赛时所有杠铃翻站动作都是体前翻站，故前蹲的实用性在这里显得极高。此外，作为体前负重的训练动作，本身又给予伸膝肌群强大刺激，前蹲还可以提高训练者在球类比赛中弹跳力的实用性。

④不完全幅度后蹲：有时候不完全幅度的后蹲练习，如浅蹲、半蹲、深蹲等都是突破举重训练平台期的好帮手。你可以在规定的全蹲训练结束后，增加一些大重量的极限浅蹲、半蹲训练，帮助你快速增加绝对力量。

⑤挺举：作为举重比赛的项目之一，训练者需要进行专项的训练，以达到提高总成绩的目的。此外，挺举具备一定的实用性，如在生活中，你需要将一个较重的物体放到一个比自身身高还要高的位置时，所做出的动作几乎就是一个完整的挺举动作。

⑥抓举：作为举重比赛的项目之一，训练者需要进行专项的训练，以达到提高总成绩的目的。相比挺举，抓举的技术性更高，对于训练者协调性，爆发力的要求也要多。可以说挺举考验的是一个训练者自身绝对力量的硬实力，而抓举考验的则是一个训练者自身爆发力，动作技术性的硬实力。

⑦箭步蹲或保加利亚剪蹲：最重要的用处在于提高身体不对称发力下的绝对力量，这里应用到举重中，主要是为了挺举最后半程而设计的。一些自身绝对力量不是很强的训练者会采用箭步挺的方式来完成挺举，箭步蹲或保加利亚剪蹲就是为了这种姿势应运而生。

⑧高翻挺：是高翻加上挺的结合，相比挺举完整动作，高翻挺缺少了下蹲的过程，但可以在一定程度保留腿部力量的同时，提高挺举整体动作的技术以及上挺阶段的能力。

⑨高翻：提高的主要是训练者上翻重物的能力，因为技术性在所有举重类训练动作里相对较低，故具备极强的普及性。可以说几乎每个业余训练者在接触举重训练时，都是从高翻入手的。高翻虽然简单，但具体训练起来也不容易。没有经验的训练者很容易练得孤立，发力方式不协调。

⑩下蹲翻：目的在于训练挺举中的翻站阶段，具有极强的训练针对性。此外，下蹲翻训练对于喜爱大力士比赛的训练者而言也是不错的训练方式，大力士比赛中抱石球的项目就需要一定的下蹲翻能力。训练者可以采取泽奇深蹲与下蹲翻相结合的方法提高抱石球专项能力。

⑪悬垂翻：悬垂翻是针对高翻中技术薄弱而专门设计的动作，相比高翻对具体的技术性要求要高不少。因为预蹲姿势的缘故，训练者刚接触这项训练时，很容易出现上肢力量使用较多，导致腰背部过于酸痛的现象。

⑫高抓：为了提高抓举成绩而专门设计的动作，其技术性虽然相比抓举要低，但相对上翻类动作还是要难不少。其中最重要的一个问题即在于训练者需要一气呵成的将杠铃连贯抓起。此外，高抓的实用性我们前面已经有过分析，高抓能力的强弱，几乎可以直接推定为一个训练者弹跳力的强弱，相比全蹲、前蹲等动作在弹跳力提高方面，更具备说服力。

⑬借力推举（即上挺）：目的是为了强化挺举后半程上挺时的能力，训练者可以采取箭步挺或下蹲挺的方式来完成。借力推举有两种训练方式——颈后或颈前，颈前对于模仿上挺相似性更高，而颈后对于提高整体力量水平则更好。这两种训练方法在姿势上都需要特殊注意，如若发力姿势不当，颈前推举容易造成腰部压力过大，颈后推举则容易给肩关节带来伤病。借力推举这种训练方式不仅仅存在于举重类训练中，大力士比赛等一些竞技类项目在训练上肢力量时，都会用借力推举替代实力推举（即普通站姿推举），在提高整体协调性、爆发力的同时，更可以避免后者带来的腰部过于疲劳的问题。此外，借力推举与高抓一样，同样是判断一个训练者弹跳力高低的照妖镜。

⑭实力推举：也就是传统的站姿推举，目的是为了强化肩部的力量。虽然现在举重比赛里已经没有了推举一项，虽然上挺阶段主要是伸膝，屈伸髋肌群在发力，但同样不能忽略掉肩部的力量基础。所谓爆发力，是全身协调发力的结果，协调发力不是哪个部位发力，哪个部位不发力，而是能够把全身的力量汇聚到一起。所以，肩部力量的高低同样是决定上挺水平的一个重要组成部分。只是因为会给予腰部过多疲劳，这种训练方法已经不会再当做主项出现在举重训练计划之中。

⑮宽拉：目的是为了提高抓举中，训练者由静止到将杠铃上抓时的能力。与窄拉一样是更为细节化的技术训练。宽拉的实际应用度不高，主要就是为了提高举重成绩所存

在的。不过宽拉和窄拉，都会给予训练者背部肌群和斜方肌肌群一定的刺激效果，这甚至是一些大重量耸肩动作都无法具备的。

⑯窄拉：目的是为了提高挺举中，训练者由静止到将杠铃上翻时的能力。与宽拉一样是更为细节化的技术训练。窄拉的实际应用度同样不高，但与宽拉一样，都可以给予背部肌群和斜方肌肌群一定的特殊刺激。

⑰支撑深蹲：目的是为了提高抓举中蹲起时的能力，以及一些习惯在挺举中采用下蹲挺的运动员蹲起时的能力。支撑深蹲是举重类所有训练动作中，对于平衡力提高最为显著的一个动作，如何保持在长距离中的身体平衡能力，支撑深蹲是必须很下苦功夫提高的。此外，支撑深蹲对于训练者的背部肌群、核心肌群也有着一定独特地刺激效果。

⑱腹肌训练：举重对于训练者的核心力量，特别是核心部位的绝对力量有着极强的依赖程度，故相对应的腹肌训练必不可少。除非是重量级举重运动员，否则你很难见到在举重比赛里有选手挺着个大肚子上来的现象。

⑲上肢训练：上挺过程中，训练者的胸部肌肉，特别是上胸肌肉也会发挥一定的作用。虽然不是主要发力点，但一定的卧推、俯卧撑练习也不能够被忽略。

⑳引体向上：对于提高背部肌肉，特别是背阔肌、大圆肌、小圆肌等决定肩关节旋转的动作有重要价值。可以间接的提高训练者抓举和挺举时翻、抓杠铃的能力，特别是最关键的握力，你总不能一直寄希望于镁粉的发挥吧？此外，举重运动员在训练引体向上时往往喜欢采用髋部借力的方式完成，以求提高自身的技术能力以及对髋部力量的掌控。有的训练者不仅是做单独的引体向上，甚至更会借助髋部发力直接撑到单杠上。

㉑跑动，跳跃训练：如你可以采用蛙跳等跳跃训练突破自身力量的平台期，当你的深蹲持续一两个月不见突破时，你可以去做一段时间的蛙跳练习。此外，蛙跳可以很好地将举重时所锻炼出来的爆发力和技术性运用到具体运动项目中。短跑作为体能训练的一部分，不仅可以提高训练者自身的伸膝力量、屈伸髋力量，还可以帮助训练者提高速度能力。另外，短跑还具备一定的加强心肺功能的作用，可以让举重训练时所获得的能力更具运动性。此外，有些举重运动员还会在一个循环的训练计划中拿出一段时间来进行一些球类运动，通过球类比赛让自己的纵跳能力得到提升。无论是蛙跳、纵跳还是短跑，这些基础的体能训练都应当成为举重训练必不可少的辅助武器。如果一个训练者只关注举重，而忽略这些基础的体能训练，他是不可能在举重项目上具备多么优秀实力的，更不可能具备许多专业运动员所无法媲美的速度，弹跳力。

㉒柔韧性训练：举重不仅仅是一个讲究爆发力、协调性、平衡能力的运动，更是一个对训练者自身柔韧性有着较高要求的项目。我们能够发现在举重的训练动作里，对于人体自身髋关节、踝关节、臀部、大腿、肩关节，甚至是腕关节的柔韧性都有着极高

的要求。我们经常能发现一些训练者在刚刚接触举重训练时，会出现柔韧较差所导致的发力僵硬，如一个高翻动作，你能够明显地感觉到他是有两份力在一前一后使出，先通过腿部力量提起杠铃，再通过上肢、腰部翻转杠铃，这种发力方法是根本无法翻起较大重量的，违背了举重的基本原则；一些训练者在刚刚接触举重训练时还会出现姿势错误的现象，如还是高翻动作，训练者在拉起杠铃时因为柔韧性不佳，出现腰部弯曲拉起的现象，即我们所说的“乌龟拉”；同样是高翻动作，训练者因为上肢肩关节、腕关节柔韧性差，出现杠铃上翻不到位的现象。在挺举中杠铃需要上翻至锁骨，如果你的上肢关节柔韧性较差，很容易出现杠铃只能上翻至上胸的现象。一旦这种情况发生，从运动力学角度分析，你的腰背必定需要承受极大的力，腿部很难伸直，在这种情况下想完成上挺，毫无疑问是痴人说梦。由此我们不难发现相关的柔韧性训练对于举重来讲意义有多么重大，训练者在刚接触举重训练时往往会遇到两个瓶颈，一个是协调性不足，另外一个就是柔韧性过差。

（2）举重训练基础法则：在进行具体的举重训练时，我们要求训练者必须满足以下十点要求：

①前蹲与后蹲训练是基础：无论我们多么强调屈伸髋力量的重要性，在这里你还是不能忽略伸膝力量的基础性。所以，如果你想练好举重，打好扎实的前蹲、后蹲基础是不会有任何问题的。没有哪个举重运动员的前蹲、后蹲水平是极差的、这是练习举重基础中的基础，如果没有足够的成绩作保证，其余都是徒劳。

②柔韧性训练是关键：在举重训练经常采用的22个动作里，无论哪个动作都对于训练者的柔韧性有极高要求。如果你的柔韧性太差，那么是肯定无法练好举重的。

③挺举或抓举训练是核心：举重的比赛项目只有两个，即抓举和挺举。如果你想提高举重能力，毫无疑问这两项具体项目的成绩将是你训练的核心目标。

④避免腰部持续疲劳：腿部力量虽然是举重的基础，但是髋部水平却是决定你举重成绩好坏的关键。因为几乎所有的举重训练都要求训练者自身的髋部持续工作，所以如何避免腰部持续疲劳所引发的毁灭性伤病便成为重中之重。这里我们建议训练者除了培养正确的训练姿势，提高髋部柔韧性以外，尽可能避免大重量的硬拉训练，以快速、更实用的宽拉或窄拉训练进行替代。

⑤一周高频率训练：举重强调的就是硬实力与技术，特别是在你拥有一定力量水平以后，技术的好坏就成为决胜赛场的关键。因此你的训练频率必须大大提高。以前我们习惯的一周五次训练在这里可能要提高到六次，甚至有的时候要执行一天两练这样的魔鬼计划。

⑥加大营养力度：这点与上一条紧密相关，正因为训练频率、训练量的提高，训练

者更需要提高自身的营养水平。否则身体无法得到足够的能量供应，久而久之不仅身体素质无法获得进步，更会诱发严重的健康问题。

⑦切勿操之过急：有许多训练者在听到举重训练的种种好处之后，便按捺不住心中的寂寞，想赶快找个地方好好锤炼锤炼。这里奉劝没有接触过举重的训练者在进行科学的举重训练计划前，先拿出三个月的时间用空杆或者扫帚练习基本的抓举与挺举技术。而不是盲目的上重量，那样会导致你身体几个薄弱部位，如腕关节、腰部和膝关节的伤病。

⑧基础体能训练：与绝对力量训练一样，举重训练也不能忽略最基础的体能训练。并且一些基础的体能练习甚至会帮助你突破举重训练的瓶颈。

⑨切忌孤立发力：举重的基本要求就是调动身体的一切能力去完成一个动作，如果你要孤立发力，你是根本不可能完成目标动作的，甚至还会弄伤自己的身体。

⑩辅助训练是好帮手：针对挺举、抓举的一些辅助训练，类似高抓、高翻等是我们提高具体举重成绩的好帮手。你不可能只练挺举、抓举、前蹲、后蹲，这样不仅训练计划过于枯燥，更会让你的训练质量变的极低。并且，这些辅助练习相对来讲较容易掌握，更适合初入举重大门的训练者采用。

2. 投掷能力　投掷能力也是爆发力的一种释放方式，与举重、弹跳力、速度等为垂直或水平发力的释放轨迹不同，投掷能力多为斜向发力，这其中根据实际情况的不同，会有一定的水平或旋转发力辅助。田径类中铁饼、标枪、链球、铅球等项目是检验投掷能力高低最直接的手段，此外，篮球中投篮、传球时的爆发力也是投掷能力的一种表现形式。

从肌肉力量角度分析，投掷能力表面上看来是由上肢释放的，上肢力量大小似乎是决定投掷能力高低的主要因素。有这种错误观念的训练者不在少数，他们笼统地认为只要上肢力量强大了，投掷能力必然就高。于是，他们进行了专门的卧推或推举等上肢力量强化练习，以求让自己的掷铅球、铁饼等项目的能力得到提升。然而这种将上肢训练作为训练投掷能力的主要方法，往往不会给予你预期的收益。我们通过观察田径中投掷类项目的比赛，能够发现无论是铁饼、标枪、链球，都是在投掷前进行助跑或原地旋转积攒力量和初速度，才完成投掷动作的，你无法看到有哪个运动员原地站立着扔标枪、掷铁饼的。要想让投掷能力提高，投掷距离更远，你必须做好助跑、旋转等技术性动作，而这些动作完成度的高低、力量和初速度积攒的多少，都是由下肢肌群所释放的力量决定的，如扔标枪时的助跑，训练者必须拥有较强的屈伸髋力量，才可以即能够拥有一定的助跑速度，又可以确保训练者不会因标枪的负重让自身的初速度受损；扔链球时的旋转，训练者必须拥有极强的内收以及外展力量才能够让链球扔的更远；在篮球比赛中的投篮、传球等技术环节，如果你只依靠上肢力量去投篮、传球，而不是通过腿部发力、全身协调做动作，你的投篮距离、传球速度必定不会有多么优秀。所以，训练者在进行投掷能力所需的相关肌肉力量训练时，必须将下肢的几大主要力量作为训练重点进行安排。

从训练方式分析，决定投掷能力高低的核心因素是技术能力，即使训练者自身绝对力量。硬实力再强，如果技术水平极差，也是无法将助跑或旋转阶段时所积攒的力量和初速度充分作用到最后的投掷爆发力释放当中的，故一些经典的提高技术能力的训练动作必不可少，如举重类的高翻、下蹲翻、借力推举等训练动作，可以帮助你直接提高具体的投掷成绩。其次，无论是什么投掷项目，都需要斜向发力，才能够确保投掷距离足够远，故训练者如果不加入特殊的针对性训练，单纯依靠举重或田径类训练所带来的垂直或水平方向上的爆发力，是无法获得足够优秀的投掷能力的。另外，因为投掷类比赛存在旋转发力的现象，故一定的平衡力训练也是提高这项能力的关键点之一。由此我们分析出具体的投掷训练基础法则：

（1）举重类训练是核心：投掷项目看似绝对力量是判断水平高低的标尺，事实上爆发力的高低则对成绩好坏具备更直接的影响。几乎每个投掷运动员都拥有不错的举重能力，随着投掷技术的不断更新，依靠爆发力获取好成绩的方法已经完全替代了原始的，只靠硬实力获取好成绩的“土办法”。

（2）不可忽略的基础力量训练：虽然爆发力是投掷项目的关键，但并不代表这个项目上绝对力量的高低就不再重要，一些基础的力量训练、特别是不对称发力的力量训练不可忽略，如深蹲、硬拉、卧推等还是必须要加入到训练计划中的，拥有一定的绝对力量不仅可以帮助你在爆发力使用上更加得心应手，还可以帮助你强化投掷时所需要的大肌群能力。

（3）前臂肌群绝对力量训练：投掷能力释放最终还是由手掌、手腕所做到的，无论你的爆发力从哪里来，最终都要汇聚到手掌上。所以，与手掌做邻居的前臂肌群，就成为如何能够将爆发力充分释放的最后一环，也是极为重要的一个部位。试想一下，如果训练者自身的前臂力量不足，会直接导致无法将爆发力充分运用到物体的投掷上，甚至会出现物体在训练者奔跑或旋转时直接脱手的现象。所以一些提高前臂肌群绝对力量的训练动作就必须要加入其中，如基础的提高握力的引体向上；针对腕关节的腕弯举；针对拉力、握力的硬拉练习等。

（4）投掷类专项训练：专项训练必不可少，它可以帮助你纠正一些具体的技术动作，并且让你的身体习惯一侧有物体负重时的奔跑、旋转等发力技巧。有部分训练者就存在爆发力不错，绝对力量也算优秀，但一有标枪或铅球等负重时，就不知道该如何助跑，如何旋转发力的现象。此外，如果要想投掷距离更远，对于投射角度的研究和专项训练也是必不可少的，这些都是训练者迈向伟大所不容忽视的细节。

（5）平衡力训练：针对的是在高速旋转、助跑发力时训练者因为一侧负重，另一侧容易出现晃动、不稳，导致的爆发力无法充分释放的问题。训练者必须充分重视起平衡力的训练，它不仅决定着你爆发力释放的大小，更决定着你相关投掷动作的完成度，有不少第一次接触投掷的训练者会出现因平衡能力不足，所导致的摔倒或投掷角度严重偏差等现象。

（6）球类专项训练：针对的是在篮球、排球比赛中具体的传球、投篮时的爆发力释放能力，有许多篮球爱好者打了多年的篮球都不知道投篮、传球是要靠腿部主动发力，所带来的全身协调发力，而不是他们一直以来单纯依靠的上肢发力，具体点说是肱三头肌、三角肌发力。如果你只靠这些肌肉发力，只靠单纯的臂力，你是无法做到足够远的投篮距离，足够快、准、狠的传球的。我们能够看到有些NBA球星可以做到轻松的半场跳投，他们所依靠的就是全身协调发力的结果，而非单纯的手臂或肩部力量。一些业余爱好者只依靠手臂发力，不在腿部与协调性上找原因，不要说半场跳投，甚至是稍微离开罚球线跳投都会出现吃力的现象。跳投一定是先有跳才有投。跳在投前，跳主投辅。

（7）弹力带冲拳练习：把弹力带固定到一端，向斜上方做冲拳练习，可以很好地提高训练者肩部、背部以及手臂肌群的力量，并且可以极其相似的模仿投掷物体时的角度。这里不建议训练者使用杠铃或哑铃等负重冲拳的训练方式，因为那样会给你的身体突然带去向下的作用力，而为了保持身体平衡以及完成动作，身体必须也随着向下用力。这样一来你的腰部便随时处于受伤的边缘。并且因为这个动作是快速的爆发力训练，所以会让你的受伤风险大大增加。更何况因为冲拳力量在斜前方阻力方向向下，并不是理论上应当的相反方向，故也不会带给你投掷力量的提高。

第八节 决胜的综合体能训练

在我们所熟悉的训练模式里，除了较常见的力量训练外，还存在着不容忽视的综合体能训练模式。它是决定所有运动能力，训练模式水平高低的必备辅助手段。综合体能训练是只要我们训练，便随时随地陪伴在我们身边的好朋友。在实战中，我们能够发现有些力量水平出色，爆发力优秀的训练者灵活性，协调能力以及柔韧性等素质较差，以至于其做动作时给人感觉过于僵硬，有“死肌肉”的感觉。出现这种问题最本质的原因就是在于其缺乏相应的综合体能训练。所以，如果你想避免“死肌肉”的出现，你想成为一名真正的“绝顶高手”，除了大量的爆发力训练外，必要的综合体能训练也是常规武器之一。

综合体能训练经常被人提及，特别是一些热爱篮球，足球等竞技项目的训练者，更是三句话离不开柔韧性、协调能力以及平衡力，有时甚至把它们摆到比绝对力量、爆发力、速度等更为重要的位置。这里并不是说这种重视程度是错误的，综合体能训练对于竞技体育没有那么大的重要性。相反，综合体能训练水平的高低在竞技体育中扮演着极其重要的角色，因为无论是足球还是篮球，都不是单纯地比拼深蹲卧推力量或者高翻、高抓时的爆发力，而是需要极强的柔韧性、协调能力和平衡力才可以在高强度对抗的比赛中充分展现出自身的技术能力，充分使用自身的力量和爆发力。所以，综合体能训练的重要性丝毫不低于任何肌肉力量或神经控制能力训练，训练者需要将这部分训练作为自身训练计划中的重要组成部分。然而，几乎每个训练者都注意到了这个问题，但也几乎每个人都没有在自身的训练计划中加入这方面的训练。有的即使加入了也缺乏针对性，训练者会发现在经过较长时间训练后，自身的能力并未得到什么提升。所以，我们在进行综合体能训练时，不仅要将它的地位摆正，更要进行充分地钻研，制定有针对性，行之有效的训练计划。我们在进行综合体能训练，提高柔韧性，协调能力和平衡能力时，需要注意以下几个基本原则：

（1）做到每日训练：柔韧性、协调能力以及平衡力针对的并非某一块肌肉或某一部位肌群的力量、速度和爆发力，是一种需要长时间、持久的频繁练习才可能取得一定进步的能力。所以，训练者在进行这些训练时，应当做到每日训练，而不是三天打鱼两天晒网，这样才能够确保柔韧性、协调能力以及平衡力的持续生长。

（2）减掉一些不必要肌肉：中国传统武术讲究“宁筋长三尺，不肉厚一寸”，所追求的就是柔韧性、协调性以及平衡力的大幅度提高，要比单纯的肌肉生长在实战中要重要得多。这里我们先不去谈肌肉与协调能力、柔韧性哪个在实战中更重要，而是从训练难度考虑，肌肉围度生长一厘米的难度明显要比协调能力、柔韧性的提高小得多。所以，柔韧性、协调能力的大幅度提高相比肌肉生长更能体现一个训练者自身的训练水平。此外，除了训练难度这个问题外，过多的不必要肌肉生长会在一定程度上影响平衡能力、协调性和柔韧性的提高。这个问题我们曾经在复合竞技类训练中有过提及，在一些协调性、柔韧能力以及爆发力占主导的项目中，如在体操、武术散打中，你能够发现运动员的肌肉比例十分均衡，少有某一部位过于粗壮的现象。其目的就是为了避免肌肉的过多生长，影响总体的平衡能力或局部的柔韧性与身体的延展范围。所以，我们在进行综合体能训练时，也要注意尽量减去一些实用价值不高的上肢肌肉，但并不等同于说上肢肌肉的基础训练是不重要，是可以忽视的。

（3）具体针对性训练：有很多训练者在制定相应训练计划时，会显得很随意，训练很不系统，如相关柔韧性的训练，训练者进行一些简单的韧带拉伸就以为柔韧性可以得到提高，这是一种非常随意的训练安排。好比你在肌肉力量训练时，你想提高胸部的围度，但是你却不注意相应的胸部训练动作安排，应当采取大重量杠铃卧推来进行刺激的，你却简单地以徒手俯卧撑替代，这显然是很不合理的，相应的预期训练效果也会大打折扣。

（4）有球结合训练：综合体能训练能力的提高，其中一个目的就是为了能够在剧烈身体接触的比赛中保持足够的对抗性和动作完成能力。如果训练者只通过单纯的平衡力、柔韧性和协调力训练，而没有单独的有球结合训练，其在实战中平衡力、柔韧性和协调能力还是无法得到充足的提升。特别是在协调性方面，有不少训练者在爆发力训练时协调性出色，但一到球场上做姿势就显得很别扭，甚至会给人感觉非常不灵活。这与其自身肌肉水平，爆发力都没什么关系，因为他们已经在力量训练时，证明了自身的爆发力和肌肉水平足够确保自身的协调性。之所以在加入有球训练后就显得不协调，还是与专项训练不够多、身体缺乏相关技术以及对力量使用的记忆程度较低有关。我们能够发现有些球员自身的灵活性很好，运球过人时的速率极快，但这并不等同于其自身力量和爆发力水平就非常高。他们看起来协调能力，灵活性更出色的原因与自身大量的有球结合训练密不可分。如果让他们进行举重训练等同样考验协调性的训练动作，反而可能会出现极不协调的现象。所以不仅绝对力量、爆发力有不同的释放环境，需要根据具体情况进行具体训练，协调性、平衡力和柔韧性也拥有各自不同的使用情景，要想让你的肌肉“不僵硬”，姿势协调，你就必须要进行一定的专项训练——有球训练。

（5）体操、散打等辅助训练：体操、散打等项目对于训练者身体柔韧性、平衡力和协调性有较大需求，只是这两种辅助训练手段往往难度极大，特别是体操训练，更非一般训练者可以掌握的，一定要做到循序渐进，选择能力范围内最适合自身的训练方法。

（6）不要忽略绝对力量、爆发力训练：我们已经强调过多次人体所有运动能力的表现都来源于肌肉的收缩，如果你的肌肉收缩能力很差，那么是不可能拥有一定的协调性、平衡能力和柔韧度的。力量训练与综合体能训练是相辅相成的关系，并且几乎所有的训练动作都需要运用到柔韧度，协调性或者平衡能力的发挥，如拿站躬身训练来讲，其根本目的在于提高伸髋肌群的力量，如果训练者髋部的柔韧性较差，即使在无负重的情况下，依然无法完成站躬身的姿势要求，就更甭提通过这个动作来训练伸髋力量。所以我们在进行综合体能训练时，一定不能忽略基础的力量训练，特别是针对篮球，足球，格斗爱好者，他们往往把综合体能训练的地位看的比力量训练重得多，以至于出现完全不练力量训练，只专注柔韧度、平衡力和协调性的提高。要知道，没有哪个超级明星是走极端的，要么是技术非常好，特别灵活，要么是绝对力量强悍，动作十分霸道。真正的超级明星都是将灵活性与协调性、柔韧度与爆发力、绝对力量与速度相结合到近乎于完美状态的，无论是以前的罗纳尔多、乔丹，还是现在的科比、梅西、詹姆斯，都是如此。

（7）勿超负荷训练：综合体能训练中，特别是针对柔韧性的训练，很多训练者容易出现超负荷的情况，即加大动作幅度，超出自身能力范围所导致的韧带或肌肉拉伤。这与训练者自身训练经验不足，对身体控制能力较低、训练量以及身体疲劳程度的考虑不周全有关。特别是在一些青少年训练者中，这种现象十分的普遍。

综合体能训练虽然看似没有力量训练那样复杂，但实际上它的训练难度却丝毫不比力量训练逊色，可以说它要求训练者的训练水平要比增肌训练时高得多，甚至要高于更为复杂的爆发力训练。所以我们建议训练者在进行综合体能训练时，一定要把握一个循序渐进的过程。但这并不等同于说在进行力量训练时，身体的柔韧度、协调性和平衡力就不用训练了。你可以通过一些拉伸的方法保持身体的柔韧度，通过一些常规的体能训练进行协调性和平衡力的训练。千万不能出现力量训练时只关注力量、器械，而忽略了柔韧度、协调性和平衡力的保持。否则当你踏入复合竞技类训练的大门或者可以进行较为系统的综合体能训练时，你会感受到自身相关能力的严重缺乏以及较高的训练完成难度。

一、柔韧性

所谓柔韧性，指的是人体关节所能够活动的幅度以及相对应的韧带、肌腱、肌肉的弹性和延展程度。一个人的柔韧性越高，关节的活动范围也就越大，理论上讲受伤的概率也就越低，特别是一些扭伤类的伤病，发病原因往往是外力所导致的关节活动超出其所能够承受的最大范围。然而，并非柔韧度越强，受伤概率就越低，因为柔韧性本身还包括主动与被动之分，所谓被动柔韧性，指的是训练者单纯依靠自身关节活动所拥有的柔韧性，所提供的最大活动范围。这类柔韧性大多体现在女性和孩童身上，他们自身的柔韧性较高，关节活动范围很大，但因缺少一定的肌肉力量，导致其在力量训练或强对抗时无法通过肌肉收缩，主动使用柔韧能力以保护自身健康。所谓主动柔韧性，指的是训练者依靠肌肉收缩所产生的关节活动范围。会更好地帮助训练者在力量训练或遇到强身体对抗时很好地保护自己的身体。

（一）影响训练者主动柔韧性训练的原因

1. 忽视被动柔韧性训练　如果你想获得足够的主动柔韧性，那么基础的被动柔韧性训练是必须要经历的一个阶段。这与力量训练时的原理一样，你只有先学会被动才能获取主动。不可能在没有具备被动时的基础能力下，就直接获取难度更大的主动能力。重视基础训练这个内容一定要被广大训练者所重视起来，特别是一些年轻人，切忌心浮气躁。

2. 年龄因素　训练柔韧性，特别是被动柔韧性能力，低于13～14岁是较为理想的训练年龄。如果年纪再大，人的身体就会逐渐形成对肌肉、关节、韧带的牢固记忆，再想打破这种思维和身体定式进行柔韧方面的训练难度则较大。这就是为什么我们习惯印象中的“年纪越大，筋越僵硬”的原因所在。

3. 肌肉水平　肌肉力量的缺失是导致训练者自身被动柔韧性较强，主动柔韧能力较差的最重要原因。在大部分训练者固有的观念中，韧带、肌腱、肌肉以及关节骨结构对于柔韧性影响较大，其中特别是韧带的柔韧性，“松紧程度”几乎就成了柔韧性优劣的代言人。事实上，韧带虽然重要，但肌肉的收缩对于柔韧性，特别是在强对抗时的柔韧使用能力方面所起的作用却是韧带所无法相比的。

4. 训练方法　除了最普遍的忽视力量训练外，在柔韧性训练安排方面，有很多训练者还忽略掉了训练先后的问题，如有的训练者认识到了主动柔韧性的重要程度，于是他就在不确定自身被动柔韧能力，甚至未经过被动柔韧性的训练，就直接进入难度更高的训练模式。这种情况很容易导致自身在主动柔韧性训练时韧带、肌腱等出现拉伤的现象。此外，有不少训练者认为肌肉收缩能力越强，自身的主动柔韧性就越高，而自己在力量训练中已经证明了自身的肌肉力量，所以不用被动柔韧性的基础训练，直接进入主动柔韧性训练是没有问题的。但是我们强调过，柔韧性是依靠肌肉、肌腱、韧带、关节等联合决定的关节活动范围，并非单纯某一因素强，即可忽略掉其他因素的薄弱。如果你没有过被动柔韧性训练，你自身关节，韧带方面的柔韧度自然要差不少，当你进行主动柔韧性训练时，虽然肌肉扮演主要角色，但并不等同于关节和韧带就处于“隐身状态”。如果你的关节和韧带能力太差，同样会影响你的训练效果。并且，力量训练时的肌肉收缩与柔韧性训练时有很大不同，不能以力量水平高来替代柔韧性的高低。

5. 注意快慢结合　在柔韧性训练方面，除了通过慢速的让肌腱、肌肉得到放松与拉长外，还可以通过快速度让肌腱、肌肉急速拉长。这两种方法所带来的效果，所使用的环境都各不同。慢速对于身体的保护较强，不会因为训练负荷过量或姿势方法错误所引起的肌肉、韧带、肌腱伤病。因为其速度较慢，故训练者如果发现有任何不适的地方，可以立即停止训练。但因为释放速度缓慢，缺乏肌肉的主动收缩，故相应的实用性较差；而快速则比较要求训练者的柔韧性训练能力以及肌肉力量水平，对于提高主动柔韧性、协调性，移动能力有着无可替代的作用。只是因为释放速度较快，故训练难度较大，并且易受伤风险较高。所以我们在进行柔韧性训练时，一定要注意将快慢结合训练，以避免出现训练偏颇的现象。

（二）训练柔韧性的基本原则

1. 基础的拉伸，热身必不可少　柔韧性训练讲究从小做起，从基础做起，当你因为年龄的原因无法做到从小训练时，那么从基础入手就是你训练柔韧性最关键的一环。这里讲的基础训练，指的是你在力量训练前后所做的拉伸、热身，它们可以帮助你在训练前活动开即将需要使用的肌肉、关节和韧带，更可以帮助你在训练后通过放松、拉伸减少力量训练所带来的肌肉疲劳和酸痛。并且，基础的拉伸练习是帮你走入柔韧性训练大门的合格“引路人”。

2. 多注意易疲劳、易损关节的柔韧性训练　人体有很多在运动中易疲劳、易受伤的关节，加强这部分关节柔韧性的训练，对于提高训练或运动成绩，并且保持身体健康有着重要意义，如膝关节、踝关节、髋关节、腰部都是较为容易出现伤病、疲劳的部位；腕关节、肘关节、肩关节等上肢关节，往往可以通过相应的肌肉力量训练或者正确的运动选择予以避免，故不容易疲劳或受损。

（1）在易受伤的部位中，膝关节与腰部不存在柔韧性这一概念，我们固有观念中腰部柔韧性、膝关节柔韧性等概念是有一定局限性的。膝关节与腰部，一个支撑全身，一个支撑躯干，链接上下肢，本身是极难拥有一定活动范围的。我们可以发现腕关节、肘关节、肩关节、髋关节、踝关节等都可以灵活的绕圈和转动。膝关节和腰部则几乎很难转动，活动范围有限。我们之所以会有腰部、膝关节柔韧性这一概念，与我们对于相关柔韧性动作所对应的肌肉、关节发挥不清楚有关。

（2）在所谓的“膝关节柔韧性”表现中，我们将一侧小腿向后屈膝，直到脚接触臀部这个动作中，并非膝关节的柔韧性在发挥作用，而是股四头肌的柔韧性决定了这个动作的成败；在所谓的“腰部柔韧性”表现中，如俯身抱腿、压腿、双手扶腰画圈等动作中，并非腰部的柔韧性在发挥作用，而是股二头肌、臀部肌群或髋关节的柔韧性在扮演重要角色。特别是双手扶腰画圈这个动作，如果你坚持腰部柔韧性的错误观点，依靠腰部旋转、画圈那是会极其别扭并且对腰部有损害的。所以，训练者在进行易疲劳、易损关节柔韧性训练前，一定要先弄清楚每个关节，肌肉所对应的具体柔韧性表现形式有哪些以免造成错误训练。并且，纠正这些错误观念，对于训练者在竞技项目中技术动作的使用，发挥程度也有一定帮助。如果你不清楚这点，当你需要做出某些动作、强迫无法主动发力的腰部去发力，那么不仅姿势别扭、运动幅度小，更会给身体带来伤病隐患。

3. 注意肌肉柔韧性的训练　在前文中提到，除了一些易受损关节需要加强柔韧性训练外，其相对应的一些大肌群的柔韧性也十分重要，如无法释放较大柔韧性的膝关节，其周围包裹的股四头肌就成为柔韧性释放的重要角色；人体在奔跑时需要髋关节柔韧性的发挥，其周围的股二头肌、臀部肌群柔韧性也是决定髋关节柔韧度高低的重要因素。多进行肌肉柔韧性的训练，不仅对于相应关节柔韧度的提高有好处，更可以帮助你主动柔韧性一定程度的发展。

4. 一定的力量辅助训练　力量辅助训练的重要意义前面已经多次提到，这里不再重复，没有一定的肌肉力量，你只能拥有被动柔韧性，无法在强对抗的环境中立足，如篮球中的拉杆，足球中的“滞空”实际上都是力量发挥下的主动柔韧性表现形式。

5. 平衡力、协调性训练是良师益友　在柔韧性训练中，有些动作对于训练者的平衡力、协调性有一定的要求。故相应的平衡力、协调性训练也可以带给训练者柔韧度一定的增长。综合体能训练与力量训练不同，不是要求你单独训练其中一种能力，而是要做到三种训练综合发展，共同进行，这样才能够做到真正的综合能力提高。

6. 严格注意动作标准性：柔韧性训练中有些动作是十分有难度的，它具有极为严格的动作姿势要求。训练者往往在刚接触时会产生极度不适应，出现有意无意地错误姿势。这种现象是坚决禁止的，因为训练者在训练时所采取的“作弊”方法，基本是通过弯曲膝盖或弯曲腰部来达到的。这两种方法无论哪一种，对于柔韧性的训练成果以及身体健康都是有百害而无一利的，特别是当你采取快速神经控制能力时，要求身体肌肉、肌腱、韧带和关节急速拉伸，如果你的姿势不标准，肌腱、肌肉、韧带和关节会极有可能在一瞬间就受到严重损伤。有训练者会产生疑问，如果要求姿势绝对正确，往往无法达到训练的动作幅度要求，这种情况下该何去何从呢？这里我们建议训练者在保证姿势标准的前提下，能有多大幅度就完成多大幅度，毕竟不是每个训练者都能够第一次下腰就成功，第一次直腿俯身触地时就可以全手掌触地的。循序渐进，从小做起，强过用错误的姿势自欺欺人。

7. 瑜伽、普拉提训练　瑜伽和普拉提训练中有不少动作，姿势对于身体的主动柔韧性有极强的要求。如果你没有一定的肌肉力量水平以及主动柔韧性是无法完成的，所以一定的瑜伽、普拉提训练，对于提升肌肉力量和主动柔韧性水平都是有很大好处的。

二、协调性

协调性也叫配合性，指的是训练者身体各部位肌肉、关节在神经系统的控制下，在最正确的时机，释放合理的力量、速度以达到相关运动要求的能力。协调性越强，训练者自身的爆发力、平衡力、柔韧性以及具体动作技术的结合能力也就越高。协调性对于训练者在竞技比赛中对于力量，速度使用时机的把握有着重要意义，可谓是每个竞技体育爱好者都必须要特殊注意，强加训练的能力之一。

协调性也分为两部分，整体协调性和具体协调性。所谓整体，即训练者在田径、举重、增肌或健美等力量训练中整个身体的协调能力；所谓具体，即训练者在竞技项目中具体某一个技术动作时所释放的协调能力。整体和具体协调性都是全身各部位肌肉，关节在神经系统控制下达到最高配合度的结果，只是一个相对综合，另外一个相对技术化、具体化而已。

（一）决定协调性高低的因素

1. 遗传因素　这里我们必须要承认遗传因素的存在，承认所谓的“天赋”。确实有部分训练者因为遗传的缘故，自身协调性较差，但这并不能作为不努力或允许自身水平低的借口，是可以通过专业，有针对性的后天训练加以改善的。

2. 个人心理与性格　协调性的高低除了身体的配合程度，具体动作的技术纯熟度外，还与发力时机有极大关联。特别是在一些需要运用协调性的竞技项目上，训练者需要保持绝对的冷静，以做出最恰当时机下最正确的选择。这种冷静就需要训练者对于自身的心理与性格特点进行一定的打磨，急性子和慢性子都会对协调性的发挥造成不少影响。

3. 平衡性　协调性的发挥必须是建立在身体平衡的基础之上的，试想一个训练者如果自身都失去了平衡，何谈具备协调性呢？并且，没有哪个协调性训练是在身体失去平衡状态下所完成的，所以，一定平衡能力的训练是可以辅助协调性提高的。

4. 柔韧性　综合体能训练的三种能力是相互配合，相互决定，相互促进的。有些训练者自身柔韧性不佳、关节活动范围较小，故在一定技术动作的执行上就会有局限性、力量不能充分释放、身体不能充分伸展，都会导致协调性的下降。

5. 动作技术性　相应动作的技术娴熟度应当是决定协调性高低七大因素中最关键的一个，因为它的要求太多样化、太复杂，特别是在竞技类项目中，如篮球或足球比赛中几乎每一个动作所对应的技术特点都不同，有的甚至大相径庭。你无法将力量训练中获得的协调性，甚至某一个技术动作训练时所拥有的协调性直接照抄照搬到所有动作的技术发挥上。正是这点决定了为何协调性是所有身体素质训练里面难度最大的，它不仅需要你拥有较强的力量和神经控制能力水平，还需要你具备许多专项的技术能力。这些技术能力都非一朝一夕可以在短时间内练就的。

6. 不要忽视力量训练　导致许多训练者在协调性训练中迟迟不得进步的另外一个重要因素就是忽略了力量训练的重要性。我们知道协调性的目的不仅仅是为了把一个动作做完美，在技术性上达到最高，更重要的还是要让自身的动作变得有实际意义，你不能做出一个动作不考虑时机、力量、对抗等因素。一些训练者将协调性训练单纯地理解为技术性训练，这是很片面的。协调性训练是将技术娴熟度与力量水平配合度最高的一种身体素质，技术虽然重要，但力量同样不能被忽略。

7. 耐力　力量耐力以及速度耐力较差也会对协调性的提高产生影响，特别是在较长时间强对抗的环境下，耐力薄弱的问题就会变得更加明显。训练者会因为自身力量耐力和速度耐力不足，导致在力量和速度上无法继续保持相应的动作完成度，出现所做动作实际效果差、身体失去平衡等现象。如果你忽略掉了耐力训练，是不足以保证你的协调性在长时间的竞技比赛中可以一直发挥的。

（二）协调性训练的基本法则

1. 钓鱼　相信钓鱼的出现会给不少训练者带来疑问，它能够给协调性的提高带来什么帮助呢？钓鱼对于协调性的提高主要是从磨炼训练者心理和性格方面入手，作为一项要求足够耐心与冷静判断力的运动，对于训练者在竞技比赛时保持一个冷静的头脑、良好地心态，以把握最恰当的时机有着重要作用。此外，如果你在海里钓鱼，而非在池塘或水库里，受海风、浪潮、石头等影响，你不能让渔竿保持一个姿势不动，不然很容易让鱼钩勾住石头，出现鱼钩甚至鱼线、渔竿折断的现象。你需要让渔竿保持一个动态的上下移动，以防止这类情况的出现。然而在这种状态下，怎么再去感受细微的诱饵被啃食的渔竿变化，则是较为困难的。所以，钓鱼不仅对于训练者的心理和性格有很好的打磨作用，更可以锻炼你对于力量的感知，帮助你更好地掌握力量释放，从而提高协调性。

2. 指令或口号类练习　我们在训练启动速度时强调了指令或口号类练习对于神经反应速度提高的重要性，在协调性中时机把握这一环节里，反应速度是决定你能否完出色完成任务的关键。

3. 平衡力、柔韧性训练是良师益友　柔韧性、平衡力与协调性三者相辅相成，进行柔韧和平衡方面的辅助训练会帮助你自身协调能力的提高。

4. 提高具体动作的完成度　前面我们说到了具体动作的完成度是限制协调性提高的关键，所以我们建议训练者如果想提高协调性，一定要注意不同动作中不同技术的专项训练。如果你要训练上篮时身体的协调性，不厌其烦地进行重复上篮训练，显然是提高技术能力、协调性最简单、最有效的办法。具体动作的技术娴熟度越高，相应的具体协调性就越强。但这并不等同于训练者的整体协调性就优秀，如他可能在一些爆发力训练中出现水平较低与完成度较差的情况。

5. 爆发力训练的辅助作用　所有的爆发力训练都对协调性有着极强的要求，如果你的协调性不强，是不足以获得优秀的爆发力的，所以一定的爆发力训练对于提高协调性是有很大促进作用的，只是这里需要注意一点，爆发力训练时整体协调性的好坏，不能够作为具体协调性好坏的判断标准。你让一个举重、短跑、跳跃时协调性非常好的运动员来进行一些篮球中的过人、变向训练，可能就会出现极其不协调的现象。这就是与我们前面所提到因为具体动作的技术娴熟度不够，导致的具体协调性较差有关。

6. 一定的基础耐力训练　如果你想整场比赛都保持良好的协调性，在球队处于最危急关头依然可以挺身而出，做出实质性的贡献，一定不能忽略力量耐力和速度耐力的基础训练。

7. 反向训练　力量训练中能做到正反方向同时训练的动作非常少，这里所说的反向训练是针对竞技项目中具体的技术动作的，如篮球比赛中我们训练运球能力，一般训练者想到的都是前进式的运球训练，只有具体的行进路线有曲折与否之分。而较少有训练者考虑到后退式的运球训练对于控球能力的增加，协调性的提高有着极高价值。当你的身体已经适应了一种方向的发力方式后，你可以进行完全相反地发力方式训练，你会发现你的协调能力得到了大幅度增加。

8. 缩小训练空间或目标　如果你的训练空间很大，训练时你几乎感受不到心理压力的存在。相反，如果你的训练空间很小，只能满足你在近乎“完美协调性”释放的情况下身体才不会出现超出训练空间的现象，你的心理压力就会陡增，以至于技术动作甚至可能会出现变形。这种缩小空间、提高动作难度以及心理压力的方法，恰恰是提高协调性训练的黄金武器之一。此外，你也可以通过缩小训练目标的方法让协调性得到大幅度提升。试想一下，控制一个篮球容易还是控制一个更小的网球容易？显然是体积较大的球更容易被掌控。同样，在同等高度下，是触摸到一块木板容易，还是碰到一个羽毛球容易？显然是横截面更大的木板更容易被锁定目标。所以，当缩小训练目标后，你必须让协调性充分释放，才能够完成原有的训练计划。与缩小训练空间一样，缩小训练目标同样是提高协调性训练的黄金武器。

9. 改变训练环境　当你习惯了一定的训练环境后，你会对它的地质、周围环境都产生记忆。如果换到一个另外的训练环境，周围摆设与地质完全不同，你的协调性也会受到影响，如我们在健身房进行自重摸高训练时，习惯了周围的摆设、摸高目标以及地面材质，可以摸到一个较为不错的高度。如果换到篮球场上，周围几乎没有什么摆设，摸高目标变成了篮圈，地面材质发生了变化，你的协调性就会受到影响，摸高高度也自然没有之前训练时高。所以，适当的改变训练环境，对于提高协调性也是有极大促进意义的。

10. 增加技术难度　当我们进行一些球类技术训练时，为了更好地提高协调性和技术娴熟度，我们可以通过增加相应动作技术难度的方法，如控球训练时将控球数由一个变为两个，摸高时由摸一个目标改为起跳双手同时摸两个目标，都会对协调性的增加有非常不错的效果。

11. 注意训练次序　协调性作为难度最大的训练，如果你想进行系统的提高，必须要确保已经充分掌握爆发力训练以后，才可开始系统进行。否则，如果你的爆发力训练尚未掌握牢固，就开始系统的协调性训练，你会感到双管齐下难度无比巨大，结果是两手抓两手都不硬。这里不必担心不进行系统的协调性训练会影响你自身的爆发力训练成果，因为在相对应的每个爆发力训练环节中，都会根据身体和技术动作需要安排一定的具体协调性训练或者技术训练。相反，如果你只是想进行某一个具体动作的协调性训练，我们更愿意称它为技术训练，好比上篮或控球过人等实战技术方面的能力，在力量训练的各个阶段都是可以进行的，唯一要注意的是必须确保自身已经进行过一段时间的增肌或健美训练，否则你的技术训练是没有任何实战价值的。这种误区非常普遍，你能够看到不少业余爱好者在自身力量水平不高，甚至几乎为“0”时，进行不厌其烦的大量运球训练。我们不清楚他们这样做是为了炫耀技术还是真正为了实战考虑，如果是处于提高实战能力的角度，他们这么训练是非常低效的。因为不管是篮球、足球，还是其余所有具备直接身体接触的竞技体育项目，身体力量水平永远是最重要的，你技术再好别人一撞你就飞，40分钟比赛连20分钟都坚持不下来，那何谈实战？何谈对球队作出贡献？其次，协调性训练本身的各个动作间也要注意一定的次序安排，如我们上面提到的反向训练、缩小训练空间、训练目标、改变训练环境、提高训练难度等黄金武器，使用它们的前提是你必须先做好了最基础的训练。你不能连基础的正向前进运球时的协调性都掌握不好，就去训练反向后退运球或同时运双球、运小球等难度极大的训练方式。

三、平衡力

平衡力即训练者通过力量、柔韧性、协调性等多方面因素共同保持身体平衡与稳定的能力。平衡力对于训练者在力量训练或竞技比赛时的动作完成度有着极高意义。如果你失去平衡，力量的高低、技术的优劣则根本无从谈起。因为训练理念的偏颇，训练方法的不够完善，许多训练者往往对平衡力的高低不予重视，即使有部分训练者将平衡力训练作为日常训练的一部分，大都在训练计划上出现综合体能训练固有的一个问题，即缺乏针对性。

（一）导致缺乏针对性平衡力训练的原因

1. 核心力量不等同于平衡力　有很多训练者存在这样一个错误观念，将核心力量与平衡力的概念相混淆，认为核心力量就是平衡力，二者不分彼此。事实上，我们不否认核心力量最重要的一个作用就是保持躯干的重心稳定与平衡，但平衡力除了有核心肌群支持外，还有许多部位同样是起保持身体平衡关键作用的，如四肢，特别是踝关节、小腿肌群对于平衡力的意义丝毫不亚于核心肌群。所以，如果简单地将核心力量理解为平衡力，并进一步出现“训练平衡力，即训练核心力量”这种训练观是十分不恰当的，会造成平衡力的严重缺失。

2. 神经能力薄弱　在影响平衡力的几大因素里，重心的好坏与力量水平的高低是两大核心。其中，重心问题与训练者自身神经能力的强弱有关，如果你对于身体的控制能力较低，相应的平衡力自然较差，身体稳定程度欠佳。

3. 力量水平的重要性　除去重心的好坏以外，力量水平的高低同样是影响平衡力强弱的重要因素。你必须具备足够的力量水平，才能够确保身体无论是在动态还是静态下都能够拥有不错的平衡与稳定能力。特别是在有对抗状态时，力量的大小对保持身体的平衡性有直接作用。

4. 动态或静态平衡力区分不清　根据运动状态的不同，平衡力可以区分为动态平衡和静态平衡。静态平衡指的主要是训练者的身体处于某一种固定姿势下，所能够保持的时间长短能力或身体在受到外力冲击时，能否依旧保持平衡，不至于重心的突然失去。动态平衡指的主要是训练者的身体处于运动状态下的平衡稳定度，这个能力往往与协调性有着密切的关联。此外，当训练者在赛场上主动发力与对手造成身体接触时，身体的平衡稳定度也可被看做为动态平衡力。大部分训练者之所以在平衡力训练上迟迟不得其法，找不到症结所在，最关键的一个因素就是在于对动态或静态平衡力区分不清。如果你只以静态平衡作为训练核心，当你走上对抗激烈的竞技赛场时，你就会发现你的平衡力几乎等同于没有经受过训练。

5. 训练缺乏针对性　平衡力与柔韧性、协调性训练一样，都是难度较高的训练方法，不是很多训练者传统观念里的“随便练练即可”，综合体能训练缺乏针对性的结果与力量训练一样，会让你的“努力”与时间一起付之东流。并且，平衡力训练也绝非一些训练者想象的那样简单，只是随便做几个平衡的动作，类似“金鸡独立”这种就可以满足其需求的。平衡力训练丝毫不比力量训练简单，其需要你特殊“照顾”的地方有许多。

6. 柔韧性、协调性较差　我们说过协调性、柔韧性与平衡力三者是相辅相成，相互促进的。特别是在平衡力训练上，协调性与柔韧性的影响达到了巅峰值。从基础的平衡力训练动作上你就能够发现，协调性和柔韧性的缺失，是不足以让你在标准姿势下完成相应训练动作的。如果你想专门强化平衡力，必须保证有一定的柔韧性和协调性作为基础保障，否则一切都是徒劳。

（二）提高平衡力的基本训练法则

1. 注意四肢平衡力的训练　不要仅仅关注核心力量，虽然它对于维持身体躯干的稳定性、重心以及力量传导有极大意义。但你的平衡力不仅仅靠核心肌群一部分决定，你需要关注更多对平衡力有直接影响的部位，如你的四肢。我们可以发现在运用平衡力较多的体操比赛里，几乎所有动作都是依靠手或脚支撑在地面或某一物体上完成的。如果你的训练计划中没有相应的依靠手部或脚部支撑以保持平衡的训练动作，那就是不完整的。特别是手部方面的平衡力训练，往往被人忽略。

2. 不要忽视力量训练　一些力量训练，如爆发力、绝对力量练习都要求训练者具备一定的平衡性，否则不足以保证相应负荷下动作的完成情况。力量水平对于平衡力本身的加成也是非常明显的，你无法想象一个腿部没有力量的训练者能够站的住，特别是在强对抗的比赛中，需要释放动态平衡力时，依然可以屹立不倒。此外，力量训练中对于神经控制能力的提高，可以很好地帮助你改变重心不稳的现象，加强神经系统对于肢体的控制能力，突破平衡力训练时所可能遇到的瓶颈或阻碍。

3. 静态平衡是基础　与柔韧性训练中被动柔韧训练是基础一样，静态平衡训练是整个平衡力训练的基础。一些我们所熟知的保持身体于某一固定姿势长时间不动的静力训练动作，如俯身平衡、金鸡独立等都是训练静态平衡很好的方法。你必须拥有一定的静态平衡能力，自身在没有运动对抗状态下可以站得住，才能够进行更高级的训练方法。

4. 动态平衡的实用价值：动态平衡是平衡力训练的核心，毕竟你要拥有平衡力不是单独为了炫耀或者摆几个高难度的姿势拍照，而是要将它运用到实战中，把它与力量训练或竞技比赛相结合，以达到自身成绩的最大值。很多训练者将静态平衡时的一些训练方法直接套用到动态平衡上，导致训练水平迟迟不见提高。为了避免这种情况的出现，我们需要根据动态平衡的使用环境，安排些类似的训练，以确保动态平衡力的提高，如进行一些田径类的训练、各种跑跳、投掷或不对称发力的力量训练等方法，可以很好地促进训练者在动态、主动发力时身体的平衡与稳定度。

5. 柔韧性、协调性等辅助训练　柔韧性，协调性训练可以帮助你平衡力训练的提高，三者相互促进，相辅相成。

6. 缩小训练空间或训练目标　与协调性训练一样，我们可以通过缩小训练空间或训练目标的方法，以达到平衡力的较大提高，如传统的梅花桩训练，我们可以将梅花桩的直径缩小，这样自然提升训练者在桩上站立的难度，而平衡力也在此时得到了提高。

7. 基础武术训练　中华传统武术的几大基本要求里，其中一条就是讲究“腿上要有根”，一定要站的住，否则你的身体在实战中就是任人蹂躏的靶子。故相对应的传统武术中一些基础训练，如梅花桩、扎马步，对于提高平衡力，让你“站得住”有很大帮助，并且武术讲究协调，讲究爆发力，讲究“宁筋长三尺，不肉厚一寸”，如果有条件，一定的基础武术训练对于综合体能训练而言是大有裨益的。

8. 体操类训练　体操中的一些训练方法对于平衡力的提高效果是最大的，但因其训练难度较大，器材较难寻找，故训练实际操作程度也最低。如果有这方面的条件和愿望，进行一定的体操类训练也是必需的。

9. 不对称发力训练　不对称发力训练可谓是平衡力训练的黄金武器，它不仅能够通过不对称发力的特点给予平衡力提高，更可以通过这个特点给予训练者自身力量水平，特别是绝对力量和神经控制能力极大的加成。不对称发力训练的实际操作度非常高，一些动作的难度也不大，如箭步蹲就是一个既简单又具有很强实用性的不对称发力和平衡力训练动作。

第九节　体能与健身训练中伤病的恢复方法

在力量训练以及综合体能训练时，训练者往往会因为训练姿势不正确，训练负荷过大，训练经验不足，竞技性比赛强度过高，甚至营养补充不到位等问题，出现这样或那样的伤病。在遇到伤病时，训练者本身往往对于何时能够重返赛场，水平能否恢复到从前等问题十分关注，少有人做出自身出现伤病的原因有哪些，以后该怎么做才能够避免伤病的出现等具有实际意义的思考。以至于自身陷入伤后又伤，伤上加伤的泥潭中，最终导致本来还可以重新驰骋赛场的沦落到只能在场边当看客。所以，我们需要做出相应的思考，明确导致伤病出现的基本原因有哪些，以及大致上的恢复方法，以后训练或比赛中的注意事项有哪些，避免重复受伤或运动能力大打折扣的现象出现。之所以说大致上的恢复方法，因为我们不可能具体分析到所有的运动类伤病出现的原因以及恢复方法。因为运动类伤病的种类实在太多，每种所出现的原因，情况以及相对应的具体恢复措施都有不同。如果我们细微到每个伤病的具体恢复，必定会有一定偏颇和不准确性，这是无法像在力量训练与综合体能训练时那样介绍的。所以，我们还是介绍总体的伤病产生因素，以及基础的恢复方法与流程，给大家养成一个会思考的习惯。在其中再单独介绍一两个常见的运动类伤病，以加深并强化伤病产生因素有哪些，基础恢复方法与流程等记忆。我们先来看一下导致运动类伤病出现的主要原因有哪些：

一、伤病的预防措施

1. 肌肉力量较差　几乎所有的运动类伤病，无论病因如何，病情轻重，溯本归源导致其出现产生的原因都离不开一个因素，即肌肉丧失对于训练者身体的保护能力，也就是我们所说的肌肉力量较差。无论你是因为关节活动超出能力范围所导致的严重扭伤，还是因为平衡力较差所导致的轻微摔伤，都与力量水平不高有着莫大的关系。一定的肌肉力量不仅是运动能力，竞技水平的保证，更是身体健康的护身符。你很难想象“竹竿”在竞技赛场上能有多么强的对抗能力，在受到强烈身体接触时，肌肉能给自身健康带来多大的保护。

在许多球类爱好者固有的观念里，他们认为技术的好坏要比力量的高低显的重要许多。这里我们不再重复已经说过多次的力量对于竞技体育的重要性，而是单从身体健康角度就可以发现力量训练相比技术训练的重要程度。如果你不注意力量训练，你的技术再好也无法给你的身体带来保障，或许你认为你优秀的技术可以在进攻端尽量避开防守者的身体接触，从而减少伤病产生的可能性。然而竞技比赛不是只有进攻，当你转变角色成为防守者时，因为你过于瘦弱、力量较差，进攻方会有意识的找身体接触来击垮你，此时你是为了选择保护自己而放弃防守，抑或是在明知有极大受伤风险，对抗处于绝对下风时硬碰硬？所以，你能够发现力量训练的重要意义不仅在于实战比赛中所带来的运动表现提高，更在于维持你运动寿命的延长。超级巨星普遍在职业生涯进入中后期后开始专注力量训练，这其中除了人体的力量巅峰期一般在中年才会来临外，最重要的一个原因就是通过加强肌肉的力量水平，以达到减少伤病风险，延长运动生涯的目的。

我们需要知道一定的肌肉质量不仅对于力量水平有很大的影响，而且对一些关节的包裹，保护也有着直接作用。试想一下，如果你的股四头肌足够强壮，充分包裹着你的膝关节。即使你的膝盖受到撞击，因为围度的缘故，厚实的股四头肌会帮你分散掉一部分冲击力，减少膝盖的受伤风险；试想一下，你的肩膀足够宽厚，无论是进攻方还是防守方都不会轻易就与你的身体发生接触，这样一来不仅你的球可以保护的非常牢固，身体也会相应的安全许多。所以，如果你想给自己的身体健康投保，通过力量训练增加肌肉数量、围度和力量是最让你放心的“保险公司”。

2. 关节、肌肉、肌腱、韧带柔韧性较差　在运动类伤病里，扭伤与挫伤是较为常见，并且较容易出现毁灭性伤病（撕裂、断裂、移位等）的一种，即使是病情较轻，如崴脚也会导致训练者一个月内的运动能力受限制，更不用说一些需要1～2年来恢复的毁灭性伤病。

扭伤与挫伤类伤病出现的原因与外力作用下关节活动超出自身能力范围有直接关系，我们在柔韧性训练中曾经提到良好的柔韧性，特别是动态柔韧性可以帮助训练者扩大关节活动范围，减少在强对抗比赛时所出现的扭伤。此外，肌肉、肌腱、韧带与关节柔韧性较差，还会导致训练者自身发力方法不当的问题，导致本应发力的肌肉处于休眠状态，而不能发力或只能轻微发力的部位长久以来成为发力核心，久而久之容易产生劳损等慢性伤病。所以，强化关节、肌肉、肌腱以及韧带的柔韧性，是避免出现慢性伤病或扭伤与挫伤等毁灭性伤病的主要途径之一。

3. 盲目选择训练重量　力量训练本身是不易受伤的，如果训练者在训练重量与训练次数的选择上出现盲目性，会有可能导致肌肉拉伤，严重的甚至会产生关节与骨骼的毁灭性伤病。如果你在极限重量上进行两次重复，毫无疑问是不可能的，而一旦动作无法完成，肌肉、肌腱就可能会出现拉伤的现象，严重的甚至会导致关节移位与骨骼折断等。这种严重度并非耸人听闻，武汉曾经有一个训练者在进行卧推训练时，因为重量选取过大当场被砸死。由此可见，力量训练虽然本身安全系数较高，如果在重量负荷的选择上不加注意，会造成非常严重的后果。

4.“宁假勿轻” 力量训练本身是不易受伤的，如果训练者在训练姿势的把握上欠考虑，动作极度不标准，会有可能导致肌肉、肌腱拉伤或较为严重的关节与脊柱类伤病。如在进行硬拉训练时，按规定动作姿势要求，训练者需要在全程保持腰背的挺直，不能出现弓背或“乌龟拉”的现象。有许多训练者在硬拉大重量训练时，会为了提高自身的极限力量，采用弓背或“乌龟拉”的姿势弯曲脊柱，强迫自身拉起较大的重量。这种训练方法对于脊柱的健康是非常具有毁灭性的，堪称脊柱杀手。在很多训练者口耳相传的“硬拉废腰”观念中，不正确的硬拉姿势是导致腰部受损，较易疲劳现象出现的根源。

我们在力量训练时提到了要“宁轻勿假”，但还是有不少训练者，特别是年轻人，因为处于面子、自尊心或虚荣心等缘故，通过错误的姿势来完成大重量以满足自己的需求。这种训练观不仅不会帮助你带来真实水平的增长，更会给予你身体安全最大的危险。

5. 发力方法不当 力量训练本身是不易受伤的，如果训练者在发力方法上不注意，会因为强迫发力或借力部位出现错误所导致的肌肉、肌腱拉伤或劳损等问题。这种现象在初次接触训练，经验和能力都不强的训练者身上较为容易出现。

例如，在卧推训练中，训练者的发力部位应当是肱三头肌、三角肌、胸肌，如果采取力量举式卧推，相应的臀部肌群、背部肌群，甚至是股四头肌还要有一定发力。但是有训练者在卧推时，因为重量较大，在推起阶段会有很大困难，因此他们往往习惯采用耸肩缩脖子等斜方肌借力的方法“扭曲”着推起杠铃。这种借力方法是非常危险的，不仅对于卧推力量没有什么实质意义，反而有可能造成颈椎以及斜方肌附近的肌肉与肌腱损伤。

6. 训练器械选取不当 有一些训练器械的设计本身便存在一定的局限性，训练者如果对这些局限不清楚，会容易导致因器械问题所产生的扭伤、拉伤、劳损，甚至毁灭性伤病等。

训练者往往不清楚器械是很难用大重量或极限重量进行训练的。因为器械固定了训练者的运动轨迹，所以如果选取大重量或极限重量进行训练，万一出现训练者因力竭等原因无法完成时，身体会被器械卡住，不仅无法借力，甚至连对于自身的保护都会丧失。如当你进行深蹲训练时，选取史密斯机训练却无法完成规定重量，你必须强迫自己再下降一段距离才可以让挂钩挂在器械上，而伤病往往在此时悄然袭来。相反，选取自由深蹲架却无法完成规定重量，你可以选择直接向后扔掉杠铃，不需要强迫身体发力或者出现被器械卡住所导致的伤病问题。

7. 训练动作选取不当　在导致训练者出现运动类伤病的原因中，除了客观方面肌肉力量水平低下、柔韧性较差外，主观方面最明显的因素就是在于训练动作选取的不恰当上。有些训练者在不了解的情况下，选择一些本身具有缺陷、风险性较大的训练或一些在提升训练量后较容易产生危险的训练方式，会对自身的肌肉、肌腱、韧带或关节带来较大的受伤隐患。为了加深训练者对于训练动作选取不当有可能导致受伤的印象，我们以膝关节健康为例，分析一下有哪些动作是本身设计上就有缺陷或在大量训练的情况下，容易给膝关节健康带来一定隐患的。

（一）动作设计缺陷方面

1. 史密斯深蹲　一些膝关节有伤病的训练者往往认为，史密斯深蹲相比自由深蹲更加安全，对自身膝盖会更有好处。实际上史密斯机因为固定了人体的运动轨迹，几乎锁住训练者的腰部，会让其膝关节感受到巨大压力。如果你试试用自由方式进行深蹲训练，你会发现其对膝关节的压力和影响相比史密斯机要小得多。

2. 单腿深蹲　单腿深蹲本身是非常好的考验训练者自身协调性、不对称发力能力以及绝对力量的训练动作，但因难度极大且与训练者自身体重有密切关系，故不是每个人都可以通过这种方法获得提高的。如果你在单腿深蹲的过程中失去重心或平衡能力丧失，因为所有重量都加在深蹲腿一次，故有较大风险带来膝关节的扭伤。这种现象与训练者自身训练姿势正确与否无关，即使你把动作做标准了，如果丧失平衡力，股四头肌无法给予膝盖保护，受伤几乎是无法避免的。

为了避免单腿深蹲设计上的缺陷，同时在不对称发力以及绝对力量方面获取提高，我们可以使用箭步蹲训练进行代替，它虽然对于协调性以及平衡力要求相对较低，但对于绝对力量的提高效果丝毫不逊于单腿深蹲。

3. 登山　本身很难发现能够对膝盖健康有多少负面影响，然而在现实生活中却有很多登山爱好者出现了半月板不同程度的损伤。有不少人将这种现象产生的原因归为登山中训练者的脚尖一直在超出膝盖，但事实真相是否就竟如此？让我们仔细分析一下登山不同阶段时肌肉的发力与动作特点，或许能够得出一些正确的结论。

在上山过程中，训练者因为需要攀登，故股四头肌、臀部肌群以及股二头肌都是必须要积极发力的，而膝盖为了配合前进与攀登，也会积极向前送。所以，虽然在这一阶段中训练者的膝盖超出了脚尖，但股四头肌、股二头肌与臀部肌群都在主动发力，主动给予膝盖一定的保护与缓冲，并且脚尖与膝盖指向几乎一致，更不存在发力过程中因为力量过猛，所导致的膝盖被迫晃动，故在上山阶段中，膝盖的健康程度是良好的。

在下山过程中，问题便层出不穷。首先，因为上山阶段的体力消耗，所有参与过攀登的肌群都受到一定的削弱，故在下山过程中对于膝盖的保护相比上山时要小的多。其次，因为倾斜角度、重力或疲劳等缘故，训练者习惯运用自身的惯性下山，不会刻意地释放肌肉力量去做有缓冲与有保护的下山动作。此时，训练者自身的重量随着每一次脚尖的落地，给予膝盖的冲击都是自身体重的两倍，并且在这种情况下你的膝盖使用的是反弹借力的发力方法。如此神经与肌肉的双重疲劳以及姿势上的错误发力方法会直接摧毁你的膝关节健康。由此我们可以发现，登山对于膝盖的危险主要在下山阶段，训练者如果不注意这个因为环境，重力所导致的动作设计上缺陷，可能会给膝关节带来不小的伤痛。

4. 动感单车　最近几年一直非常流行于各大健身房，广受白领人士、学生、健身爱好者的欢迎。在它如此风靡的时候，却少有人反思为什么我要练动感单车，动感单车能帮助我提高什么？首先，映入脑海的概念想必是动感单车可以帮助我减肥，这个问题我们在耐力部分已经有过详细的介绍，动感单车并不是非常优秀的减脂训练，这里不再多做赘述。其次，大家可能会想到动感单车对于提高腿部力量有帮助。这里我们要承认因为运动强度较大，特别是经常变换骑行速率与骑行难度，动感单车对于腿部力量耐力确实有帮助。至于动感单车可以提高多么大的腿部绝对力量或者爆发力，则过于夸张。

你能够发现看似动感单车本身还是一个可以纳入训练计划的动作。只要我注意一下自己的日常饮食与训练搭配，不仅可以带来一小部分的脂肪减少，还可以做到力量耐力的提高。为何还在这里说动感单车有一定的动作设计缺陷呢？其实我们通过观察可以发现，动感单车与史密斯机有一定的相似之处，它们都将训练者的运动轨迹固定，对训练成绩有一定的辅助性。动感单车相比于真实的自行车缺少对于膝盖的缓冲，如果你在动感单车训练到高潮部分时，选择站立骑行对膝盖的冲击力将达到顶峰。动感单车也可以与训练量提升所导致的膝关节安全隐患联系在一起，有不少的单车课程都是持续一个小时左右，这个训练量对于股四头肌、股二头肌与臀部肌群的力量耐力要求都是十分高的，甚至要远超过10×10全蹲训练法。因为在10×10训练中你还有组间那不足两分钟的休息时间，供你放松肌肉、调整神经控制能力、拉伸韧带，甚至是补充一定的营养。动感单车训练则几乎是骑上去之后腿部就在机械运动，丝毫没有休息时间。即使是在训练量较低时，你的腿部依然随着之前骑行时的惯性在运动。此时，虽然你的膝盖与脚尖指向没问题，但膝盖几乎不受腿部肌肉保护，伤病便在此时悄悄来到了你的身边。正是因为这个原因，我们不推荐训练者采取动感单车这种训练方式，提高力量、耐力有比它更有效果的10×10训练，减脂有比它见效速度更快的跑步、游泳等有氧训练。即使从提高骑行能力角度看，普通的自行车相比它也更为安全和有效。所以，你有更好的训练方法可以做到动感单车所能够做到的，甚至还会做的更优秀，并且不会带有先天的对膝关节的危险性。

5. 半蹲或浅蹲　有些训练者在进行后蹲训练时，因为对于动作姿势所要求的幅度不清楚，容易出现本应做深蹲或全蹲的，做成半蹲或浅蹲，不仅训练难度降低，在安全方面也会因动作姿势设计的缺陷问题对膝关节带来一定的影响。

半蹲或浅蹲相比幅度更大的深蹲或全蹲，容易在训练时将压力集中于膝盖，并且因为股二头肌与股四头肌参与较少，故对于膝盖的保护相比深蹲或全蹲要低得多。此外，半蹲或浅蹲因为动作幅度较小，所以训练者往往喜欢采用较大重量的负荷，这样一来对于膝关节的压力毫无疑问又提高了不少。但是，你无法忽略半蹲或浅蹲对于弹跳力，甚至是一定绝对力量的生长都是有好处的，与蹲跳训练一样都属于高风险、高回报类的训练方法。如果你对这种训练方式心有余悸，不如回归最安全、最基础的深蹲或全蹲，甚至前蹲训练。

6. 蹲跳　蹲跳与半蹲或浅蹲类似，是建立在相应后蹲幅度基础上所完善形成的跳跃练习，常见的有半蹲跳、浅蹲跳等。蹲跳练习相比半蹲或浅蹲，对于弹跳力的提高更加明显，故相应的其对于膝关节的冲击也更大。因为训练者不仅需要完成半蹲或浅蹲，还要在这个基础上进行连续跳跃，期间膝盖所受到的缓冲与保护极小。

7. 跳深　跳深即从A点处跳下，然后再立即跳到B点上，是一种篮球运动员较常采用的弹跳力训练法。跳深与半蹲或浅蹲、蹲跳练习一样，对于弹跳力的提高同样非常显著，通过训练身体落地后瞬间所释放的爆发力，会对弹跳在短期内有明显的提升。但是，这种练习在动作设计本身上是非常危险的，因为当你从一个高度跳下的时候，身体需要在落地的一刹那不经过任何调整就立刻跳到另外一个高度上，在这个过程中膝盖在受到两倍体重冲击的同时，还需要屈伸、反弹借力释放巨大的弹跳力，这点对于训练者自身的膝盖冲击是极大的。

为了训练力量转化瞬间时的爆发力，训练者可以采用箱式蹲跳，身体由站立静止状态蹲下，在接触箱子后立刻蹲起的方法进行替代。尽管相比跳深其没有预跳跃动作，对弹跳力的直接增长效果不太显著，但它更安全，也会帮助你达成愿望。

8. 站姿提踵　如果你单独训练站姿提踵，对于膝盖不会有什么太大影响。如果你在训练后蹲的当天进行站姿提踵训练，对于膝盖便会带来较大不适。为了避免这种现象的出现，训练者可以用坐姿提踵替代或者采用隔天训练的方式，将后蹲与提踵分开练习。

我们上述所列举的八个动作，都是在设计上有一定缺陷的，不是你训练姿势标准就能够杜绝相应伤病发生的。当然，也不是说这八个动作就完全不能训练。如果你要练习它们，必须确保你对它们在动作设计上的具体缺陷有足够了解，确定你自己的训练经验和水平完全可以克服这些缺陷。否则，还是不要轻易采用这些训练，用一些可能见效速度不快，但非常安全的动作来代替它们。

（二）训练量过高方面

1. 过度跳绳　跳绳是一种对于连续起跳能力的提高有很大帮助的训练手段，有些训练者喜欢通过改变跳绳姿势的方法来提高自身的协调性和平衡力，但却少有人关注跳绳训练对于膝盖本身所带来的影响。

我们知道跳绳是没有跳几次的，一般都是以较多数的重复为训练主要手段，但是跳绳训练是有一定技巧性的，不是说你想跳多少次就跳多少次的，故理应不存在过度训练这一概念，那为何这里还说过度跳绳会对膝盖健康带来影响呢？这里所讲过度跳绳主要指两个方面，一个是在腿部训练后进行跳绳训练，容易因腿部肌肉疲劳所导致训练量过度；一个则是指具体跳绳训练的组间休息不够，所导致的过度训练。

第一个方面很好理解，腿部训练肯定会安排股四头肌的训练内容，当股四头肌处于较疲劳的时候，进行连续跳跃训练必定会给膝盖带来一定冲击。第二个方面较少有训练者注意，在他们看来跳绳训练是一种减脂方法，如果休息时间短了那么对于减脂就没什么帮助了。有训练者认为，跳绳训练强度太低，不必增加过多的休息时间。事实往往并非如此，在跳绳训练中训练者需要连续快速起跳，故相应的屈膝幅度往往很小，有些训练者为了跳的更快、更多，膝盖甚至是完全伸直的。在这种姿势下，如果训练者不注意组间休息，膝盖会处于持续受冲击与疲劳的状态，对于自身关节的健康是有较大危险的。

2. 过度静力深蹲　深蹲或静蹲、扎马步对于提高训练者腿部的静态力量、身体平衡力等有很大好处，因为其难度较低，对股四头肌有不错的锻炼效果，故本身也是十分不错的保养膝盖的训练动作之一。

如果你不注意静力深蹲的训练量而过度训练，这个膝盖保护神也会转变为膝盖杀手。很多训练者在进行静力深蹲训练时喜欢采用力竭训练法，让自己蹲到实在受不了的情况时再站起来。我们发现，如果在静力深蹲中使用力竭训练法，膝盖会因为肌肉的疲劳感增强，逐渐产生晃动的情形，甚至会在训练末段出现明显的抖腿与膝盖移动现象。此时，训练者的膝盖处于最为薄弱的状态，如果发力站起，极有可能在站起的过程中再次出现明显晃动，导致一些扭伤类伤病的产生。所以，在进行静力深蹲训练时，一定要量力而行，不要轻易去检测自己所能够深蹲的最长时间，而是以一个固定的、较为有把握的时间来进行分组训练，这样才能够让静力深蹲起到积极的作用，而不是变为健康杀手。

3. 过量全蹲或深蹲训练　全蹲或深蹲同样是本身在设计上对于膝盖没有任何危险的动作，无论是对于关节健康还是各种身体素质的提高都是有非常大帮助的。但全蹲或深蹲训练如果出现过量的现象，不仅对于身体素质的提高没有帮助，反而会给身体健康带来一定负面影响。

在全蹲或深蹲训练中，过量的现象主要存在于两个方面：第一个是全蹲或深蹲训练组间休息不够，所导致的训练量过大。因为全蹲或深蹲消耗训练者的体力极大，一般训练者只会休息时间过长，反而少有休息不够就训练的现象。第二个则是在一组全蹲或深蹲训练中安排过多的重复次数，如达到30次以上，这种对肌肉耐力要求极高的训练方法因为重复次数越高，腿部肌群的消耗程度也就越大，故相应的膝盖受保护能力也就越低。因为全蹲或深蹲训练往往是较少用极轻重量训练的，所以一旦因为过量训练导致膝盖不稳定、出现晃动等现象，对于自身的关节安全是十分危险的。这与绝对力量训练时，身体由于较大负荷在蹲起时出现晃动不同，这里的晃动是由于训练者本身已经没有多余的肌肉力量去保护膝盖，故是非常危险的。

4. 原地高抬腿　这种高抬腿练习较常出现在学校的体育课或一些短跑项目的训练中，高抬腿的目的是为了提高短跑中需要的屈髋力量、柔韧性和奔跑幅度，这种训练方式如果过量是很容易造成膝关节损伤的。

我们从姿势上就能发现原地高抬腿是腿部通过脚尖快速踮地后连续抬起的动作，如果训练者训练量过大，会让脚踝、股四头肌受到持续冲击，出现短暂的疲劳、麻痹等现象，进而丧失对于踝关节和膝关节的保护。高抬腿动作本身是脚尖踮地后连续抬起的发力方式，脚跟不会与地面接触，故相对应的膝盖受到的保护与缓冲本身就小很多，所以，此时如果再进行过量训练，对于膝关节的健康毫无疑问是不利的。

我们上述介绍的四个动作，都是本身在设计上没有任何缺陷的，只要把握好你的训练姿势，具备一定的训练水平，不安排与实际能力不相符的训练量，就可以完全避免伤病影响。在我们所举的这些因动作选取不当所导致的膝关节伤病例子里，基本上都是普及程度，使用率较广的训练方式。很多人可能因为对于相关知识缺乏了解或有了解但缺乏具体思考，甚至对自己身体能力过度自信，进而忽略掉它们的负面影响，只看到它们所能带来的积极作用，从而导致一些本身完全可以避免的伤病出现，影响运动状态，实为不值与不智的。

5. “护具惰性”　护具在竞技类比赛或力量训练中的使用率非常高，特别是对于一些之前有过较严重伤病的训练者，他们几乎都会选择在训练或比赛时佩戴护具，从心理和生理给予身体安全感。但他们却从未有想过这些被他们看做是“救命良药”“安全保护神”的“神器”，竟会成为自己重复受伤的罪魁祸首之一。其实这个原因很好理解，首先，护具无论品牌大小，质量优劣，价格高低，都无法针对伤病出现的根本原因对症下药，它只能是作为一种当伤病来临时，尽可能减小肌肉，肌腱，韧带或关节所受到的伤害程度的防御品。如果你的肌肉力量无法承受冲击，无法对自己的身体带来足够保护或者关节活动超过能力范围，伤病是不会因为护具的存在就主动退避三舍的。护具不能给你力量上的瞬间提高，更不可能在短时间内让你的柔韧性变强许多。它能够做的只是尽可能减少伤害，并且从心理上安慰训练者，安慰“每一个受过伤的灵魂”。其次，护具的存在，是为了保护薄弱的部位。如果你薄弱的部位一直处于温室的环境下，一直躲在护具后面自欺欺人，却不从根本上强化它，根治它的薄弱，迟早有一天你还会遇到更为严重的伤病。护具只会让你薄弱的部位更薄弱，只有进行专项的力量训练，提高肌肉和力量水平，才会给予薄弱部位最彻底的治疗。

因此，我们并不建议训练者因为受过伤就使用护具，特别是因此而导致的忽略基础力量训练，让身体养成“护具惰性”更是万万不可取的。除非你确实受过毁灭性的伤病，自身处于漫长的恢复期，需要进行一定轻量的，有保护的恢复训练或者要面对极为重要，对抗程度十分激烈的比赛时，不然不要轻易使用护具。护具如何使用，如何避免养成“护具惰性”，同样是决定训练者会否受运动类伤病缠身的因素之一。

6. 体重及肌肉比例问题　这同样是影响训练者肌肉、肌腱、韧带和关节健康的因素之一。体重的问题很好理解，如果你从事一些竞技类体育项目，体重过高肯定会在奔跑，跳跃甚至是站立时给予膝盖较大压力。我们能够发现有些球员在遇到伤病后或者处于职业生涯末段，都会选择积极减重，其目的就是减小在运动时给予膝盖的压力，进而保持身体的健康程度。肌肉比例问题与体重过高，训练方法缺乏针对性有关。众所周知你要想保护肌肉、肌腱、韧带和关节的健康，最有效地方法就是进行力量训练。在人体所有易受伤的部位中，下肢几乎占据了全部。所以，你的力量训练自然应当以下肢的肌肉数量与力量的提高为主。有不少训练者因为训练理念的误区，缺乏正确的训练观，会将训练目标放到上肢，过多关注上肢外在的提高，对下肢训练仅仅是采取练练即可，缺乏较强的针对性。这样久而久之就会导致上肢肌肉增长过快，而下肢进展缓慢。如此一来，你的易受伤部位并没有得到多少力量和肌肉的增长，反而承受了比以前更大的压力和重量（上肢肌肉增长所致），由此便会导致伤病的频繁出现。

7. 短时间内巨大力量的提升　有的时候力量水平进步太快对于肌肉、肌腱、韧带和关节也不是件好事，特别是绝对力量的增长速度如果过快，对于关节会有一定的负面作用。这个道理很好理解，我们的绝对力量可以通过针对性训练，营养的补充在短时间内获得巨大的提升，关节强度却无法通过什么有效地方法在短时间内加强，所以你的绝对力量虽然有了很大的进步，看似对于关节、肌肉、肌腱和韧带的保护也有相应的提高。事实上关节本身却不一定能适应短时间内大强度的刺激，特别是如果有竞技比赛要求，训练者会将新获取的大力量在比赛中频繁使用，关节因此便会感受到持续的不适感。所以这也从一个侧面揭示了为何一个普通成年人年龄对提高力量水平有一定帮助，这是一些问鼎大力士或力量举等要求绝对力量水平较多的比赛桂冠的多为中年人的原因。因为随着年龄的增加，关节的强度也在不断提高。一个发育完全的训练者自然会比尚处于身体发育中的年轻训练者关节强度要高，承受能力要强。

一般来看，如果卧推、硬拉、深蹲水平持续每个月分别提高3千克、4千克、5千克，那么便有一定的超出关节强度所能够适应范围的风险，训练者便需要加强日常对于关节的保养。不过需注意这些数据标准并不适用于刚刚接触体能训练的新手和初级训练者，因为他们的基础水平不高，故即使短时间内力量水平提高很快也是正常的，关节是可以承受的。

8. 热身、拉伸练习不足　有些训练者因为对热身、拉伸练习不重视或者担心拉伸练习会影响力量训练与竞技比赛水平，所以不注意甚至不做热身与拉伸练习。这种坏习惯所产生的最直接影响有两个：一个是因拉伸不够所导致的柔韧性不强，缺乏在比赛或力量训练时对于预防关节活动范围过大的应对。另一个则是因为热身不足所导致的肌肉活跃程度不高，注意力不够集中，神经控制能力不强，一旦投入到对抗激烈的竞技比赛或负荷较大的力量训练中都有可能导致肌肉、肌腱、韧带或关节的损伤。上述两个直接影响，无论哪一个对于训练者的身体健康都是有百害而无一利的。

9. 竞技性比赛强度过低　可能有许多训练者不明白，为何竞技性比赛强度过低会导致伤病的出现？不应当是强度越大，对抗程度越高，所导致伤病产生的概率越大吗？出现这种现象的原因与训练者自身注意力的问题有莫大关联。如果你所参加的比赛强度较大，对抗程度较为激励，但只要你自身肌肉水平不吃大亏，并且进行了一定的热身、拉伸练习，身体适应了这种比赛强度，无论你做什么动作都是有一定主动力量释放的，都是有一定主观上对于身体的保护意识的。相反，如果你所参加的比赛强度较低，对抗程度不高，一方面你可能因为这个就忽略了一定的热身与拉伸练习。另一方面因为比赛难度较低，你的注意力往往不集中，此时你的肌肉、神经系统几乎都处于休眠状态，无论你做什么动作几乎都缺乏一定的主动发力，以及对于身体的保护能力，而伤病则在此时慢慢走到你的身边，我们能发现在一些球场上出现的毁灭性伤病里，发生的情景大都为一些对抗并非特别激烈，甚至是完全没有身体接触的。所以，不要仅仅是在强度较大的比赛里打起十二万分的精神，在一些强度较低的比赛里，甚至是无关痛痒的“垃圾时间”，你更要打起十二万分的精神，因为伤病最喜欢在你最不注意，防御力最低的时候来到你的身边。

10. 营养补充不到位　在整本书的开篇我们就介绍了营养对于训练，甚至是整个人健康的重要性。在伤病这一部分中，营养问题同样不可忽略。如果你的营养水平不高，身体会处于一直疲劳，无法完全恢复的状态，相应的受伤风险自然会大很多。相反，如果你的营养水平很高，身体会尽快完成肌肉，神经系统的恢复，随时保持最佳状态，相应的受伤风险自然就会小很多。并且，一定的特殊营养摄入还会对加强关节强度，预防关节、韧带的伤病有很大帮助。

以上便是我们分析的运动类伤病所产生的十三条原因，训练者注意到这些，并对症下药，可以很好地从“病根”上减少伤病出现的概率，有效预防伤病。下面让我们来看看，在伤病出现以后如何进行恢复，以便可以尽快，又不会导致重复受伤的重新投入到训练或比赛中。因为伤病的种类较多，我们这里只进行一个恢复流程总纲的介绍，万变不离其宗，如果你明白了恢复流程总纲的含义，那么你就可以把它灵活自如地运用到具体的伤病恢复办法及流程中，再遇到伤病，就不会显得那么手足无措，恢复起来也会更加合理、更有针对性。

二、伤病的恢复方法

（一）不要轻视细小伤病

有不少训练者坚持“轻伤不下火线”的信念，认为受伤后简单处理，甚至不处理继续在场上比赛是男人的特点，英雄的象征，是对集体负责任的体现。这里我们不去分析，考虑那些极为严重的伤病，单从一些常见的、细小的伤病中研究一下，看看轻视细小伤病所带来的危害有哪些?

皮肤擦伤应当是所有运动类伤病里最轻的一种，训练者因为训练时被杠铃、器械挤压或在竞技比赛时受到外力作用，身体失去平衡后某一部位与地面摩擦所引起的伤病。由于皮肤的神经分布较为集中，故一旦出现擦伤后训练者的第一感觉往往是比较痛。因为这类伤病所带来的创伤面不大，并且愈合能力强，止血速度较快，所以训练者即使受伤，也不会多加留意，更谈不上特殊处理。除非是遇到创伤面较大，或者擦伤在膝盖、肘关节等竞技比赛时需要频繁使用的部位时，才会特殊进行一下处理。然而我们说这种对待擦伤的处理方法是不恰当的，你不能因为创伤面的大小或者受伤部位的不同就采取截然相反的对待态度。当你的皮肤受到杠铃、器械挤压或与地面摩擦所产生伤口时，杠铃、器械或者地面上的污染物极有可能在一瞬间侵入你的伤口。如果你不及时用淡盐水、清水或者药水进行清创处理，伤口很有可能出现感染的现象。这就是为何我们发现在篮球比赛中，如果运动员身体某一部位有擦伤时，需要立即叫暂停，并下场进行包扎的原因。如果你以“这么点伤病算什么，完全可以不用理会”的态度去处理细小的伤病，如果它不“生长发育”，算是你运气较好。如果它在你的身体里慢慢成长，最终成了一个“大麻烦”，到时候再后悔就悔之莫及了。此外，崴脚也是竞技比赛中常见的运动类伤病，特别是在篮球运动中，这种现象更是时常发生。不少训练者因为伤情较轻，或对于比赛过于看重，故大部分都采用站起来立刻跺两脚，通过让脚踝麻木的方法来减轻疼痛，再次投入比赛中。或采取揉搓等方式消除痛感，以便重新走上赛场。然而，这些处理方式是十分不恰当的，因为崴脚一般会带来出血现象，训练者应当做的是立即采取相应措施止血，而不是用热水、按摩或继续运动等加速血流量和脚踝肿胀的错误治疗手段。虽然这些方法可以在短时间内消除痛感，让你勉强撑下来一场比赛，但它却可以严重拉长你日后的恢复时间，甚至可能会出现影响运动生涯的现象。

（二）注意伤后第一时间治疗

如果你遇到伤病，即使是细小的擦伤也不要忽略，一定要在第一时间就进行相应的治疗，因为这段时间往往是治疗伤病的黄金时间，如果你在短时间内对受伤部位做出正确的保护或治疗，伤病停留在它周围的时间就会减短，对以后的运动能力影响就会尽可能降到最低。不要因为比赛的重要性或“诱惑程度”就无视伤病的影响，选择继续奋战。你的坚持不是对你自己负责的表现，更不是对你的集体负责的表现。只要受到伤病，你自身的运动能力就必然受限，队友也会顾忌，不敢与你做配合，缺少一个人自然无法组织起有效的进攻或防守。同样，你的对手也知道你身体十分薄弱，竞技赛场上没有什么“怜香惜玉”，他们会将火力完全集中在你这一点上，频繁地寻求身体接触获得进攻机会。所以，如果你不第一时间治疗，不仅错过了伤病治疗的黄金时段，对自己的身体会造成不必要的影响，更会给集体带来消极作用。

（三）勿自当医生

除非你遇到非常轻微的，如擦伤一类的伤病，不然都应当在进行一定保护和治疗措施后立即前往医院进行确诊，少数较为严重或复杂的伤病，更不能擅自进行治疗，一定要向专业医生寻求帮助。有不少训练者所受的伤病并非急性的扭伤或撕裂，而是一些较长时间内“积劳成疾”所导致的炎症。他们第一个想到的解决方法不是去看医生，而是去网上找寻一些类似自身症状的治疗方法，来当自己的医生，自己给自己诊断。这种方法是十分危险的，因为网络上的“医生”谁都能当，有些人可能自身都不具备医学常识，但却在对询问者“开方抓药”。即使确有真才实学，但伤病这个东西还是要讲究一定的具体问题具体分析，伤病产生的原因，恢复手段都会因伤者自身的年龄、体重、肌肉力量水平、柔韧性，甚至关节发育程度所不同，故不能单纯的一概而论，用一种伤病的具体恢复方法来生搬硬套到另外一种“相似”的伤病恢复上。所以，立即就医不仅可以排除你长久以来对于自己身体健康程度的忧虑，更能够获得具体的，符合你自己伤病特点的恢复方法。

（四）疼痛感消失不代表痊愈

有些训练者在伤病恢复期时，习惯以伤病所带来的具体部位疼痛感消失，作为判断身体是否痊愈，可以开始训练或比赛的标准。然而，这种方法是有很大局限性的，因为疼痛感消失往往代表的只是伤病所带来的损伤现象得到停止，疼痛被神经系统所习惯。并不能代表相应受伤部位的重建工作已经完成，身体已经痊愈。

我们还是以崴脚为例，训练者在受伤时往往会因流血所导致的血肿，脚踝处出现一定的胀痛。这种痛感一般会随着止血，踝关节活动慢慢不受限制而消失，往往不会超过一个星期的时间。此时，有很多训练者便认为崴脚已经痊愈，可以重新开始训练或比赛。事实上，这个时候训练者的踝关节、肌肉、肌腱以及韧带都未重建完毕，疼痛感消失只是一种伤病痊愈的“假象”，如果此时你投入到训练或比赛中，必定会发现脚踝不适感随着训练与比赛的强度增加而越来越大，训练者很有可能就此陷入不断受伤的泥潭中。

（五）多训练受伤部位的辅助肌肉

当你受伤部位的主动发力肌肉因为伤病影响，还无法开始力量训练时，你可以通过训练这个部位的辅助肌肉以带动其恢复速度的提升，如当你的膝盖出现扭伤时，在恢复的初期，是无法训练通过股四头肌发力的动作。如果为了加快膝盖伤病的恢复，并不较大程度影响自己的运动能力，可以适当的采取训练伸膝肌群的辅助肌肉，保护膝盖的另一部分——股二头肌的方法，如一些腿弯举训练，几乎不依靠股四头肌发力，可以通过强化它的邻居股二头肌的做法来保持腿部的力量和一定的运动能力。只是需要注意，股二头肌作为保护膝盖的一部分，如果膝盖受到相应的损伤，你的腿弯举水平必定也会受到一定影响。并且，腿弯举虽然不会给膝盖带来压力，不依靠主动肌肉——股四头肌发力，但依然不适合在初期采用较大负荷进行恢复训练。我们建议训练者可以用较轻的重量，甚至不负重徒手训练的方法进行恢复。

（六）谨慎对待非受伤部位的力量训练

有许多训练者为了担心自身力量水平、运动能力会受伤病的影响，在恢复后可能出现较大幅度下降的情况，从而在伤病恢复的初期习惯大量进行非受伤部位的训练，如我的膝盖受到了一定伤病，下肢虽然在一段时间内无法训练，但是上肢却可以，所以我应当在这段时间内加大对于上肢训练的安排。

对于这种做法，首先我们要肯定在伤病恢复阶段非受伤部位力量训练的重要性，因为伤病会让人养成惰性，如果你不曾留意，在日后它可能会对你健康的部位带来更多的伤病，如当我们的左脚踝出现扭伤后，几乎每个训练者都会认为在恢复训练阶段，左腿的力量练习是需要被严格注意起来的，却几乎没有哪个训练者注意右腿力量的练习。事实上，因为我们左脚踝的伤势，左腿力量在伤病恢复期间内，特别是在初期，是几乎无法释放的。如果我们需要行走，所使用的力量基本都来自于右腿。并且，当我们处于站立状态时，身体也会为了照顾左脚踝，从而不自觉的弯曲左腿，将力量和重心全部压在右腿上。这样的发力习惯，站立方法，久而久之就会给右腿带来较大的考验。如果你在伤病恢复期间内不注意右腿这个本身没有任何伤病的部位力量训练，你会在伤病痊愈后发现，为何在运动或训练中往往是我的右腿先出现疲劳，而不是我受伤的左腿，甚至是出现刚好了左腿，又因为积劳成疾，伤了右腿的现象。

我们也要注意在伤病恢复阶段非受伤部位力量训练的适用性，不是什么训练方式，什么伤病程度下，都适用于这种伤病恢复措施的。如果当你的左脚踝出现扭伤，你要在恢复初期进行右腿的力量训练，自然只能选取一些孤立发力的动作，只让右腿运动，左腿完全不受力。全蹲、箭步蹲等双腿受力的方法明显不适合在这一阶段出现；如果当你的左脚踝出现扭伤，上肢训练会受到极大程度的影响，一些训练者认为的下肢伤了，可以练上肢在这里也并不完全适用。因为几乎所有上肢训练的动作里，侧平举、推举，甚至是卧推都需要双脚发力掌握平衡，而一旦左脚踝发力过猛，极有可能出现再次损伤的现象。在这里我们建议训练者，如果展开上肢训练，一定要采取重量较轻、强度较低的训练计划，不要伤前什么训练量，现在依旧什么训练量。

（七）适当展开受伤部位主动肌肉的训练

当你受伤部位疼痛感完全消失，关节活动逐渐恢复时，可以适当开展受伤部位主动发力肌肉的力量训练。需要注意，训练者在进行主动发力肌肉的力量训练时，往往处于伤病恢复中期，这段期间内训练效果的好坏，对于伤后的运动能力恢复，减少日后的伤病发生率有着重要的意义。

（八）活动自如不代表重返赛场

当我们处于伤病恢复中段时，关节、肌肉、肌腱和韧带的活动范围逐渐恢复正常，肢体和关节的活动基本自如。有很多训练者将这种现象作为检验是否可以重返竞技赛场的标准之一。然而，活动自如只可以作为受伤部位主动发力肌肉是否可以开始恢复训练的标准，而不能作为重新参加竞技比赛的判别方式。因为竞技比赛不仅仅需要你的柔韧性恢复正常，更需要你的身体力量水平，运动能力恢复到一个较理想的状态。而在伤病的恢复阶段中，力量的恢复速度往往要比柔韧性慢很多。如果你的膝盖受到扭伤，它可能不需太长的时间就能够正常行走，甚至轻微跑动。如果想让它适应极强的力量释放或极快的连续奔跑，则还需要相当长的时间。此时，如果你以为正常行走就标志着可以重返赛场，等待你的往往是又一次伤病的来临。

（九）保持柔韧性训练

运动类伤病出现的原因有两个，一个是力量水平不足，还一个就是关节活动超出能力范围，所以在伤病恢复阶段期，力量的提升固然重要，但同样不能忽视柔韧性地提高。柔韧性的训练可以随着关节、肌肉、肌腱、韧带逐渐活动自如，恢复正常时加入，伤病肯定会给柔韧性带来一定影响，如果不在恢复中后期进行一定的专项练习，不仅会在日后的竞技类比赛中无法给身体更好地保护，更容易因柔韧性退化所导致自身运动能力，特别是协调性的下降，进而影响复出时的竞技水平或力量训练的安排。

（十）适当田径类训练

当你进入到伤病恢复的中后期时，力量已经有所提高，而柔韧性也在通过训练慢慢恢复。此时你可以将这两种训练结合起来，进行难度更大，对身体恢复程度要求更高的田径类训练，通过一定强度的跑跳练习来恢复受伤部位，特别是下肢的运动能力、柔韧性和协调性。可能有的训练者会有疑问，难道我的伤病不是出现在下肢也要进行田径类训练吗？答案是肯定的，因为田径类训练并非仅依靠下肢，跑跳与投掷等训练不仅要有下肢参与，更需要上肢的发力才可以配合完成。所以，一定的跑跳与投掷练习对于上肢的协调性、柔韧性和力量也有一定的恢复作用。它可以帮助你习惯如何在运动中发力，体会一定速度与力量释放时对于受伤部位的冲击。

（十一）大强度的力量训练

当你进入到伤病恢复的后期时，身体已经逐渐恢复完毕，此时开始大强度的力量训练，通过给予肌肉，神经系统较大刺激的方法来让运动能力得到更快的恢复。需要注意，我们所说的大强度力量训练，只是相对于前面所提到的轻微力量训练强度稍大的负荷，相比受伤前所正常进行的力量训练还是要减轻一些，以避免肌肉、肌腱、韧带和关节的不适应。如果训练者在伤前没有过力量训练经验，可以在恢复初期的力量训练基础上，不改变训练动作，提升一定的训练重量和密度，以刺激身体快速恢复。

（十二）平衡力训练

训练者进入到伤病恢复的后期时，身体已经逐渐可以适应对单侧肢体压力较大的平衡力训练方法。相比大强度的力量训练，平衡力因为对于力量，神经控制能力和协调性、柔韧性要求都很高，故对于运动能力的恢复效果也要更好，对于训练者自身的恢复程度要求也更高。如果训练者在进行平衡力训练时，受伤部位出现疼痛或不适感，应当立即停止，继续柔韧和力量的训练，直到身体可以重新适应为止。

（十三）正常力量与田径类训练

如果你通过了平衡力训练的考验，你可以开始进行伤前所采用的正常力量或田径类训练计划，让身体慢慢熟悉以前的训练量和训练安排。训练者如果在这个阶段出现一定的肌肉酸痛和疲劳现象，不必过于放在心上，因为之前虽然经过相对强度较大的力量训练，但毕竟未达到伤前所习惯的训练量，故相应的身体肯定会出现一定的不适。需要注意一点，这种不适现象应当体现在肌肉或神经疲劳上，而非受伤部位因为强度较大又重新有痛感。如果有后者的现象出现，训练者应当立即停止，并降低力量或田径类训练负荷。直到关节、韧带彻底修复完毕，重新适应之前的强度为止。

（十四）有球专项训练

这一步是整个伤病恢复流程的最后一步，在进行这项训练前，你的力量水平与柔韧性、平衡能力已经彻底从伤病阴影中走出，有的甚至还得到了一定的提高，并且关节、韧带也重新修复完毕，完全可以适应有球专项训练时对于柔韧性、协调性、平衡力和肌肉的频繁使用。但这一步也是很多训练者容易在恢复阶段时所最容易出现错误的一步，因为他们喜欢将这一步放到恢复的中期，甚至是受伤部位疼痛感消失后便立即开始有球专项训练。这种方法是十分错误的，因为在他们看来轻微的运球，射门练习是不会对受伤部位有什么影响的。有这种观念的训练者往往都犯了一个“发力方式孤立”的错误，无论是射门，还是运球都是一个全身协调发力的过程。如果你想训练，神经系统会不自主地调动所需要参与到训练中的肌肉、韧带和关节，而这些往往在伤病恢复的初期是无法得到一定恢复的。神经系统在一定训练强度的刺激下会产生一定的麻痹性，即使你的受伤部位因为训练而出现问题，神经的兴奋性也会将这个问题自动忽略掉。

我们建议训练者为了自身的安全考虑，把有球训练放在整个恢复流程的最后一步。你不是职业球员，力量和柔韧性的恢复速度没有那么快，对于自身的控制能力也没那么强，走错一步，即有可能导致伤病的重复出现。

（十五）重新适应比赛强度

一些热爱球类项目，竞技比赛的训练者在经过有球训练后，就可以重新踏上球场进行有针对性的恢复比赛了。一般我们都会选择从对抗能力较低，强度一般的比赛打起，慢慢适应比赛氛围，让力量、柔韧、平衡训练时所重新获取的能力逐渐适应比赛需求。需要注意，越是水平低的比赛，越要打起精神来认真对待。否则身体的懒散很容易给你造成第二次伤病。

（十六）勿有百分比概念

在整个伤病的恢复流程里有一个概念是我们十分不推荐的，那就是百分比的概念。有许多训练者，在受伤初期往往都会问自己或别人这样一个问题：我的运动能力在伤后能恢复到几成？事实上，没有任何一个训练师，医生能够回答对这个问题。因为它完全取决于你的恢复方法、训练努力度以及营养能力。如果你不够专注，一个很小的伤病就有可能给你带来极大的影响。同样，如果你恢复得非常有针对性，看似毁灭性的打击却还会有一线生机。这个问题是没有任何意义的，与其从别人那里获取“心理安慰”，或者陷入到对伤病的“无限循环恐惧”中，杯弓蛇影，是完全没必要的。其次，在恢复后期，有很多训练者习惯通过力量训练时自己所能完成的重量与之前作比较，来判断自身的运动能力恢复到几成。这种概念也是十分欠妥的，因为每一个力量训练动作所依赖的肌肉不同，对于神经控制能力的要求也不同。如果你以一个肌群的力量，一种神经控制能力的强度来代表整体运动能力、协调性、平衡力、柔韧性的水平，是十分片面的。所以，由此产生的“我的运动能力已恢复80%”“我已经距离重返赛场完成了80%的努力”等概念都是有一定局限性的。

不要有百分比这个概念，因为它不仅容易让你自己吓唬自己，更容易让你对于自身的身体状态产生误判。在伤病恢复阶段里只有两个可能性，一个是可以重返赛场，另一个则是还需训练。如果你要问你的训练师能不能重返赛场，你得到的应当是百分百的肯定，而不是“你还差百分之二十就可以复出”这种敷衍，不负责任的答复。因为没有任何一个人能够清楚地计算出那百分之二十究竟是什么。

（十七）谨慎使用护具

护具的问题又需要再次被提及，有不少训练者因为伤病的原因选择了在以后的训练或比赛中都佩戴护具，以满足心理和生理上安全感的缺失。这里我们不排除一些受到伤病影响程度较重的训练者需要在相当长的时间里佩戴护具，以保护十分薄弱的受伤关节或韧带的现象。但我们同样需要清楚一点：护具不能帮助你从根本上减少伤病的出现，只有增强自己的肌肉力量水平和柔韧性，才可以从根本上降低伤病出现的可能性。如果你一直佩戴着护具，只会让你薄弱的地方更薄弱，再受伤只会伤情更严重。

（十八）保持良好心态

这是整个伤病恢复阶段中最为重要的一条宗旨，如果你的心态不好，过于着急复出，进而压缩恢复时间，只会出现功亏一篑的结果，所有的努力都付之一炬。你可能一次走运，没有在复出比赛时遇到伤病，但不可能次次走运。特别是当你发现缩短恢复时间后受伤部位并没有什么不适感时，你会加大训练或比赛的密度。然而，总有一次伤病会因为你恢复期没有充分修养好，再次来到你的身边。而那时候你再去后悔和懊恼，则为时已晚。我们在训练心理中也提到过，良好的心态不仅是一个人成熟的标志，更是你获取一定运动能力的关键因素。你不可能随随便便，什么都大而化小，小而化无的就获取成功。即使你的“天赋”再出色，你的基础再好，胜利都不会偏向那些“心术不正”的训练者。

以上便是我们分析的整个伤病出现的原因和总体的恢复流程总纲，训练者根据这些理论基础不仅可以尽量避免伤病，更能够减少遇到伤病后对于自身运动能力的影响。只是在应用这些基础理论，方法到自身伤病上时，一定需要注意变通问题，如你遇到擦伤，不可能也没必要按照我们上述所讲的伤病恢复流程去进行康复训练；比如你不应当完全照搬职业运动员的伤病恢复方法，恢复时间到自己身上。而是应当作出相应的思考和理性地分析，同样是十字韧带断裂，职业运动员可能需要一年左右就可以重新走上球场。而大部分业余爱好者因为自身营养能力不足，医疗水平不高，训练水平较弱，可能需要两三年甚至更久的时间才可以勉强走上赛场。此时如果你以职业运动员的标准来衡量自己，强迫自己复出，那显然是不现实的；比如你不能因为职业运动员伤病频繁就总结出“肌肉力量和柔韧性对于保护身体健康没有什么帮助”的观点，职业运动员有成绩，比赛的要求，故在训练量上相比普通人要大得多，并且他们所从事的竞技环境与业余爱好者所经历的环境也大不相同，受伤的风险自然要放大许多倍。你应该这么理解，如果职业运动员没有一定的肌肉力量和柔韧性，他们连基本的上场比赛资格都没有，更不用说有伤病出现的可能性。并且在现实中你也能发现，身体更强壮的运动员，在受到同样伤病时，相比其余人恢复起来往往更快。

无论是训练还是伤病的理念，方法都需要训练者多加思考和总结。正像我们本书的宗旨一样，一定要学会思考，分析和变通。如何在原则的基础上，根据自身情况进行变通和完善，这才是真正考验一个人能力的所在。

第十节　做自己的体能训练师

一、学会训练的自我诊断

对于一个真正想提高的训练者，无论他处于训练的什么阶段，对适合自己的训练计划往往是非常渴望的。但受限于一定的知识基础和训练习惯，他们少有在训练过程中对于训练计划进行主动地钻研，往往都是听体能教练或从网上生搬硬套一些训练计划到自己的身上，单纯的做一个执行者，训练能力方面看似很强，但实际上只是一个被动的训练者。如果有一天，他的教练离开了他或者从网上寻求的训练计划对自身能力无法带来多大改观时，他就会进入训练的瓶颈期，对于如何进步，怎么训练一筹莫展。此外，对于那些新手或初级训练者，他们几乎缺乏对于训练的最基本认知，无论是健身教练还是一些老手建议在他们看来都会被奉作金科玉律。但这些建议里往往会出现一些不适用于其自身能力，甚至相互矛盾的地方，新手们因为知识不牢，缺乏自主决断能力，极有可能出现今天试试这个，明天试试那个这样非常混乱的训练安排。所以，为了能够让你从一开始就能够明白你练得是什么，怎么练才会达到你预期的目标，成为自己训练的主人。我们需要成为自己的“顶级训练师”，运用思考与分析能力，将前面所提到的训练理论，伤病预防运用到独立设计专属的，符合自身情况的训练计划上来。

制订训练计划与具体的力量训练，综合体能训练一样都是有一定基础与规律可循的，每个训练计划的建立，构造都离不开它们。以下便是我们制订训练计划的基础原则：

（一）对于训练理论具有充分了解

训练计划是一种综合的训练方法，而所有的方法都是建立在基础理论的根基之上。我们在训练理念篇对于各种训练目标的基础训练法则进行了具体的分析，其目的就是在于让每一个训练者了解不同训练目标下基础的训练途径有哪些。当你掌握好这些基础知识以后，再根据自身所处的训练环境，训练水平制定具体的训练动作、训练强度和训练频率，以组成一份完整的训练计划。所以，当你开始试着制定属于自己的训练计划前，一定的基础理论知识必不可少。

（二）保持训练纯粹性

每个训练者在制订训练计划前，一定要注意这份训练计划的纯粹性。即它包含的所有训练动作、训练负荷、训练频率，甚至是训练间歇都是为了一个训练目标而服务的。不要抱有这份训练计划总体目标是练什么，但是在其中我可以分出哪一天去提高提高别的目标。这个问题我们在前面已经提到过许多次了，这里不再继续重复。

（三）训练计划的难易程度

不同训练目标所对应的训练计划难度是不同的，而每一个训练者都不是在训练初期就能够拥有执行高难度训练计划的能力的。因此，他们需要注意训练的难易程度，从基础、较容易掌握和执行的计划做起，再慢慢提高到高难度，更接近自身训练目标的训练计划中。虽然这个过程相比直接进入高难度训练计划要慢许多，但是无论从对于最终训练目标的提高幅度，还是从身体安全角度考虑，都要有许多意义。如我们想提高爆发力，爆发力训练中对于训练者的绝对力量，神经控制能力和协调性都有极大的要求。训练者如果本身是纯“菜鸟”，没有经历过专门的训练，那么从基础的增肌或健美训练做起，对你是最好的选择。虽然它不能直接提高爆发力，但却可以提供一定的肌肉基础和培养训练者控制自己身体的能力。当你的水平有了一定提高后，可以进入到绝对力量训练，获取爆发力所需要的绝对力量基础和一定的神经控制能力与协调能力。当你这方面完成的也十分优秀时，你可以开始正式的爆发力专项训练，获取自己所需要的爆发力类型。这样一个过程虽然时间稍微长了点，但是十分安全有效率，相比你无计划、无组织性的随意训练后发现没什么成绩，再倒头重来所耽误的时间要少得多。

（四）各种训练模式的兼容性与溢出效应

不同训练目标对应着不同的训练模式，进而决定着不同的训练计划。这其中有些训练模式是具有相互促进效果的，存在着你的训练目标虽然为A，但是B的能力却可以相应的获得提高，即我们所说的溢出效应。当然，这其中也有些训练模式是相互冲突的，如果训练者不注意计划的纯粹性，会出现因训练模式互相冲突所导致的训练成绩事倍功半，甚至对原本的运动能力产生负面影响。

根据训练目标的不同，训练模式可以分为以下几类：以增肌为目标的增肌训练；以提高肌肉形态为目标的健美训练；以提高极限力量为目标的绝对力量训练；以提高爆发力为目标的爆发力训练；以提高综合能力为目标的综合体能训练；以提高心肺强度为目标的心肺耐力训练；以提高速度维持能力为目标的速度耐力训练；以及以提高力量维持强度的力量耐力训练。

在这八种训练模式里，又可以进行归纳总结，分为三大类训练：力量训练（包含增肌训练、健美训练、绝对力量训练、爆发力训练），综合体能训练（包含柔韧性训练、平衡力训练、协调性训练），耐力训练（包含心肺耐力训练、速度耐力训练以及力量耐力训练）。具体到每种训练模式间的相互关系，我们能够发现增肌训练是其余七种训练的基础。一定的肌肉数量和水平决定着其余更高难度训练模式的训练成果，故当你进行增肌训练时，可能会带来一定的绝对力量、爆发力、柔韧性或力量耐力方面的增长。其次，我们能够发现在高级别的训练模式里，同样存在着相互促进的训练模式，如绝对力量训练、爆发力训练、柔韧性训练、协调性训练、平衡力训练间具备相互促进与相互辅助的作用；耐力训练的三种模式下，无论你训练哪一个对于其余两个都是有一定帮助的；一定的力量耐力训练或速度耐力训练，也会相应的提高一些绝对力量或极限速度的发展，虽不如专项训练针对性那么强，但也可以带来一定的溢出效应。此外，我们也不能忽略每种训练模式间有可能存在的相克关系，如增肌训练虽然是基础，但这个基础并不适合与高难度的专项训练相结合，特别是绝对力量、极限速度、爆发力等训练模式，无论是在动作、频率还是间歇的安排上都与增肌训练背道而驰。如果将它们与增肌训练同时进行，会造成一定的影响。如健美训练同样不适宜与其余的训练模式相兼容，因为健美要求的是训练的孤立与精度，而其余几乎每个训练模式所要求的都是综合能力与复合发力；耐力训练同样不适合与爆发力训练或绝对力量训练，极限速度训练相结合，因为耐力训练强调的是持久性的力量释放，而爆发力等则强调的是瞬间释放，两者在本质上具备最直接的差别。这样分析能够更有利于帮助训练者加深“保持训练纯粹性”的基本原理记忆能力，不同训练模式间虽然具备一定的溢出效应，但并不代表你在训练能力不高时就可以将它们放到一个锅里烹调。同样，一些完全相克的训练模式更是无论在什么训练水平阶段都不应当被同时纳入在一个训练计划中的。

（五）不同的训练频率

训练频率指训练者训练一个肌群或某一项力量、运动能力所间隔的时间。不同的训练模式所导致的训练频率也各不相同，如果训练者将训练频率张冠李戴，会直接影响到整个训练计划的最终效果。

1. 在增肌或健美训练模式中，为了给予肌肉足够的生长和刺激，我们采取分肌群的训练方法，每天单独训练一个肌群，每两次训练间间隔一个星期的方法，如你周一进行了胸部肌群的训练，下一次训练就需要等到下周一。此外，我们承认有部分顶级健美运动员在赛季期会在一周内多次训练某一部位，以达到强化形态的目的。但是这种训练频率对于广大业余爱好者而言，参考价值不高，这里不做推荐。

2. 在绝对力量训练模式中，为了让绝对力量尽快提高，我们采取分具体力量能力的方法训练，每天单独训练一个力量能力，每两次训练间间隔根据力量能力的重要性而单独决定。好比你希望特殊加强卧推的力量，那么在周一进行了卧推训练后，时隔两天就可以再进行一次卧推训练，做到一个周内两次训练卧推，甚至水平高的可以进行三次。但是这种着重刺激法必定会给其他力量能力的训练带来一定影响，训练者需要三思。

3. 在爆发力训练模式中，为了让爆发力得到足够的刺激，我们将训练分为力量与技术两大部分，二者相互交替训练，在一个周内做到力量训练三次，技术训练三次，如你想提高垂直弹跳能力，那么周一、周三、周五可以进行弹跳技术的专项练习。在周二、周四、周六可以进行弹跳力所需的力量练习，以确保爆发力的持续增长。

4. 在心肺耐力训练模式中，为了加强心肺功能，训练者可以采取每日重复训练的方法让自己的心肺能力逐渐强大起来。

5. 在力量耐力训练模式中，为了加强全身的力量耐力，训练者可以仿照增肌或健美训练的安排，采取每天单独训练一个肌群的力量耐力，每两次训练间间隔一个星期的方法，如你周一进行了腿部的力量耐力，下次训练就需要等到下周一。

6. 在速度耐力训练模式中，为了加强速度耐力的水平，训练者可以采取隔日训练的方法，不断给予速度耐力以刺激，让神经系统、心肺功能都得到大幅度提高。

7. 在综合体能训练模式中，因为训练难度较大、训练本身非常要求持久性和恒心，故训练者理应安排每日重复训练的方法，以确保柔韧性、平衡力、协调性的全面增长。

训练频率是制定一个训练计划最基础的环节，如果这个环节都弄不清楚，那么对于达成训练目标毫无疑问是不切实际的。比如你采用每日都训练卧推力量的方法，那显然是很低效的，对于自身卧推力量的增长帮助十分之小。

（六）不同训练日之间如何搭配

当我们了解基础的训练频率后，还需要明白根据具体训练日要求的不同，所引发的不同训练日间搭配的问题，以避免同一肌群或同一力量能力等在短时间内重复高强度训练，影响其自身的生长效果。

1. 在增肌或健美训练模式中，我们建议训练者首先要做到先训练大肌群，后训练小肌群，按肌群大小进行训练次序的基础安排。因为大肌群不仅具备一定的溢出效应，更需要消耗训练者大部分体能。如果先展开小肌群训练，很容易导致训练者在训练大肌群时已经“身心俱疲”。其次，在大肌群与小肌群训练间最好安排一个休息日，以避免大肌群训练时所使用的小肌群无法充分恢复的问题，如我们在周一安排了腿部训练，那么周二或周三无论安排胸部还是背部训练，周四都需要单独拿出一天来休息。因为周三无论是背部训练还是胸部训练都会给予肩部肌群一定的刺激，这样如果周四安排肩部训练，会出现肩部预先疲劳所导致的规定训练日训练效果不佳的现象。

2. 在绝对力量训练模式中，我们建议训练者根据自身看重的力量能力由高到低逐次训练，如在卧推、深蹲、硬拉三种力量能力中，你希望较多提高卧推、深蹲的能力，那么就将这两个放在头两个训练日里，将硬拉放在最后一个训练日。如果训练者对于自身目标不清楚，可以按照力量能力的重要性，实用性来排列，如在伸膝、屈伸髋、上肢力量中，伸膝力量实用性最高，屈伸髋次之，上肢最弱。故你的训练安排应当是：伸膝→屈伸髋→上肢力量训练。此外，训练者需要注意，如果自身水平不高，尽可能确保每一项力量能力间都有一个休息日做间隔，特殊两种力量训练动作间甚至要保持两到三个休息日。可能有训练者会质疑，我今天训练了腿部力量，那么明天训练上肢力量不行吗？腿部力量所消耗的肌肉虽然对于上肢力量影响不大，但是腿部力量训练中所消耗的神经控制能力，却不是一晚上的睡眠就能充分恢复的。所以，我们建议训练者在水平不高时，尽量确保每一项力量能力间都有一个休息日做间隔。此外，如果是伸膝与屈伸髋或深蹲与硬拉训练间，最好相隔至少两个休息日。因为无论其中哪一种训练都是复合性极高，对神经控制能力要求极强以及对自身腰部、膝盖等部位压力较大的训练方式。如果在它们中间不保持至少两个休息日，对于腰部、膝关节等易疲劳部位的恢复是会有影响的。

3. 在爆发力训练模式中，我们建议训练者以综合性的力量训练为训练计划的开端，与具体的专项技术训练隔日进行，不仅可以确保力量的综合提升，更能够合理地改善技术能力。

4. 在综合体能训练模式中，因为我们此前强调每日训练，并且综合体能训练讲究全面性，不单独分出特定部位，所以不需考虑不同训练日间如何搭配的问题，可以做到每日持续重复训练。

5. 在心肺耐力训练模式中，与综合体能训练一样，每日的重复训练对心肺功能的提高有很大裨益。

6. 在力量耐力训练模式中，我们可以参考增肌或健美训练以及绝对力量的注意事项，这里不多做赘述。

7. 在速度耐力训练模式中，训练者需要一定的力量水平以及一定的技术能力。如果像心肺耐力一样每日重复训练，那么无论力量还是神经系统都无法充分恢复。此外，速度耐力与力量耐力不同，是全身的速度耐力水平，不存在某一局部部位的速度耐力，故无法像力量耐力训练时一样每日单独训练一个部位。

了解清楚不同训练模式下，不同训练日之间如何搭配，有哪些需要注意的地方，避免一些重复的，不符合训练计划要求的安排是快速提高体能水平的重中之重。

（七）不同的训练负荷

不同的训练目标所导致的不同训练模式下，训练动作可能会出现相同的情况，如无论是增肌或健美训练还是绝对力量训练，都要训练后蹲和卧推。如何在相同的训练动作下产生不同的训练效果呢？关键核心就在于训练负荷的选择不同。

1. 在增肌或健美训练中，训练者为了尽可能增加肌肉，会选取重量为极限重量60%的负荷，进行一个动作做四组，一组12次的训练。也就是许多训练者在刚接触训练时都听过的“4×12”黄金增肌法，这种方法可以带给肌肉充分的生长。如果训练者为了尽可能减少脂肪，提高肌肉精度，会在一个动作训练四组的基础上，减轻重量并增加次数，完成每组15～20次的训练。甚至可能会通过采取递增或递减重量的大金字塔组、超级组、巨型组等高密度与高难度的训练方法，以充分刺激目标部位深层次的肌肉。

2. 在绝对力量训练中，训练者为了尽快提高绝对力量，特别是提高极限重量时的神经控制能力，会选取较大的负荷进行训练，比如我们所熟知的采用80%～85%极限重量，进行一组5次，总共5组为一个训练动作的5×5绝对力量训练法。这种方法可以在提高训练者绝对力量的基础上，对于力量耐力和神经控制能力进行额外的提高。当然，也有的训练者喜欢采用随着负荷的递增，次数逐渐递减的训练方法，如以50%极限重量进行一组6次重复动作的负荷开始，每组上调10%负荷的同时减少1次的重复动作，直到100%极限重量进行一组1次为止。这就是很多力量爱好者可能都有耳闻的6-5-4-3-2-1训练法，这种方法相比5×5绝对力量训练法，对于绝对力量的考验更高，并且每组重复的次数相对较少。一些习惯一周内两次或三次训练同一力量能力的训练者往往都是采取这种训练方法，在对肌肉疲劳程度尽可能减少的情况下，加大协调性、神经控制能力的提高以及身体对极限重量的熟悉程度。

3. 在爆发力训练中，训练负荷需要注意力量训练与技术训练间的安排与搭配问题。在力量训练中，因为举重类训练的加入以及不影响具体专项技术训练时的身体状态，我们要采取负荷逐渐递增，并且每组训练次数较少的安排。尽可能让每组的动作重复次数都不超过5次，有的训练动作甚至要控制在3次以内，如一些举重的翻站训练。它们的过量训练不仅影响身体状态的恢复，而且从提高爆发力本身方面也意义不大。因为爆发力强调的最短的时间内，以最快的速度释放最大的力量，这种力量释放方式根本不可能出现较多次数，所以没必要安排一组过多次数的动作重复。在专项技术训练方面，他们虽然是爆发力提高的核心，但一定要注意训练量的安排，无论是什么方式的爆

发力，在专项动作的训练上都要注意不能一日训练超过10组，否则会给予神经系统、肌肉本身长时间的影响，并且也会给予关节极大的考验。如果你想提高原地纵跳能力，在专项的原地纵跳摸高上只用进行10组，每组训练一次即可。因为你需要的是确保每一次弹跳都是最大高度，而不是追求持续跳起的数量。但是，你却可以安排一定量的辅助跳跃练习，如通过收腹跳、台阶跳、脚尖跳等方式，它们可以多次数训练，并且不需要做到每次的最大弹跳高度，因为其并非你想提高的能力，训练它们只是为了增加跳跃时的协调性、技术能力以及身体对于弹跳的记忆与习惯程度。

4. 在综合体能训练模式中，因为根据协调性、平衡力和柔韧性的特点，我们一般较少通过负重的方式进行锻炼。不单纯以负重大小来判断相应的能力高低（协调性除外），反而较多以保持的时间长短为训练标准，如平衡力和柔韧性训练都有此要求。但这个时间长短也不是越长越好，如柔韧性训练时间过长可能会导致韧带、肌腱的拉伤，平衡力训练时间过长可能会导致扭伤等较严重的伤病。因此，训练者最好确保每组训练持续时间不超过30秒，可以一日内对所训练的动作进行较多组数的刺激。

5. 在心肺耐力训练模式中，训练量如果掌握不当容易引发一些非常严重的后果。我们建议训练者无论采取什么方式进行心肺耐力的训练，都不要持续训练超过60分钟，并且在训练前最好确保充足的能量供应，以防止在训练途中精力不支所导致的严重后果。

6. 在力量耐力训练模式中，训练负荷的选取应尽可能多样化，在每个负荷的训练组里都尽量追求动作的最高重复次数，以达到力量耐力的充分生长。当然一些传统的学院训练法，如18组，每组10～12次的训练法。经典的10组，每组10次的训练法都是不错的选择。

7. 在速度耐力训练模式中，因为训练动作较多为折返跑等对力量，耐力，神经控制能力都有一定需求的方式，故训练者需要注意不要在一日内安排过多的训练组数，以避免身体的过度疲劳，进而影响隔日训练的效果。这里我们建议将标准定为15组，不管是几个训练动作，总共组数都不要超过15组。因为速度耐力与力量耐力不同，不是依靠单纯的重量多少进行重复，而是力争维持速度快慢，故组数过多并不如每组持续的时间越长所带来的效果越好。

（八）不同的训练间歇

不同的训练目标不仅会导致训练负荷的不同，还会因此产生不同的训练间歇。训练者必须注意好这个小细节，否则你的肌肉或者神经系统都有可能出现因组间或动作间休息时间不到位所引发的训练低效。

1. 在增肌或健美训练模式中，因为需要通过低间歇的方式来让目标肌肉彻底力竭，已达到充分刺激深层肌肉的全面训练效果，故一般组间间歇时间不会超过40秒，有的甚至因为有超级组的需求，出现在递增或递减重量组间不休息的现象。另外，在不同动作间，为了保持在新的动作里能够全神贯注，训练者可以相应拉长间歇时间，但也不应当太长，否则容易出现身体温度下降或神经系统放松所导致的伤病，一般维持在两分钟。

2. 在绝对力量训练模式中，因为每组使用的重量相较增肌或健美训练时要大许多，并且训练动作对于神经控制能力、多肌群力量的同时释放要求更多，故我们要拉长组间间歇的时间，一般控制在2～3分钟。此外，在动作与动作间，为了确保新动作下神经系统与肌肉的状态，我们建议将间歇时间控制在3～5分钟。这里需要特别注意一点的是，绝对力量训练组与组之间、动作与动作间不要安排任何的类似冲刺跑、跳跃等辅助训练。有部分训练者喜欢在深蹲的组间加入一定的跑跳练习，以求达到避免肌肉“练死”的现象。事实上我们已经在前面得知，“死肌肉”与绝对力量训练无关，是一个训练者自身爆发力差与综合体能训练能力低所导致的。如果你在绝对力量训练间歇加入跑跳练习，势必影响你的神经系统和肌肉的恢复能力，于绝对力量的提高效果有很多不利之处。所以，老老实实，安分守己的利用好不长的休息时间，在下一组或下一个动作里继续良好的完成训练要求才是最关键的。

3. 在爆发力训练模式中，训练间歇的长短不固定，这与爆发力训练的自身特点关系密切。爆发力本身讲究在神经能力控制下，身体协调性与肌肉力量充分发挥作用，在最短时间内最快的释放最大力量。如何确保神经系统的兴奋性就成了训练的重中之重，如果间歇时间不足，即使你的肌肉可以恢复，神经系统无法恢复，对于爆发力训练同样没有任何帮助。所以，我们建议训练者在爆发力训练中，无论是动作与动作间，还是组与组之间都尽量做到充分休息，不设具体的时间限制。

4. 在综合体能训练模式中，柔韧性和平衡力的训练对于身体运动状态的持续性有很强要求，并且因为训练负荷以时间长短为标准，故没有特别严格的“组”的概念。我们建议训练者不妨采取抽出两个动作相互交替训练中间不休息的方式，以达到让身体充分保持运动状态的延续性，避免因过度休息所引发的伤病。此外，在协调性训练方面，我们可以借鉴爆发力训练模式的特点，采取组间与动作间充分休息的方式。

5. 在心肺耐力训练模式中，因为训练安排本身是针对心肺功能强度，并且训练组数极少，多为单一动作的一次性训练，故训练者一般不需要考虑组间间歇的问题。

6. 在力量耐力训练模式中，虽然在训练负荷、训练日安排上都与增肌或健美训练有一定相仿之处，但这里则完全不同。因为力量耐力强调的不是刺激的肌肉深度与肌肉数量有多少，而是在于一定力量水平的维持时间长短，故不宜安排较短的间歇时间，以避免肌肉预先疲劳。同样不宜像绝对力量那样安排较长的间歇时间，以避免耐力训练的延续性被打破。我们这里建议训练者最好采取折中的间歇长短，如在一分半到两分半之间。此外，在不同训练动作的间歇时间方面，因为力量耐力属于力竭训练的一种，一般不需要安排多余的动作在同一天训练，只用安排个最能够代表相应肌群发力特点的训练动作即可。

7. 在速度耐力训练模式中，训练间间歇的问题不仅受耐力训练本身所要求的持续性影响，还受神经系统的恢复程度影响，具体计划起来较为困难。并且，速度耐力训练借鉴了心肺耐力和力量耐力训练各自的特点，即心肺耐力训练中没有组数的概念，只有时间的长短，以及力量耐力训练中动作较少的特色。所以，为了照顾速度耐力训练的独特之处，我们建议训练者将间歇时间定为2～3分钟，既不会因为充分休息而导致耐力训练的延续性受阻，更不会因为休息时间只有1～2分钟导致神经系统无法恢复，可以确保速度耐力的充分生长。

（九）不同的训练周期

当你清楚训练模式、训练间歇、训练频率、训练负荷等训练计划构成的基本后，你的训练计划还欠缺最后也是十分重要的一部分，即训练的周期。如果训练周期制定不当，不仅容易让你的训练成绩大打折扣，还会让你走许多弯路，耽误不少青春年华。训练周期一般以周为单位，常见的有以下四种：四周、八周、十二周和十六周。四周以内的训练计划因为时间过短，一些训练动作和训练阶段不能充分被利用，故使用频率较低。而十六周以上的训练计划因为持续时间较长，其中不确定因素太多，如伤病、训练环境、突发事件等，故使用率也不高。这四种是较为普通，常见的训练周期，因为每个周期的长短所对应的训练阶段，训练动作安排都有不同，故所适合的训练目标也不尽相同。

1. 四周的训练周期时间最短，目的在于尽可能短时间内获得一定的运动能力提升。这就要求训练者所选的运动能力必须是能够通过短时间内获得明显见效的，如脂肪的减少、绝对力量的提升、心肺耐力、速度耐力等水平的加强，都可以在短时间内通过针对性的专项训练得到强化。此外，四周的训练周期也适用于训练模式转变期间进行一定的缓冲，如在增肌训练进阶到爆发力训练前，你可以安排根据爆发力训练时所需要采用的训练动作，进行四个周的适应性训练，以便在开始具体的爆发力训练计划时可以更好地融入其中。

2. 八周的训练周期相对四周增长了一倍，可以安排较多的训练动作和训练阶段，非常适合除综合体能训练以外的训练模式。八周的训练周期被采用率相当高，因为其在确保了训练内容尽可能充实的前提下，缩短了训练时间，提高了训练效率。

3. 十二周的训练周期针对增肌或健美训练，综合体能训练的训练效率是极高的。经过这段周期的训练，往往可以确保肌肉围度的一定增长或肌肉精度的明显提升。此外，综合体能训练往往可以在三个月后获得一定的见效成果。

4. 十六周的训练周期时间最长，对于训练者自身的训练延续性、身体的健康程度和训练计划的准确度要求极高。如果你的客观环境较为波折，那么并不建议训练者采取这种周期，它会直接影响你的训练延续性；如果你自身对于训练计划的制订准确度没把握，同样不要采取这种周期，因为它本身时间过长，万一训练计划有偏差会导致你的时间完全浪费，训练效率极低。但是，这种训练周期如果把握得当，会是最优秀的训练周期类型。因为其时间长，可安排非常全面的训练动作和不同的训练阶段，做到相应训练目标的充分提高。无论是耐力、综合、增肌或健美训练，还是绝对力量与爆发力训练。无论是新手、有一定经验的训练者或是高手，都可以采取这种周期进行训练。只是因为其要求的条件太多、太苛刻，故使用率相比其余三种要低许多。

（十）保持训练持续性

单单注意训练计划的基础组成部分还远远不够，你同样需要了解如何执行好一份训练计划。在众多注意事项中，最重要也是最容易被主观或客观忽略的一条，想必就是在于保持训练的持续性方面。

1. 训练的持续性包括多个方面，其中最典型的即训练者对于每日既定训练内容完成的延续性。有不少训练者因为受到主观或客观因素影响，会导致一天两天，甚至持续较长时间内无法正常训练。这样会影响训练计划的整体效果，如果中断时间较少，则训练目标受影响程度不大，若中断时间较长或频繁中断，几乎可以毁灭整个训练计划。

2. 每个训练日具体训练动作之间也有一定的持续性要求，这点主要体现在动作间或组间的训练间歇上。如果你的训练间歇超出了规定的时间，会让你的训练计划变得更为容易，从而影响你自己的训练效果。不要为了追求负荷上的提高与完成重量的增加就肆意打破训练间歇，这同样是属于“作弊”的一种。

3. 在不同的训练目标上也有一定的持续性要求，如最典型的速度耐力、力量耐力、心肺耐力以及综合体能训练模式，如果训练者安排过多的休息日，势必会影响这些运动能力的训练效果。

训练的持续性是个非常重要的问题，只要你还训练它就一直与你相伴。如果你不重视它，它会直接带给你运动能力方面明显减弱的表现，如卧推训练。如果你长时间不去训练，想保持以往的力量水平是十分困难，甚至是痴人说梦的。

（十一）注意训练计划的季节性

我们在制订训练计划时，也需要特别注意不同季节对于不同训练目标的促进作用，如夏天炎热的天气对于耐力训练以及健美训练的促进效果便不容忽视；冬天对于绝对力量，爆发力以及增肌训练的生长也是十分有帮助的。综合体能训练则是全年度都可以开展的训练模式。如果你不清楚不同季节对于不同训练目标的促进作用，在训练计划的针对性上就会显得十分欠缺。

牢记住这十一条基础法则，无论是什么类型，什么目标的训练计划都离不开它们，都需要依托，在它们基础上进行丰富和完善。接下来让我们按照不同的训练模式，各自拿出一个训练计划做例子，具体分析其对于训练目标提高的原理、价值以及相应的局限性。让每一个训练者都能够加深对这十一条基础法则的理解，方便我们在最后一章对于不同运动能力所需的具体训练计划与训练动作讲解时的领悟能力。

二、学会训练的计划评析

（一）增肌或健美训练模式

这里我们列举一份非常基础的增肌训练计划，适合新手以及初级训练者选用，分析：

周一：胸部训练日：平板杠铃卧推4组12个；上斜杠铃卧推4组12个；下斜杠铃卧推4组12个；上斜哑铃卧推4组12个；坐姿器械夹胸4组12个；组间休息在40秒，动作间休息2分钟。

周二：背部训练日：引体向上50个，不分组数完成；杠铃划船4组12个；窄握器械下拉4组12个；宽握器械下拉4组12个；坐姿器械划船4组12个；组间休息在40秒，动作间休息2分钟，引体向上可根据难度适当加长休息时间。

周三：休息日。

周四：肩部训练日：坐姿杠铃颈前推举4组12个；坐姿杠铃颈后推举4组12个；哑铃侧平举4组12个；哑铃俯身斜板侧平举4组12个；杠铃耸肩4组12个；组间休息40秒，动作间休息2分钟。

周五：手臂训练日：肱三头肌站姿臂屈伸4组12个；肱三头肌站姿绳索屈伸4组12个；哑铃颈后臂屈伸4组12个；双杠臂屈伸3组，每组力竭次数；杠铃弯举4组12个；哑铃单臂弯举4组12个；锤式弯举4组12个；俯身斜板杠铃弯举4组12个；组间休息40秒，动作间休息2分钟。

周六：腿部训练日：杠铃自由深蹲4组12个；腿举4组12个；腿屈伸4组12个；腿弯举4组12个；坐姿提踵4组12个；组间休息40秒，动作间休息2分钟。

周日：休息日。

以上为一个训练循环，整份训练计划持续八个周。

这份计划包含八个周，是一份非常适合新手入门的训练计划，它的训练负荷不高，训练动作难度较低，但是在训练间歇上却与正常的增肌计划没什么区别，故在看似难度较低的外表下，同样有着对于训练者自身一定的考验。在训练日的互相搭配上，我们错开了腿部训练日与胸部训练日，背部训练日与肩部训练日，在它们中间各放了一天的独立休息日，确保之前一次的训练不会在肌肉或神经系统方面对之后的训练带来影响；在训练的纯粹性方面，因为这份计划针对的目标群体往往训练经验匮乏，训练水平较低，故没有在增肌训练的基础上，添加一些每日的综合体能训练或简单的体能训练，是一种纯粹度非常高的训练计划，有利于训练者快速入门，掌握和熟悉训练动作，增长肌肉与体重。

在具体的训练动作方面，这份训练计划也充分考虑到了训练者训练经验不足，能力较低的问题，动作的安排非常具有针对性。胸部训练日中，杠铃平板、上斜、下斜的卧推确保胸部肌群无死角的刺激，并且考虑到形态的问题，加入了上斜哑铃卧推训练，对于上胸的刺激更加显著。此外，坐姿器械夹胸相比十字飞鸟、哑铃飞鸟等训练，更适合训练能力不足的新手，可以帮助他们通过器械，固定运动轨迹来加强增肌效果。

在背部训练日中，这份计划没有加入新手较难掌握，并且对于背部增肌效果并不出色的硬拉训练。反而以大量的划船，下拉等着重刺激背阔肌的训练动作丰富整个背部训练计划。此外，50个一组的引体向上不仅可以让背部整体宽度提高，更可以带来一定的实战价值。

在肩部训练日中，虽然大重量的推举与高密度的侧平举是增强肩部肌群的法门，但是考虑到超级组与大重量训练的难度，不是每个新手和初级训练者都能够驾驭的。所以我们还是建议训练者采取最普通的训练法，以较低的训练负荷先熟悉训练动作，方便以后进行更高难度的训练计划。

在手臂训练日中，与肩部训练类似，手臂肌肉的充分生长同样需要超级组的充分刺激，但考虑到训练者的水平与经验，我们还是建议训练者采用最普通的训练法进行刺激和提高。

在腿部训练日中，因为训练者水平较低的缘故，我们不建议在后蹲练习中采取全蹲的幅度进行训练。这种幅度对于训练者的神经控制能力、协调性、柔韧性，甚至力量基础都有一定要求，所以不如采取深蹲的幅度更安全、更容易掌握。在此基础上，我们围绕深蹲加入了对于股四头肌刺激更全面的腿举，以及发力方式更为孤立的腿弯举和腿屈伸，可以确保在难度最低的情况下，充分加强对腿部肌肉的刺激。其次，这份计划也从安全问题上进行了考虑，用对膝盖危险系数更小的坐姿提踵替代站姿提踵与后蹲训练相配合，会让你的训练更加高效。

总之，这份计划对于初级训练者而言，是十分不错的入门计划，它兼顾了训练整体的难度与较高的安全性。因为这份计划在专项肌群上缺少一定的负荷强度以及小肌群训练，故并不适合训练者长期采用。

（二）绝对力量训练模式

这里我们列举一个以提高深蹲绝对力量为主，硬拉、卧推绝对力量为辅的训练计划。适合腿部绝对力量薄弱的训练者使用：

周一，深蹲训练日：杠铃全蹲3组5个；间歇式深蹲3组5个；肩托深蹲3组5个；箱式深蹲3组5个。

周二，卧推训练日：平板杠铃卧推3组5个；平板窄握杠铃卧推3组5个；下斜杠铃卧推3组5个；双杠臂屈伸3组，每组极限个数。

周三，休息日。

周四，深蹲训练日：腿举3组5个；杠铃箭步蹲3组30米；腿屈伸3组5个；站姿提踵3组，每组极限个数。

周五，上肢训练日：杠铃坐姿推举3组5个；引体向上30个，不分组数；杠铃弯举3组10个；颈后哑铃臂屈伸3组10个。

周六，硬拉训练日：杠铃硬拉3组5个；臀屈伸3组5个；腿弯举3组5个；内收训练3组5个；外展训练3组5个。

周日，休息日。

这份计划将持续八周，是一份适合初次接触绝对力量训练的入门计划。在确保深蹲、卧推、硬拉三大力量项目独自训练日的基础上，还保留了一定的上肢训练，并且加强了实用性最高的---深蹲训练次数。计划中每个动作间与组间间歇都被延伸至2分钟，确保训练者可以在神经系统和肌肉力量两方面充分恢复。此外，训练计划整体看似强度很大，但每个动作都讲究大强度、低次数，如3×5训练方法，对于肌肉的力竭程度并不严重，刺激更多的是训练者自身在大重量时的神经控制能力、协调性以及力量水平，符合绝对力量训练的基础原则。

在动作的安排上，这份计划在保留了基础的经典力量项目上，加入了一些对于提高三大力量项目的技术有一定价值的辅助动作，如在深蹲第一个训练日里，我们加入了可以纠正训练者深蹲时后脚跟踮起的训练——肩托深蹲，以及可以让训练者更好体会静止发力，感受重量的箱式深蹲；在卧推训练日里，我们针对卧推的提高难点，握力和下胸的问题安排了窄握杠铃卧推，下斜杠铃卧推和双杠臂屈伸等针对性训练；在深蹲第二个训练日里，我们没有再安排专项的深蹲练习，反而是根据深蹲的发力肌群，训练难点安排了腿举、箭步蹲、腿屈伸等针对性更强的训练。这些动作几乎都不会带给腰部太大的压力，训练者不用担心腰部肌群的恢复问题；如在硬拉训练日中，除了基础的硬拉训练外，我们还加入了针对伸髋肌群的臀屈伸和腿弯举，以及在相扑式硬拉中需要大量做功的内收肌群训练，可以方便训练者在以后提高训练难度，采取技术性更强的硬拉姿势时，如相扑式硬拉，能够更好地融入其中。

（三）爆发力训练模式

这里我们列举一份针对弹跳力提高的训练计划，即非常出名的《美国纵跳训练计划》，又名AA4训练计划，号称在十六周内可以提高弹跳力20～30厘米。

单周在星期一、三、五练习													
周	日期	半蹲跳		抬脚尖		台阶		纵跳		脚尖跳		蹲跳（周3）	
		组数	重复	组数	重复	组数	重复	组数	重复	组数	重复	组数	重复
1		2	20	2	10	2	10	2	15	1	100	4	15
3		3	25	2	20	2	15	2	25	1	300	4	20
5		4	25	2	30	2	20	2	35	2	250	4	25
7		4	30	2	40	2	25	2	50	2	350	5	25
9		4	50	2	50	2	30	2	70	3	300	5	30
11		6	50	4	30	2	35	2	90	4	275	5	30
13		休息——不做本套练习											
15（周1、2、4、5）		4	100	4	50	2	50	2	100	4	400	5	50

双周在星期一、三、五练习													
周	日期	半蹲跳		抬脚尖		台阶		纵跳		脚尖跳		蹲跳（周3）	
		组数	重复	组数	重复	组数	重复	组数	重复	组数	重复	组数	重复
2		3	20	2	15	2	15	2	20	1	200	4	20
4		3	30	2	25	2	20	2	30	2	200	4	20
6		2	50	2	35	2	25	2	40	2	300	4	30
8		3	50	2	45	2	30	2	60	4	200	5	25
10		5	40	2	55	2	35	2	80	4	250	5	30
12		4	75	4	35	2	40	2	100	4	300	6	30
14		3	30	2	30	2	20	2	30	1	250	4	20

从训练周期上看，AA4训练计划持续时间约为15周，如果完成进阶计划可能需要20周甚至以上的时间。根据我们在前面的分析，这种长度的训练计划对于训练者本身

的自律性与训练环境都有充分的要求。因为不是每个训练者都能够在四个月的时间里充分保证身体健康，训练持续性的。其次，在训练间歇上，组间与动作间均要求不超过两分钟的休息，并不负荷普遍的爆发力训练间歇规律。对于训练者的训练能力与恢复速度都有着极强的要求。

在动作安排上，无论是专项的持球跳还是半蹲跳，辅助的脚尖跳、提踵、跳台阶等都是围绕提高纵跳能力而制定的，动作安排和设计本身没有太大问题。在训练负荷上，这份计划是将力量训练与技术训练相结合，一周训练三次，故对于训练者自身的恢复能力要求极高。在频繁与多次的跳跃练习下，如果没有较强的神经控制能力以及肌肉力量水平，特别是力量耐力，是非常容易出现伤病的。但是，这种训练计划本身是很有效果的，因为它的动作安排非常有针对性，并且一些特殊动作，如持球纵跳等实用性价值极高，是非常不错的训练计划。唯一美中不足的是其训练难度非常大，如我们发现计划里经常是几十次的持续跳跃，这对于训练者的能力要求是非常高的。在训练前，必须要确保你自己拥有足够的力量基础和训练经验，否则毫无疑问是在自毁前程。

（四）综合体能训练模式

这里我们拿出瑜伽训练中一个基础的体式训练计划——拜日，对其十二种体式进行分析，详解它对于柔韧性的提高价值。

1. 站直，脊椎伸展，腿部伸直，双脚并拢，与肩同宽。双手做祈祷状。手肘向外，手掌并拢，肘部与地面平行。

2. 吸气，两手臂举过头顶后伸直，身体稍微向后弯，手臂随着慢慢后移。掌心向前，头、颈部、手臂、上身都要向后弯曲。

3. 呼气，同时向前并向下弯曲上身，直到双手触碰双脚两侧，尽量使头部与胸部靠近双腿、膝盖与腰部始终保持伸直，背部可以稍微弯曲，不要过多发力。

4. 吸气，同时双手平放在脚的两侧，左腿尽量向后伸并保持挺直，注意动作一气呵成。同时屈右膝、头略微后仰，背部向上充分伸展，沉髋向下，膝盖不要超过脚尖，与脚尖保持一条直线。

5. 呼气，同时右脚后伸放在左脚旁，向上抬臀、后背与双腿形成三角形的两条边。双手紧贴地面，注意不要悬空。腰部与腿部保持伸直，不要让腰椎发力。

6. 同时将双膝、胸部与下巴放在地板上，只有脚趾、膝盖、胸部、手与下巴接触地面，臀部、髋部与腹部离开地面。尽可能要求大腿与地面垂直，腰部没有任何弯曲，手掌不要悬空。

7. 吸气，同时放下臀部、髋部。伸直手臂，胸向前挺，背部稍微后弯，双脚并拢，髂腰肌与大腿离开地面，双手紧贴地板支撑身体。

No.8/9/10/11/12：分别同6/5/4/3/2，需要注意动作相反。

这份计划要求训练者持续进行十二周的训练，在训练间歇方面，根据柔韧性训练的特点，我们可以采取短休息，甚至不休息进行多次训练的方法。我们常见有很多瑜伽爱好者一天内进行多达几十次的重复体式训练，其中就有一部分训练间歇短的原因。其次，在训练频率方面，符合柔韧性训练的基础特点，即一日一练，确保柔韧性的充分提高。

在体式安排方面，我们发现根据拜日的动作特点，整个训练过程中对于训练者自身的髋部、臀部肌群与股四头肌柔韧性要求极大。特别是髋部的柔韧水平，更是决定这份训练计划执行力的高低。柔韧性训练与其余的力量训练和耐力训练不同，不是每个人都能够在短时间内就可以掌握的，特别是在训练姿势上难度极高，但这并不妨碍训练者的参与程度，虽然可能在动作幅度上稍有不及，但只要姿势正确，发力方法得当，训练者就可以慢慢融入其中，体会到柔韧性的增长。此外，拜日中的部分体式对于训练者自身的协调性、平衡力甚至是呼吸的搭配都有非常大的价值，所以从训练计划的可操作性上分析，这同样是一份可使用范围非常广泛的训练计划。

（五）心肺耐力训练模式

这里我们列出一份提高长跑时所需心肺耐力的训练计划，进行具体分析：

周一：长跑专项训练：30分钟跑一次，记录最长跑动距离。

周二：心肺功能专项训练：30分钟游泳一次，记录最长游泳距离。

周三：长跑专项训练：30分钟跑一次，记录最长跑动距离。

周四：心肺功能专项训练：30分钟游泳一次，记录最长游泳距离。

周五：力量耐力专项训练：单脚跳50米一组，4组；蛙跳50米一组，4组；高抬腿跑50米一组，4组；慢跑1 000米。

周六：恢复性训练：慢跑3 000米。

周日：休息日。

在训练周期上，这份计划要求训练者持续进行八个周的训练，以确保给予自身心肺耐力，特别是长跑水平一定程度的提高。在具体的训练日安排上，我们根据限制长跑水平的三个因素：心肺功能、专项训练以及力量耐力进行了具有针对性的安排。核心的专项训练以及心肺功能训练一周内都有两次训练课程，为了防止训练者在长跑后段所容易出现的肌肉耐力下降问题，我们还专门安排了一天针对腿部力量耐力的训练，通过各种跑、跳训练来提高训练者在长跑末端的奔跑能力。此外，在训练动作的设计上，我们采取了游泳训练这类可以特殊强化心肺功能的针对性训练方法，从而让整个计划的效果得到了大幅度的提高。

在适用范围方面，这份计划属于提高心肺耐力诸多计划中难度中等的级别。相比普通的入门级训练计划，它加入了一些对于训练者自身力量水平要求较高的力量耐力专项训练。但相比一些高难度的训练计划，它缺乏细致、具体的分阶段训练安排，并且在具体动作的设计上缺乏更强的针对性。是一份非常适合本身已经具有一定心肺耐力水平，但是力量较为薄弱的训练者的提高计划。

（六）力量耐力训练模式

这里我们列出一份针对全身肌肉力量耐力，特别是腿部力量耐力的训练计划：

周一：腿部训练日：杠铃自由全蹲10组10个，动作间休息两分钟。

周二：胸部训练日：杠铃自由卧推50%，60%，70%，80%，90%每组力竭次数；双杠臂屈伸3组，每组力竭次数；动作间休息两分钟。

周三：休息日。

周四：背部训练日：引体向上50个，不分组数；杠铃划船4组15个；坐姿划船4组15个；器械对握下拉4组15个；动作间休息两分钟。

周五：腿部训练日：腿举20组20个；不负重箭步走3组150米；动作间休息两分钟。

周六：肩部训练日：杠铃坐姿颈前推举4组15个；哑铃侧平举超级组（三个重量递减完成，每个重量12个）4组；杠铃耸肩4组15个；哑铃农夫行走4组20米；动作间休息两分钟。

周日：休息日。

在训练周期上，这份训练计划要求训练者持续完成12周，以确保力量耐力的充分增长。其次，在训练间歇上，根据力量耐力训练的特点，我们不安排过长的休息时间，动作间两分钟，组间不超过一分半的间歇不仅可以确保肌肉力量、神经系统与心肺功能的恢复，更能够避免耐力训练自身的持续性受到影响。此外，在训练频率上与增肌或健美训练类似，讲究一周一个部位一次训练，确保肌肉在力竭训练的基础上，可以做到充分的恢复与提高。

在具体的计划内容安排上，我们发现这份计划的整体难度较高，一些超级组、巨型组的频繁出现，要求训练者具备极强的恢复能力和训练水平。并且，整份计划针对力量耐力提高的关键点——腿部做了两天的训练安排，以确保力量耐力在提高的同时，带来一定的实战能力，实用性的增强。此外，在训练动作的安排上，这份计划同样具有很强的针对性，如腿部训练日中我们分别加入了更考验训练者力量能力的全蹲而非深蹲，对股四头肌刺激程度极强的腿举，以及考验动态中不对称发力能力的箭步走而非传统的杠铃箭步蹲；在胸部训练日中，我们加入了杠铃卧推的力竭训练，不仅对于力量耐力有提高，更可以刺激一定的绝对力量生长。双杠臂屈伸的力竭训练同样让肱三头肌、胸部肌群，甚至是三角肌的力量耐力都受到充分刺激；在背部训练日中，我们增加了每组动作的重复次数，从而让力量耐力得到提升；在肩部训练日中，我们不仅加入了侧平举的超级组，更加入了一定量的农夫行走训练，对于三角肌，乃至斜方肌的力量耐力提高都有一定帮助。特别是斜方肌力量耐力的高低，在实战中的价值体现得更为明显；如我们没有再安排单独的手臂训练，因为手臂力量耐力本身就没有较强的实用价值，并且完全可以通过前面背部、胸部、肩部的训练练习到，没有必要再单独拿出一个训练日进行针对性训练。

总之，这是一份总体难度较大，但是相对力量耐力训练本身来讲难度中等的训练计划。对于训练者自身的能力和经验要求很高，不是每个训练者都可以在训练刚开始阶段就完全适应，充分融入其中的。但是单从力量耐力训练本身考虑，这还是一份实用性相对不错的训练计划，可以被绝大多数力量耐力爱好者所采用。

（七）速度耐力训练模式

我们列举一份简单的，难度较低的速度耐力训练计划进行分析：

周一：速度跑专项练习：80米跑5组；150米跑2组。

周二：心肺训练：游泳1 500米。

周三：折返跑专项练习：25米折返跑六分钟一组，五组。

周四：心肺训练：游泳1 500米。

周五：速度跑专项练习：80米跑5组；150米跑2组。

周六：心肺训练：游泳1 500米。

周日：休息。

在训练周期方面，这份计划需要持续进行四周训练。速度耐力本身相对力量耐力更要求心肺功能，对于力量的依赖程度更低，故往往可以在较短的时间内收获一定的训练效果。在训练间歇方面，为了避免肌肉与神经系统的恢复不充分，以及耐力训练的持续性受损，故计划中选择组与组，动作与动作间休息2～3分钟的休息方式。在训练频率方面，针对性的速度专项训练与辅助性的心肺训练采取相互交叉训练的方式进行，既不会影响训练者自身的恢复，更能够确保专项能力的全面提升。

在训练计划的具体安排上，考虑到其体现的两个方面，即直线上的速度耐力与曲线上的速度耐力，计划里分别做出了80米、150米以及25米折返跑的安排。在具体的训练量上，同样具备极强的针对性，如25米折返跑不是规定具体的折返次数，而是在限定时间内要求训练者尽可能多的往返，更符合折返跑原本的定义。此外，在辅助训练的安排上，游泳训练对于心肺能力的提高效果异常显著。这里考虑到训练者在专项训练日时频繁地奔跑，对身体消耗较大，所以并没有再安排跑步等心肺耐力训练，而是以更加安全，对身体消耗更少，对肌肉恢复速度较好的游泳训练进行替代。可以说在训练安排上，尽可能兼顾了安全性与训练效果间的利益。

总之，速度耐力是相对心肺耐力更高难度的耐力训练模式，与力量耐力训练类似。不是每个训练者都能够在训练的初始阶段可以完全适应的，这是一份非常典型的训练计划本身难度较大，但在速度耐力训练中难度较均衡的训练计划，虽然缺乏一定的耐力辅助训练，不过“性价比”方面相应要高许多，适合提高速度耐力的入门训练。

我们根据以上七种不同的训练模式，训练目标进行了相应的训练计划实例分析，有助于每个训练者加深对训练理论，制订计划基础原则的记忆和理解。至此为止，我们结束了对于训练理论的全部介绍，如果你想成为一个好的训练者，那么在开始修习具体的训练方法前，必须先掌握好这些最基础的训练理论以及内功心法。这样才可以确保你的心灵、学识以及身体安全都得到了一定程度的升华，你才有机会真正变成一名强者。

第三章　体能与健身训练秘籍

第一节　体能与健身训练解析

我们将在这一部分中，根据不同的训练目标，训练模式，列举出常用的一些训练动作姿势，发力方法以及实用价值。为最后的不同目标，不同训练模式时的具体训练计划制定打下坚实的基础。

一、增肌健美训练模式

（一）腿部训练动作

1. 杠铃深蹲　①确保蹲到髋部低于膝关节；②蹲起时避免腰部拱起或前倾的现象，尽量避免使用护膝，不要在脚后跟放置杠铃片；③脚跟在蹲起过程中不要踮起，否则一定要加强踝关节柔韧性的训练；④确保脚尖与膝盖发力方向一致，膝盖不要超过脚尖过多；⑤采用外八字站姿，避免膝盖在蹲起过程中出现剧烈晃动现象；⑥不仅下肢肌群要发力，背、手臂、肩膀等上肢肌群也要协调共同作用；⑦正确掌握杠铃放置方法，避免使用杠铃垫，不要过于压迫颈椎或背部，否则容易出现前倾或后仰等器械滑落现象。

杠铃深蹲

2. 杠铃全蹲　①确保蹲到大小腿完全接触，但不要让臀部接触地面，避免给予膝关节与腰部过大压力和刺激；②蹲起过程中避免腰部过度前倾借力；③蹲起过程中避免膝盖反弹借力；④尽量避免使用各种护具；⑤采用外八字站姿；⑥全身肌群共同发力；⑦脚尖与膝盖发力方向一致；⑧正确掌握杠铃放置方法。

杠铃全蹲

3. 腿举　①确保大小腿接触的训练幅度；②避免腰部离开训练椅；③避免手臂、臀部等过多借力；④确保膝盖与脚尖发力方向一致；⑤可采取单腿训练姿势。

4. 肩托深蹲　①确保大小腿接触的训练幅度；②采用外

肩托深蹲

八字站姿，避免膝盖在蹲起过程中剧烈晃动；③确保膝盖发力方向与脚尖一致，膝盖不要超过脚尖过多；④避免脚后跟在蹲起过程中踮起；⑤不同于哈克深蹲、肩托深蹲的意义在于“蹲”，哈克深蹲则关注“拉”。

5. 腿屈伸　①确保屈伸后腿部完全伸直的训练幅度；②避免让腰部离开训练椅；③避免手臂、臀部等过多借力；④可采取单腿训练姿势。

6. 腿弯举　①确保每一次弯举幅度足够；②避免使用腰部晃动代替股二头肌发力；③臀部也要在训练过程中主动发力；④避免上肢的过多借力；⑤可采取单腿训练姿势。

7. 史密斯后蹲　①相比自由深蹲，双脚站距要稍前于杠铃；②确保训练幅度标准；③尽可能避免全蹲训练，以半蹲、浅蹲或深蹲替代；④腰部切忌不可出现任何前倾；⑤可以使用护具；⑥下肢为发力来源，避免上肢发力。

8. 哑铃后蹲　①可采取手持或肩扛的训练姿势；②尽可能避免上肢借力；③发力主要来源为伸膝力量，避免通过伸髋或背部发力来完成训练。

9. 徒手后蹲　可采取双手抱胸或双手抱头的方式完成。

10. 蛙跳　①伸膝力量为发力源泉；②注意屈伸髋力量对于空中姿势的意义；③尽可能不要采取连续蛙跳的方式，避免膝盖的反弹借力；④落地时注意对膝盖的缓冲保护。

杠铃正反向提踵

11. 杠铃正反向提踵　①注意身体平衡；②训练时需站在一定高度；③确保小腿、脚尖足够屈伸幅度；④可采取单腿训练姿势。

12. 哑铃正反向提踵　①可通过手持或肩扛的方式训练；②可采取单腿训练姿势；③注意身体平衡；④训练时需站在一定高度；⑤确保小腿、脚尖足够屈伸幅度。

13. 坐姿提踵　①确保小腿、脚尖足够屈伸幅度；②可采取单腿训练姿势。

（二）背部训练动作

1. 引体向上　①标准的训练幅度，手臂伸直后拉起到下巴超过单杠；②避免下肢的过多晃动借力，爆发力爱好者，需要练习挺髋发力的训练者除外；③注意身体平衡；④可使用拉带，不要使用腰带；⑤拉起过程中保持头部后仰，给予背部最强烈刺激；⑥

改变握距与握法带给背部不同刺激；⑦可使用毛巾、绳索等道具训练，亦可进行单臂训练。

2. 杠铃划船　①确保腰部伸直，不要晃动腰部借力；②上身与地面夹角不要大于30°；③如果柔韧性允许，上身可与地面平行；④每一次划船后手臂需回落到伸直状态，避免屈臂借力；⑤动作注意紧贴大腿完成；⑥采用双手正握，而非正反握，可以使用拉带、腰带等护具。

3. 哑铃划船　①可采取站姿或利用训练椅跪姿；②注意动作幅度，每次划船后手臂需回落到伸直状态；③注意腰部伸直，避免晃动借力；④手臂动作尽可能紧贴身体；⑤可采取双手训练的姿势，但需注意通过划船过程中手臂旋转加深对背阔肌的刺激；⑥可以使用拉带、腰带等护具。

4. 宽握下拉　①发力源泉为背部、前臂握力以及肩部力量，避免通过腰部晃动借力；②握距与宽握引体向上相同；③确保每次下拉后器械触碰锁骨、上胸或下胸，带给背部肌肉不同位置与幅度的刺激；④每次下拉时需伴随身体稍微后倾，否则会导致肩部过多发力；⑤可以使用拉带、腰带等护具；⑥可采用颈后训练姿势，训练目标更针对肩部。

宽握下拉

5. 对握或窄握下拉　①发力源泉为背部、前臂握力以及肩部力量，避免通过腰部晃动借力；②注意腕关节的健康；③确保每次下拉后器械触碰锁骨、上胸或下胸，带给背部肌肉不同位置与幅度的刺激；④每次下拉时需伴随身体稍微后倾，否则会导致肩部过多发力；④可以使用拉带、腰带等护具。

对握或窄握下拉

6. 坐姿划船　①保持腰部伸直，避免腰部晃动借力；②每次划船时需伴随腿部屈伸，以最逼真模仿划船动作；③避免腿部过多借力；④每次划船后手臂需回落到伸直状态；⑤可以使用拉带、腰带等护具。

7. T杠划船　①保持腰部伸直，避免腰部晃动借力；②避免腿部过多屈伸借力；③每次划船后手臂需回落到初始状态；④可以采用对握、正握或反握等不同握法，握距加深对背部肌肉不同幅度与位置的刺激；⑤可以使用腰带、拉带等护具。

T杠划船

8. 站姿直臂下拉　①保持腰部伸直，避免腰部晃动借力；②避免腿部过多屈伸借力；③确保下拉时手臂夹角不变；④每次下拉完成后手臂应尽可能回到略高于肩部的位置，避免斜方肌过多受力；⑤可以使用腰带。

站姿直臂下拉

（三）胸部训练动作

1. 杠铃平板卧推　①双手握距不超过83厘米；②采取正握而非反握；③确保杠铃触碰乳头或下胸；④避免手臂推起后完全伸直的锁关节现象；⑤避免胸部的反弹借力，发力来源应为手臂与肩部；⑥可通过抬起双腿的方式填充腰部与训练椅间的空隙，避免腰部酸痛；⑦禁止起桥推等借助腰部与颈椎力量完成的训练姿势；⑧可采用全握或半握的握法；⑨可使用护肘、护腕等护具，避免使用护肩。

杠铃平板卧推

2. 杠铃上斜卧推　①双手握距不超过83厘米；②采取正握而非反握；③采用半握加深对胸部刺激；④确保杠铃触碰锁骨或上胸；⑤避免手臂推起后完全伸直的锁关节现象；⑥避免胸部的反弹借力；⑦双脚不能直接与地面接触，避免腿部借力；⑧严禁使用起桥推等借助腰部与颈椎力量完成的训练姿势；⑨可使用护肘、护腕等护具，避免使用护肩。

3. 杠铃下斜卧推　①双手握距不超过83厘米；②采取正握而非反握；③采用半握或全握皆可；④为加强力量提高可采用窄握握距；⑤注意调整不同倾斜角度以带给胸部

不同位置与幅度的刺激；⑥可以使用护肘、护腕等护具，避免使用护肩；⑦确保杠铃触碰下胸；⑧避免手臂推起后完全伸直的锁关节现象。

4. 哑铃平板飞鸟　①训练过程中保持手臂夹角不变；②可以抬起双腿以填充腰部与训练椅间的空隙；③避免手臂打开角度过大，保持胸部持续紧张；④可在顶峰进行收缩停留略微屈伸手臂以加强对胸肌的刺激。

哑铃平板飞鸟

5. 哑铃上斜飞鸟　①训练过程中保持手臂夹角不变；②双脚不要与地面直接接触，避免腿部借力；③避免手臂打开角度过大，保持胸部持续紧张；④训练轨迹应当针对上胸而非乳头；⑤可在顶峰进行收缩停留以加强对胸肌的刺激。

6. 十字飞鸟　①确保腰部伸直，避免腰部晃动借力；②避免腿部过多屈伸借力；③避免手臂打开角度过大，保持胸部持续紧张；④训练过程中保持手臂夹角不变；⑤可在顶峰进行收缩停留以加强对胸肌的刺激；⑥注意训练时两只手交替训练，否则易出现胸肌左右不平衡现象；⑦确保身体站立稍前于大飞鸟机，上身稍微前倾以确保孤立刺激效果。

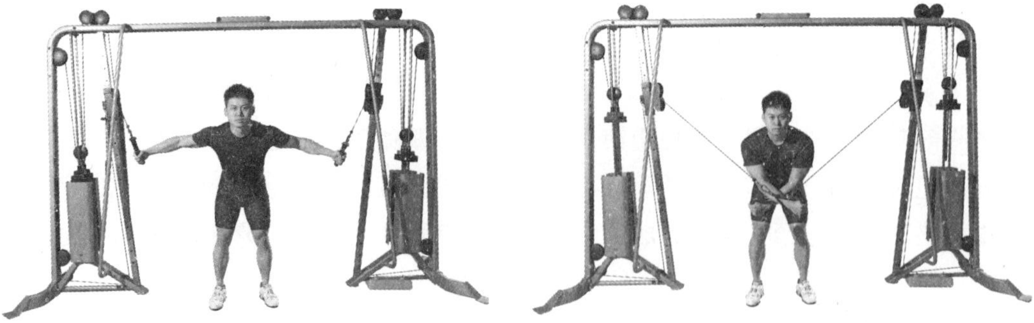

十字飞鸟

7. 坐姿器械推胸　①腰部紧贴训练椅，避免腰部晃动借力；②可采取半握或全握；③可采取单臂训练姿势；④确保手臂推起后完全伸直以及下降幅度到位；⑤避免腿部过多借力；⑥可通过改变握距的方法加强对胸部不同位置与幅度的刺激。

8. 坐姿夹胸　①确保训练过程中手臂夹角不变；②腰部紧贴训练椅，避免腰部晃动借力；③可在顶峰进行收缩停留以加强对胸肌的刺激；④避免腿部过多借力；⑤避免手臂打开幅度过大，保持胸部持续紧张。

9. 史密斯卧推　①尽可能避免全程卧推训练，否则易导致肩关节伤病；②严格注意杠铃下降位置，稍有偏差便会导致无法完成；③根据不同姿势的卧推调整不同的握法；④可采取护肘、护腕等护具，避免使用护肩；⑤避免耸肩、腰部借力等不正确发力方式；⑥注意腕关节转动杠铃时的安全问题。

10. 哑铃卧推　①不要采取半握的方法；②注意不同卧推姿势时的运动轨迹；③注意手臂不要打开过大；④注意下降幅度不要过大，保持胸部持续紧张；⑤避免手臂完全推起带来的锁关节现象；⑥严禁使用肘关节反弹借力，确保肘关节、肩关节、腕关节发力方向一致。

11. 俯卧撑　①保持腿部与腰部伸直；②确保最低点时大小臂夹角不大于90°；③避免身体完全推起所造成的锁关节现象。

12. 仰卧直臂上拉　①注意训练椅放置位置为上背部，避免腰部晃动借力；②全过程大小臂夹角保持不变，严禁将该动作做成颈后臂屈伸；③双腿避免过多蹬地借力；④直臂上拉至哑铃与乳头垂直。

仰卧直臂上拉

（四）臂部训练动作

1. 臀屈伸　①腿部在伸展阶段一定要伸直；②发力源泉为臀部，不要以腰部晃动借力；③站稳，避免身体任何部位出现失去平衡的晃动现象；④确保腿部在上屈过程中一定的抬起幅度；⑤可利用家具做徒手练习。

臀屈伸

2. 臀桥　①杠铃最好包裹一层海绵后再与身体接触；②发力来源应为挺髋发力，而非腰部借力；③双手需把持杠铃；④避免肩部的多余晃动；⑤大小腿间夹角不要超过100°；⑥可采取单侧训练姿势；⑦可采取徒手练习。

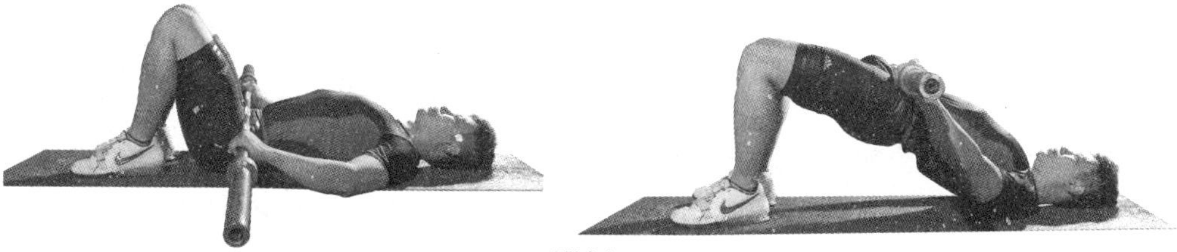

臀桥

3. 俯卧举腿　①可趴在水平面进行徒手练习，向后举腿；②注意避免上肢与腰部过多借力，发力来源应为臀部；③可在双腿栓杠铃片进行练习，切忌负重部位在腰部；④举腿过程尽可能保持腿部伸直，并拢。

4. Hip thrust（臀部高级练习）　①可采取杠铃或徒手练习；②可采取单侧训练姿势；③注意杠铃包裹海绵后再与身体接触；④发力来源应为挺髋发力，而非腰部借力；⑤上身依靠训练椅位置不要过于接近背部；⑥可利用两个训练椅悬空训练，提高难度；⑦双手需把持杠铃，避免上肢过多借力；⑧大小腿夹角不要超过100°。

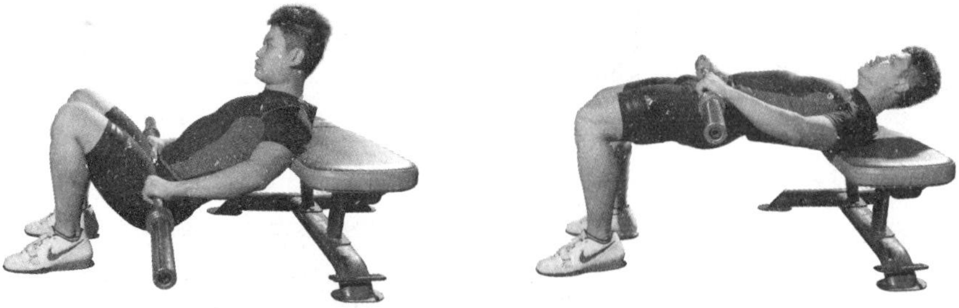

Hip thrust（臀部高级练习）

5. 站姿屈髋　①可利用臀屈伸器械相反训练完成；②可利用绳索、弹力带进行训练；③可进行静力练习；④发力来源应为屈髋力量，而非腰部或腿部屈伸借力；⑤确保大腿的足够上屈幅度；⑥站稳，避免身体出现任何不平衡晃动的现象；⑦注意左右侧交替训练。

站姿屈髋

6. 仰卧屈髋　①利用大飞鸟机完成；②双脚可套在一个绳索内，也可分开；③避免手臂、小腿、腰部晃动借力；④屈髋过程双腿最好并拢；⑤不要忽略腹肌发力；⑥可采取单侧训练姿势；⑦可徒手练习。

仰卧屈髋

（五）腹部训练动作

1. 卷腹　①双手放置在耳朵两侧；②避免在柔软平面训练；③大小腿夹角不要超过100°；④双腿最好并拢；⑤只需肩胛骨离开地面即可，不用肘关节触碰膝盖；⑥下落时不要让身体完全与地面接触，保持腹部持续紧张；⑦避免腰部晃动借力，腰部不要离开地面；⑧发力来源应为腹肌，而非背部、腰部和手臂力量。

2. 悬垂举腿　①举腿过程中大小腿夹角不变；②可采取双腿伸直或大小腿夹角为90°两种姿势进行悬垂举腿；③确保腰部伸直，不要晃动借力；④确保手臂不出现屈伸借力现象；⑤发力来源应为下腹部发力，而非晃动身体所带来的惯性力；⑥可采取举腿至顶点后进行静力训练；⑦可负重练习，负重位置在脚踝而非腰部。

3. 伐木　①可采取跪姿或站姿两种方法；②可使用绳索、杠铃片或铁锤等器械；③除去腹斜肌发力外，上肢，特别是背部也要充分发力；④避免扭腰借力现象；⑤确保手臂每一次回落到最高点时再进行伐木；⑥注意腕关节健康；⑦注意左右侧交替练习。

4. 两头起　①上腹部与下腹部共同发力；②确保腰部伸直，避免腰部晃动借力；③尽可能确保腿部伸直，并拢；④以髋部为中心线，身体两端同时向中心线运动；⑤身体不用完全回落到四肢接触地面，保持腹部的持续紧张。

两头起

5. 转体卷腹　①注意双腿在不同方向转体时的姿势；②发力来源应为腹斜肌，而非腰部与腿部晃动借力；③肩胛骨离开地面即可，无需身体过多抬起；④双手把持耳朵；⑤注意左右侧交替练习。

6. 体侧屈　①可徒手训练，亦可手持杠铃片或哑铃训练；②发力来源应为腹斜肌，而非腰部或背部发力；③避免腿部站距过宽与过多屈伸借力；④注意左右侧交替练习；⑤非负重手应当至于脑后，慢慢向一侧屈体。

（六）手臂训练动作

1. 杠铃弯举　①反握杠铃；②全过程保持肘关节不动；③全过程保持大臂紧贴身体；④确保每次弯举后手臂回落到伸直状态；⑤避免腿部屈伸，腰部晃动借力；⑥握距可采用宽握或窄握，加强对手臂不同部位与幅度的刺激；⑦可采用曲杆或直杆训练；⑧可在顶峰进行收缩停留加深刺激。

2. 哑铃弯举　①与锤式弯举相区分；②反握哑铃；③全过程保持肘关节不动；④全过程保持大臂紧贴身体；⑤确保每次弯举后手臂回落到伸直状态；⑥避免腿部屈伸，腰部晃动，肩膀耸肩借力；⑦可在顶峰进行收缩停留加深刺激；⑧注意左右侧交替训练；⑨可采用斜板进行孤立哑铃弯举。

3. 锤式弯举　①与哑铃弯举相区分；②拳眼顶住哑铃一端；③弯举弧度可为直线，也可为斜线；④全过程保持肘关节不动；⑤全过程大臂紧贴身体；⑥确保每次弯举后手臂回落到伸直状态；⑦避免腿部屈伸，腰部晃动，肩膀耸肩借力；⑧可在顶峰进行收缩停留加深刺激；⑨注意左右侧交替训练。

锤式弯举

4. 杠铃斜板俯身弯举　①斜板与地面夹角应在45°～50°；②反握杠铃；③只用杠铃训练；④全过程保持大臂紧贴身体；⑤确保每次弯举后手臂回落到伸直状态；⑥全过程保持肘关节不动；⑦腰部伸直，避免腰部晃动，腿部蹬地借力；⑧可在顶峰进行收缩停留加深刺激；⑨可采用宽握或窄握、直杆或曲杆加强对手臂不同部位与幅度的刺激。

杠铃斜板俯身弯举

5. 器械弯举　①手臂最好稍前于身体，与身体夹角为30°进行弯举，可加深器械对手臂的刺激效果；②全过程保持大臂紧贴身体；③确保每次弯举后手臂伸直，依旧保持稍前于身体的姿势；④全过程尽可能保持肘关节不动；⑤腰部伸直，避免弯腰，腿部屈伸借力；⑥可在顶峰进行收缩停留加深刺激；⑦可采用窄握或宽握，加强对手臂不同部位与幅度的刺激；⑧使用大飞鸟机器械训练。

牧师椅弯举

6. 牧师椅弯举　①反握杠铃；②腰部伸直，臀部不要离开训练椅，避免腰部晃动，腿部屈伸借力；③确保每次弯举后手臂回落到伸直状态；④可在顶峰进行收缩停留加深刺激。

7. 正反向腕弯举　①可使用杠铃或哑铃进行训练；②可使用单侧训练姿势；③可采用牧师椅辅助；④注意腕关节健康；⑤避免采用站姿训练。

8. 站姿臂屈伸　①正握器械；②可使用直杆，曲杆或绳索进行训练；③绳索下拉时双臂尽量向外侧移动；④全过程保持大臂紧贴身体；⑤确保每次屈伸幅度到手臂完全伸直；⑥确保每次上屈时小臂与上身夹角小于90°；⑦全过程保持肘关节不动；⑧站立时臀部后移，身子稍微前倾，腰部伸直，避免腿部屈伸，腰部晃动，肩部耸肩借力。

9. 颈后臂屈伸　①确保腰部伸直，避免腰部晃动借力；②留意哑铃与脖子的位置；③可采取杠铃、哑铃或绳索，站姿或坐姿的训练姿势；④可双手或单手训练；⑤每次屈伸不用完全伸直，避免锁关节现象；⑥手臂需下屈至后脑勺位置；⑦避免屈伸过程中肘关节、腕关节、肩关节发力方向不一致；⑧注意腕关节健康。

10. 仰卧臂屈伸　①可用哑铃或杠铃训练；②可使用单侧训练姿势；③起始位置为手臂与地面垂直；④全过程保持肘关节不动；⑤全过程大臂尽可能贴紧身体；⑥可抬起双腿避免腰部与训练椅间的空隙；⑦手臂下屈幅度应满足大小臂夹角低于90°；⑧确保肘关节、肩关节、腕关节发力方向一致。

颈后臂屈伸

仰卧臂屈伸

11. 跪姿臂屈伸　与屈臂下拉注意事项相同，唯一需要格外留意避免沉肩借力现象。

12. 俯立臂屈伸　①可采取跪姿或俯身站姿的训练姿势；②确保腰部伸直，避免腰部晃动借力；③确保手臂屈伸至与地面平行的幅度；④可在顶峰进行收缩停留加深刺激；⑤发力来源应为肱三头肌，而非肩部、背部肌群；⑥低头，避免斜方肌借力；⑦全过程保持大臂贴紧身体；⑧全过程保持肘关节不动。

俯立臂屈伸

（七）肩部训练动作

1. 杠铃坐姿推举　①可采用颈前或颈后的推举姿势；②颈前推举时每次推起位置应在下巴以下。颈后推举时，每次推起位置应低于后脑勺；③可全握、半握或宽握、窄握杠铃；④臀部、腰部紧贴训练椅；⑤双脚不能与地面直接接触，避免腿部借力；⑥无需每次推起完全伸直手臂，避免锁关节现象出现。

2. 哑铃坐姿推举　①不要采用颈后训练姿势；②避免推起过程中手臂打开幅度太大；③注意腕关节健康；④双脚不能与地面直接接触，避免腿部借力；⑤发力来源应为肩部，而非腰部，腰部紧贴训练椅。

3. 器械推举　①可半握、全握或宽握、窄握器械；②双脚不能与地面直接接触，避免腿部借力；③腰部紧贴训练椅；④避免推起过程中耸肩借力，无需每次推起完全伸直手臂，避免锁关节现象出现。

哑铃侧平举

4. 哑铃侧平举　①肘部先动，带动哑铃上升；②哑铃向身体前侧方举起；③大小臂夹角全过程保持不变；④腰部伸直，避免腿部屈伸，腰部晃动借力；⑤身体前倾，臀部后移可减少对腰部压力；⑥最高点时手腕应与嘴巴平行，避免斜方肌过多发力；⑦最高点时确保肘关节高于腕关节。

5. 绳索侧平举　①可采取站姿或俯身侧平举姿势；②避免幅度过大导致背部发力明显；③可采取单侧训练姿势；④全过程大小臂夹角保持不变；⑤腰部伸直，避免腰部晃动，腿部屈伸借力；⑥低头，避免斜方肌受力过多；⑦上身前倾，臀部后移可减少对腰部压力；⑧使用大飞鸟机或弹力带进行训练。

6. 前平举　①可采取杠铃或哑铃训练姿势；②杠铃可采取宽握或窄握训练姿势；③腰部伸直，避免腿部屈伸，腰部晃动借力；④最高点时手腕应与嘴巴平行，避免斜方肌过多发力；⑤可同时训练，也可左右两侧交替训练；⑥注意腰部健康。

前平举

哑铃俯身侧平举

7. 哑铃俯身侧平举　①腿部微曲，腰部伸直，避免腿部屈伸，腰部晃动借力；②可采取斜板进行孤立训练；③哑铃握法可掌心相对，亦可拳眼相对；④注意举起幅度，不要让背部，斜方肌发力过多；⑤可使用弹力带代替哑铃，掌握俯身侧平举的幅度问题。

8. 直立划船　①最好选用曲杆训练；②双手正握并窄握；③注意腕关节健康；④避免腿部屈伸，腰部晃动借力；⑤最高点时肘部与手腕应呈倒“V”形。

9. 耸肩　①双手正握杠铃，握距与肩同宽；②可采用体前或体后两种姿势耸肩；③可采用哑铃耸肩；④发力来源应为斜方肌，主动耸肩上提杠铃，避免腰部晃动，腿部屈伸借力；⑤全过程确保手臂完全伸直。

二、绝对力量训练模式

（一）上肢力量

1. 半程卧推　相比普通卧推更需要注意以下几点：①杠铃下降至大小臂垂直后推起即可，无需触胸；②双脚向后踩，尽可能借助腿部、臀部、背部力量完成；③运动轨迹应当垂直于下胸而非乳头；④可采取半握或全握；⑤双手用力挤握杠铃，以获取更好的手臂活跃程度。

2. 木板卧推　相比普通卧推更需要注意以下几点：①利用不同木板厚度，与胸部间角度大小来提高卧推分阶段的力量；②杠铃需触木板后停留一秒再推起；③双脚向后踩，尽可能借助腿部、臀部、背部力量完成；④运动轨迹应当垂直于下胸而非乳头；⑤可采取半握或全握；⑥双手用力挤握杠铃，以获取更好的手臂活跃程度。

3. 间歇式卧推　相比半程卧推而言，需要注意，一定要触下胸，并且最好停留1～2秒，避免胸部反弹借力再推起。此外，严禁杠铃在胸部停留时上肢泄力。

4. 窄握卧推　相比普通卧推而言，更需要注意以下几点：①只要双手不互贴，握距可无限缩窄；②可采用半握或全握；③利用下斜卧推效果更佳；④如果腕关节柔韧性允许可做全程，否则应用半程卧推；⑤运动轨迹应当垂直于下胸而非乳头。

5. 助力卧推　相比间歇式卧推更需要注意以下几点：①避免保护人员所给予过大助力；②助力使用阶段应当是在触胸推起后伸直的阶段，在下落至触胸推起后的短暂距离内避免助力；③保护人员所释放的助力应当由小到大递增。

6. 弹力带或铁链卧推　①注意弹力带绑定位置，应当与杠铃绑定端垂直，而不要有任何倾斜角度，铁链同样如此；②注意杠铃下降速度不要过快。

7. 双杠　①可与腰间负重完成；②全握训练器械；③保持腰部伸直；④手臂屈伸而非肩部沉肩发力；⑤注意腕关节、肘关节、肩关节发力方向一致；⑥蜷起双腿以避免下肢借力；⑦避免完全撑起身体所导致的锁关节现象；⑧下屈时大小臂夹角应低于90°。

8. 击掌俯卧撑　①确保身体腾空是由上肢发力所带动，而非屈髋、屈伸膝所借力；②击掌时最好确保手臂完全伸直。

9. 站姿推举　①可采取半握或全握；②采取颈后或颈前姿势；③一定要使用腰带；④推举幅度与坐姿推举类似；⑤不用担心锁关节问题；⑥杠铃下落时注意伴随腿部屈伸缓冲。

站姿推举

10. 农夫行走　①握力主动释放握住杠铃；②注意腕关节健康；③可手持哑铃进行训练。

11. 握力器　大重量握力器最好在手柄处包裹海绵或胶带。

（二）核心力量

1. 负重卷腹　①可使用大飞鸟机或杠铃片完成；②使用杠铃片时应注意颈椎健康；③发力来源应为腹部，而非腰部晃动；④可使用健身球或下斜板加深刺激；⑤与卷腹相同，保持腹部持续紧张并且肩胛骨离开地面即可。

2. 静态支撑　①可在两个健身球或椅子间进行训练；②确保臀部与上身保持直

线，不要出现塌腰现象；③低头，避免斜方肌受力过多；④维持身体平衡力量来源应为腹肌与臀部，而非腿部或手臂。

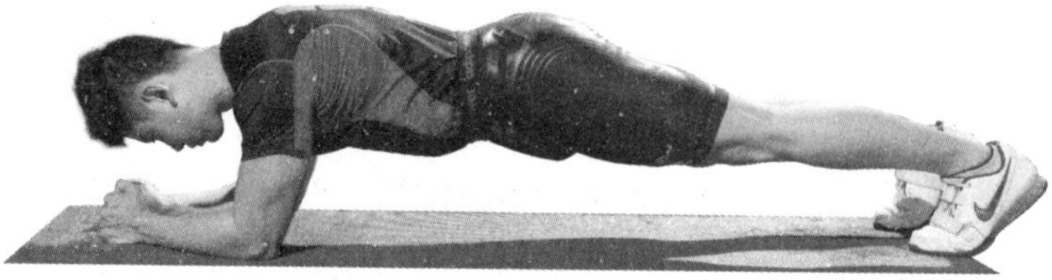

静态支撑

3. 健腹轮　①可采取跪姿或站姿训练；②发力来源应为腹肌力量，但手臂、背部力量同样关键，严禁腰部发力；③使用站姿时一定要滑动健腹轮至上身与地面平行幅度；④使用跪姿时上身应尽量接触地面。

（三）屈伸髋力量

1. 杠铃硬拉　①保持腰部伸直，切忌“乌龟拉”；②发力来源应为伸髋与伸膝肌群，不是腰力；③可采取全握或锁握，正握或正反握；④重复训练时每次需确保杠铃触地；⑤杠铃运行轨迹应当尽可能贴紧身体；⑥拉至最高点时上身可以略微后仰；⑦可使用腰带、拉带等护具。

杠铃硬拉

2. GHR　①无专业器械时可将双脚放置与杠铃下方跪姿完成或利用下拉器械坐椅完成；②确保身体足够的前移幅度；③确保腰部伸直，不弯腰借力；④发力来源应为伸膝与伸髋肌群，而非背部；⑤双手可抱在脑后或胸前；⑥抬起身体时注意由伸髋带动伸膝肌群发力。

GHR

3. 站躬身　①躬身幅度为上身与地面平行；②如果柔韧性允许，应保持腿部，腰部完全伸直，否则可略微弯曲腿部，保持腰部伸直；③发力来源应为伸髋肌群，而非伸膝肌群。如果柔韧性不支持，需要弯曲腿部，应注意避免伸膝肌群发力；④注意杠铃放置位置不要压迫颈椎，不要使用护垫。

站躬身

4. 山羊挺身　①确保腰部全过程伸直；②上身下屈幅度应至少达到与腿部呈90°；③可选择杠铃负重，建议位置选择在胳膊肘；④发力来源应为伸髋肌群，而非背部力量；⑤全过程保持腿部伸直。

5. 直腿硬拉　相比普通硬拉更需要注意：①最好选择站在训练台上进行；②如果柔韧性允许，应保持腿部、腰部完全伸直，否则可略微弯曲腿部，保持腰部伸直；③发力来源应为伸髋肌群，而非伸膝肌群。如果柔韧性不支持，需要弯曲腿部，应注意避免伸膝肌群发力；④重复训练时，杠铃只需下放至与训练台平行即可。

6. 骑跨蹲拉　相比普通硬拉更需要注意：①双腿分开站在杠铃两侧；②两只手一前一后握住杠铃，可正握亦可正反握。

骑跨蹲拉

7. 半程硬拉　相比普通硬拉更需要注意：①重复训练时每次杠铃每次回落至膝关节即可；②伸膝肌群以及上肢肌群发力比例明显增加；③可在杠铃架上进行架上硬拉训练。

8. 哈克蹲拉　相比普通硬拉更需要注意：①注意区分与肩托深蹲的区别；②杠铃放置位置在身后而非身前；③需要拥有更好的髋部柔韧性；④伸膝肌群发力比例明显上升。

哈克蹲拉

9. 相扑式硬拉　相比普通硬拉更需要注意：①双腿分开距离更大；②手握杠铃位置与两腿间；④大收肌群发力比例明显上升。

相扑式硬拉

10. 弹力带或铁链硬拉　相比普通硬拉更需要注意：弹力带可选择套在脚上后连接杠铃，以达到训练目的。

11. 内收或外展　①注意内收或外展训练幅度，确保内收肌群得到充分训练；②避免臀部离开训练椅；③避免上肢过多借力；④注意髋部柔韧性训练。

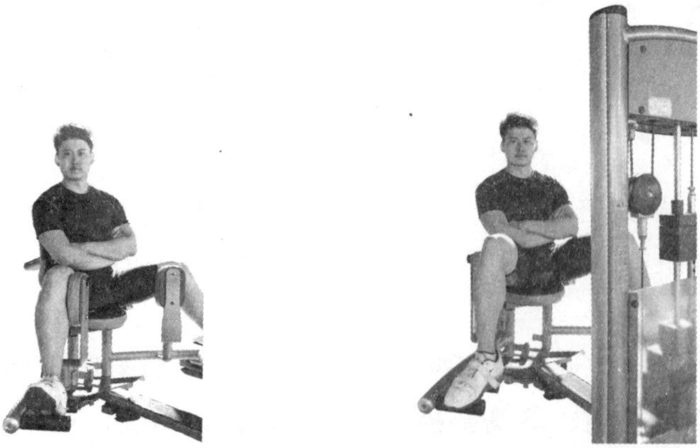

内收或外展

12. 屈髋力量训练　见增肌或健美训练中所提到的训练注意事项。

（四）伸膝力量

1. 箭步蹲　①前探腿需确保大小腿夹角低于90°；②支撑腿膝盖尽可能接触地面；③避免前探腿膝盖过多超过脚尖；④确保膝盖与脚尖发力方向一致；⑤前探腿幅度尽可能大，以确保臀部刺激效果；⑥可连续训练做箭步走；⑦箭步蹲完成时可采取支撑腿跟进或前探腿后撤的方式；⑧可使用哑铃或杠铃训练。

箭步蹲

2. 前蹲　相比普通后蹲而言更需要注意：①可采取举重握法或交叉握法；②举重握法时双手间距不要过宽；③注意蹲起过程中腹肌发力；④确保蹲到全蹲幅度；⑤举重握法时需注意肘尖上扬，避免失败；⑥可使用护具；⑦杠铃负重为颈前，非颈后。

前蹲

3. 半蹲或浅蹲　相比普通后蹲而言更需要注意：①半蹲幅度为膝关节与髋关节平行；②不足半蹲幅度的后蹲都看做浅蹲；③注意膝关节健康。

半蹲或浅蹲

4. 保加利亚剪蹲　相比箭步蹲更需要注意：利用训练椅或箱子完成。

保加利亚剪蹲

5. 单腿深蹲　①注意膝关节健康；②避免蹲起时弯腰弓背蹲起，发力来源应为伸膝肌群。如果柔韧性不允许可做半蹲、浅蹲，不一定非要做深蹲或全蹲；③注意蹲起过程中膝关节不出现明显晃动，脚尖与膝盖发力方向一致；④确保膝盖不超过脚尖过多。

6. 间歇式后蹲　相比普通后蹲更需要注意：①蹲至最低点时停留1～2秒再蹲起；②严禁最低点时身体泄力。

7. 底部启动后蹲　相比普通后蹲更需要注意：无下蹲过程，直接在杠铃架最低点发力蹲起。

箱式深蹲

8. 负重登台阶　①训练的关键在于杠铃重量以及台阶高度；②可用哑铃练习；③确保台阶平面非柔软平面。

9. 箱式深蹲　①箱子高度应确保坐下后髋关节不超过膝盖；②严禁坐到箱子后身体泄力或腰部后移；③发力来源应为伸膝肌群，而非腰部前倾或背部弯曲借力；④注意适用宽站距；⑤确保臀部完全接触箱子后，稍微停留再蹲起；⑥配合适用弹力带，铁链效果更佳。

10. 静力深蹲　①上身紧贴墙壁；②大小腿夹角为90°，如果膝关节有严重伤病，可使用浅蹲幅度；③保持身体平衡，避免膝关节明显晃动。

三、爆发力训练模式

（一）速度能力

1. 高抬腿跑　①确保足够的腿部上屈幅度；②使用脚尖，而非全脚掌奔跑。

2. 收腹跳　①确保跳起过程中腰部伸直，不要弓腰跳起；②确保足够的腿部上屈幅度。

3. 负重牵引跑　①可使用轮胎，阻力伞等负重；②使用轮胎时注意保护腰部健康。

4. 坡道跑　只可在上坡奔跑，严禁下坡奔跑。

5. 单腿跑跳　①使用脚尖，而非全脚掌奔跑；②注意左右侧交替训练。

（二）弹跳力

1. 直腿纵跳　①尽量锁死膝盖，靠上肢与髋部摆动跳起；②不可连续训练；③保护膝关节健康。

2. 蹲跳　①根据起跳预蹲幅度选择进行半蹲、浅蹲、深蹲或全蹲跳；②有球结合效果更佳。

蹲跳

3. 跳台阶　可调整台阶大小来提高小腿或髋部在弹跳中的发力能力。

4. 跳深　①注意跳下后对于膝关节的缓冲保护；②可选择跳下后立即向远处跳，不一定非要跳到另外一个高度上，以提高跳远能力；③可选择进行连续障碍跳；④自行掌握两个高台的高度。

跳深

5. 侧跳　①使用训练板进行辅助；②可选择跨越式侧跳或跳上跳下的步伐练习。

侧跳

6. 箭步跳　①与箭步蹲发力方式类似，只需注意在空中换腿；②避免持续训练所带来的膝关节反弹借力。

（三）举重

1. 抓举　①相比硬拉而言使用低臀位的预蹲方式；②四指紧扣大拇指，双手锁握；③确保杠铃运动轨迹贴紧小腿；④杠铃行进至大腿时挺髋发力；⑤小腿用力蹬地带动杠铃抓起至颈后，并伴随身体后蹲；⑥支撑杠铃蹲起并站稳；⑦可使用哑铃辅助练习。

抓举

2. 挺举　①相比硬拉而言使用低臀位的预蹲方式；②四指紧扣大拇指，双手锁握；③确保杠铃运动轨迹紧贴小腿；④杠铃行进至大腿时挺髋发力；⑤小腿用力蹬地带动杠铃翻转至锁骨，并伴随身体前蹲；⑥前蹲起并站稳；⑦可采用箭步挺或下蹲挺的方式将杠铃举过头顶；⑧支撑杠铃并站稳；⑨可使用哑铃辅助练习。

挺举

3. 高抓　相比抓举而言更需要注意：①后蹲幅度为浅蹲或半蹲；②可采取悬垂高抓，即从膝上发力点开始的训练方式。

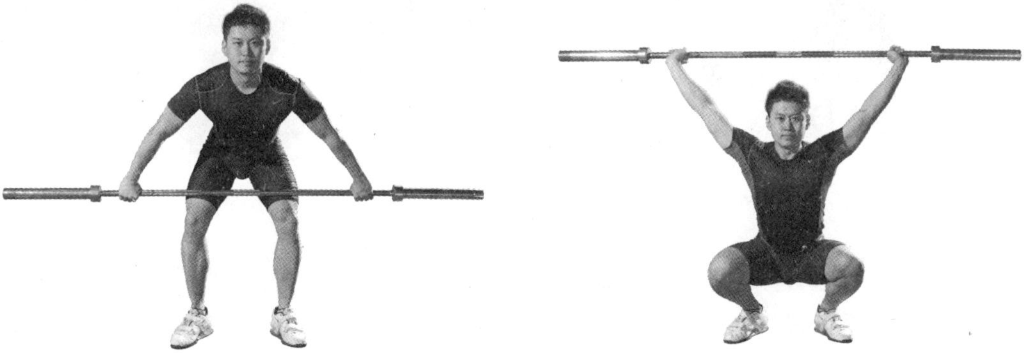

高抓

4. 高翻　相比挺举而言更需要注意：①前蹲幅度为半蹲或浅蹲；②翻转杠铃时双腿可向两侧用力蹬地以提高训练成绩；③可采取膝上高翻，即从发力点开始的训练方式；④可结合上挺进行高翻挺训练。

高翻

5. 下蹲翻　相比挺举更需要注意：只有挺举前半程，无上挺阶段。

下蹲翻

6. 借力推举（上挺）　相比普通站姿推举而言更需要注意：①双腿可屈伸，跳起借力；②可使用箭步蹲或支撑深蹲的发力方式进行箭步挺与后蹲挺的上挺训练；③发力来源应为下肢，而非肩部、肱三头肌，但上肢同样不可完全不发力。

7. 宽拉　①与抓举握距相同；②确保杠铃运动轨迹紧贴小腿；③杠铃行进至大腿时挺髋发力；④小腿用力蹬地带动杠铃耸肩上抓着胸前；⑤可使用拉带；⑥四指紧扣拇指，双手锁握。

宽拉

8. 窄拉　相比宽拉更需要注意：握距与挺举时相同。

窄拉

9. 支撑深蹲　①利用借力推举将杠铃举过头顶；②支撑杠铃进行后蹲练习；③注意身体平衡性保持；④确保膝盖与脚尖发力方向一致，膝盖不超过脚尖过多；⑤挺胸抬头，腰背部发力保持上肢稳定。

支撑深蹲

（四）投掷

投掷专项　一定要注意你的发力源泉是来自于腿部与臀部，而非上肢，不要过多追求卧推时所带来的发力习惯与力量，而是应当多训练举重，尽可能通过腿部与臀部所释放的力量获取初速度，才能够完成更远距离的投掷。

四、综合体能训练模式

柔韧性、平衡力和协调性

1. 坐角式　训练者双腿伸直，向两侧打开，腰背部保持完全挺直，逐渐向前屈髋，过程中切忌因为幅度而弯腰。

2. 竖角式　训练者双脚相对紧贴，尽量靠近裆部，腰背保持完全挺直，双手扶住膝盖，然后逐渐向前屈髋，过程中注意腰背部完全伸直，切忌因为幅度而弯腰，否则训练效果荡然无存。

3. 髋部绕环　与肩同宽，脚尖与膝盖方向一致，双手扶腰并将髋关节向外顶出后画圈，画圈幅度由小变大。切忌由腰部带动髋部关节绕环，而是应当在训练过程中多加留意依靠髋关节主动画圈。

4. “金鸡独立”　最传统的训练平衡力的方法，单腿站立，一侧腿抬起至膝盖高度后保持平衡。切忌在训练过程中出现髋部明显的左右位移，否则会让一侧髋关节受力，进而影响整体平衡性训练效果。

5. 压腿　最基本的股二头肌柔韧性训练方法，一定要注意训练高度与自身训练水平之间的关系，并且在训练过程中切忌出现腰背部弯曲现象。

6. 前屈式　直腿向下屈髋，尽可能确保双手可以环抱住小腿，让胸与腹部紧贴大腿。注意此时背部可以出现弯曲，但一定不要让腰部有任何弯曲现象。

7. 直角式　即不负重的站躬身，训练者可以出于提高训练难度的目的，选择双脚并拢，这样可以给予伸髋肌群柔韧性最大限度的刺激。

8. 三角式　双腿站立间距略宽于肩膀，腿部与腰背部保持伸直，向一侧转身并向下屈髋，直至手可以落到一侧脚的两边为止。

9. 坐立前屈式　双腿伸直后坐在地上，保持腰背部伸直，并且逐渐向前俯身，尽可能让双手去抓脚，腹部紧贴大腿。整个训练过程中切忌膝盖与腿部的弯曲现象。

10. 肩关节柔韧动作　肩后动作，一侧手自上而下，另一侧手自下而上，抓紧后保持一定时间。切忌出现因偷懒所导致的腰背部弯曲现象。

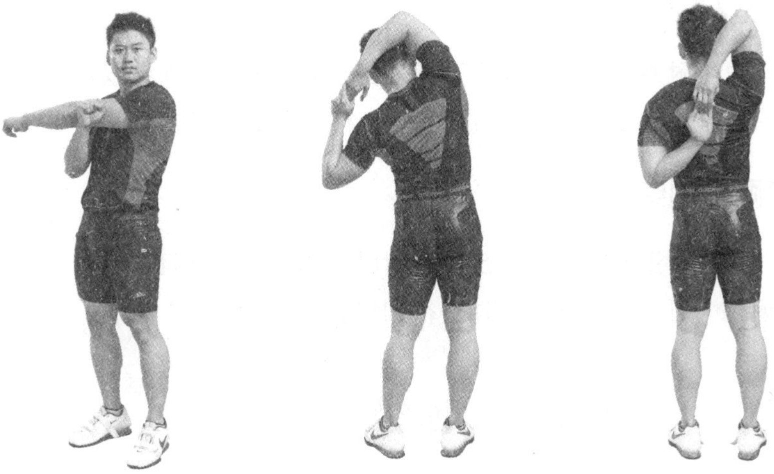

肩关节柔韧动作

11. 祈祷式　双手相对，并拢，做祈祷状或可进行反向祈祷，双手手臂相对，紧贴，指尖朝下或朝下。可以对腕关节以及小臂肌群屈伸肌的柔韧性带来一些帮助。

祈祷式

12. 俯平衡　单侧腿站立，上体前倾至与地面平行，另一侧腿后举至极限高度，两臂自然向两侧举起，伸直。在训练过程中切忌腿部与腰背部的弯曲，身子明显的晃动以及髋部明显的位移与借力。

13. 侧平衡　单侧腿站立，上身向一侧倾斜至与地面平行，另一侧腿举起，并带动同侧手臂上举。训练过程中一定要保持腰背部与膝盖的完全伸直，否则很容易功亏一篑。

14. 仰平衡　单侧腿站立，上身后仰至与地面平行，另一侧腿向前具体并带动两侧手臂举起。训练过程中需要注意支撑腿的发力，避免因为平衡力丧失所导致的受伤现象。

15. “独木桥”　我们建议选择快慢两种走独木桥的方法：快走独木桥可以提高训练者在动态中的平衡力，并对于训练者自身的速度与协调性有一定要求。慢走独木桥则可以提高训练者在静态中的平衡力，对于训练者的绝对力量，协调性同样有不小的提高。

五、心肺耐力训练模式

1. 长跑　注意对膝盖的保护以及髋部的主动屈伸。

2. 游泳　注意训练的持续性。

六、力量耐力训练模式

训练动作　力量耐力所有的训练方法都来自于增肌或健美训练以及绝对力量训练中等基础力量训练动作，故在训练注意方面完全一样，可以相互参考。

七、速度耐力训练模式

1. 折返跑　每次折返时留心地面反冲力对膝盖的刺激，并且避免出现弯腰现象。
2. 有球折返跑　可选择篮球或足球进行训练。

第二节　顶级训练计划

在训练理论部分中我们详细提到了各种运动能力的基础训练原理，讲述了如何制定一份顶级训练计划的方法，并且还特意列举了多份训练计划模板，供训练者分析与思考。在进行最后一章——多种训练计划的具体介绍前，为了强化训练者对于前面所讲知识的记忆，以及方便对于最后一章所涵盖的训练计划的理解，我们拿出爆发力训练中的弹跳力部分再次进行分析，通过对比多种弹跳力训练计划的优缺点，总结出顶级训练计划的共同点，帮助训练者熟练掌握定制训练计划的能力。

一、多种弹跳力训练计划的评析

弹跳力一直是许多训练者梦寐以求想提高的运动能力，我们这里拿出七种流传较为广泛的训练法进行分析、对比与评测，观察出各自具体的优缺点，总结出顶级训练计划的共同点究竟有哪些?

（一）传统训练法

中国武侠小说里就有着轻功的传说，而在现实生活中，同样流传着一些“轻功速成法”。它们主要采用扎马步、纵跳、负重沙袋跳坑的方法进行训练。

扎马步的目的在于提高训练者腿部肌肉的力量耐力，以及在疲劳状态下膝盖的稳定程度。这些虽然不是提高弹跳力最直接的方法，但却是训练弹跳力的必备武器之一。

直腿纵跳的问题我们前面已经有过提及，虽然对于训练者的神经控制能力，特别是整体的协调性有突出贡献，但是仍然不能忽略其对于膝盖的损伤。

负重沙袋跳坑，即训练者背负沙袋从一个坑中跳出来。这种训练方法对场地有极大地要求，你很难找到一个地方可以不断地挖坑。即使能够找到，恐怕你也没有那个能力去挖足够大的坑，供你弹跳训练使用。即使有万分之一的机会，你能够拥有相应的训练场所，但万一在训练过程中你一时大意，没有跳出沙坑，那么对于膝盖毫无疑问是毁灭性的打击。由此，我们对传统弹跳训练法进行分析和评测：

1. 安全系数：5分　虽然扎马步可以良好的保护你的膝盖，但是负重跳沙坑与直腿纵跳都是对于膝盖非常危险的动作。这种危险性是无论新手还是具备一定水平的训练者，都是难以避免的。

2. 见效速度：7.5分　传统训练法的原理在于通过改变身体负荷，在刺激神经控制力的基础上提高弹跳能力。只是许多训练者在卸去负重，身体往往会出现发飘的现象，其肌肉能力并未得到实质性的改善。如果训练者短期内难以习惯这种现象，不进行一定的力量训练维持，那么很容易导致训练成果被打回原形。

3. 提高潜力：5分　你可以想象一下，你能够跳出的沙坑能有多深？会不会随着负重的增大，沙坑高度的提高，你的心理畏惧程度也在增加？同样，你的直腿纵跳又能跳多高呢？所以，这种训练方法所带来的提高潜力是十分有限的。

4. 适用范围：6.5分　因为专注于神经控制能力的提高，缺乏必要的力量训练作为基础。故，一般25岁以上的训练者并不适宜采用这类训练计划。

5. 难易程度与可操作性：1分　上哪去找一个坑是我们需要面对的最大问题，而这个问题直接导致了这类训练计划极低的可操作价值。

6. 实战效果：5分　因为缺乏专项的技术训练，所以这类方法在弹跳实战中的表现并不突出。但其却可以在保护膝盖方面起到一定的效果。毕竟大量的扎马步训练可以极大程度提高你的膝盖稳定性，只是稍微偏离了我们所希望获取的实战弹跳力目标而已。

7. 总评：30分　传统训练法适合经济条件并不宽裕的一些年轻人，训练条件简单，训练难度不大，但是相应的训练可操作性，训练成果的保留问题却十分值得思考。这种传统训练法已经不再符合现代爆发力训练的主流观点。

（二）AA4弹跳训练法

我们在前面已经拿AA4训练法进行过分析，这里不再多做具体介绍，直接来看它本身的优缺点：

1. 安全系数：2.5分　细心的训练者应该能够发现，AA4训练计划在动作次序安排上已经尽可能地在保证训练者自身的安全。但是其特殊的训练动作，过高强度的训练负荷，短暂的组间休息，无疑对于训练者的膝盖是毁灭性的打击，其安全系数相比传统训练法还要低不少。

2. 见效速度：10分　AA4训练法着重刺激训练者的神经控制能力，以及具体的弹跳技术。对于大部分没有进行过系统训练的训练者，AA4的见效速度是匪夷所思的。

3. 提高潜力：5分　AA4训练法的提高潜力并不高，不仅仅是因为它极高的训练强度，更与其自身的不安全性密不可分。如果你的身体，特别是膝盖受到摧残，何谈提高潜力呢？可以说AA4训练法是一种纯粹的“拿未来赌现在”的训练法。

4. 适用范围：2.5分　AA4训练法虽然适合人群同样为年轻训练者，相比传统训练法它的训练强度更高，对于训练者自身的力量基础要求更强，而在年轻训练者中，少有具备一定力量基础的，故导致其自身适用范围较小。

5. 难易程度与可操作性：5分　如果没有那么高的训练强度，单从训练动作与所需器材来看，AA4训练法甚至可以给出满分。

6. 实战效果：10分　频繁的、针对性极强的跳跃训练，会让你逐渐成为习惯空中作业的飞人。不用质疑AA4的实战效果，它是不会让你失望的。

7. 总评：35分　AA4训练法在见效速度与实战效果方面有着突出的贡献，但并不是适合所有人，因为它不仅要求你具备一定的神经控制能力水平，更要求你拥有出色的力量能力。如果你使用AA4训练法八个星期后弹跳依然没有进步，果断放弃是最好的选择，否则只会继续浪费你的时间以及自身膝盖的安全度。此外，AA4训练计划长达15个星期，想在这15个星期里面保持身体健康是非常困难的，我们并不是十分推荐业余爱好者选择这样的训练计划。

（三）田径类训练法

田径类训练法并非是单纯通过短跑来获取弹跳力，如果是那样的话，你获取的可能更多是跳远的能力而非弹跳高度。田径类训练法所涵盖的范围很广，如蛙跳、半蹲跳等跳跃类训练以及高翻、高抓等力量训练。

1. 安全系数：5分　有蛙跳这个不确定分子的存在，让田径类训练的安全系数大大降低。此外，持续的半蹲跳也是非常危险的训练动作，一定需要注意。

2. 见效速度：10分　田径类训练法同样属于典型的刺激神经控制能力训练，见效速度极快。

3. 提高潜力：7.5分　相比AA4训练法田径类训练的强度没有那么高，一周可以安排五天的时间训练，可发展空间与提高潜力很大。美中不足的或许就是在半蹲跳、蛙跳等动作的安全问题上，让潜力分数受到一定影响。

4. 适用范围：2.5分　田径类训练法不仅要求训练者具备一定的跑跳水平，更必须拥有一些力量基础。这便导致了其适用范围较多局限于职业训练者。

5. 难易程度与可操作性：2.5分　除了特殊的爆发力训练动作外，蛙跳、半蹲跳等训练动作都是很容易掌握，随时随地就可以训练的。唯一困难的就是高翻、高抓等爆发力训练动作的难度过高。

6. 实战效果：10分　田径类训练法不仅可以帮助你获取极其优异的实战弹跳能

力，更能够帮助你提高速度与爆发力，其实战效果甚至远超于AA4训练法。

7. 总评：37.5分　田径类训练法对于爆发力、速度、弹跳力的提升都有帮助，并且见效速度快。但总体价值并不如AA4训练法，因为其训练难度更高，适用范围上相对AA4训练法更小。

（四）举重类训练法

举重运动员是非常特殊的一类“奇葩”，他们的身高不高，也不会去专门训练弹跳的技术动作，但他们却拥有许多人难以匹敌的速度与弹跳能力。这与他们采用举重类训练法密不可分，通过围绕抓举与挺举所安排的一些高抓、借力推举、宽拉、下蹲翻、前蹲等训练，无论是在模仿弹跳的具体技术还是爆发力、协调性的提高上都有极高价值。

1. 安全系数：10分　举重类训练法在动作设计上是非常安全的，除非训练者自身对于动作掌握不熟练，才有可能导致伤病的出现。

2. 见效速度：10分　举重类训练法不仅对于神经控制能力有非常大的刺激，更可以带给训练者绝对力量、协调性甚至是柔韧性的快速增长。这是AA4，田径类训练法都无法媲美的。有不少训练者在进行了几节高抓训练课后，便发现了自身弹跳力巨大的提升。

3. 提高潜力：10分　看看现在不断被刷新的举重世界纪录，你就知道这种训练法的提高空间有多么大了，更不用说对于那些没有接触过举重的“菜鸟”，提高潜力是难以想象的。

4. 适用范围：10分　无需多言，这是适用于各个年龄阶段的黄金训练法。

5. 难易程度与可操作性：2.5分　如果没有健身房，那么是根本无法使用这类训练计划的。此外，举重类训练动作的难度是必须要肯定的，有不少训练者在几个月的时间内都无法掌握熟练具体的动作姿势。

6. 实战效果：10分　举重类训练法不仅可以帮助你获得漂亮的肌肉，更可以帮助你拥有绝对力量、爆发力、速度、柔韧性、协调性，让你在实战中所向披靡。

7. 总评：52.5分　举重类训练法拥有极高的训练价值，试想一下，拥有了顶级爆发力、高级速度、高级力量的你还有什么可以阻挡呢？当然，获取这些的前提是你必须学会这类训练法，难度过高也是这类训练法最大的缺陷所在。顶级的武功当然绝非一般“庸才”可学，你必须付出比别人多百倍的汗水与泪水。

（五）力量举训练法

通过对于卧推、硬拉、深蹲经典的力量训练动作，刺激训练者上肢、核心、伸膝、屈伸髋四大力量的提高，进而获取弹跳力的增加。其中，硬拉训练可以帮助你学会使用自己的臀部，一个不会使用臀部的训练者永远只能是业余爱好者，一个不会使用臀部的运动员也永远无法成为顶级巨星。而深蹲更可以带给你腿部力量的最大加成，帮助你在弹跳力释放时拥有别人所羡慕的力量优势。

1. 安全系数：10分　作为力量训练的经典动作，除非训练者自身大意，否则不会带来什么安全隐患。

2. 见效速度：1分　这类训练法只关注力量的提高，缺乏针对性的技术训练，对于弹跳力的提高速度是十分缓慢的。

3. 提高潜力：10分　如果你去查询一下世界力量举的各级别记录，你会发现我们给出10分的原因所在。

4. 适用范围：8分　除去年纪很小的训练者外，这类训练法几乎适用于所有训练者，特别是那些处于伤病恢复期，急需通过力量训练来保护自己的训练者。

5. 可操作性与难易程度：8分　除去健身房的固定限制外，在动作本身你几乎无法发现有任何难以掌握的地方。

6. 实战效果：5分　因为见效速度过慢，所以我们无法给出过高的分数。但是其对于实战中对抗能力的提高以及身体健康的保护却是见效极快的，这些必须予以肯定。

7. 总评：42分　力量举训练法是我们较为推崇的一类，因为它的训练目标在力量的提高上，这个是只要你不低于16周岁都可以进行训练的，并且可以与你相伴到老。力量举训练法有助你在实战中各个方面能力的提高，并且可以带给你一定的体重增加。此外，力量举训练法带给你的力量加成，可以帮助你在日后的AA4训练法、田径类训练法、举重类训练法等考验神经控制能力与力量基础的弹跳力训练法中，更好的融入其中并且保持身体健康。

二、顶级训练计划的制订

了解顶级训练计划的共同点，不仅有益于你在独立设计训练计划时的效率，更能够帮助你区分那些流传较广的“顶级训练计划”优劣与否。我们不仅是一个创造者，还应当是一个合格的观察者。

（一）计划的安全性

这是判断一份训练计划是否优秀的最基本条件，如果它不具备较强的安全性，那么即使见效速度再快也不应被采纳。在实例中，我们能够发现除去那些极度不负责任的“训练师”所制定的“训练计划”外，大部分训练计划的不安全性主要是因为其要求的训练水平极高，比如我们在弹跳训练中所举例的AA4训练法，就属于这类范畴。当然，一些训练动作本身的不安全性也会降低整个训练计划的安全值，比如在弹跳训练中加入了大量的跳深，单腿深蹲等设计上存在一定缺陷的动作，自然会影响训练计划的整体安全性。

（二）计划的可操作性

可操作性针对的主要是训练器械与训练场所的问题，虽然健身房不是每个训练者都能具备的条件，但如果你想好好训练，不想浪费青春，还是老老实实走进健身房，不要寄希望于徒手训练不确定的“神奇功效”。我们所说的可操作性，主要针对的还是在训练器械上，如一些特定计划里面需要用到弹力带、铁链或者跳台等较为罕见地训练器械，你无法通过别的训练器材去代替它的效果，这在一定程度上就自然而言影响了整体训练计划的可操作性。但这里需要注意，操作性不高并不等同于训练计划本身价值就低，效果就差。因为并不排除这其中有一些训练计划是因为自身针对性过强，所导致的可操作性较低。而这类训练计划恰恰都是十分高效，十分有价值的。

（三）计划的难易程度

在训练计划的难易程度方面，你不能仅仅关注训练动作的简单与否。因为即使是难度极高的举重类训练，也不需要特别多的时间就可以大体掌握训练姿势与发力技巧。相反应当更多关注训练负荷方面的问题，如组间休息的长短、组数的安排、每组重复次数与相对应负荷大小的关系，都会影响一份计划的难易程度。训练者在选择使用一份训练计划前，一定要仔细观察它的难度大小，否则选取与自身水平不相符的训练计划，轻则易导致自身训练水平迟迟不见提高，重则导致自身健康受到极大摧残。

（四）计划的适用范围

每一份训练计划都有自己的核心骨，这个核心骨包含了训练目标，训练主要方法等决定一份训练计划适用人群的重要因素。如果你已经步入中年，但却选择一份需要频繁使用神经控制能力的训练计划，那毫无疑问是与自身不相符的。明确具体的计划适用范围，可以帮助我们在具体训练中少走不少弯路，并且避免因此所带来的一些不必要烦恼。

（五）计划的实战能力

我们的训练计划必须是具备一定实战能力的，不能仅仅是可以提高我们练得那些动作的能力，而是还要尽可能提高一些实战比赛中的能力，如基础的对抗性、速度、爆发力等。简单来说，就是一份训练计划除去基本的力量训练，综合体能训练外，还必须包含一定的针对性训练。这些训练可能是为球类项目所准备的具体技术训练，也可能是为重竞技项目所准备的极限力量训练。总之，没有较强实战能力的训练计划，只能是一份较为普通，较为中庸的训练计划。当然，这里也不排除因为考虑到训练者自身能力所限，而设定的一些入门计划，它们的目的是帮助训练者尽快进入训练节奏，获取一定基础水平。在这个阶段，如果加入了针对性训练，反而会影响基础训练的落实与巩固。

（六）计划的阶段性

没有哪一份顶级的训练计划是从头到尾，在几个周内一成不变的。如果是这样，这份训练计划的强化效果肯定会受到影响，如你要提高弹跳力，不可能在训练的第一周你就直奔主题。无论你前面做过什么样的训练，具备什么样的力量基础，在改变训练计划以后，进行一段时间的适应训练是必须的。此后，你可以开始针对自身的薄弱点制定几个小周期的针对性强化训练。如果你缺乏起跳技术与爆发力，就可以单独安排几个小周期去训练爆发力协调性与起跳技术。最后，当你的各个薄弱点都得到了一定提高与完善后，你可以直奔主题进行具体的强化训练，如各种跑跳训练，甚至是有球结合的训练，你的弹跳力就会获得切实的提高。

（七）计划的针对性

计划的针对性强弱主要体现在训练动作与训练负荷的安排上，如果你想提高绝对力量，安排大量的一组重复12次负荷肯定没有什么意义。如果你想提高极限速度，安排过多的卧推似乎实用价值不大。一份训练计划的针对性强弱，是决定其是否优秀的另外一个直接因素。当然，我们在这里也不能忽视训练计划阶段性的问题，不是每份训练计划自始至终都是在做一件事情的，可能在各个周期，各个阶段它们所做的事情不一样。但是归根结底，它们的目标都是在为同一项运动能力的提高而服务。

（八）计划的时间长度

一份计划的时间长短同样是十分关键的问题，如果时间过长，对于训练者自身的训练持续性有非常严格的要求。必须确保训练计划的制订没有大纰漏，否则当你经过12或16周的努力后，发现自己的训练都是错误或徒劳的，再后悔或修改为时已晚。同样，如果你的计划时间过短，对于一些需要较长时间训练才可见成效的运动能力而言，容易出现刺激不足的现象。训练者会由此陷入对自己的训练能力，训练计划的不断否定的泥潭中，长此下去不利于自身训练水平的提高。

（九）具体的训练目标

一份顶级的训练计划，训练目标应当是因人而异的，而非简单的概率统计或者数学累加。一些号称“练成就可以如何如何的”训练计划，都有很大的不负责任性在内。训练者一定要注意具体问题具体分析，千万不要被表面的噱头所吸引，而是更应当从我们上述的八个角度去分析，做出合理的评判。

第三节　体能与健身训练的计划

我们在这一章根据前面所提到的七大训练模式，归纳出具体的训练计划。这其中有难度较高，有针对性较强，同样也有许多普及性较强的训练计划，可以方便各个水平阶段的训练者参考，帮助大家提高切实的运动能力。

一、增肌健美训练计划

注意，计划中所有百分比均为训练者极限重量，即无人辅助的情况下成功完成一次动作的最大重量的百分比。

（一）增肌训练计划（入门阶段）

训练周期：12周。

训练间歇：组间40秒，动作间2分钟。

特殊要求：不要使用任何护具，一次训练课不要超过1个小时。

周一：胸部训练日：平板杠铃卧推4组12个；上斜杠铃卧推4组12个；下斜杠铃卧推4组12个；坐姿器械夹胸4组12个；坐姿器械推胸4组12个。

周二：背部训练日：器械引体向上4组12个；杠铃划船4组12个；坐姿划船4组12个；宽握器械下拉4组12个；对握器械下拉4组12个。

周三：休息日。

周四：肩部训练日：坐姿杠铃颈前推举4组12个；坐姿杠铃颈后推举4组12个；哑铃侧平举4组12个；俯身斜板哑铃侧平举4组12个；杠铃耸肩4组12个。

周五：手臂训练日：杠铃宽握弯举4组12个；杠铃窄握弯举4组12个；牧师椅杠铃弯举4组12个；锤式弯举4组12个；站姿臂屈伸4组12个；跪姿臂屈伸4组12个；颈后臂屈伸4组12个；俯立臂屈伸4组12个。

周六：腿部训练日：杠铃深蹲4组12个；腿举4组12个；腿屈伸4组12个；腿弯举4组12个；坐姿提踵4组12个。

周日：休息日。

辅助训练：周一至周日每日安排腹肌训练：普通卷腹200次；周一至周日每日进行拉伸练习，保持身体柔韧性。

（二）增肌训练计划（进阶阶段）

训练周期：8周。

训练间歇：组间不超过1分30秒，动作间2分钟。

特殊要求：不要使用任何护具，并完成增肌训练入门阶段，一次训练课不要超过45分钟。

周一：腿部训练日：全蹲10组10个；臀屈伸3组10个；臀桥3组10个；内收3组10个；外展3组10个。

周二：胸部训练日：平板杠铃卧推3组10个；上斜杠铃卧推3组10个；下斜杠铃卧推3组10个；双杠臂屈伸3组力竭；平板飞鸟3组10个。

周三：休息日。

周四：背部训练日：引体向上50个不分组数；杠铃划船3组10个；T杠划船3组10个；直臂下拉3组10个；对握器械下拉3组10个。

周五：肩部训练日：杠铃坐姿颈前推举3组10个；哑铃侧平举3组10个；俯身侧平举3组10个；杠铃前平举3组10个；杠铃耸肩3组10个。

周六：手臂训练日：杠铃弯举3组10个；哑铃单臂弯举3组10个；器械弯举3组10个；锤式弯举3组10个；站姿臂屈伸3组10个；站姿绳索臂屈伸3组10个；颈后臂屈伸3组10个；双杠臂屈伸3组力竭。

周日：休息日。

辅助训练：周一至周日安排每日腹肌练习：一日普通卷腹200个；周一至周日安排每日拉伸练习；周三，周六训练一次3 000米长跑；周一至周日安排每日握力训练：一日握力器左右手分别3 000次。

（三）增肌训练计划（徒手或简器械）

训练周期：12周。

训练间歇：组间休息不超过1分30秒，动作间休息2分钟。

特殊要求：不要使用任何护具，一次训练课不要超过45分钟。

周一：腿部训练日：蛙跳200米不分组数；箭步走3组150米；正向提踵3组力竭；反向提踵3组力竭。

周二：胸部训练日：俯卧撑3组力竭；双杠臂屈伸3组力竭；俯卧撑3组力竭；双杠臂屈伸3组力竭。

周三：背部训练日：宽握引体向上3组力竭；窄握引体向上3组力竭；对握引体向上3组力竭；反握引体向上3组力竭。

周四：休息日。

周五与周六：分别重复周一与周二训练。

周日：休息日。

辅助训练：周一至周日安排每日腹肌练习：一日普通卷腹200个；周一至周日安排每日拉伸练习；周三，周六训练一次3 000米长跑。

（四）健美训练计划（入门阶段）

训练周期：12周。

训练间歇：动作间2分钟，组间40秒或无休息。

特殊要求：不要使用除腰带以外的任何护具，一次训练不要超过一个小时。

周一：胸部训练日：（杠铃平板卧推12个＋哑铃平板卧推12个）×4组，两个卧推动作间无休息；（杠铃上斜卧推12个＋哑铃上斜卧推12个）×4组，两个卧推动作间无休息；坐姿器械夹胸4组15个；绳索飞鸟4组15个；上斜哑铃飞鸟4组15个。

周二：背部训练日：器械引体向上50个一组，不分组数；（杠铃划船12个＋双臂哑铃划船12次）×4组，两个划船动作间无休息；坐姿哑铃划船4组15个；T杠划船4组15个；宽握下拉4组15个；对握下拉4组15个。

周三：休息日。

周四：肩部训练日：坐姿哑铃推举4组15个；侧平举4组15个；坐姿斜板前平举4组15个；俯身斜板侧平举4组15个；哑铃耸肩4组15个。

周五：手臂训练日：杠铃弯举4组15个；哑铃单臂交替弯举4组15个；牧师椅杠铃弯举4组15个；锤式交替弯举4组15个；站姿臂屈伸4组15个；站姿绳索臂屈伸4组15个；颈后臂屈伸4组15个；俯立臂屈伸4组15个。

周六：腿部训练日：杠铃深蹲4组15个；肩托深蹲4组15个；腿屈伸4组15个；腿弯举4组15个；坐姿提踵4组15个。

周日：休息日。

辅助训练：周一至周日安排每日腹肌训练：普通卷腹200个，下斜卷腹100个；周一至周日安排每日拉伸练习；周一，周四3 000米跑一次；周一提踵练习200次不分组数；周四俯卧撑练习100次不分组数。

（五）健美训练计划（进阶阶段）

训练周期：8周。

训练间歇：组间40秒甚至无间歇，动作间2分钟。

特殊要求：至少完成健美训练入门阶段，不要使用除腰带，拉带以外的任何护具，一次训练课不要超过45分钟。

周一：腿部训练日：杠铃深蹲4组12个；史密斯深蹲4组12个；肩托深蹲4组15个；腿举4组15个；腿屈伸4组15个。

周二：胸部训练日：上斜卧推4组15个；引体向上3组力竭；上斜哑铃卧推4组15个；引体向上3组力竭；双杠臂屈伸3组力竭；哑铃上斜飞鸟4组15个；平板卧推4组12个。

周三：休息日。

周四：背部训练日：（使用拉带）引体向上50个不分组数；杠铃划船4组15个；直臂下拉4组15个；坐姿划船4组15个；单臂哑铃划船4组15个；对握下拉4组15个。

周五：腿臀部训练日：臀屈伸4组15个；箭步蹲4组15个；Hip thrust负重4组15个；俯卧举腿3组；腿弯举4组15个；站姿提踵4组15个。

周六：肩部训练日：（杠铃颈前坐姿推举15个＋颈后坐姿推举15个）×4组，两个推举动作间无休息；哑铃侧平举3个重量递减，每个15个，总共4组；哑铃俯身斜板侧平举3个重量递减，每个重量15个，总共4组；哑铃斜板前平举3个重量递减，每个重量15个，总共4组；杠铃体后耸肩4组15个；哑铃耸肩4组15个。

周日：手臂训练日：（杠铃宽握弯举15个＋窄握弯举15个）×4组，两个弯举动作间无休息；单臂哑铃交替弯举4组15 个；绳索器械弯举4组15个；锤式交替弯举4组15个；站姿臂屈伸4组15个；跪姿绳索臂屈伸4组15个；颈后臂屈伸3个重量递减，每个重量15个，总共4组；俯立臂屈伸4组15个；仰卧臂屈伸4组15个。

辅助训练：周一至周日每日腹肌训练：卷腹100个，转体卷腹100个，伐木100个，下斜卷腹100个；周一至周日每日拉伸训练；周一、周三慢跑3 000米。

二、绝对力量训练计划

（一）绝对力量训练计划（入门阶段）

训练周期：16周。

训练间歇：组间3分钟，动作间3分钟。

特殊要求：可以使用护具，至少完成增肌训练进阶难度。

第一阶段1～8周：巩固基础力量水平。

周一：后蹲训练：全蹲10组10个；腿举10组10个。

周二：卧推训练：平板卧推3组10个；下斜卧推3组10个；窄握平板卧推3组10个；窄握下斜；卧推3组10个；双杠臂屈伸3组力竭。

周三：休息。

周四：上肢训练：杠铃坐姿推举3组10个；杠铃坐姿颈后推举3组10个；杠铃耸肩3组10个；杠铃体后耸肩3组10个；站姿臂屈伸3组10个；杠铃弯举3组10个。

周五：硬拉训练：杠铃硬拉3组10个；臀屈伸3组10个；杠铃划船3组10个；GHR 3组力竭；站躬身3组10个；腿弯举3组10个；引体向上3组力竭。

周六，周日：休息日。

第二阶段9～16周：提高具体项目绝对力量。

周一：后蹲训练：全蹲5组5个；腿举5组5个；箭步蹲5组5个；坐姿提踵5组5个。

周二：卧推训练：平板卧推5组5个；下斜卧推5组5个；窄握卧推5组5个；双杠臂屈伸3组，每组极限。

周三：休息日。

周四：后蹲训练：全蹲5组5个；臀屈伸5组5个；腿弯举5组5个；腿屈伸5组5个。

周五：休息日。

周六：上肢训练：借力推举5组5个；坐姿哑铃推举5组5个；杠铃耸肩5组5个。

周日：硬拉训练：杠铃硬拉5组5个；架上硬拉5组5个；半程硬拉5组5个；杠铃腕弯举3组，每组极限。

辅助训练：周一至周日每日100个卷腹；周一，周三，周五每日慢跑一公里。

（二）卧推力量专项训练计划（进阶阶段）

训练周期：8周。

训练间歇：组间休息3分钟，动作间休息3分钟。

特殊要求：必须佩戴护腕、弹力绷带，并检测出具体训练项目的极限重量，每周完成一次极限重量冲击；至少完成绝对力量训练入门阶段。

第一阶段：1～4周：提高卧推力量耐力。

周一：卧推训练：平板卧推80%极限重量3组，力竭；下斜卧推80%极限重量3组，力竭；颈后臂屈伸80%极限重量3组，力竭；双杠3组，力竭。

周二：腿部训练：全蹲3组10个；腿举3组10个；腿屈伸3组10个；腿弯举3组10个；坐姿提踵3组，力竭。

周三：卧推训练：平板卧推85%极限重量，3组3个；下斜卧推85%极限重量，3组3个；坐姿推举85%极限重量，3组3个；双杠3组，力竭。

周四：休息日。

周五：硬拉训练：杠铃硬拉3组10个；架上硬拉3组10个；臀屈伸3组10个；站躬身3组10个。

周六：卧推训练：借力卧推105%极限重量，3组1个；下斜卧推90%极限重量，3组2个；引体向上3组，力竭；双杠3组，力竭。

周日：休息日。

第二阶段：5～8周：强化技术，提高卧推力量。

周一：卧推训练平板卧推：50%6个，60%5个，70%4个，80%3个，90%2个，100%1个，80%3组5个；下斜卧推：50%6个，60%5个，70%4个，80%3个，90%2个，100%1个，80%3组5个；窄握下斜卧推：60%5个，70%4个，80%3个，90%2个，100%1个，80%3组5个；双杠臂屈伸3组，力竭。

周二：深蹲训练：全蹲3组10个；腿举3组10个；肩托深蹲3组10个；腿屈伸3组10个；腿弯举3组10个。

周三：卧推训练：助力卧推（仅限110%负荷时）60%5个，70%4个，80%3个，90%2个，100%1个，110%1个，80%3组5个；窄握平板卧推60%5个，70%4个，80%3个，90%2个，100%1个，80%3组5个；引体向上3组，力竭；双杠臂屈伸3组，每组极限个数。

周四：休息日。

周五：硬拉训练：杠铃硬拉3组10个；架上硬拉3组10个；臀屈伸3组10个；GHR 3组，每组极限个数；杠铃腕弯举3组，每组极限个数。

周六：卧推训练：同周一。

周日：休息日。

辅助训练：周一，周三，周五，每日慢跑一公里；周一至周日每日柔韧性基础练习。

（三）硬拉力量专项训练计划（进阶阶段）

训练周期：8周。

训练间歇：组间休息3分钟，动作间休息3分钟。

特殊要求：使用拉带、腰带；保证每四个周冲击一次极限硬拉；训练前需检测出每个动作的极限重量；至少完成力量训练入门阶段。

第一阶段：1～4周：提高硬拉技术。

周一：硬拉训练：杠铃硬拉3组5个；弹力带硬拉3组5个；架上硬拉3组5个；半程硬拉3组5个。

周二：卧推训练：平板卧推3组10个；下斜卧推3组10个；上斜卧推3组10个；双杠臂屈伸3组，力竭。

周三：休息日。

周四：伸髋训练：臀屈伸3组10个；GHR 3组，力竭；站躬身3组10个；臀桥3组10个；俯卧举腿3组，力竭。

周五：后蹲训练：全蹲3组10个；腿举3组10个；腿屈伸3组10个；内收/外展3组10个。

周六：硬拉训练：相扑硬拉3组5个；直腿硬拉3组5个；哈克蹲拉3组5个；骑跨蹲拉3组5个。

周日：休息日。

第二阶段：5～8周：提高硬拉绝对力量。

周一：硬拉训练：杠铃硬拉：60%5个，70%4个，80%3个，90%2个，100%1个，80%3组5个；弹力带硬拉60%5个，70%4个，80%3个，90%2个，100%1个，80%3组5个；半程硬拉60%5个，70%4个，80%3个，90%2个，100%1个，80%3组

5个。

周二：卧推训练：平板卧推3组10个；下斜卧推3组10个；上斜卧推3组10个；双杠3组，力竭。

周三：伸髋训练：臀屈伸：60%5个，70%4个，80%3个，90%2个，100%1个，80%3组5个；GHR 3组，力竭；站躬身60%5个，70%4个，80%3个，90%2个，100%1个，80%3组5个。

周四：休息日。

周五：后蹲训练：全蹲3组10个；腿举3组10个；腿屈伸3组10个；内收/外展3组10个。

周六：硬拉训练：杠铃硬拉60%5个，70%4个，80%3个，90%2个，100%1个，80%3组5个；哈克蹲拉60%5个，70%4个，80%3个，90%2个，100%1个，80%3组5个；骑跨蹲拉60%5个，70%4个，80%3个，90%2个，100%1个，80%3组5个；杠铃腕弯举3组，力竭。

周日：休息日。

辅助训练：周一至周日，每日握力器左右手各5 000个；周一，周三，周五慢跑一公里；周一至周日，每日基础柔韧性练习。

（四）后蹲力量专项训练计划（进阶阶段）

训练周期：8周。

训练间歇：组间3分钟，动作间3分钟。

特殊要求：使用护膝，弹性绷带更优，使用腰带；训练前检测出各个动作极限重量，每周进行一次极限全蹲冲击；至少完成力量训练入门阶段。

第一阶段：1～4周：提高腿部力量耐力。

周一：后蹲训练：全蹲70%，80%，90%重量力竭；腿举3组10个；腿屈伸3组10个；腿弯举3组10个；坐姿提踵3组10个。

周二：卧推训练：平板卧推3组10个；下斜卧推3组10个；上斜卧推3组10个；双杠臂屈伸3组，力竭。

周三：伸膝训练：腿举70%，80%，90%重量力竭；肩托深蹲3组10个；箭步蹲3组10个；保加利亚剪蹲3组10个。

周四：休息日。

周五：后蹲训练：同周一安排。

周六：硬拉训练：杠铃硬拉3组10个；架上硬拉3组10个；臀屈伸3组10个；站躬身3组10个。

周日：休息日

第二阶段：5～8周：提高后蹲绝对力量。

周一：后蹲训练：全蹲60%5个，70%4个，80%3个，90%2个，100%1个，80%3组5个；弹力带箱式深蹲60%5个，70%4个，80%3个，90%2个，100%1个，80%3组5个；箭步蹲60%5个，70%4个，80%3个，90%2个，100%1个，80%3组5个。

周二：卧推训练：平板卧推3组10个；下斜卧推3组10个；上斜卧推3组10个；双杠3组，力竭。

周三：伸膝训练：腿举60%5个，70%4个，80%3个，90%2个，100%1个，80%3组5个；肩托深蹲60%5个，70%4个，80%3个，90%2个，100%1个，80%3组5个；保加利亚剪蹲60%5个，70%4个，80%3个，90%2个，100%1个，80%3组5个。

周四：休息日。

周五：后蹲训练：同周一安排。

周六：硬拉训练：杠铃硬拉3组10个；架上硬拉3组10个；臀屈伸3组10个；站躬身3组10个。

周日：休息日。

辅助训练：周一至周日每日基础柔韧性训练；周一，周三，周五慢跑一公里。

三、爆发力训练计划

（一）立定跳远训练计划

训练周期：4周。

训练间歇：力量训练动作间休息2分钟，组间休息2分钟，其余动作间，组间充分休息。

特殊要求：不要使用普通护膝以外的其他护具，至少完成一次绝对力量训练进阶计划。

周一：力量训练：全蹲5组5个；腿举5组5个；腿屈伸5组5个；坐姿提踵5组5个。

周二：休息日。

周三：技术训练：立定跳远10组1个；收腹跳4组，每组10个；蛙跳30米，4组。

周四：休息日。

周五：力量训练：高抓50%2个，60%2个，70%1个，80%1个，90%1个，100%1个；高翻50%2个，60%2个，70%1个，80%1个，90%1个，100%1个；正向提踵5组5个；反向提踵5组5个。

周六：休息日。

周日：技术训练：收腹跳4组10个；短跑30米一组，4组。

辅助训练：周一至周日每日卷腹100个；周二，周四，周六慢跑一公里；周一至周日每日基础柔韧性训练。

（二）立定跳远训练计划（徒手或简器械）

训练周期：4周。

训练间歇：组间与动作间充分休息。

特殊要求：至少完成一次绝对力量训练进阶计划，不要使用普通护膝以外的其他护具。

周一：力量训练：蛙跳400米。

周二：休息日。

周三：技术训练：立定跳远20组1个；收腹跳10组10个。

周四：休息日。

周五：力量训练：短跑30米一组5组；蛙跳30米一组5组；正向提踵5组每组力竭；反向提踵5组每组力竭。

周六：休息日。

周日：技术训练：立定跳远5组1个；收腹跳5组5个；脚尖跳3组，每组100个。

辅助训练：周一至周日每日卷腹100个；周二，周四，周六每日慢跑一公里；周一至周日每日基础柔韧性训练。

（三）助跑跳远训练计划

训练周期：8周。

训练间歇：力量训练动作组间2分钟，动作间2分钟，其余动作充分休息。

特殊要求：至少完成一次绝对力量训练进阶计划，不要使用普通护膝以外的其他护具。

周一：技术训练：单脚跳30米4组；高抬腿跑50米4组；收腹跳4组10个；短跑30米4组。

周二：休息日。

周三：力量训练：腿举3组5个；箭步走20米4组；正向提踵3组5个；反向提踵3组5个。

周四：休息日。

周五：技术训练：助跑跳远专项10组1个；单脚跳30米4组；收腹跳4组10个。

周六：力量训练：箭步走20米4组；单腿腿屈伸3组5个；反向提踵3组5个。

周日：休息日。

辅助训练：周一至周日每日卷腹100个；周二，周四，周六每日慢跑一公里；周一至周日每日基础柔韧性训练。

（四）助跑跳远训练计划（徒手或简器械）

训练周期：8周。

训练间歇：组间与动作间充分休息。

特殊要求：至少完成一次绝对力量训练进阶计划，不要使用普通护膝以外的其他护具。

周一：技术训练：单脚跳30米4组；高抬腿跑50米4组；收腹跳4组10个；短跑30米4组。

周二：休息日。

周三：力量训练：蛙跳30米4组；短跑30米4组；正向提踵3组每组极限个数；反向提踵3组，力竭。

周四：休息日。

周五：技术训练：助跑跳远专项10组1个；单脚跳30米4组；收腹跳4组10个。

周六：力量训练：蛙跳400米。

周日：休息日。

辅助训练：周一至周日每日卷腹100个；周二，周四，周六每日慢跑一公里；周一至周日每日基础柔韧性训练。

（五）原地纵跳训练计划

训练周期：8周。

训练间歇：力量训练动作组间2分钟，动作间2分钟，其余动作充分休息。

特殊要求：至少完成一次绝对力量进阶训练，不要使用普通护膝以外的其他护具。

第一阶段：1～4周：力量储备阶段。

周一：力量训练：全蹲10组10个；箭步走3组150米。

周二：休息日。

周三：力量训练：高抓50%2个，60%2个，70%1个，80%1个，90%1个，100%1个；高翻50%2个，60%2个，70%1个，80%1个，90%1个，100%1个；正向提踵3组10个；反向提踵3组10个。

周四：跳跃训练：蛙跳30米4组；收腹跳4组10个。

周五：休息日。

周六：力量训练：半蹲3组10个；箭步走3组150米；半蹲跳3组10个。

周日：休息日。

第二阶段：5～8周：弹跳专项技术练习。

周一：力量训练：半蹲80%重量5组5个快速完成；半蹲跳3组10个快速完成；高抓50%2个，60%2个，70%1个，80%1个，90%1个，100%1个；高翻50%2个，60%2个，70%1个，80%1个，90%1个，100%1个。

周二：跳跃技术训练：脚尖跳4组50个；原地纵跳摸高练习10组1个；收腹跳4组10个；脚尖跳4组50个。

周三：力量训练：同周一。

周四：跳跃技术训练：有球原地纵跳摸高10组1个；收腹跳4组10个；蛙跳30米4组；脚尖跳4组50个。

周五：休息日。

周六：跳跃技术训练：原地纵跳摸高10组1个，场地：沙地或草地；有球原地纵跳摸高10组1个；缩小摸高目标法原地纵跳10组1个；脚尖跳4组50个。

周日：休息日。

辅助训练：周一至周日每日卷腹100个；周二，周四，周六每日慢跑一公里；周一至周日每日基础柔韧性训练。

（六）原地纵跳训练计划（徒手或简器械）

训练周期：8周。

训练间歇：组间与动作间充分休息。

特殊要求：至少完成一次绝对力量进阶训练，不要使用普通护膝以外的其他护具。

周一：力量训练：蛙跳400米。

周二：休息日。

周三：跳跃训练：蛙跳30米4组；收腹跳4组10个；脚尖跳4组100个。

周四：力量训练：箭步走3组300米；单腿跑跳3组50米；脚尖跳4组100个。

周五：休息日。

周六：跳跃训练：原地纵跳摸高10组1个；原地纵跳双手摸高10组1个；脚尖跳3组50个。

周日：休息日。

辅助训练：周一至周日每日卷腹100个；周二，周四，周六每日慢跑一公里；周一至周日每日基础柔韧性训练。

（七）助跑摸高训练计划

训练周期：8周。

训练间歇：力量训练动作组间2分钟，动作间2分钟，其余动作充分休息。

特殊要求：至少完成一次绝对力量进阶训练；不要使用普通护膝以外的其他护具。

第一阶段：1～4周：力量储备阶段。

周一：力量训练：全蹲10组10个；箭步走3组150米。

周二：休息日。

周三：力量训练：高抓50%2个，60%2个，70%1个，80%1个，90%1个，100%1个；高翻50%2个，60%2个，70%1个，80%1个，90%1个，100%1个；单腿正向提踵3组10个；单腿反向提踵3组10个。

周四：跳跃训练：单腿跑跳30米4组；收腹跳4组10个。

周五：休息日。

周六：力量训练：半蹲3组10个；箭步走3组150米；半蹲跳3组10个。

周日：休息日。

第二阶段：5～8周：弹跳技术专项练习。

周一：力量训练：半蹲80%重量5组5个快速完成；半蹲跳3组10个快速完成；高抓50%2个，60%2个，70%1个，80%1个，90%1个，100%1个；箭步走50米4组。

周二：跳跃技术训练：助跑单脚跳摸高练习10组1个；助跑双脚跳摸高练习10组1个；高抬腿跑30米4组；脚尖跳4组50个。

周三：力量训练：半蹲80%重量5组5个快速完成；半蹲跳3组10个快速完成；高抓50%2个，60%2个，70%1个，80%1个，90%1个，100%1个；箭步走50米4组。

周四：跳跃技术训练：有球助跑单脚跳摸高10组1个；有球助跑双脚跳摸高10组1个；收腹跳4组10个；脚尖跳4组50个。

周五：休息日。

周六：跳跃技术训练：助跑双脚跳摸高10组1个，场地：沙地或草地；有球助跑双脚跳摸高10组1个；缩小摸高目标法助跑单脚跳摸高10组1个；单脚跑跳30米，4组。

周日：休息日。

辅助训练：周一至周日每日卷腹100个；周二，周四，周六每日慢跑一公里；周一至周日每日基础柔韧性训练。

（八）助跑摸高训练计划（徒手或简器械）

训练周期：8周。

训练间歇：组间与动作间充分休息。

特殊要求：至少完成一次绝对力量进阶训练；不要使用普通护膝以外的其他护具。

周一：力量训练：单脚跑跳200米2组。

周二：休息日。

周三：跳跃训练：蛙跳30米3组；单脚跑跳30米3组；脚尖跳4组50个。

周四：力量训练：箭步走3组300米；单腿跑跳5组20米；脚尖跳4组100个。

周五：休息日。

周六：跳跃训练：助跑单脚跳摸高10组1个；助跑双脚跳摸高10组1个；助跑双脚跳双手摸高10组1个；脚尖跳3组50个。

周日：休息日。

辅助训练：周一至周日每日卷腹100个；周二，周四，周六每日慢跑一公里；周一至周日每日基础柔韧性训练。

（九）启动速度训练计划

训练周期：8周。

训练间歇：力量训练动作组间2分钟，动作间2分钟，其余动作充分休息。

特殊要求：至少完成一次绝对力量进阶训练，不要使用任何护具。

周一：力量训练：箱式深蹲80%5组5个；间歇深蹲80%5组5个；底部启动深蹲80%5组5个；正向提踵3组10个。

周二：休息日。

周三：技术训练：牵引跑30米4组；单脚跑跳30米4组；高抬腿跑30米4组。

周四：休息日。

周五：力量训练：站姿屈髋4组12个；仰卧屈髋4组12个；臀屈伸4组12个；GHR4组力竭。

周六：休息日。

周日：技术训练启动速度跑30米，3组单脚跑跳30米，3组高抬腿跑30米，3组。

辅助训练：周一至周日每日卷腹100个；周二，周四，周六每日慢跑一公里；周一至周日每日基础柔韧性训练；周一至周日每日基础步幅，步伐训练。

（十）启动速度训练计划（徒手或简器械）

训练周期：4周。

训练间歇：组间与动作间充分休息。

特殊要求：至少完成一次绝对力量进阶训练，不要使用任何护具。

周一：力量训练：启动速度跑30米5组；单腿跑跳30米5组；蛙跳30米5组；高抬腿跑30米5组。

周二：休息日。

周三：技术训练：启动速度跑20米5组；单脚跑跳20米5组；高抬腿跑20米5组；上坡跑20米5组。

周四：休息日。

周五：力量训练：启动速度跑30米5组；高抬腿跑30米5组；正向提踵5组，每组力竭；反向提踵5组，每组力竭。

周六：技术训练：牵引跑20米5组；高抬腿跑20米5组；上坡跑20米5组；脚尖跳3组100个。

周日：休息日。

辅助训练：周一至周日每日卷腹100个；周二，周四，周六每日慢跑一公里；周一至周日每日基础柔韧性训练；周一至周日每日基础步频与步伐训练。

（十一）加速度训练计划

训练周期：8周。

训练间歇：力量训练动作组间2分钟，动作间2分钟，其余动作充分休息。

特殊要求：至少完成一次启动速度训练，不要使用任何护具。

周一：力量训练：站姿屈髋4组12个快速完成；仰卧屈髋4组12个快速完成；臀屈伸4组12个快速完成；俯卧举腿4组，每组力竭；正向提踵4组12个快速完成。

周二：技术训练：变速跑80米4组；变速跑150米4组；高抬腿跑30米4组；单脚跑跳30米4组。

周三：休息日。

周四：技术训练：变速跑80米2组；变速跑150米2组；高抬腿跑30米2组；单脚跑跳30米2组。

周五：力量训练：同周一。

周六：专项训练：变速跑80米6组；变速跑150米6组。

周日：休息日。

辅助练习：周一至周日每日卷腹100个；周二，周四，周六每日慢跑一公里；周一至周日每日基础柔韧性训练；周一至周日每日基础步幅与步伐训练。

（十二）加速度训练计划（徒手或简器械）

训练周期：8周。

训练间歇：力量训练动作组间2分钟，动作间2分钟，其余动作充分休息。

特殊要求：至少完成一次启动速度训练，不要使用任何护具。

周一：力量训练：蛙跳400米。

周二：休息日。

周三：技术训练：变速跑80米4组；变速跑150米4组；高抬腿跑30米4组；单脚跑跳30米4组。

周四：休息日。

周五：技术训练：变速跑80米2组；变速跑150米2组；高抬腿跑30米2组；单脚跑跳30米2组。

周六：力量训练：单脚跑跳200米2组。

周日：休息日。

辅助练习：周一至周日每日卷腹100个；周二，周四，周六每日慢跑一公里；周一至周日每日基础柔韧性训练周一至周日每日基础步频与步伐训练。

（十三）极限速度训练计划

训练周期：8周。

训练间歇：力量训练动作组间2分钟，动作间2分钟，其余动作充分休息。

特殊要求：至少完成一次加速度训练，不要使用任何护具。

周一：力量训练：站姿屈髋4组12个快速完成；仰卧屈髋4组12个快速完成；臀屈伸4组12个快速完成；GHR 4组12个快速完成；臀桥4组12个；俯卧举腿4组12个。

周二：专项训练：速度跑30米3组；速度跑50米2组；速度跑80米1组。

周三：力量训练：高抓50%2个，60%2个，70%1个，80%1个，90%1个，100%1个，90%3组1个；下蹲翻50%2个，60%2个，70%1个，80%1个，90%1个，100%1个，90%3组1个；臀屈伸4组12个快速完成；站姿屈髋4组12个快速完成。

周四：技术训练：牵引跑30米3组；上坡跑30米3组；沙地速度跑30米3组；单脚跑跳30米3组。

周五：休息日。

周六：专项训练：速度跑30米3组；速度跑50米2组；速度跑80米1组；速度跑100米1组。

周日：休息日。

辅助练习：周一至周日每日卷腹100个；周二，周四，周六每日慢跑一公里；周一至周日每日基础柔韧性训练；周一至周日每日基础步幅与步伐训练。

（十四）极限速度训练计划（徒手或简器械）

训练周期：8周。

训练间歇：组间与动作间充分休息。

特殊要求：至少完成一次加速度训练，不要使用任何护具。

周一：力量训练：蛙跳400米；臀桥4组12个；俯卧举腿4组12个。

周二：休息日。

周三：专项训练：速度跑30米4组；速度跑50米3组；速度跑80米2组；速度跑100

米，1组。

周四：休息日。

周五：技术训练：牵引跑30米3组；上坡跑30米3组；沙地速度跑30米3组；单脚跑跳30米3组；高抬腿跑30米3组。

周六：休息日。

周日：专项训练：速度跑30米3组；速度跑50米2组；速度跑80米1组。

辅助练习：周一至周日每日卷腹100个；周二，周四，周六每日慢跑1公里；周一至周日每日基础柔韧性训练；周一至周日每日基础步频与步伐训练。

（十五）特殊弹速训练模式

训练周期：8周。

训练间歇：组间与动作间充分休息。

特殊要求：至少完成一次弹跳力训练。

周一：速度训练：变速跑80米，6组；加速跑40米，5组；慢下快起提踵20次，4组。

周二：休息日。

周三：专项训练：有同伴配合传球摸高训练20次，不分组数；慢下快起提踵20次，4组。

周四：休息日。

周五：速度训练：变速跑80米，6组；加速跑40米，5组；原地起跳摸高训练10次。

周六：力量训练：杠铃浅蹲5组5个；哑铃浅蹲5组5个；杠铃浅蹲跳5组5个；哑铃浅蹲跳5组5个。

周日：慢跑5公里。

辅助练习：周一至周日每日卷腹100个，周一至周日每日基础柔韧性训练。

（十六）连续起跳间弹速训练模式

训练周期：8周。

训练间歇：组间与动作间充分休息。

特殊要求：至少完成一次弹跳力训练。

周一：专项训练：杠铃浅蹲跳5组5个；连续摸高3组10次；脚尖跳4组100次。

周二：休息日。

周三：专项训练：连续摸高3组10次；脚尖跳4组100次；连续持球摸高3组10次。

周四：休息日。

周五：专项训练：杠铃浅蹲跳5组5个；连续摸高3组10次；脚尖跳4组100次。

周六：力量训练：弹力带杠铃浅蹲5组5个；站姿提踵5组5次；站姿反向提踵5组5次。

周日：慢跑5公里。

辅助练习：周一至周日每日卷腹100个，周一至周日每日基础柔韧性训练。

（十七）举重训练计划

训练周期：8周。

训练间歇：组间3分钟，动作间3分钟，训练前检测出具体动作极限重量。

特殊要求：至少拥有足够绝对力量水平，并基本掌握举重动作姿势，可以使用护具。

周一：抓举50%3个，60%3个，70%2个，80%1个，90%1个，80%3组1个；挺举50%3个，60%3个，70%2个，80%1个，90%1个，80%3组1个；全蹲50%2个，60%2个，70%2个，80%1个，90%1个，100%1个；宽拉50%5个，70%3个，90%1个；支撑深蹲50%5个，70%3个，90%1个。

周二：高抓50%3个，60%3个，70%2个，80%1个，90%1个，80%3组1个；高翻50%3个，60%3个，70%2个，80%1个，90%1个，80%3组1个；前蹲50%2个，60%2个，70%2个，80%1个，90%1个，100%1个；窄拉50%5个，70%3个，90%1个；借力推举50%5个，70%3个，90%1个。

周三：抓举50%3个，60%3个，70%2个，80%1个，90%1个，80%3组1个；挺举50%3个，60%3个，70%2个，80%1个，90%1个，80%3组1个；全蹲50%2个，60%2个，70%2个，80%1个，90%1个，100%1个；宽拉50%5个，70%3个，90%1个；支撑深蹲50%5个，70%3个，90%1个。

周四：高抓50%3个，60%3个，70%2个，80%1个，90%1个，80%3组1个；高翻50%3个，60%3个，70%2个，80%1个，90%1个，80%3组1个；前蹲50%2个，60%2个，70%2个，80%1个，90%1个，100%1个；窄拉50%5个，70%3个，90%1个；借力推举50%5个，70%3个，90%1个。

周五：休息日。

周六：竞技训练：短跑30米3组；蛙跳30米3组；原地纵跳摸高10组一个；引体向上3组，每组力竭；负重卷腹3组，每组力竭。

周日：休息日。

辅助训练：周一至周日每日卷腹100个；周二，周四，周六每日慢跑一公里；周一至周日每日基础柔韧性训练。

（十八）投掷训练计划

训练周期：8周。

训练间歇：力量训练动作组间2分钟，动作间2分钟，其余动作充分休息。

特殊要求：至少完成一次绝对力量训练。

周一：力量训练：平板卧推：50%6个，60%5个，70%4个，80%3个，90%2个，100%1个；平板弹力带卧推70%1个，80%1个，90%1个，100%1个；站姿推举80%3个，90%2个，100%1个，80%3组3个；双杠臂屈伸3组，力竭。

周二：专项训练：投掷专项练习20组1个；牵引跑30米3组；内收训练3组；10个外展训练3组10个。

周三：力量训练：臀屈伸3组10个；站姿屈髋3组10个；收腹跳3组10个；引体向上3组每组力竭。

周四：专项训练：投掷专项练习20组，每组1个；速度跑30米3组；内收训练3组10个；外展训练3组10个。

周五：休息日。

周六：力量训练：借力推举50%6个，60%5个，70%4个，80%3个，90%2个，100%1个；高抓50%6个，60%5个，70%4个，80%3个，90%2个，100%1个；下蹲翻50%6个，60%5个，70%4个，80%3个，90%2个，100%1个；反向提踵3组10个。

周日：休息日。

辅助训练：周一至周日每日卷腹100个；周二，周四，周六每日慢跑一公里；周一至周日每日基础柔韧性训练

四、综合体能训练计划

（一）柔韧性训练计划

训练周期：8周。

训练间歇：组间休息不超过1分钟，动作间休息不超过1分钟。

特殊要求：必须具备一定的柔韧性，平衡力，协调性训练基础，不能忽视基础的力量训练。

周一：髋部柔韧性：坐角式训练10次，每次20秒；竖角式训练10次，每次20秒；直角式训练10次，每次20秒；髋部绕环训练10次，每次20秒；三角式训练10次，每次20秒。

周二：上肢柔韧性：祈祷式训练10次，每次20秒；反向祈祷式训练10次，每次20秒；肩部柔韧性训练20次，每次20秒。

周三：综合柔韧性："拜日"训练20次，组间可不休息。

周四：平衡力训练：俯平衡训练10次，每次保持最长时间；侧平衡训练10次，每次保持最长时间；仰平衡训练10次，每次保持最长时间。

周五：髋部柔韧性：坐角式训练10次，每次20秒；竖角式训练10次，每次20秒；直角式训练10次，每次20秒；坐姿屈髋训练10次，每次20秒；三角式训练10次，每次20秒。

周六：力量训练：前蹲4组12个；高抓50%2个，60%2个，70%2个，80%2个，90%1个；支撑深蹲50%2个，60%2个，70%2个，80%2个，90%1个。

周日：综合柔韧性："拜日"训练20次，组间可不休息。

辅助训练：周一至周日每日慢跑一公里；除周六外，每日保持基础力量训练；周一至周日每日卷腹100个

（二）平衡力训练计划

训练周期：8周。

训练间歇：组间休息不超过1分钟，动作间休息不超过1分钟。

特殊要求：必须具备一定的柔韧性，平衡力，协调性训练基础，不能忽视基础的力量训练。

周一：平衡力训练：慢速独木桥训练20次；"金鸡独立"训练20次，尽可能保持最长时间；俯平衡训练10次，尽可能保持最长时间。

周二：力量训练：静力深蹲负重70%，4组（30秒）；支撑深蹲50%2个，60%2个，70%2个，80%1个，90%1个，100%1个；箭步蹲50%2个，60%2个，70%2个，80%1个，90%1个，100%1个。

周三：平衡力训练：快速独木桥训练20次；金鸡独立训练20次，尽可能保持最长时间；仰平衡训练10次，尽可能保持最长时间。

周四：力量训练：静力深蹲负重70%，4组（30秒）；支撑深蹲50%2个，60%2个，70%2个，80%1个，90%1个，100%1个；箭步蹲50%2个，60%2个，70%2个，80%1个，90%1个，100%1个。

周五：柔韧性训练：坐姿屈髋训练10次，每次20秒；坐角式训练10次，每次20秒；直角式训练10次，每次20秒；三角式训练10次，每次20秒；肩部柔韧训练10次，每次20秒。

周六：力量训练：静力深蹲负重70%极限，4组（30秒）；支撑深蹲50%2个，60%2个，70%2个，80%1个，90%1个，100%1个；箭步蹲50%2个，60%2个，70%2个，80%1个，90%1个，100%1个。

周日：休息日。

辅助训练：周一至周日每日慢跑一公里；除周五外，保持每日基础柔韧性训练；周一至周日每日卷腹100个。

（三）协调性训练计划

训练周期：8周。

训练间歇：组间休息不超过1分钟，动作间休息不超过1分钟。

特殊要求：必须具备一定的柔韧性，平衡力，协调性训练基础，不能忽视基础的力量训练。

周一：力量训练：借力推举50%6个，60%5个，70%4个，80%3个，90%2个，100%1个；高抓50%6个，60%5个，70%4个，80%3个，90%2个，100%1个；高翻50%6个，60%5个，70%4个，80%3个，90%2个，100%1个。

周二：协调性训练：助跑单脚跳摸高10组1个；缩小目标法助跑双脚跳摸高10组1个；双手运球训练30米5次；双手反向运球训练30米5次。

周三：平衡力训练：快速独木桥训练10次；慢速独木桥训练10次；金鸡独立训练10次，每次尽可能保持最长时间；俯平衡训练10次，每次尽可能保持最长时间。

周四：柔韧性训练：坐角式训练10次，每次20秒；直角式训练10次，每次20秒；三角式训练10次，每次20秒；压腿训练10次，每次20秒；“拜日”训练10次，组间可不休息。

周五：力量训练：借力推举50%6个，60%5个，70%4个，80%3个，90%2个，100%1个；高抓50%6个，60%5个，70%4个，80%3个，90%2个，100%1个；高翻50%6个，60%5个，70%4个，80%3个，90%2个，100%1个。

周六：协调性训练：助跑单脚跳摸高10组1次；单脚跑跳30米3组；双手运球训练30米5次；双手反向运球训练30米5次。

周日：休息日。

辅助训练：周一至周日每日慢跑一公里；除周三，周四外保持每日基础平衡力，柔韧性训练；周一至周日每日卷腹100个。

五、心肺耐力训练计划

（一）心肺耐力训练计划（新手阶段）

训练周期：4周。

训练间歇：组间休息5分钟。

特殊要求：无。

周一：陆上训练：5 000米沙滩跑1次。

周二：水中训练：1 500米游泳2次。

周三：休息日。

周四：坡度训练：上坡跑2 000米。

周五：水中训练：1 500米游泳2次。

周六：休息日。

周日：坡度练习：下坡跑1 500米。

辅助训练：周一至周日每日卷腹100个；周一至周日每日慢跑一公里。

（二）心肺耐力训练计划（进阶阶段）

训练周期：4周。

训练间歇：组间10分钟，力量训练动作组间2分钟，动作间2分钟。

特殊要求：至少完成心肺耐力入门训练。

周一：陆上训练：5 000米沙滩跑2次。

周二：水中训练：3 000米游泳1次。

周三：力量训练：臀屈伸70%4组力竭；站姿屈髋70%4组力竭；腿弯举70%重量4组；腿屈伸70%4组力竭。

周四：休息日：慢跑1 000米。

周五：陆上训练：5 000米跑2次。

周六：水中训练：3 000米游泳1次。

周日：休息日：慢跑1 000米。

辅助训练：周一至周日每日卷腹100个；周一至周日每日慢跑一公里。

六、力量耐力训练计划

（一）力量耐力训练计划（新手阶段）

训练周期：8周。

训练间歇：组间2分钟以内，动作间2分钟。

特殊要求：至少完成增肌训练计划。

周一：腿部训练日：杠铃全蹲10×10；箭步走3组150米。

周二：胸部训练日：平板杠铃卧推4组15个；上斜杠铃卧推4组15个；下斜杠铃卧推4组15个；双杠臂屈伸4组力竭。

周三：休息日。

周四：背部训练日：引体向上4组力竭；杠铃划船4组15个；宽握下拉4组15个；对

握下拉4组15个。

周五：臀部训练日：臀屈伸4组15个；俯卧举腿4组力竭；单腿臀桥4组力竭；Hip thrust单腿4组力竭。

周六：肩部训练日：杠铃颈前推举4组15个；杠铃颈后推举4组15个；侧平举3个重量一组，每个重量15个，4组；杠铃耸肩70%重量3组力竭；农夫行走3组150米。

周日：休息日。

辅助训练：周一至周日每日腹肌训练：卷腹200个一日；周三，周日游泳1 500米。

（二）力量耐力训练计划（进阶阶段）

训练周期：8周。

训练间歇：组间2分钟以内，动作间2分钟。

特殊要求：至少完成力量耐力入门训练。

周一：腿部训练日：杠铃全蹲10组10个；箭步走3组150米；臀屈伸70%3组力竭；坐姿提踵70%3组力竭。

周二：胸部训练日：平板杠铃卧推6组12个；上斜杠铃卧推6组12个；平板杠铃卧推6组12个。

周三：休息日。

周四：背部训练日：引体向上4组力竭；杠铃硬拉4组15个；杠铃划船4组15个；宽握下拉4组15个；对握下拉4组15个。

周五：腿部训练日：腿举20组20个；Hip thrust单腿3组力竭；俯卧举腿3组力竭；坐姿提踵70%3组力竭。

周六：肩部训练日：杠铃坐姿推举4组15个；杠铃前平举3个重量一组，每个重量15个，4组；侧平举3个重量一组，每个重量15个，4组；农夫行走3组200米。

周日：休息日。

辅助训练：周一至周日每天进行腹肌训练：200个卷腹一日；周一至周日每天进行拉伸练习；周三3 000米跑一次。

七、速度耐力训练计划

（一）速度耐力训练计划（新手阶段）

训练周期：12周。

训练间歇：2～3分钟。

特殊要求：至少完成心肺耐力训练计划。

周一：专项练习：80米跑5次；150米跑3次。

周二：变速跑练习：高抬腿跑100米3次；变速跑60米5次。

周三：休息。

周四：专项练习：80米跑5次；150米跑3次。

周五：折返跑练习：25米折返跑6分钟一次，5次；慢跑1 000米。

周六：有氧训练：慢跑3 000米。

周日：休息。

辅助训练：周一至周日每日卷腹100个；保持每日基础柔韧性、步伐、步频和步幅训练。

（二）速度耐力训练计划（进阶阶段）

训练周期：8周。

训练间歇：组间2～3分钟，动作间2分钟。

特殊要求：至少完成速度耐力入门训练。

周一：速度耐力训练：80米跑5次；150米跑3次；折返跑25米6分钟一次，3次。

周二：力量训练：杠铃深蹲4组12个；腿举4组12个；腿弯举4组12个；坐姿提踵4组12个。

周三：速度耐力训练：80米跑5次；150米跑3次；折返跑25米6分钟一次，3次。

周四：力量训练：臀屈伸4组12个；腿弯举4组12个；站姿提踵4组12个。

周五：心肺耐力训练：上坡跑1 000米2次；慢跑3 000米。

周六：休息日。

周日：变速跑训练：变速跑60米5次。

辅助训练：周一至周日每日卷腹100个；保持每日基础柔韧性、步伐、步频和步幅训练。

（三）速度耐力训练计划（徒手或简器械）

训练周期：12周。

训练间歇：组间2～3分钟，动作间2分钟。

特殊要求：至少完成心肺耐力训练计划。

周一：速度耐力训练：80米跑5次；折返跑25米6分钟5次。

周二：力量训练：单腿脚尖跳4组50米；蛙跳4组50米。

周三：休息日。

周四：速度耐力训练：150米跑3次；折返跑25米6分钟5次。

周五：力量训练：单脚跳4组50米；蛙跳4组50米。

周六：有氧训练：游泳3 000米。

周日：休息日。

辅助训练：周一至周日每日卷腹100个；保持每日基本柔韧性、步伐、步频和步幅训练。